U0541498

社会学名著译丛

马克斯·韦伯与经济社会学思想

〔瑞典〕理查德·斯威德伯格 著

何蓉 译

商务印书馆
创于1897 The Commercial Press

Richard Swedberg

MAX WEBER AND THE IDEA OF ECONOMIC SOCIOLOGY

Copyright © 1998 by Princeton University Press

All Rights reserved. No part of this book may be reproduced or transmitted in any form or by any means, electronic or mechanical, including photocopying, recording or by any information storage and retrieval system, without permission in writing from the Publisher

根据普林斯顿大学出版社 1998 年版译出

社会学名著译丛

总序

学术名著，经典之谓也，通常是指学术大家所撰文本及其思想。中国文化传统强调诗言志、歌咏言、文以载道，在这样的文脉里大家其人与其文本及其思想之间是互为表里、相互佐证的。在中国学术传统里，经典历来居于核心地位，始终是人们关注的中心。或如有人所说，在这一领域，所有后来者都是踩着巨人们的臂膀向上攀登的。言外之意，在社会研究领域，人们讲究传承下的创新，向不轻言"前无古人，后无来者"，更不轻信什么"顶峰"之类。这点与自然科学适成鲜明对照。自然科学追求的是一种科学的真理，它是一种约定性的、假设性的、命题性的真理。这是一种工具性的标准，故它关注真理标准以及证实真理即经验检验的前提——方法论问题。简言之，这是一种有用即被采纳的实用理路。因此，自然科学的某些成就可能在相对较短时间里譬如几年、几十年就会被超越、被颠覆。而社会科学追求的真理首先是一种存在的属性，其次才是一种命题的属性；一个人是否拥有真理，端赖于他与某一"此在"或体现真理的实在是否保有共享关系，因而，这种真理是一种存在的真理，这是一种目的性的标准。存在真理要有意志论的和形而上的预设：意志论预设关乎能对人的行动起激励作用的情感和愿望方面，而形而上预设则有关实在之本质的认识论和本体论方面。这样说并不否认社会研究也有其方法论的方面，而是说它与意志论和形而上相比只居次要地位。不消说，后两方面都与研究者本人的传承、学识、洞见、表达能力等学术修养方面有诸多关联。这也是在社会科学领域大家及其文本居于核心地位的存在理据。

　　社会学从创立之初，就自我期许要把社会研究变成一门科学并以此作为追求的目标。正是在这种观念影响下，强调以自然科学方法和成就为摹本几乎成为这门学科一百多年来发展的主流。但这并不构成实证主义所主张的统一科学观要求社会科学要像自然科学那样仅把经验事实视为思想的源头并减少对经典关注的理由，因为经验主义在关注经验事实的同时却忽略了选择事实所依据的启示性原则。这种启示性原则本身就是一种前提预设，一种本质上先于经验的理性思考。社会科学的探究毫无疑问要以经验事实为依据，但同样明确的是，社会研究除了经验事实之外还要关注能对经验观察提供启示的那些原则，即还要有超越经验的理性思辨。从知识社会学的传统来说，社会学就是这样地处于经验论与先验论、实证论与唯理论之间的对立张力中，因为它所要研究的是由人们的行动结果所造就而成的社会现象；社会现象固然有如一般客观事实那样外在的第一级表层物理结构，但它还有其内在的属人的第二级深层意义结构；它毕竟不只是物理学意义上的物，而且还是由意义动机引发的行动所构成的现象，即社会的物，亦即由观念构成的实在。职是之故，社会学自十九世纪上半期创立迄今一百多年来的发展，不仅在经验观察、量化研究上取得了长足进展，而且在标志人类理智成长的社会理论领域更是江山代有才人出，造就成群星璀璨、相映生辉的繁荣景象。

由这些大家阐发的不同启示性原则之间也有歧见，因为每一种原则都是基于自身原理对外物的一维解释，只要坚持首尾一贯性做到逻辑自洽，就都具有自身的合理性，但又不能自诩是对外物穷尽无遗的把握。这些启示性原则并不具有像自然科学中那种在时间中流动呈线性累积的进步特征，而是一种抽象的、一般性的约定。故科学研究越是抽象化、一般化，其具有的累积性特征就越少。这些启示性原则与其说是关于外在世界的真理性标准，毋宁说只是提供了关于这一标准的最低程度的共识，一个共同的参照点。它仰赖于一个特殊的文化共同体相对一致的利益、旨趣和偏好的支撑，表现了个人从审美上、哲学上、诠释上、观察等方面上对作为现代性之生命的体验、理解和领悟的表意能力。归根到底，作为这些启示性原则之结晶的经典，类似一种顿悟式的人类理智能力的偶然性（个体性）贡献。它或由于对人类精神状态和主观倾向的睿智洞察如涂尔干的宗教社会学之穿透力，或由于对经验世界的复杂性、敏锐性重构如马克思对资本主义和商品及其规律的揭示，或由于对意识形态和道德价值的评判如韦伯对新教伦理的诠释，而成为经典并进入社会科学研究的关注中心，进而构成社会理论中具有范式般指导意义的三大传统，为人类理智在社会领域继续向上攀登奠定了基础。

人们通常把这些大家们在认识社会和解释社会事实所表现出的想象能力、穿透能力和批判能力直白地称为"社会学的学科意识"，意即经由一代代大家们累积起来的学术素养和传承，包括他们强烈的社会关怀的情愫，这些是社会学的"根"或"灵魂"。社会学如果丧失了自己在认识社会和解释社会的学科意识，也就是失掉了自己的灵魂，无异于取消了自己存在的理据。这里强调大家及其文本在认识社会中的核心地位，目的在于克服时下一些号称"实证研究"的著述只罗列经验事实不做理论思考的流弊，避免由此导致对社会现象的单面、一维的理解。对社会学来说，所谓增强学科意识，除了参与、观察变革社会的实践之外，就是要提倡阅读经典、研究大家，舍此别无他途。

商务印书馆几十年来坚持不懈地推介"汉译世界学术名著丛书"，哺育了几代学人，对于促进中西文化交流和提升汉语学界学术水准居功至伟，海内外华人学界同仁有口皆碑。现今又专门辟出社会学名著译丛系列，这一举措对于充实和扩展汉译世界学术名著丛书的规模效应可谓锦上添花，而对社会学知识的普及和提升研究水准不啻雪中送炭，可说恰逢其时。

谨以上述感怀序写于丛书付梓之际，并与社会学界同仁共勉。

苏国勋

于 2006 年岁末

中译本序

苏国勋

熟悉社会学思想史的人都知道,德国著名社会学家 M. 韦伯早年毕业于柏林大学法律系并获得法学博士学位;但终其一生,他都以经济学家的身份在弗莱堡大学、海德堡大学和慕尼黑大学等几所著名大学里先后被聘任为经济学教授;而学术界又都公认他是著名的社会学家,其学术著作,无论是从文化论上着眼的《新教伦理与资本主义精神》和题为"世界诸宗教的经济伦理"的一系列(包括中国宗教、印度宗教和古代犹太教)比较文化史研究,抑或是从制度论视角立论的洋洋数百万言的鸿篇巨制《经济与社会》,都被评价为社会学这门学科的理论奠基之作。韦伯25岁获得博士学位并在大学任教,56岁英年早逝,再除去因精神疾患而休养和第一次世界大战中的兵役—军旅生活的时间,真正从事学术活动大约只有21年左右。但他在暂短的生命中徜徉于社会科学几个主要领域,留下了丰厚的学术遗产,成为社会科学界泰斗,实属德国学术界一个异数。无怪乎雅斯贝尔斯在韦伯逝世当年(1920年)发表的一篇纪念演说中就曾表示,把韦伯定位为某一特定专业或学科是不恰当的,韦伯是"我们时代中精神上的伟人"、"人文学科的伽利略"(《论韦伯》)。

近读由何蓉翻译的瑞典学者斯威德伯格的著作——《马克

斯·韦伯与经济社会学思想》，感触颇深。该书全面而系统地论述了韦伯关于"经济社会学"（economic sociology）这一概念的界定、设想及其主要研究内容，并对它在韦伯社会学思想中的地位、沿革作出了翔实的分析，目的在于揭示韦伯的"理解的社会学"（understanding sociology）真谛是将社会行动背后的利益驱动与结构制约二者结合起来，这是认识由各种社会行动构成的社会现象背后所遮蔽的主观意义之"理解"（verstehen）进路的关键，阐明了为什么说韦伯是社会学史上第一个将利益-动机-制度分析与社会类型-文化-结构分析作出整合的尝试者。不仅如此，本书还向读者简单明了地介绍了韦伯心目中的全新的经济学概念——"社会经济学"（social economics，韦伯使用的是"Sozialökonomik"）的设想，阐明社会经济学作为一门内容广泛的科学，何以应该包括经济理论、经济史和经济社会学三个部分。韦伯认为上述三者对于理解任何一种经济现象都是不可或缺的，其中经济理论的作用尤为重要，因为正是在经济理论中利益驱动的类型才得到精确的阐释，这说明韦伯不仅高度重视经济理论，而且也表明他要把社会学进路带入经济学研究并试图用"社会经济学"概念取代当时德国学术界流行的"政治经济学"。斯威德伯格的这部著作资料翔实，对许多概念、范畴的阐释虽然旁征博引，但出处、沿革、细微含义的差别都交待得十分清楚；所论述的问题，凡出自韦伯的见解都在正文中讨论，其他人的观点则放入注释中详细列出，条理清晰、一目了然；对问题的分析深入浅出，把韦伯著作中晦涩艰深的理论概念阐释得晓畅易懂，实属不易。这部著作对于我们全面地理解韦伯的社会学思想，矫正一段时间以来在理解韦伯上过于倚重文化论视角的"路径依赖"是大有裨益的。本书与此前出版的这位瑞典学者的另一部著作《经济学与社会学》（商务印书馆 2003 年版）一起，也为我们进一步开展经济社会学研究、正确处理社会学与经济学的关系提供了不可多得的参考和借鉴。

上个世纪 80 年代前后，当社会学界引入韦伯思想之际，正值国际学术界关注东亚经济腾飞与传统儒家文化之间相互关系的时刻。在此期间，1960 年代美国汉学家曾就"儒家传统与现代化"的关系先后在日本和韩国召开了两次国际学术研讨会，1980 年代初香港也举行了"中国文化与现代化"的国际学术会议。其中心议题就是探讨儒家伦理与东亚经济起飞的关系，许多人试图用韦伯的宗教观念影响经济行为的思想去解读东亚经济崛起和现代化问题；其中有将"宗教伦理"视为"文化价值"者；也有将"儒家文化"当作"新教伦理"替代物者，在解释东亚经济崛起和现代化时把儒家传统对"四小龙"的关系比附为基督教对欧美、佛教对东亚的关系；还有人将韦伯论述的肇源于西欧启蒙运动的理性主义精神推展至西方以外，譬如日本，等等。所有这一切，无论赞成者抑或反对者，都使传统上受儒家文化影响的地区围绕东亚经济腾飞而展开的文化讨论，与韦伯关于现代资本主义起源和中国文化的论述发生了密切关系。处于这样的情境和氛围之下，加之当时国内推行改革开放政策伊始，由于较长时间的唯物主义传统教育而避谈精神、观念因素对社会行为的影响作用，而一旦开放开始接触外界事物，致使人们更多关注韦伯的《新教伦理与资本主义精神》以及总题为"世界诸宗教的经济伦理"的一系列比较文化史研究，尤其重视与中国文化相关的《中国的宗教：儒教与道教》一书，顺理成章地就把韦伯诠释成了一位文化论者。相对而言，那时较少关注制约人们社会行动背后的经济-制度因素的决定作用，因而对以《经济与社会》这部论述其经济社会学主张的晚期（1910年以后）著作（包括《经济通史》，以及为其比较宗教学所写的"世界诸宗教的经济伦理"导论等）在韦伯社会学思想成长中至关重要的整合作用认识不足，总认为与物质利益相关的经济制度方面的问题属于经济学范畴，并非社会学的论域。只是随着中国经济增长规模的不断壮大，物质利益因素在社会生活所扮演的角色愈益显著，人们对韦伯经济社会学思想的兴趣也日益增长，加之随着新制度经济学的引入，人们开始更多从利益分析角度看待其社会学主张，与此相联系，对韦伯的研究也就自然地开始转向从制度论面向加以解读了。从目前国内学术界有关"经济学帝国主义"的讨论中不难看出，主流经济学家大多从利益驱动解读社会生活，而社会学家则更看重社会结构的作用，这也符合20世纪国际学术界的一般趋势。在社会学内部，具体到对韦伯思想的认识上，也存在着文化论视角与制度论观点的分野，其间的一个分歧表现在，文化论者更重视《新教伦理与资本主义精神》以及一系列比较宗教研究在其思想中的地位，而制度论者则推崇两卷本的鸿篇巨制《经济与社会》以及《经济通史》等晚期著作的重要性。

　　研读斯威德伯格的这部著作，对我们化解上述分歧大有助益。尽管本书是以《经济与社会》和《经济通史》为主要线索来论述韦伯的经济社会学思想，但主旨却在于阐明韦伯的进路是将利益动机分析与社会结构-类型分析整合起来，凸显制度论与文化论的联手互补，而不像国内一些"经济学帝国主义"论者那样，各逞其能式的、一厢情愿的越俎代庖。作者用了三章的篇幅对

"经济与政治"、"经济与法律"、"经济与宗教"的相互关系作了分门别类的论述，不仅把马克思主义关于基础与上层建筑之间作用和反作用的基本原理具体化，而且对于二者之间辩证关系的诠释也有许多发人深省之处。譬如，在斯威德伯格看来，所谓制度，并非就是规则的构成，而是可以"靠社会关系观念化为不同形式中的利益"。而每当提到"利益"，人们不仅首先想到的是物质取向的关切即"物质利益"，并且立即会把它归入经济基础范畴。可是在韦伯那里，利益却被区分为物质利益和精神利益两种，并认为两种利益都能成为诱发社会行动的动机；而精神利益又被解释为身份、声望、爱国心一类的民族感情，以及渴望获得拯救和对来世有更好地位的企盼即所谓"宗教财"（religious benefits）等等。在经济学取向的"理性人"假设中，物质利益毫无疑问是诱发个人行动动机中的决定或唯一因素。然而，当两种利益相互抵触而精神利益又比较强大成为能抑制物质利益的因素时，那些追求精神利益的人不是不顾，而是如何兼顾物质利益而作出其社会行动的呢？韦伯在其《新教伦理与资本主义精神》和题为"世界诸宗教的经济伦理"的一系列比较文化研究中，从历史角度对此作出了深入的探讨。而且不止于此，韦伯与现代经济学家的不同之处还在于，他论证了能诱发个人行动动机的不仅仅是物质利益，还包括传统和情感等属于观念形态的精神旨趣。换言之，一般意义上的观念—物质之间那种非此即彼、对决、排他性关系，在韦伯的方法论看来纯属社会科学的"理想类型"，只有在理论思维的抽象中它们才会以纯粹的形式存在，在现实生活中它们从来就是一种"你中有我，我中有你"的彼此包容的，即所谓的"嵌入"（embeddedness）关系。这样一种看待利益的观点，无疑在原有的经济学意义上增添了社会学意涵,其立论的基础已然超越了"经济人"的预设,还包含了"社会人"(Homo Sociologicus)的内容。斯威德伯格在概括自己的这部著作时曾写道:"韦伯在许多方面都不同于今天的经济社会学家,这不仅表现在他在经济史和法学等方面的博学,最重要的区别点还在于,韦伯坚持认为,人类行为有两个因素组成:利益和社会关系","两者常常是纠结在一起,不可分开,譬如,制度就不能视为是规则的组成,它们可以更好地概念化为靠社会关系锁定在不同形式中的利益"(《经济学与社会学》中文版序言)。这一结论性的意见不仅使我们看到,无论文化论抑或制度论,在认识韦伯思想的局部时都有一定的合理性,但在整体上又都有以偏概全的弊端;而且对于正确认识社会学与经济学的关系、剔除社会科学知识体系中各种"XX 学帝国主义"的僭越,都将获益良多。

熟悉社会学思想史的人也都知道,在社会学的创立阶段,孔德曾把这一学科设想成一门系统地表述社会重组(秩序)及其历史发展(进步)普遍规律性的社会科学,其中对社会学的"普遍性"和"总体性"提法包含了许多不切实际的、包罗万象的、甚至一厢情愿的解释,唯独没有提到社会学研究中的经济内容,适足表现出他的唯理智论(intellectualism)倾向。在古典社会思想家中强调经济维度重要性最力者当属马克思,其次就是韦伯,前者以倡导唯物主义历史观驰名,而后者则以"社会经济学"取代德国学界的"政治经济学"而著称。韦伯晚年曾组织编纂一部卷帙浩繁的《社会经济学大纲》以取代当时德国流行的《政治经济学手册》,为此他广邀德语世界的著名经济学家参与撰稿。尽管由于第一次世界大战的爆发而中断出版,但在1914—1930年间,《社会经济学大纲》就已累计出版十余部著作，有50余位知名经济学家参与，其中比较著名的有熊彼特的《经济分析史》、冯·维塞尔的《社会经济理论》，以及韦伯本人为大纲所撰写的《经济与社会》。前两书早已成为经济学的名著，后一书则被视为社会学的经典，而当初它们都是作为《社会经济学大纲》的组成部分而出版问世一事却已湮没无闻了。

在19世纪的德国经济思想史中，社会经济学与经济社会学代表着经济学的两种不同研究方式。原则上社会经济学与政治经济学近义，都表示经济具有社会性质，在表意上社会经济学可能更为恰当贴切，而政治经济学与国民经济学词义上更为接近，都与德意志民族国家的发展相关。从1914年出版的韦伯为《社会经济学大纲》撰写的总序中可以看出，在韦伯心目中，"社会经济学"是经济科学最现代和"最适合"的名称，其内容涵盖的领域相当广泛，包括经济与社会的关系，以及经济与自然、技术、人口、种族的关系。按照这种看法，经济科学不仅包括经济，而且还包括经济对社会、社会对经济的影响，这是韦伯早在写作"社会科学和社会政策的'客观性'"（1904年）一文时就已阐述过的观点。据此，对经济现象的研究要涉及不同门类的学科，他提到的有"经济理论"、"经济史"和"经济社会学"。而这三门学科都属于韦伯所说的"文化科学"，这意味着对"经济的社会行动"的研究除了与利益驱动相关的因果说明外还必须有意义的理解。换言之，经济社会学与经济理论、经济史在一个广义的经济学即"社会经济学"的框架下共同合作，这才是韦伯心目中能胜任研究"经济的社会行动"的经济科学。在社会经济学这几个主要领域，韦伯生前虽然并未写出经济理论著作，但他在经济史和经济社会学方面都有重要建树。

那么，社会经济学具有哪些结构和内容呢？从韦伯1914年出版的为《社会经济学大纲》撰写的"总序"中可以看到，社会经济学研究三方面的问题：如何分析经济现象；现代资本主义的本质；现代资本主义经济的不同分支。以该大纲名义出版的有关第一个题目的著作题名为《经济的基础》，共分为三个内容："经济与经济科学"，"经济与自然、技术的关系"，以及"经济与社会"。其他两个方面由几位经济学家（包括熊彼特和冯·维塞尔等人）执笔，韦伯把第三个内容留给了自己并为之撰写出了《经济与社会》的同名著作。值得注意的是该书第二章标题为"经济行动的社会学范畴"，其主旨内容是韦伯专门对经济制度和经济行动的社会学研究。它与早先写作的《古代文明的农业社会学》、《经济通史》等属于经济史的研究不同，也不同于《经济与社会》中其他各章那些属于广义的社会经济学内容，而是阐发了韦伯心目中的狭义的经济社会学主张。这部分内容，过去无论社会学家还是经济学家都未进行过很好的研究，但它对于深入地挖掘韦伯思想的经济学维度、全面地理解他的社会学主张却具有至为重要的意义。

斯威德伯格通过对韦伯后期著作的考察，将其经济社会学建树概括为两点不同于一般经济学家的进路：1）经济的社会行动可以概括为由利益驱动的、指向他人行为的行动。它包含以下几层意思：透过个人赋予行为以主观意义，使基于刺激-反应模式的自发行为（behaviour）成为具有意向性的自觉行动（act）；透着这一意义，行动也指向他人行为，使行动成为（社会性的）互动，并从而使以个人为起点的方法论上的个体主义的社会研究进路（亦即以社会行动作为分析的基本单位)成为可能。不过,这种个人主义只是方法论上的,其实质仍是社会性的互动,而非经济学假设的鲁滨逊式的原子论个人。卡尔·波普尔在《历史主义的贫困》中从哲学上对方法论上的个人主义作出了细致的分析,而帕森斯的《社会行动的结构》则在社会理论上以"意志论的行动理论"(voluntary theory of action)之名延续了这一进路。2)所有行动者(actor)假定都以"理性"(reason)的方式行动。所谓理性的行动(rational action),大致可界定为以实现某种利益为目的的有意识的行动,其中的利益既可以是物质的,也可以是精神的。物质利益通常是指行动达到的某种客观结果,这是一种工具合理性(instrumental rationality);精神利益是指一些主观偏好、倾向,如政治的、审美的、宗教的、伦理的旨趣或观念,这是一种价值合理性(value rationality)。因此,理性行动既是工具合理性的,也是价值合理性的。正如斯威德伯格所概括的:"(社会)经济现象必须以行动者本人所秉持的意义来理解;所有用来分析(社会)经济的概念必然伴随着分析性的抽象,无论它们来自哪一种社会科学。"这样一来,本来属于形而上领域的、观念形态的、亘古一成不变的"理性",就在经验层面亦即社会行动上被分解成工具合理性与价值合理性两部分。与这两部分内容有关的还有以计算为核心的形式合理性(formal rationality)和与绝对价值相关的实质合理性(substantive rationality),从这一对相反相成的概念之间的张力关系中,人们可以得以从非常不同于当前主流经济学家的角度去趋近经济与伦理的关系问题。换言之,在韦伯眼中,理性早已失去了形而上假设的超验本质,变成了社会学探索的启发性工具;与其说理性是一种无法验证的假设,毋宁说它是一个描述行动动机性质的变量,其合理性内容和程度取决于社会和历史,而决非超历史的。这是韦伯在社会科学方法论上所主张的要区分事实与价值的本意,它是一种"分析性的抽象",而与政治哲学家列奥·施特劳斯(Leo Strauss)后来在他的政治哲学(神学)中从启示神学的绝对主义立场批判韦伯的事实/价值二分法造成现代社会中相对主义盛行、虚无主义泛滥的说法,所指涉的并非同一层面上的问题。这里存在着超验与经验两个截然不同领域的分野。显然,施特劳斯是从宗教神学上以神谕方式揭示隐蔽之真理为绝对价值,把它与经验科学中表征驱使人们行动的观念、精神旨趣即属人的相对价值观念混为一谈,二者根本不是一码事,可说是偷换概念。

斯威德伯格把韦伯的经济社会学思想概括为——从受利益驱动的个体行动出发,在经济分析中引入社会结构(第217页)——是十分准确而有见地的,突出了韦伯探讨经济的社会行动(economic social action)时力主将因果分析与意义理解两种进路结合起来的一贯思想。韦伯的这一主张在当时的德国确实是独特的,既不同于他那时代的经济学家,也不同于当代主流经济学家。他反对当时德国经济学中以施穆勒为首的历史学派混淆事实与价值、将经济学伦理学化的企图,力主用分析性的理性行动概念即工具合理性行动和价值合理性行动去分析经济取向的行为;他还把利益区分为物质利益和精神利益,以便有别于马克思的历史唯物主义;但他同时也不同于今天一些主流经济学譬如新古典经济学关于经济行动者是超然于社会联系之外、彼此孤立地作出决定的"原子化"假设,强调经济分析中引入社会结构、制度分析的必要性。韦伯的经济社会学思想在1970年代出现的"新制度经济学"和"新经济社会学"中得到了响应，以诺斯和威廉姆斯为代表的经济学家从利益驱动入手，试图发展出一套将社会性行为考虑在内的方法，而以格拉诺维特和怀特等为代表的社会学家则反过来，想了解经济行动和利益是如何"嵌入"社会结构的，他们延续的都是整合利益驱动和制度制约的进路。当代社会科学实践已经表明，单靠经济学是无力胜任这一任务的，这也从侧面驳斥了网上常见的下列"经济学帝国主义"的"迷思"：

> "经济学帝国主义"本质上是"科学帝国主义"的表现。当今时代是"科学帝国主义"的时代，经济学在这个时代如鱼得水。
>
> 事实上，从新古典主义经济学之后，经济学已经分化为理论经济学和各种应用经济学。理论经济学正在变为一种通用的人文基础学科，而诸如政治学、社会学和法理学等都将是应用性学科。这种学科分野目前还不是现实，但我相信它总归会实现。
>
> 科学的本性之一是概括。经济学的两条最基本的假设（指关于经济人和资源稀缺的假定——引者注），本身也是一种概括；在此前提下依靠逻辑推出结论来，还是概括。其他学科若反对这种方法，便没有了概括，也便没有了科学性；但若接受这种方法，便等于向经济学投降。

这里为经济学之外的其他各门社会科学勾勒出的是一幅"进

亦忧退亦忧"的惨淡前景——不同于经济学方法即反科学;同意这一方法则意味着屈辱和没有尊严。唯有这种经济学人,"众人皆浊我独清",像尼采《查拉斯图拉如是说》中所说的"发现了幸福"的"最后之人",眼中闪烁着狡黠的目光,脸上流露出浅薄的洋洋自得。此时此刻不禁使人想起韦伯一席话:"有人总以一种天真的乐观主义态度崇信科学,认为以科学为依据支配生命的技术是通往幸福之途。在尼采对那些'发现了幸福'的'最后之人'所作的毁灭性批判之后,我可以不费唇舌了。除了在大学教席上执教的那些天真的老儿童外,还有谁会相信这一套"。韦伯当时对这些人的挖苦可谓犀利、入木三分。不过,今天醉心于"经济学帝国主义"的人往往也喜欢拿科学和理性说事,岂不知全部科学史早已表明,作为科学根基的理性,不仅是人认识世界的一种能力,而且还是对人的认识能力的校正、对理性自身批判的一种能力。从这种科学的开放精神看问题,包括经济学在内任何一种学科,需要明确意识到自身起作用的范围和力所不逮之处,这就是科学的自我克制精神。倘用中国人的用语来说就是"人贵有自知之明",如用韦伯的话说就是要做到"科学上的禁欲"(inner-scientifically asceticism)。概言之,科学就意味着确定,确定就是限定(局限)。科学发展恰恰就是从包揽一切事物的总体科学,向着日益明确其研究对象、确定其起作用范围的具体科学的演进过程。一门学科,只有既无限定的对象范围,又无确定的边界,才会不局限于哪一领域。如是,"经济学帝国主义"的提法不惟不是科学的进步,恰好是科学退步的表现。活像初民社会的蛮族,跑马占圈式地疯狂地扩展自己的领地,打的却是"科学–理性"的旗号。

* * *

何蓉在北京大学社会学系获得博士学位后,来社会学所做博士后研究,在完成了"经济理性与宗教观念:韦伯的宗教社会学思想"的研究计划后留在研究所的社会理论室工作,在此期间我是她博士后研究的合作者和研究室同事。何蓉受过比较系统的史学和经济学训练,专业基本功力扎实,研读经典,笔耕不辍,尝试着在中国社会思想史这个向来以人文诠释见长的脉络中挖掘出一些社会科学的新意。譬如她对唐代寺院经济的考察,确有一些不俗的见解不时闪现于她近年的一些论文中,有些虽然尚处在萌芽状态,但假以时日经过酝酿发酵、推敲论证,当会形成系统阐发的、富有创意的洞见。换言之,如何在中国社会思想史研究中,自觉地借鉴韦伯的方法论——即把利益驱动的因果性说明与结构制约的意义性理解作出双向诠释——来认识中国的历史事件和事实,实是这几年来萦绕我们、共同交谈最多的话题。何蓉为人谦和,潜心学问,肯于向周围同事学习,我期待她在这条学术攀登的道路上百尺竿头更进一步。瑞典学者斯威德伯格的这本书是何蓉研读这一课题时许多中外文参考书中的一种,她读后受益良多就顺手把它译成了中文,以便使更多读者从中获益。在这部译著付梓之际,她邀我为此书中译本写篇序言,我以为迻译学术著作对于推动文化交流和提高本民族的文化素养都是一件非常有意义的事情,同时也期盼有更多学界同仁能把更多、更好的研究性译著出版问世,于是欣然命笔,仅将自己的一些读后感像往日交谈一般书写如次,权当与大家交流心得分享体会。是为序。

于 2007 年 5 月

目录

中文版序言 ·· 1
致　谢 ··· 6
导　言 ··· 9

第1章　西方资本主义的兴起 ······································ 16
I.《经济通史》 ··· 18
II.《经济通史》第1部分：社会群体与前资本主义农业 ········· 19
III.《经济通史》第2部分：前资本主义时代的工业 ·············· 24
IV.《经济通史》第3部分：前资本主义时代的贸易 ·············· 27
V.《经济通史》第4部分：现代资本主义的起源 ·················· 31

第2章　韦伯经济社会学的基本概念 ····························· 37
I. 经济理论与普通社会学的关系 ····································· 38
II. 经济社会学与经济理论的关系 ···································· 46
III. 主题1：经济行动的不同种类 ···································· 49
IV. 主题2：理性在经济生活中的作用 ······························ 57
V. 主题3：经济制度的社会结构（产权、经济组织、市场和货币）······62

Ⅵ. 主题 4：宏观结构，包括资本主义的不同类型 ⋯⋯⋯⋯⋯⋯ 71

第 3 章 经济与政治 ⋯⋯⋯⋯⋯⋯⋯⋯⋯⋯⋯⋯⋯⋯⋯⋯⋯⋯⋯ 83
Ⅰ. 政治的特殊性，以及韦伯关于经济与政治关系的观点 ⋯⋯⋯ 85
Ⅱ. 政治支配与财政社会学 ⋯⋯⋯⋯⋯⋯⋯⋯⋯⋯⋯⋯⋯⋯⋯⋯⋯ 88
Ⅲ. 城市的经济与政治 ⋯⋯⋯⋯⋯⋯⋯⋯⋯⋯⋯⋯⋯⋯⋯⋯⋯⋯⋯ 107
Ⅳ. 现代国家中的经济与政治：韦伯未完成之国家社会学的主题 ⋯⋯ 113
Ⅴ. 社会主义的经济与政治 ⋯⋯⋯⋯⋯⋯⋯⋯⋯⋯⋯⋯⋯⋯⋯⋯⋯ 120

第 4 章 经济与法律 ⋯⋯⋯⋯⋯⋯⋯⋯⋯⋯⋯⋯⋯⋯⋯⋯⋯⋯⋯ 125
Ⅰ. 法律与经济的关系 ⋯⋯⋯⋯⋯⋯⋯⋯⋯⋯⋯⋯⋯⋯⋯⋯⋯⋯⋯ 128
Ⅱ. 历史上主要法律体系中的法律与经济 ⋯⋯⋯⋯⋯⋯⋯⋯⋯⋯ 136
Ⅲ. 法律与现代资本主义的关系（以及英格兰问题） ⋯⋯⋯⋯⋯ 150

第 5 章 经济与宗教 ⋯⋯⋯⋯⋯⋯⋯⋯⋯⋯⋯⋯⋯⋯⋯⋯⋯⋯⋯ 163
Ⅰ. 韦伯的经济与宗教关系分析引论：《经济与社会》中的
　一般性命题与概念 ⋯⋯⋯⋯⋯⋯⋯⋯⋯⋯⋯⋯⋯⋯⋯⋯⋯⋯⋯ 164
Ⅱ. 经济与宗教的历史研究（第Ⅰ部分）：《新教伦理与资本
　主义精神》 ⋯⋯⋯⋯⋯⋯⋯⋯⋯⋯⋯⋯⋯⋯⋯⋯⋯⋯⋯⋯⋯⋯ 179
Ⅲ. 经济与宗教的历史研究（第Ⅱ部分）：《世界诸宗教之
　经济伦理》 ⋯⋯⋯⋯⋯⋯⋯⋯⋯⋯⋯⋯⋯⋯⋯⋯⋯⋯⋯⋯⋯⋯ 198

第 6 章 结语：韦伯的经济社会学观点 ⋯⋯⋯⋯⋯⋯⋯⋯⋯⋯ 217
Ⅰ. 经济与艺术、科学、技术、种族、地理条件之间的关系 ⋯⋯ 218
Ⅱ. 韦伯的经济学观点与《社会经济学大纲》 ⋯⋯⋯⋯⋯⋯⋯⋯ 228

III. 韦伯的设想与当今的经济社会学 ⋯⋯⋯⋯⋯⋯⋯⋯⋯⋯⋯⋯ 241

附录 韦伯经济学思想的演变 ⋯⋯⋯⋯⋯⋯⋯⋯⋯⋯⋯⋯⋯⋯ 257
I. 经济学的德国传统 ⋯⋯⋯⋯⋯⋯⋯⋯⋯⋯⋯⋯⋯⋯⋯⋯⋯⋯⋯ 258
II. "社会经济学"和"经济社会学"在德国的出现 ⋯⋯⋯⋯⋯⋯⋯ 265
III. 韦伯早期的经济学作品(1882—1898) ⋯⋯⋯⋯⋯⋯⋯⋯⋯⋯ 268
IV. 韦伯康复后的经济学作品(1903—1909) ⋯⋯⋯⋯⋯⋯⋯⋯⋯ 281
V. 韦伯最后阶段的经济学作品(1910—1920) ⋯⋯⋯⋯⋯⋯⋯⋯ 294
VI. 韦伯的经济学作品：经济学家、经济史学家和社会学家的
　　看法 ⋯⋯⋯⋯⋯⋯⋯⋯⋯⋯⋯⋯⋯⋯⋯⋯⋯⋯⋯⋯⋯⋯⋯⋯ 303

注　释 ⋯⋯⋯⋯⋯⋯⋯⋯⋯⋯⋯⋯⋯⋯⋯⋯⋯⋯⋯⋯⋯⋯⋯⋯ 309
导言 ⋯⋯⋯⋯⋯⋯⋯⋯⋯⋯⋯⋯⋯⋯⋯⋯⋯⋯⋯⋯⋯⋯⋯⋯⋯⋯ 309
第1章　西方资本主义的兴起 ⋯⋯⋯⋯⋯⋯⋯⋯⋯⋯⋯⋯⋯⋯⋯ 312
第2章　韦伯经济社会学的基本概念 ⋯⋯⋯⋯⋯⋯⋯⋯⋯⋯⋯⋯ 324
第3章　经济与政治 ⋯⋯⋯⋯⋯⋯⋯⋯⋯⋯⋯⋯⋯⋯⋯⋯⋯⋯⋯ 369
第4章　经济与法律 ⋯⋯⋯⋯⋯⋯⋯⋯⋯⋯⋯⋯⋯⋯⋯⋯⋯⋯⋯ 393
第5章　经济与宗教 ⋯⋯⋯⋯⋯⋯⋯⋯⋯⋯⋯⋯⋯⋯⋯⋯⋯⋯⋯ 418
第6章　结语：韦伯的经济社会学观点 ⋯⋯⋯⋯⋯⋯⋯⋯⋯⋯⋯ 456
附录　韦伯经济学思想的演变 ⋯⋯⋯⋯⋯⋯⋯⋯⋯⋯⋯⋯⋯⋯⋯ 481

索　引 ⋯⋯⋯⋯⋯⋯⋯⋯⋯⋯⋯⋯⋯⋯⋯⋯⋯⋯⋯⋯⋯⋯⋯⋯ 535

图表目录

图表 1.1　加罗林王朝典型的德意志乡村，根据韦伯《经济通史》绘制……………………………………………………………… 22

图表 1.2　西方理性资本主义：原因、先决条件和特征，根据韦伯《经济通史》内容总结……………………………… 33

图表 2.1　韦伯的经济行动、社会行动和经济社会行动……… 41

图表 2.2　经济理论与社会学的主观领域（第 1 部分）……… 44

图表 2.3　经济理论与社会学的主观领域（第 2 部分）……… 45

图表 2.4　经济理论与经济社会学的主观领域………………… 49

图表 2.5　两种基本的经济行动类型：家计与营利…………… 51

图表 2.6　经济行动和以经济为指向的行动…………………… 52

图表 2.7　个体经济行动如何变成经济组织…………………… 64

图表 2.8　韦伯：市场的社会结构……………………………… 67

图表 2.9　韦伯所论述的资本主义的主要类型和资本主义指向的营利的主要模式（《经济与社会》第 2 章第 31 节）……… 74

图表 2.10　传统，以及未来？——以租为指向的经济和现代营利经济………………………………………………………… 81

图表 3.1　韦伯的财政社会学，I：国家的财政方式及其对不同类型的资本主义的影响…………………………………… 92

图表 3.2	韦伯的财政社会学，II：国家通过其财政参与经济的程度及其对资本主义类型的影响	94
图表 3.3	支配的三种主要类型及其与经济的关系	106
图表 4.1	支配的主要类型及其与法律系统、行政类型及经济形式的关系	131
图表 4.2	从社会学视角看马克斯·韦伯的法律与经济分析的微观基础	133
图表 4.3	法律、理性的形式，以及资本主义的类型	139
图表 4.4	历史上的法律体系：形式理性的层次、商业立法的状况以及对理性资本主义兴起的贡献	150
图表 4.5	法律在现代理性资本主义中的作用	152
图表 5.1	宗教活动的目标："宗教财"或曰"宗教资财"	166
图表 5.2	韦伯的宗教社会行动的结构	166
图表 5.3	贵族与农民的宗教倾向及经济生活态度	173
图表 5.4	中等与上等资产阶级的宗教倾向及经济生活态度	174
图表 5.5	政府官员与现代工人的宗教倾向及经济生活态度	175
图表 5.6	不同的救赎方式及其对经济传统主义的潜在影响	177
图表 5.7	1570 年左右新教在欧洲的传播	186
图表 5.8	《新教伦理与资本主义精神》中不同类型的天主教对经济的影响	187
图表 5.9	道德记录簿，条理化的生活态度的例子：本杰明·富兰克林品格养成及有效利用时间的计划表	190
图表 5.10	根据《新教伦理与资本主义精神》，禁欲主义新教对 16 世纪晚期到 17 世纪的现代资本主义精神的性质形成的贡献	191

图表 5.11　詹姆斯·科尔曼对《新教伦理与资本主义精神》中的
　　　　　　论点的重构 ··· 196

图表 5.12　韦伯关于宗教的经济伦理的观点 ····················· 203

图表 5.13　韦伯关于社会的经济伦理的观点 ····················· 204

图表 6.1　《社会经济学大纲》的结构，韦伯规划并设计于
　　　　　1908—1920 年间 ·· 233

图表 6.2　经济社会学的韦伯式进路：基本原则 ················ 243

图表 6.3　当代经济社会学的进路：基本原则 ···················· 247

图表 A.1　古斯塔夫·冯·施穆勒和卡尔·门格尔论经济学的
　　　　　性质 ·· 263

图表 A.2　韦伯在关于"客观性"的文章（1904）中，关于社会-
　　　　　经济现象的建构与范围 ······································ 288

中文版序言

令我十分愉快又备感荣幸的是，我的关于马克斯·韦伯的著作被译成了中文，而且，承担翻译工作的何蓉本人也在从事韦伯研究。我高兴地发现，在中国，人们有兴趣去阅读韦伯的作品。在这个以其富有活力的经济令世界刮目相看的国度里，人们阅读世界上最著名的研究资本主义及其动力学的学者之一的作品，这一事实必定会产生有趣的结果。

《马克斯·韦伯与经济社会学思想》英文版出版于1998年，当时我希望藉由这本书复兴对韦伯的经济社会学思想的兴趣。此后的关于马克斯·韦伯的二手文献表明，在一定程度上情况正是如此。但是，仍然有许多工作要做，在这篇序言余下的部分中，我将表明，在我看来，应当沿着怎样的方向去研究韦伯的经济社会学。

一般认为，迄今为止，社会学家（包括我在内）基本上是以一种零打碎敲的方式阅读韦伯，他们试图找出某个概念或思想，然后用于他们自己的目的。这种方式的推进当然有其优势，但是，它使包括经济社会学在内的韦伯的某些最可珍贵的社会学贡献陷于无人问津的地步。在韦伯的社会学中，存在着明确的理论统一性，这是需要加以考虑的，但至今很少受到关注，下文我将就其理论统一性进行论述。

那么，在研究韦伯的经济社会学时，如何超越那种零打碎敲的方式呢？我的答案如下：一种方式是，从著名的《经济与社会》第 1 章中提取韦伯的解释社会学（verstehede Soziologie）的模型，然后将它应用于经济现象之中，看看会发生什么样的情况。通过这种程序，我们才能够由韦伯的作品提炼出某些至今还在我们视野之外的洞见。

粗略地说，所谓韦伯的解释社会学的模型，就是他在《经济与社会》第 1 章第 1 段及其展开部分就这一题目所作的论述，其中包含着韦伯的理论社会学的思想。社会学可以被定义成对社会行动的理解研究，以便形成对行动的过程及结果的因果性叙述，同样地，经济社会学可以被定义成对于社会经济行动的解释性研究，以便形成对其过程与结果的因果性叙述。关于这一点，可以将《经济与社会》第 1 章第 1 段中著名的社会学的定义进行如下的改写：

> 经济社会学是一门科学，其意图在于对经济社会行动进行解释性的理解，从而对经济社会行动的过程及结果予以因果性的解释。所谓"经济行动"意指行动个体对其与经济有关的行动赋予主观意义——不论外显或内隐，不作为或容忍默认。经济行动是"社会的"，则是指行动者的主观意义关涉他人的行为，而且指向其过程。（Weber 1978：1）

在第 1 章第 1 段提出了他的社会学的定义之后，韦伯大约用了二十页左右的篇幅,仔细检点了社会学的所有关键因素,并加以详细解说和分析。类似地,我们也应当试着解析附加在解释的经济社会学之上的因素。按照韦伯的看法,这应当包括四个步骤:

首先以解释性理解的视角去接近正在发生的事情(此即步骤一);然后转向要考虑的经济(社会)行动(此即步骤二);提出有关的因果性解释(此即步骤三);藉此提出能够说明社会行动的影响及其意料之外的后果的论述(步骤四)。

韦伯模型的步骤一是必须进行解释性理解,这意味着经济社会学家在接近其研究对象时,必须是想要理解经济行动者赋予自己的行动的意义。当伐木者一次次地挥动斧头砍木头时(姑且使用韦伯举出的著名例子),既有可能是为工资的劳作,也可能是为家中燃火之用,或者仅仅是工作之余的休闲活动而已——而究竟是哪一个,则依其主观维度而定。

韦伯大概总结了三种不同方式,以便可靠地确定行动者的意义。首先,可以试图决定行动者赋予其行动的经验含义。然后再提出其通常的意义。最后是"理想型"或确定的假说性的意义(Weber 1978:4)。在研究的初期,使用关于理性行动的理想型会很有帮助,因为它将揭示出对理性行动存在的偏离(Weber 1978:11)。

经济-社会学分析的第二步,重点转向社会行动的因素。在韦伯看来,"行动"是由包含着意义的行为组成的;而"社会"意味着这一行动指向其他行动者的行为。由于行为在行动者赋予其意义时成为行动,我们必须再次转向意义的问题。现在,重点不在于经济社会学家进入了经济行动者的大脑中,而首先是经济行动者如何赋予其行为以意义。这一过程既是微妙的，又是难以理论化和难以进行经验调查的。

另一个需要指出的重点是，韦伯使用的"意义"，不仅仅指涉个体的意义或行动者赋予其行为的特殊意义，还包括更广泛意义上的意义系统，即韦伯所说的意义联合体（meaning complex/Sinnzusammenhang）。典型的意义联合体就是韦伯在后期作品中讨论的所谓世界宗教，例如印度教或佛教。

按照第 1 章的说法，行动之所以引起社会学家的兴趣，还应为它是"社会的"。韦伯所谓的"社会的"，指的是"指向他人的行为"或某人如何"将他人的行为考虑在内"。

在关于韦伯的二手文献中，"指向"（orientation）甚少获得关注，而它比看上去要复杂。例如，很难从心理本质方面来把握行动者如何指向他人。经济行动者在做其他事情时想到某个竞争者，这可以确定其行动是指向那个人的吗？我会说"是"，然后补充说，这是某个特定的竞争者，或平均意义上的竞争者，或理想型的竞争者——他们彼此各不相同。

韦伯式解释的第三个步骤必须解决因果关系问题。首先需要指出的是，这往往是在某人行动时，而非已经完成了他要完成的事情时就要考虑的。现实中究竟发生了什么往往并不是行动者所想要的。这一现象的原因之一，就是韦伯所谓行动的"意义妥当性"。而解释还必须是"因果妥当的"（Weber 1978：5—6, 10）。

本文不是讨论"因果妥当"和"意义妥当"这两个如此复杂的概念的合适地方，因此，我只提出自己的评论，即韦伯试图发展出将意义考虑在内的因果性的理论，而不同于当今社会学中所使用的因果性的概念。

接下来讨论步骤四，即社会行动的过程及后果的问题。韦伯首先明确区分了意图中的效果和次级效果。完成价值理性行动的行动者不考虑成功的可能性，而工具理性的行动者通常会考虑次级后果，因为这些后果会作为手段而起作用，以达成行动者希望完成的目标（Weber 1978：12—13）。

行动会产生真正的意料之外的后果，这是经济学家长期以来就已经意识到的。资本主义的吊诡的结果使曼德维尔会心微笑，而亚当·斯密向读者们保证，自利行动最终将为全人类创造财富。韦伯的作品，特别是他的宗教社会学，也有不少意料之外的后果的例子：忏悔一桩罪恶，将增加犯另一桩罪的可能性（天主教）；试图遵循上帝的教诲来生活，最后却损害了宗教，而放纵了现代资本主义（禁欲的新教）等等。

我应当就此打住了。希望我已经向读者们表明，有另外一种方式，即可以命名为解释的经济社会学的方式，能够增进我们当前对韦伯的经济社会学思想的认识。毫无疑问，还有其他方式可以增进我们对韦伯的经济社会学的了解——希望这是中国的韦伯研究者将开拓的道路。

理查德·斯威德伯格，2005 年 10 月 13 日

参考文献：

Weber, Max. 1978. *Economy and Society*. Berkeley, CA: University of California Press.

致　谢

许多人都对这本书的写作有所帮助，在此要特别感谢两个人：普林斯顿大学出版社的出版人彼德·多尔蒂，他对如何改进本书提出了非常好的意见；拉尔夫·施罗德在我写作期间就阅读过手稿，并对各部分提出了意见。还有我的朋友和同事卡尔-路德维希·艾、伯纳德·巴伯、布鲁斯·卡拉瑟斯、斯文·伊莱亚森、尼尔·弗利格斯坦、伊迪丝·汉克、乌尔夫·琼森、铁木尔·库兰、阿瑟·斯廷奇库姆、基思·特赖布、查尔斯·蒂利、斯蒂芬·特纳、拉尔斯·乌德恩，以及萨姆·威姆斯特，对于他们的所有评论及批评我表示衷心的感谢。我还要特别感谢约翰尼斯·温克尔曼，1985年，在去世前几个月他还答复了我关于韦伯的经济社会学与社会经济学的最初的疑问；感谢哈里·达姆斯有关德国社会科学的术语学的讨论；威廉·亨尼斯慷慨地借给了我一些韦伯文档；戈登·马歇尔同我谈论了《新教伦理与资本主义精神》；罗伯特·K.默顿曾努力使我将韦伯的思想与我自己的思想区分开来，并且指导我如何追溯社会科学概念的发展渊源；感谢马克·格拉诺维特对韦伯与网络理论的讨论；弗里德里克·威廉·格拉夫和马丁·赖斯布罗特提供了关于韦伯的宗教术语学的信息；感谢冈瑟·罗思慷慨地与我分享了关于韦伯的知识；还要感谢沃尔夫冈·施路赫特，他提供了某些有关《经济与社会》的问题的、只有他知道的答案。

其他很多人以另外的方式回答了我的问题或者善意地帮助了我，他们是：奥拉·阿吉瓦尔、帕特里克·阿斯珀斯、哈罗德·J.伯曼、S.N.艾森施塔特、斯文·伊莱亚森、弗兰齐斯卡·福伊勒、托尔斯滕·戈德隆德、弗朗西斯科·吉尔、加里·汉密尔顿、彼得·赫德斯特伦、米夏埃尔·黑希特尔、瑟伦·雅格德、弗雷德里克·利耶罗斯、黑尔加·默尔斯伯格、阿波斯托利斯·帕帕科斯塔斯、盐谷谕一、格奥尔格·西贝克、约翰·瑟德贝里、约翰·M.施帕勒克、迪特林德·施托勒、渡井胜赖和迈克尔·伍洛克。有好几个图书馆的工作人员对我帮助很大，尤其是斯德哥尔摩大学图书馆、哈佛大学档案馆，以及哈佛大学的怀德纳图书馆。不少图书管理员和档案保管员都尽力帮助我查找信息，我特别要感谢的是，社会研究新学院图书馆的卡门·赫登斯塔特，纽约阿尔巴尼的纽约州立大学的玛丽·奥希尔斯基、就职于海德堡大学的沃尔加斯特博士及胡娜拉赫夫人、维也纳大学档案馆的库尔特·米尔贝格尔博士，以及胡佛研究所档案馆的罗纳德·布拉托夫。感谢哈佛大学档案馆允许我引用塔尔科特·帕森斯论文中的某些条目。

1995—1997年的几个夏天，我都待在马萨诸塞州的剑桥的哈佛大学的明道·德金茨堡欧洲研究中心，我特别要感谢查尔斯·梅尔斯和阿比·柯林斯的盛情。我还要感谢哈佛大学普福尔茨海默楼（以前的北楼）的负责人，尤其是沙伦·霍尔特。

在经济资助方面，我最要感谢的莫过于瑞典人文与社会科学研究委员会(HSFR)和 S-E-班肯的芒努斯·贝里瓦尔基金会,这两个机构都在斯德哥尔摩。

贝特·詹法尼亚和珍妮特·席林·默维瑞耐心而娴熟地将手稿变成了一本书。

谨将此书,以及深情与爱,献给我的妻子塞西利亚·吉尔-斯威德伯格,她写过两本关于韦伯的专著。

斯德哥尔摩,1997 年 11 月

导　言

在 20 世纪，主流经济学家们只关注用利益的作用来解释经济行为，而社会学家们倾向于强调社会互动与社会结构的作用。他们的这两种分析策略都是基于很好的理由，并且，经济学家与社会学家都创造了很多重要的作品。但是，也有一些经济学家和社会学家相信，只有把利益与社会结构结合在一个分析中，才能够推进对某些特定的经济现象的理解。笔者在本书中认为，马克斯·韦伯试图进行这样的整合，而且成功地排除了好几个障碍。他的这种尝试非常有趣，值得经济学家和社会学家去讨论——这种讨论仍然有待进行。多数社会学家和经济学家知道《新教伦理与资本主义精神》和韦伯的其他一些作品，但是，他们仍然不熟悉他的经济社会学及他在一般经济学领域的工作。

本书的核心主题是，韦伯试图在同一个分析中，将利益驱动行为的思想与社会行为的思想结合起来。例如，阿马蒂亚·森的作品使我们了解到，只以利益为基础的经济分析是多么不充分。森引用了埃奇沃斯（Edgeworth）在《数理心灵学》（1881）中的陈述，"经济学的第一原则是，每一行动者只被自利所驱动。"森对埃奇沃斯的观点加上了以下评价："这是经济学模型中一种持久的关于人的观点，而且，看来经济理论的性质也受到了这一基本原则的很大影响。"[1] 类似地，早期的社会学家则倾向于将人的行为看成主要由其社会维度所塑造。在拉尔夫·达伦道夫写于1950年代的一篇著名的论文中，"社会人"（Homo sociologicus）指的就是行为完全由他或她的角色所决定的人。后来，彼得·贝格尔与托马斯·勒克曼创造了"实在的社会建构"这一说法，也表示了将人的行为归纳为互动、角色和社会结构的倾向。[2] 人们都有利益，这些利益在决定他们的行为时起到了关键作用，社会学家总是忽视所有这些，或者至少是把它们放在一边。

近来，经济学与社会学中都出现了将利益与社会行为放在同一个分析中的尝试。在经济学中，这一发展始自1970年代中期，产生了加里·贝克尔、艾伯特·赫希曼、道格拉斯·诺思、托马斯·谢林、奥利弗·威廉姆森等人的一系列有趣的作品，以及一般所谓的"新制度经济学"。[3] 几年后，社会学中也出现了类似的发展，它有时被称作"新经济社会学"，参与者是另一些有才华的人，例如，尼尔·弗利格斯坦、马克·格拉诺维特、阿瑟·斯廷奇库姆、哈里森·怀特和维维安娜·泽利泽。[4] 经济学家们是从利益的思想入手，试图发展出一种将社会行为考虑在内的方法，而社会学家们恰恰相反，是要了解经济行动和利益"嵌入"社会结构的不同方式。

经济学家和社会学家的这些努力已经产生了一些非常有启发意义的思想。例如，托马斯·谢林的倾斜模型（tipping model）、马克·格拉诺维特关于社会网络在经济生活中的作用的思想。还有詹姆斯·科尔曼，几乎单枪匹马地致力于发展理性选择理论与社会学的综合，即众所周知的"理性选择社会学"。科尔曼从

1960年代就开始了这方面的工作，主要作品是《社会理论的基础》（1990）。笔者将说明，与当代冠以"理解"之名的社会学相比，科尔曼的许多思想明显地更加接近韦伯要努力完成的思想。

本书的主要论题是，韦伯将利益驱动行为与社会行为结合起来的尝试；其次的问题是研究他的两个主要计划，即发展出一门独特的经济社会学（economic sociology），以及一个新的全面的经济学概念"社会经济学"（social economics），韦伯称之为"*Sozialökonomik*"。"社会经济学"是出现于19世纪中后期的一个术语，包括韦伯在内的一些经济学家认为它是"政治经济学"的很好的替代物，而到了19世纪与20世纪之间的新旧交替的年代里，后者已经被认为是一个过时的词语了。韦伯主张，社会经济学应当是一种内容广泛的科学，包括几门社会科学，尤其是经济理论、经济史和经济社会学。分析者根据手头要解决什么样的问题，再从这三门学科中选择适合的学科来研究此问题。应当注意的是，韦伯非常尊重经济理论，认为无论是进行独立的分析，还是作为经济社会学和经济史的理论支撑，它都是理解经济现象所不可或缺的。在韦伯看来，在社会科学中，正是在经济理论中，利益驱动类型的分析得到了最清楚明白的表达。

为了更精确地描述韦伯如何看待（社会）经济学，必须解释他关于利益的观点。首先，经济学的三个主要分支——经济理论、经济史和经济社会学，都是韦伯所谓的"文化科学"（culture sciences），他之所以要使用这个术语，是要表明它们是要研究与意义有关的现象。只有自然科学的分析可以无须将意义考虑在内。换言之，利益之所以成其为利益，在于必须由行动者赋予其独特的意义。第二，同样重要的是，韦伯将利益的种类划分为两种，即物质利益和精神利益。二者都能够促使行动者采取行动。精神利益包括诸如身份(status)、民族主义(nationalism)、种族声望(ethnic honor)，以及韦伯所谓的"宗教财"(religious benefits)，即渴望救赎和来世更好的地位等。在经济分析中，物质利益最重要；不过，除此之外，令韦伯十分感兴趣的是，当两种类型的利益相互抵触、精神利益强化或阻止物质利益等情况发生时，那些追求精神利益的人如何兼顾其物质利益。在一些最重要的作品，如《新教伦理与资本主义精神》和《世界诸宗教之经济伦理》中，韦伯从历史角度探究了这些问题。最后，与现代经济学家不同的是，韦伯还论证了推动个人行为的不仅仅是利益，还包括传统(tradition)与情绪(emotion)。这样便产生了非常灵活的、有社会维度的利益理论的版本，令人联想起休谟和托克维尔的伟大作品。[5]

本书致力于研究韦伯的经济社会学：它是如何演化的，以及更重要的，韦伯如何将它发展成为实际的和有效的分析类型。在学术生涯的早期，韦伯就认为，在经济现象的分析中包括进社会的维度是很自然的事，但是，当时他并没有对发展出一种独特的社会学，并从理论上解决如何将社会类型的分析与利益驱动的分析整合在一起的问题表现出很大的兴趣。有人评价说，"在〔上个〕世纪之交，社会学对韦伯而言意味着一种夸夸其谈的进路，徒劳地宣称自己是科学之主。"[6] 但是，过了几年，韦伯年届不惑之时，开始为社会学建立坚实的概念基础，并努力进行这样的整合。这些努力的最初结果是一门一般的社会学，再往后就是韦伯所称的经济社会学，即"*Wirtschaftssoziologie*"。

最初，韦伯只是将他的新型的社会学分析用于经济领域与政治、宗教等其他社会领域的关系问题。这一努力部分可见于《经济与社会》第 2 部分的许多内容及其他作品。但是，在生命的最后几年中，韦伯将他的新的社会学视角直接应用于经济现象分析，因此创造出更严格意义上的经济社会学。他最后的成就主要可见于《经济与社会》第 1 部分第 2 章，"经济行动的社会学范畴"。

韦伯的经济社会学特别有启发意义的一点是他对经济行动加以概念化、试图将社会的维度引入经济行为分析的方式。在韦伯看来，所有的文化科学（亦即说，不仅仅是社会学）都是分析经由人们赋予其意义而建构的现象的。这既适用于经济理论，也适用于历史学和心理学。因此，使社会学自立门户成为一门科学的并非意义本身。社会学更集中于人们指向他人的行为的行动方式，用韦伯在《经济与社会》中的著名定义来说，"社会学是一门科学，其意图在于对社会行动进行解释性的理解，从而对社会行动的过程及结果予以因果性的解释。……行动是'社会性的'，是指行动者的主观意义关涉到他人的行为，并由此是在其过程中确立的。"[7]

应用于经济现象的社会学研究那些主要受到物质利益驱动，而且指向他人行为的行为。也就是说，韦伯的经济社会学的基本分析单位——经济社会行动（economic *social* action），不同于经济理论的基本分析单位——经济行动（economic action）；不同之处在于，前者不仅受到物质利益驱动、以效用为目标，而且将他人的行为考虑在内。

以经济社会行动这一概念作为经济社会学的基础，韦伯在《经济与社会》中发展出了一系列更复杂的概念，例如，开放的

6

和封闭的经济关系、经济组织、政治的和理性的资本主义等等。他把这个新的社会学视角应用于分析经济现象，以及经济现象与诸如宗教、政治和法律行为等其他现象的关系。对于由此产生的经济社会学，社会学家只了解它的某些方面，却很少持续地关注作为整体的韦伯的经济社会学，不仅社会学家如此，经济学家也都是这样。

本书的主要部分是对韦伯的经济社会学的陈述与批判性讨论，附录中阐述了韦伯在经济论题上的思想的历史演化。本书第1章以《经济通史》为准，向读者介绍了韦伯关于西方经济如何演化的观点。第2章讨论了《经济与社会》中关于经济的社会学分析。接下来的3章处理的是韦伯关于经济与其他社会现象的关系的观点：这几章关注的焦点在于经济与政治的关系（第3章）、经济与法律的关系（第4章），以及经济与宗教的关系（第5章）。第6章提供了有关韦伯对于经济与科学、技术、种族等方面的关系的看法，以及在其他一些论题上的观点的补充材料。最后一章也包括对韦伯在1910年代间所编辑的大部头的经济学手册（《社会经济学大纲》）的评价，以及韦伯的经济社会学与当代经济社会学的比较。

在讨论韦伯的经济社会学时，笔者主要使用了他后期的作品，亦即是1910—1920年间的作品，例如《经济与社会》、《世界宗教的经济伦理》和《经济通史》。这样做的原因是，正是在生命中最后的岁月中，韦伯决定尝试发展出一种新型的、位于理论经济学和经济史之间的经济分析。

本书最后的附录追溯了韦伯（较广泛意义上的）经济学思想的演变（经济理论、经济社会学、经济史）。附录也包括韦伯的一些生平资料（1864—1920），并讨论了他的一些最重要的经济学作品，从 1890 年代的早期作品一直到《经济与社会》——也就是他的经济学大纲的部分内容。附录中还包括经济学家、经济史学家和社会学家对韦伯作品的看法。

很明显，韦伯是少有的其作品必须被严肃看待的社会科学领域的思想家之一，他关于经济学与社会学之关系的观点既令社会学家，也令经济学家颇感兴趣。但是，韦伯的经济社会学却一直没有受到太多关注，希望本书能够使韦伯的经济社会学作品最终得到其理应得到的讨论。

第 1 章　西方资本主义的兴起

对于西方资本主义如何诞生的问题，有一些彼此争论不休的不同解释，远自卡尔·马克思的《资本论》(1867)，近至道格拉斯·诺思和罗伯特·保罗·托马斯的《西方世界的兴起》(*The Rise of the Western World*, 1973)。马克思强调了革命和阶级斗争的作用，而诺思和托马斯主要着眼于产权与激励所扮演的角色。马克思认为，资产阶级成功地打碎了封建主义的枷锁，从而解放了生产力。诺思和托马斯论证说，为了产生经济增长，必须使私人收益率与社会的收益率一致，而当这种现象大量发生时，现代资本主义就诞生了。最后，许多学者都相信，对于现代经济的创生而言，工业革命远比资本主义的诞生更重要。换言之，自 18 世纪下半叶以来，最重要的是技术如何被应用于经济生产。

熟悉《新教伦理与资本主义精神》(1904—1905) 的人都知道，关于这些问题，马克斯·韦伯站在一个完全不同的立场上。在这部著名的作品中，韦伯试图论证，宗教——或者更精确地说，是禁欲主义新教——帮助创造了一种新型的经济心态 (economic mentality)，即理性的资本主义。但是，较少为人所知的是，韦伯视现代资本主义的产生为一渐进的过程，其制度的、文化的维度延伸了几个世纪。禁欲主义的新教只是这一长期过程中的一个事件,尽管是一个重要而且特别吸引人的事件。

仅仅看《新教伦理与资本主义精神》的话,并不容易捕捉到韦伯的这一观点,不过,在写于1910年代的《经济与社会》之中,这一观点就已经很清晰了,而其在1919—1920年间韦伯在慕尼黑大学授课期间就更清楚了,后来,他的讲义以《经济通史》的名称出版。[1] 在这部作品中,韦伯论及自远古时期以来的人类经济演化,并特别注意了最终造成西方资本主义兴起的因素。韦伯不仅讨论了禁欲主义新教的影响,而且论及了股份制公司的演化、现代国家的出现、工业革命及其他很多因素。简而言之,在韦伯心目中,现代资本主义的诞生是一个异常复杂的过程,包括了建立国家、创造许多新的经济制度、新的经济心态的诞生、技术的引入及其他革新。

《经济通史》主要是一部经济史著作,而不是经济社会学著作。[2] 韦伯的经济社会学则主要体现在《经济与社会》中,后者是韦伯在1910年代编辑的大部头的经济学大纲的一部分。[3]《经济与社会》中的许多材料都可以被归类到经济社会学中,特别是第1部分第2章,"经济行动的社会学范畴"。这一章的篇幅相当于一本小书(有150页),是韦伯在慕尼黑开讲座的同时写作的,但是性质却与《经济通史》非常不同。一方面,"经济行动的社会学范畴"首先是为着一个理论的目标,即为经济社会学建立概念基础;因此,其中充满了定义,而很少有历史的例子。多数评论者都同意,这一章是韦伯经济社会学最重要的表述,但是,一般也认为这一章很难读。[4] 确实,韦伯在慕尼黑授课的主要原因是,学生们觉得他的以《经济与社会》前两章为基础的讲座很难懂。

因此，开篇就进入"经济行动的社会学范畴"的话，可能对于当代读者来说要求太高了，因此，笔者决定按照韦伯的做法，首先阐述《经济通史》的内容。从而希望读者可以更容易地了解韦伯的经济社会学，并熟悉韦伯在建立其社会学范畴时熟知的某些历史材料。

从《经济通史》而不是从《经济与社会》第 2 章开始来阐明韦伯的经济社会学还有另外一个原因。直接从后者开始的话，会在无意中留下这样的印象，即韦伯认为所有社会都有一个可以称为"经济"的领域，这个领域有其内部的动力学及自主性，因为这一章主要研究经济领域。[5] 但是，这并不是韦伯看待事物的方式。他认为，只有到了现代，谈论一个"原则上自主的"、与其他社会领域相互作用的"经济领域"才有意义。[6] 他补充说，人类大多数历史都发生在前资本主义时期，当今所谓"经济体系"或"经济领域"实际上出现得非常缓慢。

I.《经济通史》

韦伯在慕尼黑大学所开课程名称是"社会与经济通史纲要"，这门课很成功。韦伯在学校可容纳 600 人的最大的礼堂里上课。他在给朋友的信中说，随着课程迅速进行，他很快就觉得疲惫了。[7] 还有一个事实增加了韦伯的困难，即在最后那些年里，他没法将精力集中于经济史上，而把多数精力都投入到经济学大纲和一项关于不同宗教的经济伦理的庞大研究计划中去了。[8]

韦伯去世以后，人们用学生们的笔记重新复原了韦伯在慕尼黑的讲义，即今天以《经济通史》为人所知的作品。由于巴伐利亚的法学学生必须会速记，因此，很容易就能找到一些很好的课堂笔记。编纂者强调说，韦伯永远不会以这种形式出版这部作品的，而且，"他的陈述说明，他认为（该课程）是一次被迫的即席创作，有很多缺陷。"[9] 在韦伯永远没有机会检查《经济通史》的文本的情况下，毫无疑问，要谨慎地使用这本书。例如，在当前的文本中，存在一些事实性错误，还有一些也许是翻译上的失误。[10]

《经济通史》的结构如下：导言部分只有区区数页，其中的概念讨论或许正是韦伯第一次讲授的内容；接下来是课程的经验内容部分。编纂者将约占正文 95% 的经验内容划分为 4 个部分，即社会群体和前资本主义农业、前资本主义工业、前资本主义贸易及一个标题为"现代资本主义的起源"的部分。

对于不熟悉韦伯早期作品的人而言，还需要指出，1919—1920 年的慕尼黑讲座与大约 20 年前韦伯在曼海姆所做的一个名为"经济发展的过程"（1897）[11] 的系列讲座之间，有一些有趣的相似之处。而且，后者也分为 4 个部分，前 3 部分是关于前资本主义时期的，第 4 部分标题是"现代资本主义的历史形势"。这两个系列讲座给人们留下的深刻印象是：在经济史上，韦伯最感兴趣的便是现代资本主义的产生及其性质。

II.《经济通史》第 1 部分：社会群体与前资本主义农业

当代经济史学家们已经详细讨论了韦伯在《经济通史》

(*General Economic History*)中涉猎的许多历史问题，在后面的章节中笔者要回头再谈这一点。现在，只引用 A. P. 厄舍、伊莱·赫克舍等上一代经济史学家对韦伯作品的看法。这两位吹毛求疵的学者却都对《经济通史》评价很高。赫克舍认为，"《经济通史》因其丰富的思想而弥足珍贵"；而厄舍认为，"（这部作品）是经济史在 50 多年中最重要的成就。"[12]

《经济通史》4 部分中的第 1 部分是关于前资本主义社会的农业。在此，韦伯的中心概念是"*Agrarverfassung*"，字面意思是"农业的组成部分"（agrarian contribution），不过更合适的译法是"农业的社会与经济组织"。只要认识到韦伯首先考虑的是历史上与社会群体，特别是家族和氏族有关的农业结构的演变，那么，厄舍、赫克舍及其他人为什么将《经济通史》划为"社会学的"作品的原因就很清楚了。[13]需要指出的是，韦伯在《经济与社会》中的独创的经济社会学进路也是与社会群体相关的经济分析，而当卡尔·布歇没有能够提交一篇令人满意的关于经济发展阶段的文章时，韦伯便扩充了他在这一论题上的章节。[14]我们很快就要看到，韦伯独特的经济社会学进路非常适用于前资本主义社会，因为其中还没有发展出一个自主的经济领域。

韦伯的讲座一开始并没有讨论在人类历史之初可能会发生些什么，比如讨论一些考古发现之类，而是综述了早期的社会结构类型——更确切地说，是中世纪时典型的德意志乡村的农业构造。根据韦伯所述，该讲座没有从上古时期开始的一个原因是，"我们对原始人的经济生活一无所知。"[15]人们也许会猜测，韦伯使用德意志的例子是想使学生易于接受。无论如何，韦伯介绍加罗林王朝的典型的德意志村庄的方式令人想起冯·屠能

(von Thünen)在《孤立国》(*The Isolated State*, 1826)中的著名图形，也是一系列的同心圆环，每一个代表不同种类的地带（见图表1.1），韦伯说，在第Ⅰ区，也就是早期德意志乡村的中心，可以看到各家各户的农民们的房屋，外边的第Ⅱ区则是他们的园地。耕地位于园地外边的第Ⅲ区，再外面是放牧的区域（第Ⅳ区），而再往外是森林（第Ⅴ区）。屠能用此图来表示，"孤立国"中的农业产品如何由于运输及生产的费用而坐落在不同的区域中，韦伯使用这个图的目标却与屠能不同，他的目标是描绘社会结构。他指出，因为土地的分布方式，农民们必须互相帮助，协调他们的许多农业活动。因此，在这个历史阶段，个体的德意志农民"在所有的活动中都与村民群体结合在一起"。但是，到了19世纪，德国农业地图上已经发生了如此多的变化，以至于农民"被迫〔去过〕一种个体主义的经济生活"。[16]

在韦伯的讲座中，即使他对德意志农业史的了解超过对其他任何国家的了解，他也并未仅仅讨论德意志农民的形势。在前资本主义农业的章节中，他使用了来自全世界的例子，比如中国、印度、埃及，等等。但是，最令韦伯感兴趣的，与其说是全世界的农业生活的种类，不如说是一些普遍的社会群体在农业生活中的作用，以及所有这些群体及其作用如何在历史过程中发生变化。例如，氏族在农业生活的早期非常重要。[17]有些氏族拥有土地，但更重要的是，如果没有它的允许，就不能出售土地。氏族通常负责保障族人安全，还要负责征收违反规定时的罚金；氏族由一位长者掌管，他根据传统来处理争端、分割土地。几个世纪过去了，在西方，氏族丧失了其权力，而在世界的其他部分，例如中国，它仍然很强大。韦伯说，有两种力量特别有助于消除氏族的影响：一是国家，它对其国民的权力受到氏族威胁；二是基督教，它怨恨氏族对个人的控制。

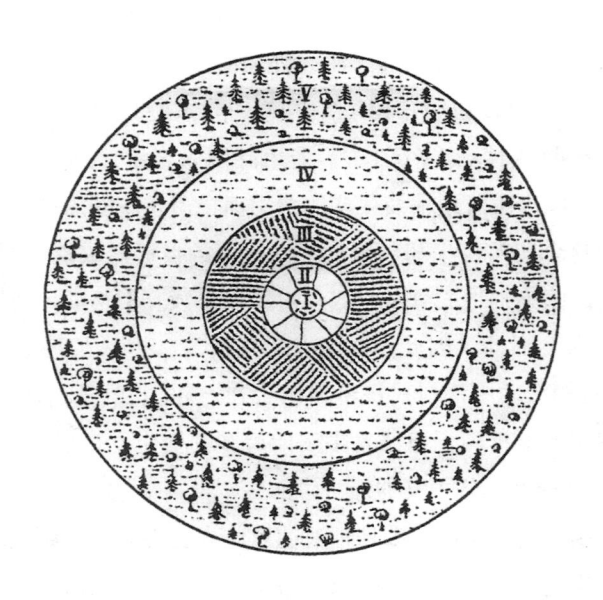

图表1.1　加罗林王朝典型的德意志乡村，根据韦伯《经济通史》绘制

韦伯在讨论农业的章节中所分析的第二种社会群体是家族（household）。韦伯解释说，前资本主义的家族可以由一个或几个家庭构成，共同消费，有时也共同生产。一个家族可以拥有土地，但通常只拥有可移动的生产工具。韦伯对家族分析的创新之处在于，他注意到了男人与女人的不同的经济角色。在远古时代，如果土地是被开垦出来的，就属于女人；如果土地是通过战争征服来的，则属于男人。在人类历史早期，女人们持续地工作，而男人们只是断断续续地工作。女人们在田地里劳作，

因此是"最早的农学家"。工作非常艰苦,而"女人们是田地的奴隶"。[18] 韦伯说,犁代替了锄头之后,男人们开始更多地参与到农业劳动中。打猎、战争和农业最终成为了男性的任务,而女人们负责房子周围的工作,包括纺织生产。

除了着眼于家族的内部结构之外,韦伯还研究了农户如何结合,及其如何随着时间的推移而发生变化。例如,有些家族会结合为更具共同体性质的(communal)社会组织形式,例如扎德鲁加或阿尔卑斯地区的公社。当一个家族将自己的权力扩展至其他家族之上时,就产生了一种非常不同的发展类型,它是通过征服、军事阶级的出现或其他形式而实现的,结果是产生了韦伯所谓的领主处分权(seigniorial proprietorship)[19]。在西方,庄园(manor)代表了这一社会结构的阶级形式。领主(lord)*对隶属于他的人民行使司法权,而依附者被迫向领主支付各种费用,以实物形式支付,用于作战、领主的家族使用,或在市场上出售。领主是军人,而不是农民,并且通常要从他的依附者那里得到一笔稳定的收入。领主处分权的结果就是经济的传统主义,以及领主与依附民之间复杂的社会与经济依附。

人类社会早期不存在截然区分的各社会领域的事实,也意味着政治群体是核心的经济行动者。韦伯指出,国家可从财政的角度被组织成一个"赋役制国家"(liturgical state)或"税务国"(tax

---

* 在本书中,"lord"自身含有"ruler"(统治者)、"dominator"(支配者)等多种意思。相应地,有两种译法,一种是"领主",另一种是"封君"。前一种代表着庄园主及其依附民之间的社会经济关系,后一种则是较狭义的西欧封建制度中封君与封臣之间的支配与依附的法律关系。后一组关系中的封臣领有采邑者,亦可称为"领主"。——译者

state)。[20] 前者意味着国家的捐税是实物形式，人民是奴隶性质的，而且不同的社会群体有不同的义务。在税务国中，人民在形式上是自由的，被当作税收的来源。人类社会早期的另一个重要的财政特点与行政的集中化程度有关：要么王侯们自己直接控制和支付整个的行政，要么土地被授予下属，而后者相应地控制并支付行政管理的费用。根据韦伯的看法，在控制水供应基础上建立政治力量的帝国倾向于中央集权的财政管理。在古代埃及和美索不达米亚尤其是这样。相对而言，西方的地理与气候与它们相差很大，行政倾向于分权化。

《经济通史》的农业部分的结尾讨论了现代资本主义取得突破性成就之前的形势。在当时，关键的社会群体正经历重大变化：在西方，氏族失去了其重要性，扩展的家族不再是重要的土地所有者。私人产权的原则确实已经稳固地建立起来了。韦伯说，庄园制解散的方式有着重要的经济与政治后果。有可能出现有财产或没有财产的农民，而农业的统治阶级可能像在法国一样丧失其权力，也可能像德国的容克们一样，仍然扮演重要的角色。按照韦伯的看法，使庄园制瓦解的原因，是市场开始消解了农民与领主之间复杂的依附关系。最终，城市里的资产阶级们也发展出自己的权力，并向贵族的统治提出了挑战。

III.《经济通史》第 2 部分：前资本主义时代的工业

在论述了农业的社会与经济组织之后，韦伯在《经济通史》的第 2 部分进入到前资本主义的工业的部分。"工业"概念的技术定义是"改变原料"[21]。但是，第 2 部分的主要关注点是这种改变被组织起来的不同方式。韦伯首先讨论了一些基本的社会组织和工业的形式，例如家族与村庄；然后，他分析了不同的经济组织，特别是行会与工厂。一些评论者赞扬了《经济通史》的工业部分。例如，A. P. 厄舍和格奥尔格·冯·贝洛发现，韦伯关于行会的分析特别引人入胜。[22]

韦伯说，最初的工业形式是从家族内部发展起来的。后来，一些家族开始为其他的家族生产；村庄工业也出现了。它们的产品可能在市场上出售，也可能不出售。在特定的环境下，比如在印度，部落工业被固定成种姓制度，每一个部族都有其精心安排的劳动分工。不过，也存在为市场而生产的可能，这就为当地领主或他的村庄提供了一种非常不同的动力。当一个家族与市场发生联系时，传统主义就弱化。或者，用韦伯的话说，"自给的家族经济的墙壁倒塌了，朝向市场的窗户打开了。"[23]

在古代*的城市中也有手工工场（*ergasterion*），通常雇佣奴隶从事劳作。这些工场需要很少的固定资产，而工人们一般肩并肩地生产同样的物品。在中世纪，奴隶逐渐消失，而代之以工匠，工匠数量越来越多，并且聚集在城市里。中世纪的市场明显比古代要大得多，而且人口中有不同的消费模式，正是这两个因素促成了工匠的产生。在中世纪，不同的经济与政治因素有助于破坏奴隶制。特别是，奴隶变得稀少而且昂贵；而且，除非采用严酷的纪律，否则奴隶不容易被驱动起来；奴隶的逃跑或死亡使他们

---

* 在本书中，如非特别说明，"古代"（antiquity）指的是中世纪之前的西方世界，即以古希腊、罗马的文化与政治建构为核心发展起来的历史区域。——译者

成了风险投资。

次要的工业组织形式是行会、代工制（the putting-out system）和现代工厂。在古代，不存在行会，这是因为行会有共同的仪式，而在古代，奴隶和自由人通常是一起劳动，不可能举行这样的仪式。无论是在中国还是印度，行会制度都没有变成一种占优势的工业组织形式；造成这种情况的，在中国是因为家族经济，在印度则是因为种姓制度。行会制度只在西方获得胜利，主要原因是城市在中世纪时的作用。韦伯注意到，施穆勒（Schmoller）将行会视为起源于领主的家族的看法是错误的。虽然还缺少很多细节的记载，但是行会起源于城市，这一点很清楚。

从一开始，西方行会最重要的特征便是它的内部规范和它要垄断某些形式的经济活动的企图。它的目标是保证其成员的某种生活方式，而且在此过程中引入了特有的鼓励经济传统主义的标准。例如，只可使用确定的原材料和技术，禁止行会成员间进行削价或其他形式的竞争。当潜在的行会成员数目增加时，行会将对他们进行封锁，比如，采用某种使他们在经济上无法加入进来的测量标准。行会内部的劳动分工也不是进程性的，分工只集中于单件的物品，而非劳动过程的个别时刻。举例来说，一个行会成员生产背心，另一个生产短裤，等等。

行会后被代工制代替，而促使行会垮台的原因正是它们的经济传统主义。韦伯说，代工制度并非起源于行会内部，而是与行会一起发展，并最终取而代之。在英格兰，这个过程非常迅速，行会被轻而易举地绕过了；在德意志，城市和行会的权力比较大，这个过程就慢得多了。通常，代工制一开始先是垄断购买权，然后扩展到原料、生产过程、工具甚至整个劳动过程的垄断。尽管欧洲以外的地方，比如中国和印度，也存在家庭工业制度，但是，最后两个阶段，即在提供工具和部分劳动过程上的垄断则较少见。

作坊制并非从家庭工业制度中发展而来，它有自己的传统，始自古代的手工工场和埃及的巨大的作坊。根据韦伯的看法，有两个特征将现代的工业作坊与家庭工业区分开来：家族与企业分开，而且有固定资本，即其价值远远超过一些简单工具的资本。而且，仅仅在西方发展出了工厂，在印度，尽管有很好的技术，但是，种姓制度成为一个明显的障碍，而在中国，家族构成了严重的阻碍。

尽管韦伯认为现代机器的产生对于现代工厂的发展而言很重要，但是，他坚决拒绝技术决定论，认为"现代工厂并非由机器创造出来的"[24]。韦伯认为，与机器同样重要的还包括资本、市场的大量需求、自由劳动力和劳动纪律的出现等因素。所有这些加在一起，使得通过系统计算（systematic calculation）为一个大众市场而生产成为可能；而现代工厂与其说是对某些独立产生的力量的回应，毋宁说是对这一整体发展的回应。韦伯甚至说，"从经济角度看，机器的重要性在于它引入了系统计算。"[25]

IV.《经济通史》第 3 部分：前资本主义时代的贸易

《经济通史》的第 3 部分是关于前资本主义时代的贸易的，A. P. 厄舍批评这一章忽视了某些贸易类型和地区间账目如何结清等问题。[26] 对于这些脱漏之处，可以补充说明的是，韦伯对商人法几乎只字未提，鉴于他对法律与经济的关系特别有兴趣，这一点就非常奇怪了。我们今天对跨文化商业贸易和中世纪的银行的了解，也远远超出了韦伯时代。不过，《经济通史》关于贸易部分的信息很丰富，还有一些关于经济制度的产生的非常有启发意义的思想。从第一个方面来看，韦伯不仅成功地阐述了商品贸易（及其运输）的历史，而且用很少的篇幅说明了货币交易（包括银行）的历史。在具有启发性的思想方面，韦伯认为，现代公司的某些特色源于前资本主义时代的贸易活动，比如，资本账户（capital accounting）的观念、从个人财产中分离出公司财产的观念，等等。

在表述前资本主义时代的贸易历史时，韦伯首先着眼于社会群体与经济之间的关系，然后才进行经济组织的分析。韦伯说，贸易出现于历史上部落间的互动，因此是一种"外部现象"。早期的贸易形式还包括统治者之间的礼物交换，以及如果庄园主的领地上有剩余产品时的领主贸易。然而，很快地，贸易就变成了一种独特的活动，特定的个人、群体或者甚至整个共同体把它当作自己的专业。例如，出于宗教原因，犹太人通常选择贸易为职业；作为一个商人，要比作为一个从事农业的人更容易遵从犹太教的仪礼。尽管早期的商人是要带着他们的商品四处流动的，但是，到了中世纪晚期，他们就有可能固定在某个地方继续经商了。韦伯也区分了"行商"（the alien trader）与"坐商"（the resident trader），前者通过远距离贸易、后者通过垄断某个本地市场谋取利润。[27] 商人的行会也反映出这一点：国内商人行会是针对外国人、犹太人和居住在乡村里的人而产生的，保证某些当地商人的垄断；类似地，外国商人行会的主要目标是针对当地的商人和权威,合法地保护自己的成员。

韦伯也讨论了前资本主义社会中的一些不同种类的市场。在早期,有些地方被辟作市场,这便是商业交换发生的地方。例如,市场可能限于指定的城市街道或领主辖区的某个特殊地方。在后一种情况下,商人通常必须沿着特定的路线前往市场,一旦去了,可能就要向领主支付强制性的手续费和其他费用。说到这里,韦伯提到了关于重量和尺寸的规则问题,当时可能还必须使用领主的起吊架。只是商人们之间处理业务的市场称为集市。韦伯简要地讨论了最著名的香槟(Champagne)集市,国际间账目往来就在这里结清。也许正是在这一点上,厄舍希望韦伯提供更充分的说明。

根据韦伯的看法,早期贸易活动中产生了现代公司的两个关键特征。一是资本核算,或者说,通过计算经营之前与经营之后的资本差异来衡量利润的观念。在一次海上冒险中,通常有两方联合起来,一方提供全部或大部分资本(即所谓康曼达,*commenda*),而另一方携带货物前往目的地,不出资或只出小部分资金。如果在岸上的一方出全资,则他享有全部利润的3/4;如果他出资2/3,则得到一半的利润。韦伯说,"这种康曼达的特色是,首次采用了资本核算。"[28]

植根于早期贸易实践中的现代公司的第二个关键特征是,属于公司的财产与属于公司成员的个人财产的分离。韦伯说,最初,全世界都是以家庭为贸易单位,而在家庭中,个人财产与公司财产彼此没有区分。但是,当公司开始雇佣其他家庭的成员时,尤其在对信用的需求有所增长时,区分这二者就越来越有必要了。韦伯表示,这种分离最初发生在14世纪早期的佛罗伦萨,公司的资产被称为"公司法人"（corpo della compagnia）。[29]

前文已经提到，韦伯的贸易概念，不仅包括货物的购买与出售，而且包括货币的购买与出售。《经济通史》的读者们看到，在远古时代，存在着许多不同种类的货币。例如，货币可以是珠子或毛皮，而当一种货币被用来买牛时，就另外需要一种货币来购买，比如说，新娘。铸币在公元前7世纪就发明出来了，但是，具有均匀的质量与价值规则的铸币的出现，还需要1000多年。在古代，国家控制了铸币的生产，到了中世纪时，领主接手了这项工作，以便通过货币铸造税和降低铸币的成色来营利。这就造成了韦伯所谓的"铸币非理性"[30]。最后，国家重新获得货币制造的控制权，后来也发展出理性的货币政策，即以保持良好运行的经济为目标，而不是通过控制铸币而营利的政策。

韦伯对货币和银行的分析中具有创新性的一点是，在论述不同种类的经济行为时，他使用社会群体内部运行状况和外部运行状况的差异来加以解释。韦伯说，某种货币最初是在一个共同体内使用的，不在外部使用。只有当"外部货币"侵入并与"内部货币"融合时，才出现一种通用的货币。[31] 他说，与此类似，向属于同一共同体的其他成员征收利息最初是被禁止的，部分原因是禁止乘人之危牟取利润，其他原因是，一个共同体的成员必须能够自己支付武器装备，因此不能负债。但是，无论向外国人征收多么高的税甚至欺骗他们都是完全可以接受的。换言之，存在两套分别针对群体内部和外部的伦理。[32] 在与利息有关的讨论中，韦伯也提到了，早在15世纪，即使是禁止收取利息的天主教会也接受了银行以利息为谋取利益的手段这样的事实。此后不久，北欧的新教徒打破了关于贷款取息的禁令。

V.《经济通史》第 4 部分：现代资本主义的起源

《经济通史》的第 4 部分，也就是最后一部分讨论了韦伯最喜爱的题目，即现代资本主义的起源，还包括了某些颇具争议的材料。在批评者中，对这一部分的接受也颇为参差：赫克舍认为，与之前的资料相比，这一部分"大失水准"，而厄舍和冯·贝洛认为这一部分"有启发性"（尽管后者担心这一部分跟《新教伦理与资本主义精神》一样，会被误解）。[33] 晚近的兰德尔·柯林斯发表在《美国社会学评论》上的一篇关于《经济通史》最后一部分的文章认为，韦伯作品中唯一可以找到关于西方资本主义如何产生的理论的地方正是这个部分。不仅如此，《新教伦理与资本主义精神》主要集中于"观念因素"，而《经济通史》的最后一部分给出了韦伯在后期作品中表述的"更加基本的历史与制度理论"。[34] 柯林斯自己也试图将韦伯的论点系统化和形式化，而他呈现给读者的，是一个"韦伯式因果链"模型。

对于柯林斯的分析，尽管还可以提出某些细小的异议，但是，在这一点，即《经济通史》的最后部分使读者洞悉了韦伯在生命的最后岁月里对现代资本主义产生问题的观点上，柯林斯无疑是正确的。[35] 同样很清楚的是，在提出他自己称为"西方的"或"(现代)理性的资本主义"[36] 的理论时，韦伯急切地要批评在资本主义起源问题上的其他不同理论，特别是桑巴特（Sombart）的理论。一般地说，韦伯对于那些认为单一因素就可以成为西方资本主义产生的原因的思想持批评态度，无论这个因素是人口增长，16、17世纪时的价格革命，还是技术革新。毫无疑问，某些在单一因素决定论中被挑选出来的现象在资本主义的发展中起到了重要的作用。韦伯举出的此类例子包括欧洲的地理因素（森林和雨水阻碍了政治上的集权化），与战争有关的工业和奢侈品业的成长。最后，韦伯还否定了犹太人或殖民主义促成了资本主义诞生的理论。韦伯注意到，殖民主义积聚了财富，但却没有引起以市场为导向的生产，而这是现代资本主义的特征。犹太人尽管在货币交易方面很有技巧，但在创造工业资本主义方面并无任何建树，而是以创造出一种"贱民资本主义"（pariah capitalism）告终。[37]

在《经济通史》的几个不同地方，韦伯总结了造成西方的或理性的资本主义产生的因素，以及它的先决条件和一般特征。在《经济通史》中，共总结了三类西方或理性的资本主义。由于韦伯没有机会在出版前检查这些讲稿，这些总结彼此并不完全吻合，但还是很有启发意义的，并确实使人可以体会文中韦伯认为是关键的因素（见图表1.2）。总的来看，可以说，韦伯相信有三类因素导致了西方资本主义的形成：经济的、政治的和宗教的因素。

    A."最终形成了资本主义"的因素：

    1. 理性的（永久的）经营

    2. 理性的会计

    3. 理性的技术

    4. 理性的法律

    5. 理性的精神

6. 生活行动的理性化

7. 理性的经济伦理

B. "当今资本主义的最一般的先决条件"：

1. 理性的资本核算

2. 自由市场

3. 理性的技术

4. 理性或可计算的法律

5. 自由劳动力

6. 经济生活的商品化

C. "西方资本主义的独特特征及其成因"：

1. 劳动力的理性组织

2. 不存在内部与外部经济的分隔

3. 现代国家

4. 理性的法律

5. 现代科学

6. 生活行动的理性伦理

图表 1.2　西方理性资本主义：原因、先决条件和特征，根据韦伯《经济通史》内容总结

来源：马克斯·韦伯：《经济通史》（新不伦瑞克，纽约：交流出版社，1981），第 354、276—277、312—314 页。

注释：对于以上列表中几点矛盾之处的可能的解释是，《经济通史》是以韦伯授课时的学生笔记为基础的，从未由韦伯本人检查过。韦伯在作品中也否定了以下任何一个单一因素本身造成了西方资本主义的观点：人口增长、技术进步、犹太教、贵金属的流通、军事活动产生的需求或对奢侈品的需求。在《经济与社会》中（第 161—162 页），韦伯列举了类似的一系列对于"资本核算的最大限度的形式理性"而言很重要的因素。

韦伯指出的经济因素有现代会计制度、自由劳动力，以及大众市场的出现。此外，还要加上他详细论述的其他因素：合资公司的出现、理性的投机、工厂、现代的科学和技术。韦伯用了几页的篇幅讲述了股份公司的复杂历史，包括古代及中世纪时它在国家和城邦中的兴起，以及千百年之后，它经由东印度公司而普及的历史。他还论述了16—17世纪现代交易所的出现，在那里，商人们不必携带自己的货物，就可能对未来的或并不存在的货物进行投机。最后，韦伯认为有必要强调，现代工厂构成了一种独特的社会组织而不仅仅是技术单位，而且，他认为，理性的技术以及与它相伴的理性的科学是现代资本主义诞生的核心。在关于工业技术的章节中，韦伯也观察到，如果不是煤（而不仅仅是木材）在18世纪的英格兰被发现可以用来铸铁，资本主义可能真的不会再向前发展。

在韦伯对促成现代资本主义产生的第二套因素即政治因素的论述中，他也表示，如果不是这些因素的话，资本主义的演化也可能会中止。这些因素中包括公民的概念，或者指个人可以属于某个与家庭和氏族这样的社会单元分离开来的政治组织的思想。韦伯说，在西方城市中，首次出现了个人可以同其他人一起进入一个单独的政治共同体的思想，从而破坏了环绕着家庭和氏族的无形的阻碍。韦伯还补充说，当民族国家形成时，城市的独立性，以及相应的最初的公民概念的确被摧毁殆尽。然而，因为各个国家彼此为资本而竞争，西方的经济因素获得了一定的独立性的保证，这在其他群体里也一样。"理性的国家"还发展出了一套可靠的官僚制、发达的预算体制和系统的经济政策。此外，还要加上特殊的、为经济行动者提供可以预测的法律环境的法律制度。

韦伯必须回溯到远古，以便正确地解释政治因素对现代资本主义产生所起的作用，进而，他必须探究更加远古的历史，以便确立促进资本主义产生的三种因素中的最后一种因素，即宗教因素的作用。按照韦伯的看法，宗教推动理性资本主义的成因的方式主要有两种。第一，在远古时期，对巫术的信仰强化了传统主义对社会的控制。犹太教对巫术的敌意和它的先知预言（prophecy）有助于瓦解传统主义。因此，犹太教对理性资本主义的最重要的贡献并不是像桑巴特所说的那样，[38]是由于犹太人反对天主教会的经济教条，从而解放了现代资本主义；而正是犹太教使宗教走向一个非巫术的，在一定程度上也是非传统的方向。

宗教对于理性资本主义的诞生的第二个主要贡献是，帮助消除了天主教会对经济事务的消极态度，特别是天主教否定有条理的经济活动可以成为人生目标的思想。这一变化得以发生，主要是由于引入了天职概念，即认为包括营利在内的系统的工作具有宗教价值的思想。韦伯说，最初，在所有的共同体中都存在两种经济伦理：一种是"内部伦理"，即不能从自己的同伴身上获取利润；另一种是"外部伦理"，即跟外国人的任何经济行为，哪怕是剥削性的，都是公平的。[39]在西方，这两种伦理渐渐融合在一起，结果却是一种不稳定的妥协，因为天主教会对经济力量和营利动机都持怀疑态度。但是，禁欲主义的新教徒却成功地使这二者结合在一起，因为他们相信，有条理的工作和诚实的营利是合法赞颂上帝的手段，而且所有人都应当按照同样的方式来对待。结果，营利行为从教会的古老禁令中解放了出来，在经济事务中外国人和本共同体的成员受到了同等的对待。

所有这些不同的发展线索的意料之外的结果就是一种经济体

系的出现,即韦伯称之为西方的或理性的资本主义体系。资本主义较早期的形式通常是某种政治资本主义——即与政治体系直接相关的一种资本主义的形式。尽管韦伯并未精确定义他所说的理性资本主义的含义,《经济通史》也没有确切说明理性资本主义是如何产生的,但是,在他的讲座中,韦伯的确提出了他对这些问题的想法。由此,理性资本主义预设了这样一个社会,在这个社会中,传统主义失去了对人们的控制,普遍的价值体系赞成谋取利润;它还预设了一个政治国家,它有可预测的法律系统,经济活动自身在社会里的准自治领域得到了保证;用经济术语来说,理性资本主义意味着经济是由理性的企业组织起来的,理性的企业为大众市场生产并通过资本核算计算营利。理性的技术得到使用,劳动力在形式上是自由的。

可以说,《经济通史》包含了现代资本主义的兴起在内的、有关西方经济演化的极丰富的阐述。韦伯的作品充满了新的思想和概念,许多以前从来没有被考察过。此外,很清楚的是,韦伯对于西方资本主义的演化有自己独特的看法,这些应当受到重视,并应当成为当前有关经济发展之辩论的一部分。在目前的情况下,似乎仅有一些经济史学家和社会学家比较重视《经济通史》。

在引用《经济通史》时,的确需要一定程度的谨慎,因为韦伯从未有机会检查其文本。不过,可以用《经济与社会》来核对《经济通史》的许多观点,前者是从另一个不同的角度讲述与韦伯的讲座同样的内容。这个角度便是经济社会学的角度,现在,我们就能够直接进入到《经济与社会》中至关重要的第 1 部分第 2 章,"经济行动的社会学范畴"。

第2章　韦伯经济社会学的基本概念

从韦伯这一方面来看，《经济通史》本来是用来使学生们更容易理解他在《经济与社会》中提出的概念的一种尝试。从这一点上来看，该课程也许获得了成功，因为即使在今天，《经济通史》也能够使读者鲜明地看到韦伯关于从早期直至理性资本主义产生时的西方历史上的经济体系的观点。但是，《经济与社会》的总体目标却与此不同，《经济与社会》是要展示，作为社会科学一个独特视角的社会学如何能够被用来分析经济-社会现象，从而将一种社会维度引入以利益为指向的分析。整个《经济与社会》都贯穿着这一目标，并且尤其体现在介绍经济社会学基本概念的章节，即"经济行动的社会学范畴"。

《经济与社会》并没有从经济社会学的讨论开始，而把它安排在第2章，却在第1章阐述了普通社会学及其基本范畴。显然，以一种后见之明来看，原因应当是这样的：韦伯不可能在没有首先介绍社会学进路的情况下，就规划出经济体系的社会学进路。不过，以普通社会学的章节为起始，对于韦伯而言是一个困难的决定。例如，在1913年，他就曾经决定在杂志上发表关于普通社会学的草稿，而不是把稿件留给《经济与社会》。[1] 我们并不知道是什么原因促使韦伯后来改变主意,并决定将关于普通社会学的章节包括在《经济与社会》的最终版本中,即使以下这一点看上去是颇为可信的,即韦伯决定用一章来对经济体系进行社会学的分析,从而很难不一开始就讨论社会学的视角及它与经济学视角的差异。

I. 经济理论与普通社会学的关系

通常,人们在阅读和讨论中似乎认为,《经济与社会》的第 1 章("社会学的基本概念")只包括了关于社会学及其主要概念的概要介绍。这种看法并没有什么问题,因为这就是韦伯在这一章的意图之一。但是,人们似乎忘记了,这一章也包括了关于社会学有别于经济学理论的讨论,以及作为《经济与社会》的第 1 章,它还有另外一个目标,即为下面一章的经济社会学论述作好铺垫。在韦伯如何看待经济理论与社会学的关系的看法上,还存在许多混淆不清之处,因此,以下关于这一点的讨论就顺理成章了。

韦伯关于社会学的原则及其基本概念的介绍是在《经济与社会》第 1 章中形成的。他的著名的社会学定义是:

> 社会学(这个字眼具有多重含义,下面仅以此处所使用的意义予以定义),是一门科学,其意图在于对社会行动进行解释性的理解,并从而对社会行动的过程及结果予以因果性的解释。[2]

从这个定义立即可以看出，韦伯赋予行动者的理解（understanding, Verstehen）的重要性。与其他社会科学一样，理解是社会学的核心，而且是它主要的说明机制。[3]一个社会现象是通过它对于行动者的意义而建构起来的，而对于这种意义，不同的行动者可能会具有同样的解释。对于本质上是经济的，而且意义的因素也是其核心的社会行动，这一点同样正确。[4]依照韦伯的看法，妥当的社会学解释要能够通过对行动者的理解来解释实际的社会行动。韦伯的因果关系类型可以被称为是解释性的（interpretive），有别于功能的（functional）和机械的（mechanical）说明类型。

社会学的基本单位是个人，或者更精确地说，是个体的社会行动。换言之，跟经济理论一样，社会学分析始于个人及个人赋予他或她的行动的意义（方法论个人主义）。[5]个人主要受他或她的利益所驱动，而利益既有可能是精神利益，也有可能是物质利益；习惯和情绪也经常发挥作用。但是，首先以及最根本地将社会学与经济理论区别开来的，是个人的行动也必须是社会的。依韦伯来看，最后一点至关重要，它用这样的方式定义了"社会行动"："'社会的'行动则（仅）指行动者的主观意义将他人的行为考虑在内，而且指向其过程的这种行动。"[6]换言之，经济理论分析一般经济行动，而社会学只分析其意义指向他人行为的经济行动（见图表 2.1）。

在《经济与社会》第 1 章中，通过韦伯的社会行动的分类学，他对利益的分析也发生了一种有趣的转变。韦伯认为，社会行动的四种主要类型分别是"传统式"、"情感式"、"价值理性式"和"工具理性式"。价值理性社会行动的典型特征是被精神利益所驱动，而工具理性行动的特色是受物质利益驱动。另外两种类型的社会行动——情感式和传统式社会行动补充了韦伯的分析并增加了其复杂性：社会行动可以被传统、情绪以及利益驱动；也许经常是受这三者共同驱动。在关于韦伯的社会学的二手文献中，他的社会行动的类型学经常被讨论，而随着本书的讨论，它与韦伯的经济社会学的相关性也会变得越来越清楚。但是，由于篇幅有限，在这里无法详细讨论社会行动的这四种类型，希望了解这方面研究的读者可以参考有关韦伯社会学的权威作品。[7]

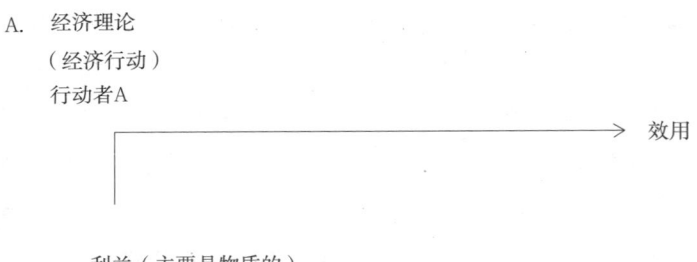

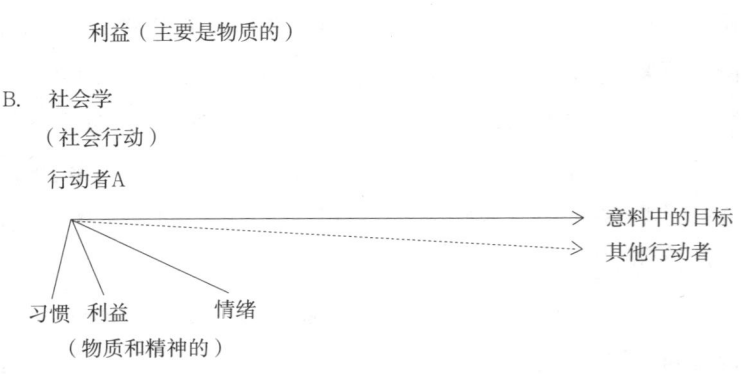

A. 经济理论
（经济行动）
行动者A ⟶ 效用

利益（主要是物质的）

B. 社会学
（社会行动）
行动者A ⟶ 意料中的目标
⟶ 其他行动者

习惯　利益　　情绪
　　　（物质和精神的）

C. 经济社会学

（经济社会行动）

行动者A ⟶ 效用

其他行动者

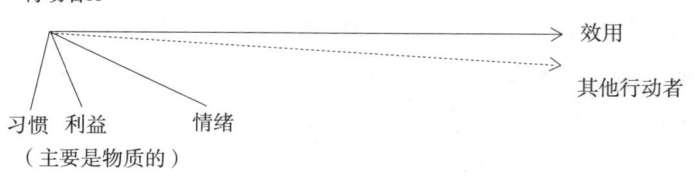

习惯　利益　情绪

（主要是物质的）

图表 2.1　韦伯的经济行动、社会行动和经济社会行动

来源：马克斯·韦伯：《经济与社会》（伯克利：加利福尼亚大学出版社，1978），第1—24、63—69页。

注释：韦伯的社会学试图将利益驱动的分析与考虑到社会行为的分析结合起来。他认为，经济理论分析的情势是，行动者主要受到物质利益的驱动，以效用为目标，但并不考虑其他行动者的行为（经济行动）。社会学着眼于受物质和精神利益驱动，并指向其他人的行为的行动（社会行动）。经济社会学集中于经济社会行动——即，主要受物质利益驱动，以效用为目标，并且将其他行动者考虑在内的行动。社会行动和经济社会行动也可以受习惯（或传统）和情绪的驱动，特别是当它们与其他利益结合起来的时候。

在第1章中，韦伯用前半部分来定义社会学，用后半部分介绍社会学的基本概念。他从个人（社会）行动出发，逐步增加复杂性，讨论了"社会关系"（两个及两个以上互动的个人）、重复发生的行动［例如"习俗"（custom）和"习惯"（usage）］，以及不同类型的"组织"（例如"企业"、"教会"和"国家"）。韦伯在这里陈述的一些概念，例如国家和权力的定义，在社会科学中很有影响。第1章还包括了构成韦伯经济社会学核心的一些普通社会学概念，特别是"斗争"、"竞争"、"开放"和"封闭的社会关系"，以及"自利所决定的一致性"。最后这个听起来有点笨拙的词语指的是构成现代经济的核心的一种社会行动，尤其是在价格形成方面。它被定义为受到自利驱动的行动，与相同类型的其他行动一起，成为社会构造（social configuration）的一部分，尽管它并不指向任何特定的规范。这种"自利所决定的一致性"和第1章的其他一些与经济社会学有关的概念，将在本书后面的部分里进一步论述。

在第1章讨论"常规"（convention）和"正当秩序"（legitimate order）时，韦伯的定义接近于当代社会学中的"规范"（norms）的概念。这两个概念中，正当秩序被定义为"指向可决定的（行为）'准则'……的社会关系"；而这样一个秩序要有效或合法，则这些准则必须被行动者当作"义务性或视为楷模的"。[8] 韦伯强调，秩序往往不只是由习俗或自利造成的一致性；而且，他把"常规"定义为一种秩序，人们一旦偏离所期望的行为就会遇到不赞成的反应。韦伯说，这一类常规可以存在于市场中，而且在他的"经济伦理"概念中起到了关键作用（见第5章）。

前文已经提到，《经济与社会》第1章的一个重要目标就是区分社会学与经济理论。在二手文献中关于这一问题存在相当多的混乱，有人认为，韦伯是在"边际主义的基础"之上建立了他的社会学，其他人断定韦伯想要用关于经济制度的分析"补充"经济理论。[9] 实际上，这些观点提出了两个不同的问题——第一种观点关注韦伯的普通社会学与经济理论的关系，而第二种则是要处理韦伯的经济社会学与经济理论的关系。因为前者在《经济与社会》第1章中有论述，而后者是在第2章被讨论的，因此我们最好是从前者开始。

宣称韦伯在"边际主义的基础"之上建立其社会学（或更有甚

者，说他的社会学代表了"边际主义经济学的推论")[10]的思想，不仅错误，而且肤浅。"边际效用"概念在韦伯的普通社会学中没有发挥任何作用，尽管他在讲到工具理性社会行动时提到过这个概念。[11]但是，韦伯式社会学与经济理论（韦伯在《经济与社会》中倾向于将经济理论等同于奥地利一派的边际效用理论）的确有相同之处。如果密切关注韦伯在第1章中关于经济理论与社会学的关系实际是如何表述的，很容易就可以证实这一点。他在这里提出了三个命题，这三个命题共同回答了上述问题：(1) 经济理论与社会学的不同之处是，它只考虑理性行为；(2) 经济理论与社会学的不同之处是，它只考虑带着纯粹经济目标的行为；(3) 社会学只着眼于社会行动或指向他人行为的行动。前两个命题出现在文中同一个地方：

> 纯经济理论的概念和"法则"……论证如果人是严格理性、不被错误或感情因素所影响的话，人类会以何种方式行动；进一步而言，如果行动是完全且清楚地指向单一目标的话，则会最大化其经济利益。[12]

如果拿这个关于经济理论的陈述证之于之前我们关于社会学的知识，即社会学处理理性的、非理性的社会行动——这些行动或只具有经济目标，或不仅具有经济目标，我们就可以确定经济理论与社会学的相同与差异之处。要将社会学与经济理论结合起来，就必须处理它们的主观领域。社会学涉及的行动种类远远超过经济理论，但是，二者都包括一种行动类型，即仅有经济目标的理性行动（参见图表2.2）。

	理性行动	非理性行动
仅具有经济目标	经济理论/社会学	社会学
非仅具经济目标	社会学	社会学

图表 2.2　经济理论与社会学的主观领域（第 1 部分）

来源：马克斯·韦伯："社会学的基本概念"，《经济与社会》（伯克利：加利福尼亚大学出版社，1978），第 9、21 页。

注释：经济理论只研究仅具有经济目标的理性行动；社会学则还要加上非理性行动和具有其他非经济目标的理性行动。要进一步明确经济理论与社会学的异同之处，可参见图表 2.3 和图表 2.4。

不过，经济理论与社会学的一般关系更为复杂。韦伯说，尽管社会学只研究社会性的行动，"这样的经济行动不一定就是社会行动"[13]。他对经济社会行动的定义如下：

> 唯有当行动者一并考虑到他人的行为时，个人的经济行动才可以说是社会性的行动。因此，一般来说，当行动者假定其他人会尊重自己对经济物品的实际支配权时，那么其行动将具有社会意涵。例如，如果行动者在消费上同时考虑到其他人未来的需求，并将此列入自己的储蓄方式所要顾及的一环；或者在生产上以其他人的未来需求作为其行动指向，则其行动必定是社会行动。[14]

应当指出，韦伯从未说过经济理论不研究社会行为。不过，有一点很清楚，如果经济理论碰巧涉及社会行动，便无法以一种精细而系统的方式来研究它。这就使我们可以进一步明确经济理论与社会学的一般性关系。我们不得不得出这样的结论，即社会学和经济理论在某种程度上重合了，而且，这一重合包括了仅有经济目标的理性行动，更确切地说，是以其他人为指向的仅具经济目标的理性行动。此外很清楚的一点是，经济理论既研究社会行动，也研究非社会性的（nonsocial）行动（参见图表 2.3）。

	社会行动	非社会性行动
理性行动	经济理论 / 社会学	经济理论
非理性行动	社会学	"行为"（反应性行为，某种心理过程）

图表 2.3　经济理论与社会学的主观领域（第 2 部分）

来源：马克斯·韦伯："社会学的基本概念"，《经济与社会》（伯克利：加利福尼亚大学出版社，1978），第 4、7、22 页。

注释：社会学与经济理论都研究社会性的理性行动，而后者并没有明确地将社会的维度考虑在内。换句话说，经济理论只把经济社会行动当作经济行动来处理。经济理论还研究非社会性的理性行动，即并不指向他人行为的理性行动，例如狭义的耕种土地和生产制造活动。经济理论和社会学都不研究行动者没有赋予任何意义的行动（按照韦伯的术语是"行为"）。拉尔斯·乌德恩建议我绘制此表，在此深表感谢。

尽管这两种进路在一定程度上有重合，但是，直接说韦伯的普通社会学"建立"于经济理论"基础"之上却是错误的。更精确地说，它们重合于理性的区域，因此可以说，从韦伯的视角来看，理性是经济理论和社会学都感兴趣的题目。

而且，经济理论和社会学也确实将理性用作一种方法。韦伯说，即使怀疑所研究的行为并不理性，也可以从建立一个理性的

理想型开始进行分析:

> 对一种以类型建构为目的的科学分析而言,所有非理性的、由情感决定的行动要素,都可以视作与理性行动之概念式纯粹类型的偏离部分加以研究与描述。例如,在解释证券交易所的恐慌时,就可以如此分析:首先,尽力确定,假若没有受到非理性影响,行动过程将会如何;然后,便可以引进非理性的成分,以说明对上述假定过程的所观察到的偏离现象。[15]

综上所述,从对这个词语的任何有意义的理解来看,韦伯的社会学都并非建立在"边际主义基础"之上。而且,韦伯的普通社会学中从未将递减效用概念用于任何分析。在韦伯的体系中,经济理论与社会学另有相同之处,即它们都研究理性经济行动,并且都将理性当作一个分析工具。换言之,在韦伯看来,经济理论和社会学都对理性有浓厚兴趣,并且都使用"理想型",从方法论个人主义开始其分析。

II. 经济社会学与经济理论的关系

尽管第 2 章("经济行动的社会学范畴")为大量研究韦伯的二手文献所忽视,但还是有一些例外。[16] 塔尔科特·帕森斯为《经济与社会》1947 年译本所作的导言就是其中的先驱之作,其质量也属上乘。[17] 帕森斯的论述韦伯的有关作品通常都很可靠并很有见地,他以第2章为内容的、给1947年译本所写的导言("韦伯的经济社会学")也不例外。不过,早就应当对韦伯在这一章中的分析以及更普遍意义上的韦伯的经济社会学进行重新评估了。

第2章开始论述了"经济行动"的构成,阐明了经济社会学与社会学的关系、经济社会学与经济理论的关系。韦伯所建构的经济行动不同于社会行动之处在于,它更狭窄地集中于一类特定的行动,尽管这种行动既是经济理论又是经济社会学的基础。[18] 韦伯并未试图重新更为激进地解释经济行动,而是提出了一个相当标准的版本:"所谓'以经济为指向的'行动,根据其主观意义,指的是它关注对'效用'的需求的满足。"[19]

与多数经济理论一样,在韦伯关于经济行动的概念中,效用的概念是核心,而且包括了物品(财货)和人类行为(服务)。不过,韦伯定义效用的方式不同寻常。首先,韦伯使用了一个相当特殊的德国词语来表示效用,以表明它并非使某件物品可以为人所用的一些重要的内在的品质。[20] 第二,韦伯说,最好使用效用的概念而非"需求的满足"作为经济行动的基础,因为它的范围更广,而且也将"需求的满足"包括在内。[21] 他说,人们最早的经济活动曾经主要由觅食行为组成,但这一阶段很快就过去了。

韦伯的效用概念的第三个重要维度是,它强调了经济行动的"经济时机"(economic opportunity)和不确定性的要素,韦伯称之为"机会"(Chance)。这是韦伯的经济社会学的核心概念,也在对效用的讨论中发挥了作用。[22] 韦伯说,经济行动总是指向时机而非确定性的,而这深深地影响了它的特性。获取利润和满足需求也同样如此。当然,经济行动被手段的稀缺所驱动(或者更精确地说,被人们关于某个物品既有价值又较稀有的认识所驱动),但是,在以下意义上,每个经济行动都存在着非确定性的因素,因为它们直接指向获得效用的时机,而非效用本身,[23] 换句话说,我可能得到了某件物品,希望它能够对我有用(或满足我自己的需要),但是,实际上我得到的只是一个用某些方式来使用它的机会。需要补充一点,获得使用某件东西的机会,部分是指排除了他人获得这种机会。在很大程度上,韦伯所说的经济生活是关于占有,或者更确切地说,是垄断的机会:营利机会、市场机会,等等。在此类行动中,人们排除其他人使用这些机会。[24]

韦伯在《经济与社会》第 2 章中对经济行动的论述比较容易使人理解他的经济社会学与经济理论的区别,并且有可能提出这样的问题,即韦伯的经济社会学是否真地"补充"了他的经济理论。的确已经有人提出了这样的问题。图表 2.2 通过比较经济理论与社会学的主观领域,发现了二者重合的地方。使用同样的范畴而把韦伯的"行动"概念换成"经济行动"的话,我们马上可以看到,经济社会学与经济理论也在某种程度上有重合(见图表 2.4)。确切地说,经济理论与经济社会学都要研究的题目是仅具有经济目标的理性经济行动。我们知道,对此必须加上一个限定词,即它必定属于社会性的理性行动这一特殊类别。当然,这一类型的理性行动在社会中的普及程度是可以讨论的问题,此外还要指出,经济社会学的应用领域要比经济理论广泛得多。这两个问题将在本章后面的部分进行论述。不过,经济理论与经济社会学的确有它们共同感兴趣的领域,而且,断定经济社会学只是补充了经济理论的看法，则显然是没有把握好它们之间的关系。[25]

	理性经济行动	非理性经济行动
仅具有经济目标	经济理论／经济社会学	经济社会学
非仅具经济目标	经济社会学	经济社会学

图表 2.4　经济理论与经济社会学的主观领域

来源：马克斯·韦伯："社会学的基本概念"，《经济与社会》（伯克利：加利福尼亚大学出版社，1978），第 9、21 页。

注释：经济社会学涉及的范围远远地大于经济理论，但是，它们有一个共同的题目，即社会性的、理性的、仅具经济目标的经济行动。此外，经济理论还研究仅具经济目标而非社会性的行动。最重要的非理性经济行动的例子是传统的经济行为。韦伯的非仅具经济目标的经济行动的术语是"经济指向的行动"（参见图表 2.6）。

III. 主题 1：经济行动的不同种类

《经济与社会》第 2 章长达 148 页，由 41 段定义和密集的例证组成，其本身就称得上是一本小书。与第 1 章一样，韦伯在这一章的开篇之初便概括了社会经济行动是什么以及如何发生，以描述更复杂的社会经济行动，例如经济关系、经济组织和整个的经济体系。他宣称，这一章的目标是设计出"社会学的类型学"，而非给出具体的历史说明。[26] 由于韦伯的类型学复杂又难懂，笔者选择了其中最重要的概念，以及对今天的经济社会学特别有用的概念。

韦伯以一些不同种类的经济社会行动（下文统一简化为经济行动）开始了他的论述。这些经济行动最基本的区分无疑是"家计"和"营利"，而经济学中的这一区分是古已有之的。[27] 例如，亚里士多德提到了"家户管理的艺术"（oekonomia）和"赚钱的艺术"（chrematistike），与马克思和波拉尼一样，韦伯也相信，这一对概念是经济现象的核心。[28] 他在《经济与社会》中说，家计主要是关于消费的，而营利通常指的是扩张某人对新的商品和服务控制权的努力。在历史上，家计的出现要早于营利，而且在大部分时间里都是居优势的经济行动类型。

在整个第 2 章中，韦伯都提到了家计与营利的区别。例如，庄宅（oikos），即古代常见的一种经济单位，主要以自给自足为目标，产品供贵族及其人民消费。[29] 因此，庄宅是家计的一种形式，尽管它的某些剩余产品经常在市场上出售。现代"企业"则在一定程度上是庄宅的对立物，它是以市场为导向进行生产的，按照韦伯的类型学，它是一种持续的营利形式。[30] 与此类似，"财富"有别于"资本"（以及"租"有别于"利润"）的地方，正是在于它是用来满足人的需要，而不是用来获得对额外的商品和服务的控制。[31]

在第 2 章中，韦伯还引入了另外两种经济行动的类型学，有助于使家计与营利之间的区别更为有用。首先是这样一种观念，即经济行动必定要么是"理性的"要么是"传统的"，这对家计和营利而言都成立（见图表 2.5）。[32] 庄宅代表家计的一种传统的形式，现代的家计则更加理性，尤其在进行预算的时候。同样，曾经有过传统的货币交易和与货币有关的服务，在今天就是所谓理性的银行业。在历史上，传统的经济行动曾长期占据优势地位，韦伯注意到，古希腊的货币财富和资本主义交易就像是"传统主义大海中的孤岛"。[33] 我们知道，韦伯的经济社会学的一大主题就是，这种"经济传统主义"是如何被打破并被更具活力的形式所代替的。[34]

	传统的经济行动	理性的经济行动
家计	传统的家计；庄宅	现代家庭；社会主义经济
营利	旧式的赚钱；传统的制造业	现代银行业；现代工厂

图表2.5　两种基本的经济行动类型：家计与营利

来源：马克斯·韦伯："社会学的基本概念"，《经济与社会》（伯克利：加利福尼亚大学出版社，1978），第86页及以下、第90页及以下。

注释：与亚里士多德、马克思一样，韦伯区分了指向满足需要（家计）和指向营利的经济行动。财富与收入是家计的两种基本范畴，而资本和利润则是营利的基本范畴。在韦伯看来，家计和营利既可以是传统的，又可以是理性的。

关于经济行动的第二种类型学进一步增加了家计与营利的区分的复杂性，即"经济行动"和"以经济为指向的行动"。[35] 这两种行动类型中，后一名称听上去有点令人困惑，因为这是韦伯在其概念设计中第二次使用了"指向"一词。可以回忆一下，第一次是在"社会行动"的概念中，韦伯将其定义为指向他人行为的行动。但是，这一次韦伯的意图是要强调两种还不足以称之为完全形式的但却非常有趣的"经济行动"。第一种是并非首要地指向经济目标，但仍然有经济考量的行动；第二种是直接指向经济目标，却使用暴力手段攫取的行动。通过将这两类行动称为"以经济为指向的行动",韦伯就可以把经济领域中大量重要的现象结合进他的经济社会学中去,即使这些并非其经济社会学的核心(参见图表 2.6)。例如,现代国家的许多行动经常既具有政治目标,也有经济的维度。一个例子是,通过投资于防御装备来保卫国家的独立性的决策。另外,很明显的是,许多种社会行动都必然具有暴力要素,例如劫掠、抢劫,或黑手党的"保护"。

	不使用暴力	使用暴力
主要以经济为目标	经济行动	以经济为指向的行动
包括经济的考量	以经济为指向的行动	以经济为指向的行动

图表 2.6　经济行动和以经济为指向的行动

来源:马克斯·韦伯:"社会学的基本概念",《经济与社会》(伯克利:加利福尼亚大学出版社,1978),第 63—85 页。

注释:"经济(社会)行动"和"以经济为指向的(社会)行动"是韦伯经济社会学中的两个重要概念。经济行动中,不使用暴力且其指向主要是经济目的。以经济为指向的行动中,既有经济目标且使用了暴力,或者虽然并无经济目标但却有经济上的考量。经济社会学研究经济行动,也研究以经济为指向的行动;经济理论只研究前者,即经济行动。

在韦伯看来,暴力是与正常的经济活动迥然不同的。他说,"武力的使用毫无疑问是与通常意义上的经济活动的精神截然对立的"。[36] 但是,宣称经济活动通常不包括暴力,不应当被理解为韦伯认为经济行动总是自由且自主的。相反,韦伯将现实的经济体系视为存在着持续斗争(*Kampf*)的舞台;的确,揭示这些冲突的结构组成了韦伯的经济社会学的一大主题。例如,他在作品中提到:"年复一年,在既无仁爱,也无怜悯的为着生存的经济斗争中……不是成百万人，而是上亿人在肉体和精神上备受摧残。"[37]

韦伯还认为，经济体系中的斗争有自己的运转动力，他在第 2 章中引入一对概念来表现这一现象。其中一个是与经济权力相似的"控制与处置权"。[38] 按照韦伯的看法，将这一概念直接引入经济行动的社会学概念是"必需的"。[39] 对此韦伯并未加以说明，但推测起来，原因在于一旦将社会要素，即对对方的考虑引入对经济体系的分析，权力的问题也会被提出来。进而他还指出，控制与处置权是基于事实的基础，法律并不是它存在的前提条件。[40]

要之，根据第 2 章的导言，可以总结出经济行动的社会学概念的三个要素：(1) 试图以和平方式获得控制和处置权；(2) 此行动是指向某种提供效用的机会的（无论是满足个人的需求，还是营利）；(3) 此行动以他人的行为为指向。在第 2 章其余部分，韦伯建立了一些更复杂的社会学概念，从而组成了这一类型的经济行动的不同的组合。这些较高层次的概念中的某一些还构成了普通社会学的概念。

如前所述，韦伯在《经济与社会》第 1 章中提出的概念本质上是普通社会学的概念，但对于理解经济结构来说也很重要。首先，一个有趣的事实是，确定的社会行动的自利形式倾向于变成经济中很常见的有规律的集体行为，韦伯称之为"受利害状况制约的规律性"。[41] 韦伯提到的一个例子是价格行为。个体行动者并非被强迫而做同一件事，而且，他们也并非因为某个规范而做相同的事情，在此意义上，受利害状况制约的规律性很值得引起注意。相反，他们遵循私己的利益，而行动者越是理性，他们的行动越是趋向一致。这一类型的社会行动的其他方面很重要,而且使我们返回到经济中的权力上来——即不遵循自己利益的行动者将不仅损害自己的利益,而且损害其他行动者的利益。

对于经济社会学而言,韦伯的普通社会学的另一对概念也饶有趣味,即"共同体"(communal)关系和"结合体"(associative)关系。[42]前者通常带有一种相互归属的感觉,而后者必须进行理性的、通常包含利害关系在内的协议。这意味着,经济行动本质上主要是结合体性质的,市场与具有经济性质的自愿的联合构成了"最纯粹的"结合体关系。在一个自由市场中,买者与卖者互相进行短暂的接触,也许永远不会再见。但是,韦伯也说,"在某种程度上",大多数关系(也就是说,包括结合体关系)也有一种相互归属的要素:"以商人及其客户为例,在这样的一种(结合体)关系中,无论占主导地位的考量是如何精打细算和冷酷无情,仍然有可能超越其显著的功利主义特色,而包括一种情感价值在内。"[43]在一定程度上,韦伯所讨论的情况被嵌入性(embeddedness)概念覆盖了,特别是马克·格拉诺维特发展起来的嵌入性概念。[44]此外,很明显,经济理论只讨论结合体关系。

韦伯的普通社会学中,权力问题很受关注,这一点可以从他关于以下三种关系的讨论中清楚地看到,这三种相互关联的关系分别是斗争、竞争和选择。斗争被界定为一种形势,在其中,社会关系的某一方准备为自己杀出一条生路,而不顾另一方需要些什么。[45]韦伯认为斗争始终存在于经济之中,在《经济与社会》的分析中,他对不同类型斗争的引用随处可见。例如,在两个决定相互交换的人之间存在斗争("价格斗争"),他们中的每一个与其竞争者之间存在竞争("竞争者之间的斗争")。[46]大体上,韦伯认为,在市场上存在着"人与人的斗争"。[47]按照韦伯的设计,所有这些不同类型的斗争必须通过非暴力手段完成,这样才有资格称得上是完全的经济斗争,而且,他的竞争概念也是如此。韦伯解释说,"当企图形式上和平地达成对机会的控制,而此种机会亦是他人想要获得的时候","和平的冲突便是'竞争'"。[48]最后,"选择"被认为构成了一种斗争,其中的行动者是敌对的,却没有意识到他们的行动是指向彼此的。[49]

关于支配(domination, *Herrschaft*)概念及其在经济中的作用,这里还需要再讨论几句,因为它在含义上与斗争相对比较接近。韦伯的著名定义是这样的:"支配就是一群人会服从某些具有特定内容的命令的可能性。"[50]在《经济与社会》第 2 章中,韦伯很少用到支配概念,这个概念是关于政治社会学的第 3 章("正当性支配的类型")的论述核心。[51]在此,韦伯指出,每一个政治制度都是基于某种形式的支配,而由于经济通常是一个政治制度的一部分,因此,它往往在某种政治支配之下运行。国家或居统治地位的政治组织,要么给经济设置限制因素(例如现代资本主义的情况),要么直接支配经济(例如许多早期人类社会)。但是,在服从规则的意义上,经济内部也存在着支配。确实,泛泛地理解,在这个意义上,经济内部的运行是由支配构成的。笔者称此类支配为经济支配(与政治支配相对立),它首先和最重要的特征是经济组织内部的关系。例如,最大化理性资本主义的一个条件,恰恰便是经济组织是作为"支配的体系"而组织起来的。[52]

但是,韦伯所定义的支配并不在市场上表现出来,市场上发生的是交换。有一段时间,韦伯曾经不太认真地有过将"支配"

这一术语用于市场上某些确定类型的互动中的想法；在《经济与社会》的早期手稿中，他对比了"以一系列（经济）利益为依靠的支配"和"以权威为依靠的支配"。[53]韦伯列举了前者最典型的例子，即在市场上居垄断地位的行动者可以影响其他一些行动者的行为，其影响如同颁布一项命令一样直接。但是，在《经济与社会》的最后文本中，韦伯明确否定了这一术语，指出支配概念不能用于市场运行之中。[54]简言之，原则上市场中没有支配；但是，拥有"控制与处置权"的行动者处于有利位置。

韦伯经常以一种一般机制的形式来阐明他的理想型。例如，可以从他关于"开放"和"封闭"关系的分析来看这一点。在他的经济社会学中，韦伯赋予这两种关系类型以很大的重要性，在《经济与社会》的早期版本中，还包括了一个被称为"开放和封闭的经济关系"的部分。[55]在韦伯看来，当任何一个想要参与一种关系的人都被允许参与时，原则上，这一关系就是开放的；相反，这一关系就是封闭的。对局外人封闭的关系也能够在内部进行规范，因此，它对于某些局内人也是封闭的。

很明显，开放和封闭关系在经济中很普遍，许许多多例子中，闪过我们脑海的是与卡特尔、垄断、财产、专业化和内部劳动力市场有关的那些关系。根据某些早期的术语学，这里所谈到的问题，是试图通过将他人排除在外而占有、垄断经济机会。韦伯还争论说，"当竞争者的数量相对于利润范围有所增加时，参加者就有意要约束竞争"。[56]在《经济与社会》中可以找到这一机制的更一般的表述："如果参与者期待许可他人进入可以带来他们的局面的改善，则他们的兴趣将在于使这种关系保持为开放性的；但是，如果他们认为可以通过垄断策略改善局面，则他们会乐意保持一种封闭性的关系。"[57]

这里还需要提到一点，即开放关系与封闭关系理论其实完全可以用于分层理论之中，后者常常被引用作"封闭理论"。[58] 例如，弗兰克·帕金使用了韦伯的思想，在这一题目上批评了马克思，并通过着眼于"排斥策略"[59]，发展出关于身份群体和阶级的形成的洞见。看得出，《经济与社会》中的以下说法对于分层理论而言非常具有启发性：

> 通常，一群竞争者会以其他（实际的或潜在的）竞争者群体的某些外在可鉴别的特征——种族、语言、宗教、地方或社会的起源、血统、居住地等等，作为进行排斥的借口。至于在个别案例中应当选择哪个特征则无所谓：什么最容易达成排斥就是什么。[60]

IV. 主题 2：理性在经济生活中的作用

前文已经指出，经济社会学与普通社会学一样，研究理性的经济行动，并使用理性主义的方法论。但是，在韦伯经济社会学中，理性的作用远大于此，关于这一点，可以引用他在 1914 年为《社会经济学大纲》第一部分所写的序言中的话："〔整个这本手册〕始于这样的观点，即经济的发展必须被理解为生活的普遍理性化的一部分。"[61] 换言之，经济社会学的一项任务是研究理性的经济行动或"经济理性"（韦伯有时候用这个词来表述）作为一个较大的历史运动的一部分是如何演化的。[62] 在《经济与社会》

第 2 章中，韦伯讨论了这一任务的某些方面，并试图勾勒出什么是经济领域的理性。在同一本书的其他章节中，以及这一时期的其他研究中，韦伯也探讨了非经济因素在这一发展中的作用（关于宗教和政治常常是无意中推进经济理性的问题，参见本书第3—5章）。

尤其是，韦伯所使用的理性在两个方面将经济社会学与当代经济学区分开。首先是这样一个事实，韦伯认为理性的行为在历史地演化，或者用另外的说法，对韦伯，而不是对今天的经济学家而言，理性的行为是一个变量，而非一个假设。[63] 这样的一个结果是，韦伯努力发展出一系列的概念和类型学，以便捕捉理性的行为如何历史地演化，以及如何在不同的时期发生变化。韦伯解释了这一点，即经济领域的理性与社会生活其他领域中的理性不同；从许多不同利益的观点来看，经济可以被进一步地理性化。

将韦伯与当代经济学的理性进路区别开来的第二个方面，是他区分了"形式理性"（formal rationality）与"实质理性"（substantive rationality）。[64] 这里，关键的思想是形式理性是以计算为核心，而实质理性与绝对的价值有关。通过引入这一区别，韦伯得以从一个非常不同于当前主流经济学的特点的角度接近经济学与伦理学的关系问题。福利经济学有时试图直接从形式的经济活动中直接提炼出伦理结论（例如，在帕累托最优的情况下），而韦伯的路线非常不同，他论辩说，价值指向的行动可以跟形式的经济推理一样理性。这两种视角都很值得继续下去，但是，当帕累托最优及类似的进路已经得到彻底讨论时，却没有人认真地尝试开发韦伯关于实质理性的思想，看看这些思想能够走多远。

根据进行计算的可能性大小,可以总结出形式理性的特点;在韦伯看来,这便构成了一个相当直截了当的标准。简单地说,经济计算越精确,它在形式上便越理性。韦伯认为,有三种主要类型的计算:"实物计算"、"借助货币进行的计算"和用资本进行的计算即"资本核算"。[65] 韦伯说,与之相对,实质理性则"充满了模棱两可之处",而且提出了比形式理性更困难的理论问题。首先一个争论是,"群体的……财货供给"在多大程度上可以被认为符合既定的绝对价值,无论这价值是政治的、伦理的、哲学的,或者其他类似的性质?[66] 在韦伯看来,应当认识到,任何经济都不是百分之百形式理性的;它总是包含了形式非理性或实质理性的要素。他还说,在某些情况下,形式理性和实质理性会一致,比如为众多人口提供最低生活物资的时候,不过,这是非常稀有的情况,通常不会发生。[67] 我们很快就要看到,多数类型的形式理性以确定的社会条件为前提,而从实质理性的观点来看,这明显是非常不理性的。

更具体地来说,在韦伯看来,"经济理性"像是什么?在第2章,韦伯是从区分理性经济行动与技术[68] 开始的。这里需要补充的是,在他的时代,韦伯的观点是创新性的,而且至今仍然很具吸引力。[69] 他说,理性经济行动指向这样一种局面,其中,手段是稀缺的,且包括了"目的间谨慎的选择"[70]。稀缺性对技术没有任何作用,后者通常有一个既定的目的。简言之,技术根本就是一个带着预定目的的理性的"手段的选择"。[71] 原则上,成本与这些完全不相干;从技术的角度来看,制造一个铂金的机器与制造一个铁机器都同样理性。但是,实际上,技术通常要将成本考虑在内，而且可以由此总结出某种形式的应用经济学。[72]

在区分了理性的经济行动与技术之后，韦伯概述了他认为理性经济行动的最基本和最典型的标准。他说，在人类历史的早期就能够发现所有这些标准，但是，只有在它们是在"系统地"应用的意义上，才能说是理性的。这些标准如下：(1) 储蓄；(2) 根据偏好而进行的消费排序；(3) 生产；(4) 交换。储蓄意味着将效用分配给未来，它是每一种经济观念的必然部分。[73] 更确切地说，根据边际效用原则，这就是根据某人的偏好而得来的效用排序。很明显，没有生产就不存在一个经济体系，而交换的概念也是多数经济的一个有机部分。

但是，在韦伯看来，为了使这四个现象成为真正理性的，它们还必须是系统的。至于交换，还要加上另外两个条件。对于交换的一般定义，即"包括（用效用）交换效用的一种形式上自愿的协议"[74]；韦伯补充说，价格得要经过讨价还价（"价格斗争"），并结合竞争性投标（"竞争者之间的斗争"）。理性的交换不同于传统交换和常规交换的地方在于，它既不以往昔的神圣，也不以受谴责的威胁来作为自己的后台。换言之，理性的交换是（形式上）自愿的。

韦伯注意到，当货币被引入经济生活中的时候，马上就到达了一个更高层次的理性。"从纯技术的观点来看……货币是"最'完美'的经济计算手段"；它也是"指向经济活动的形式上最理性的手段"。[75] 韦伯接着说，当货币被用于整个经济中时，会有一些后果：经济中的所有事物原则上都可以用货币来评价，例如，可以提前评估所期望的机会，然后与实际发生的情况进行比较，这样就可以进行事前（ex-ante）与事后（ex-post）的费用估算。[76]

货币的使用还令一个非常特殊的现象有可能成为现实，即韦伯所谓的"资本核算"，或按照资本进行的核算。这一类型的计算之所以如此重要，是因为少了它，尤其是它的现代形式，资本主义就不存在。韦伯提到，复式簿记是这一类计算的典型而且重要的例子。所谓复式簿记，被定义为"对企业全部财产（物品与货币）的〔持续〕估价，在一次营利冒险的初始进行评估，在营利过程结束时再进行类似的财产估价，与初期的估算额进行比较"。[77]

韦伯不仅讨论了"使用货币的计算"与"资本核算"的特征，而且也概括了它们所需要的社会条件。最重要的是，韦伯在这一点上的论述阐明了形式经济理性的形成通常所需要的特定的非经济形式的理性行动，以及这种形式的经济理性与实质理性在很多地方有直接冲突。韦伯特别指出的理性行动的非经济形式是"机械理性的技术"和"形式理性的行政与法律"[78]。换言之，形式经济理性不仅要求经济计算的可预测性，而且要求机器、法官和国家官员有可预测性。

韦伯非常谨慎地概括了涉及使用货币或资本的形式理性是如何，以及为什么导致与实质理性的冲突；而指责韦伯的经济社会学代表的是为现代资本主义进行某种辩护的观点则肯定是完全错了[79]。韦伯强调说，资本主义预设了"人对人的作战"，并且指出，"当双方都期望从中获利，〔而且〕一方由于他自己的需要或另一方的经济权力而受到强迫时"，[80]就会发生理性的交换。在以《经济通史》为名出版的讲义中，韦伯提出了相同的论点：在理性资本主义中，劳动者通常因为"饥饿的鞭打"而出卖自己的劳动力。[81]韦伯（追随着亚当·斯密）说，资本主义中重要的是

"有效需求",而不是现存需求或需要。[82] 进而,他说,造成经济中形式理性与实质理性之间的冲突的主要原因是收入分配的不公。[83]

V. 主题 3：经济制度的社会结构（产权、经济组织、市场和货币）

在《经济与社会》中,韦伯没有将"制度"(或"经济制度")作为正式术语的一部分,但是,他的分析的确是从不同类型的社会经济行动开始的；然后,他继续推进到更复杂的形式,即出于实际目的而被称为"制度"的东西。[84] 其中一个是韦伯在其"占有"(appropriation)和"封闭的社会关系"概念基础之上创立的"产权",所谓封闭的社会关系,被定义为排除或限制特定的人的参与,或者规定参与者要服从特定条件的一种关系。按照韦伯的说法,当处于封闭关系的行动者成功地占有某些经济机会时,他们就获得了某种"权利"；而当这些权利可以被继承时,就有了"产权"。[85] 需要强调的是,"占有"概念非常有启发性,不仅是韦伯产权概念的核心,而且是其总的经济社会学的核心。占有被定义为在一个封闭的社会关系中的永久性的,并且或多或少可转让的对机会的垄断。[86] 前面已经提到,占有的观念是权利概念的核心。但是,在韦伯对产权的定义中,没有提到法律,这便意味着,它可以有一个法律的维度,但这并非必要条件。

1947 年,帕森斯在出版《经济与社会》第 2 章的译文时指出,"社会学家们忽视了产权这一制度"；而 50 年后的今天,可以说情况并没有多大改变。[87]正因为如此,韦伯对产权的分析,包括他理解历史上存在的所有不同类型的产权这一努力本身,才特别有趣。韦伯用好几种方式为这种多样性留出了余地。例如,所有者可以是个人或群体;某些种类的产权可以通过自愿的协议被转给其他人,而另一些产权根本不可以被让渡,等等。《经济通史》和《经济与社会》都包含了对有史以来存在于农业、工业、矿产和交通运输业之中的不同类型的占有和产权的精细复杂的类型学阐述。[88]尤其应当提到的是韦伯关于股份公司的观念如何出现的简短而有趣的描述。在早期作品中,韦伯还特别地要进一步说明如何从不同的共同体形式演化出个人对土地的产权。

韦伯以封闭关系为基础创立的另外一个经济制度概念是经济组织(参见图表2.7)。依照韦伯的定义,组织由封闭关系结合执行其规则的职员或个人组成。[89]在韦伯的术语中,原则上,当组织以需求或营利的满足为指向时,它们就是经济的。如果这一指向构成了它们的主要目标,它们便是"经济组织"。如果它们有不同的主要目标,但仍然是经济指向的,它们便是"经济指向的组织"。这种组织的一个例子是教会,另一个是国家。像工会或雇主联合会这样的组织是"经济规制群体",它们的主要活动就是规范经济事务。第四个也是最后一个类型的经济组织是"执行正式秩序的组织",它们负责允许其他组织得到行动和存在的自由。这个类型的例子便是实行自由放任政策的国家。

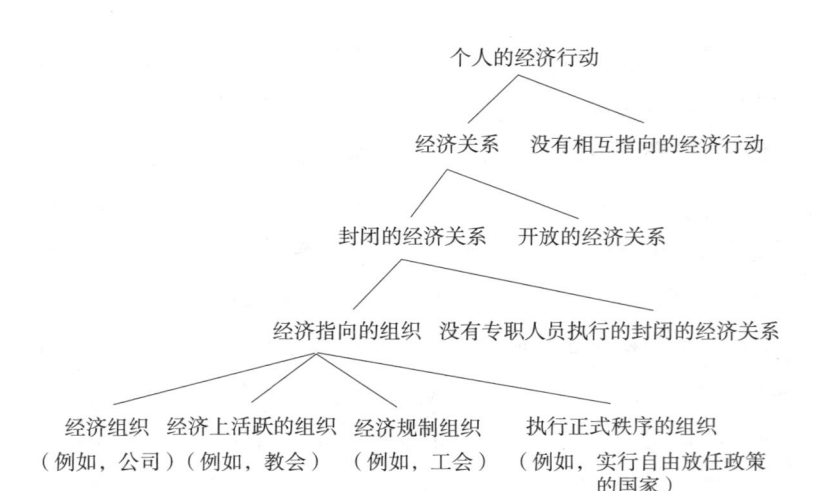

```
                        个人的经济行动
                       /        \
                  经济关系      没有相互指向的经济行动
                  /     \
            封闭的经济关系   开放的经济关系
            /        \
     经济指向的组织    没有专职人员执行的封闭的经济关系
    /    |    \         \
经济组织 经济上活跃的组织 经济规制组织  执行正式秩序的组织
(例如，公司)(例如，教会)(例如，工会)(例如，实行自由放任政策
                                            的国家)
```

图表 2.7　个体经济行动如何变成经济组织

来源：马克斯·韦伯："社会学的基本概念"，《经济与社会》（伯克利：加利福尼亚大学出版社，1978），第 48—50、74—75、340—343 页。

注释：上图说明了韦伯如何在经济（社会）行动的基础之上建立他的经济组织概念。像所有的组织一样，组成经济组织的，是由专职人员执行的封闭的社会关系。尽管经济组织首要地是基于经济行动，但是，在其他三类组织中，经济因素是由经济行动和韦伯称作经济指向的行动混合而成。

　　韦伯非常关注的经济组织的一个特点是其劳动分工。或者更精确地说，韦伯感兴趣的是经济组织中的劳动分工与劳动结合；因为追随弗里德里希·李斯特和卡尔·布歇的传统，韦伯并不仅仅论及劳动被分割，而且讲到劳动的结合。[90] 例如，按照组织的技术任务，"劳动的技术分工"将会按照某种确定的方式被构造出来。[91] 类似地，如果组织的首要目标是营利或为需要提供满足，就会影响"劳动的经济分工"。经济群体的社会结构也会影响劳动的分工与统一。"劳动分工的社会方面"受到两个重要特征的影响：管理一个经济组织的规则是它自己主动创造的还是由外人创造的，以及组织的首领和专职人员是根据规则任命还是由外人任命的。韦伯称前者是"自律的"（autonomous）和"他律的"（heteronomous），称后者是"自治的"（autocephalous）和"他治的"（heterocephalous）。[92] 韦伯说，经济组织内工作的区分与联合最终还是与占有的类型相关联。例如，当劳动者被剥夺了生产工具时，就限定了一定的任务划分和联合。

韦伯说，通观全部人类历史，唯一真正"革命性的"经济组织是公司或资本主义企业。[93] 这首先是因为公司从事一种连续型的、通过一直利用新机会而营利的理性经济行动。韦伯补充说，在这个背景下，公司行为的一个重要方面是，通过比较自己在行动之前和之后的财产，它规定了一种持续的、系统的对自己业绩的评价。[94]

造成公司如此激进的原因很清楚，就是系统和理性的谋利思想与经济传统主义和市场上已经确立的利用经济机会的模式发生了冲突。但是，韦伯补充说，有既定利益的资本主义公司也会有兴趣阻碍理性的营利。[95] 尽管这一倾向肯定在当代资本主义之中没有像过去那样明确，但是，在韦伯看来，它是仍然理性的、活跃的资本主义之未来的一个严重威胁。

韦伯区分了作为理性的营利组织的公司（firm）和作为技术实体的公司（establishment）。他还简短描述了典型的资本主义公司的内部组织。有两类人在为公司工作：行政人员和劳动者。前者在公司内部的行为倾向于理性化；他们以官僚制*的形式被组织起来；他们主要受到高收入、野心和职业感的驱动。[96]与此相对，劳动者只是出于习惯的服从（"纪律"）；他们的劳动任务被组织起来，但却并非以官僚制的形式；他们主要受到这一事实驱动，即如果不劳动，他们和他们的家庭就会挨饿。[97]

韦伯关于资本主义公司的行政管理人员和工人的某些方面的分析仍然是正确的，而另一些方面则受到质疑。例如，阿瑟·斯廷奇库姆已经确认，行政管理人员在工作中的行为必须是理性的；至于为什么工人们被认为比较不理性的问题，则受到了诸如詹姆斯·科尔曼的质疑，科尔曼称工人们与行政人员一样，有自己的理性的利益。[98]卡尔·波拉尼等人已经指出，韦伯的论点意味着只有经理的行动称得上是"经济行动"，工人的行动则不算是"经济行动"。[99]韦伯关于官僚制的理论还在一些其他观点上受到挑战，尤其是他将官僚制等同于效率的倾向。[100]

韦伯在其经济社会学中讨论的另外一个核心的经济制度是市场。众所周知，市场很难被界定，而且具有韦伯所说的"无定形的结构"。[101]但是，他从一个社会学的视角精确地描绘出了市

---

* 关于"bureaucracy"一词，有"官僚制"与"科层制"两种译法。马戎在《现代社会中的科层制》（学林出版社，2001）的"译者序言"中指出，韦伯是在中性的含义上使用"官僚制"的，为了与习语中受列宁作品影响的贬义的"官僚主义"相区别，应当把社会组织理论研究中的"bureaucracy"译作科层制，这也是目前较为通行的译法。但是，从韦伯在《支配社会学》中的相关表述来看，官僚制不仅指公法的支配领域，而且指私人经济的支配领域，前者即"官府"，后者即企业"经营"；德文的"*Buerokratie*"源自法文，本身就带有"官员作风"、"官僚习气"等贬义。加上本书的论述重点是公领域的政治与行政，因此，通译作"官僚制"似较妥当。——译者

场的构成。按照《经济与社会》的内容，市场以社会为核心，而且通常位于某个特定的场所。[102] 组织也许会但也许不会掌控某个市场。然而，市场的社会核心是由重复的交换活动——即同时指向两种不同类型的行动者的互动——组成的，它直接以某人的交易伙伴（与之讨价还价）和某人的竞争对手（出价高于他）为目标。前者预设了直接的接触（"价格斗争"），而后一种形式的关系是间接的（"竞争者之间的斗争"；参见图表 2.8）。

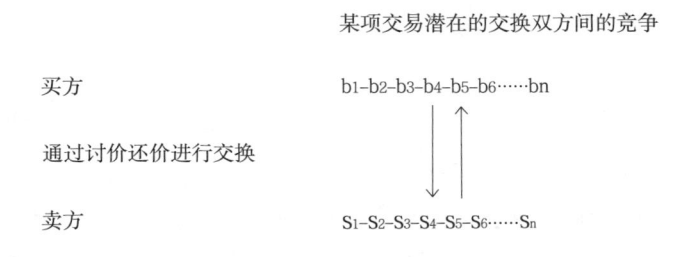

某项交易潜在的交换双方间的竞争

买方　　　　　b_1–b_2–b_3–b_4–b_5–b_6……b_n

通过讨价还价进行交换　　↓↑

卖方　　　　　S_1–S_2–S_3–S_4–S_5–S_6……S_n

图表 2.8　韦伯：市场的社会结构

来源：马克斯·韦伯："市场：非人格化与伦理"，《经济与社会》（伯克利：加利福尼亚大学出版社，1978），第 635 页。

注释：韦伯关于市场的分析的中心思想是，市场的核心是由一种经济行动即交换组成的，交换同时指向两个不同的方向：指向某人的交换伙伴（"价格斗争"）和指向某人的竞争者（"竞争者之间的斗争"）。市场的社会关系既可能开放，又可能封闭，通过这一观点就可以使韦伯的基本模型成为动态的。与阿尔弗雷德·马歇尔在《经济学原理》（1890）中"论市场"的著名章节一样，韦伯的分析代表了经济学早期文献中理解市场的社会结构的一次高水平的尝试。

通过开放关系和封闭关系的思想，可以动态地看韦伯关于市场的基本模型。换句话说，某些行动者希望对外人封闭市场，而另一些人希望保持开放。一般而言，根据行动者的利益，市场或者是开放的，或者是封闭的。在资本主义之中，通常既有封闭市场的倾向，也有保持市场开放的倾向：

> 由此，资本家的利益在于自由市场的持续扩张，但是只能扩张到某一点上，即通过从政治权威处购买特权，或者仅仅通过资本的力量，他们中的某些人成功地获得了产品销售或者生产手段的垄断权，从而按照他们的利益封闭市场。[103]

在《经济与社会》关于市场的分析中，韦伯也提到了与封闭的经济关系非常类似的一个现象，即规定市场自由的不同方式（"市场规则"）。这一规则可能来自多种渠道：法律、传统、常规［最后一个是韦伯的术语，指的是通过社会的"不同意"（disapproval）得以保持的秩序，接近于目前所说的规范］。另一种类型的规则，即自愿规则（voluntary regulation）的有趣之处在于，即使市场在形式上是自由的，由于市场上存在着强大的行动者，也会存在自愿规则。它的典型例子是价格卡特尔和配额协议，在《经济与社会》写作的年代里，这二者在德国很普遍。

在韦伯看来，市场的特性就是会打破"身份群体的垄断"，因为它们抵制了市场力量，但是，理性的市场也会创造自己的"资本主义垄断"。[104] 韦伯说，促使市场反对身份群体的思想的是，市场不考虑个人资格或"声望"，在市场上，要紧的是被交换的东西。"市场及市场过程并不考虑个人：它受'非人格化的'利益支配"，韦伯说，结论是，"市场不知道什么'声望'"。[105] 宗教和其他伦理教条告诉人们应当对其他人像对兄弟姐妹一样，因此，理性市场上进行的那种交换是不能接受的。在这个意义上，"对于每一个兄弟伦理系统（fraternal ethic system）而言，（市场）都是个令人憎恶的事物"。[106]

但是，在市场打破了人们彼此间的行为方式的意义上，它又不仅仅是对宗教和伦理系统的伤害。现代市场的运作方式也使它很难从伦理的观点来发挥影响。例如，当对某些物品的需求减少，导致某些人的失业和穷困时，应当在市场上有何作为？韦伯在此使用了"非人格化"（impersonality）一词，按照他的看法，从宗教或伦理的立场上，没有什么现成的答案。[107]事实是，很难从一个道德的立场上影响市场，这使得"非人格的"成为现代社会的一个特征。

韦伯在第2章中暗示，他对于提供一个关于价格的理论并无兴趣。这一任务属于理论经济学家，而不是经济社会学家。而且，他再一次指出，经济的权力斗争决定了价格的状态。"货币价格是利益冲突及妥协的产物，因此，是权力格局的产物"。在某处，韦伯甚至写道，"只有作为利益斗争中相对机会的量化预测时，价格……才是计算的工具。"[108]这一类说法怎样才能够跟韦伯将价格理论排除于第2章之外的想法相协调呢，而且更重要的是，它们如何与全文对边际效用理论的多次正面引用相协调呢？无论在第2章，还是在《经济与社会》的其他章节中，都找不到这些问题的答案。但是，当韦伯还在写作第2章时，他在致罗伯特·利夫曼的一封私人信件中给出了他关于这个问题的一些暗示。[109]像数学一样，边际效用理论遵循着它自己独特的逻辑，它是完全在理论层次上处理价格问题的。[110]但是，如果要计算真实价格，即实际发生的价格而非理论上计算出来的价格，并且为了理解这个经验过程，行动者之间的经济斗争和社会行动的类似要素就要被考虑进去。当韦伯说"〔经济理论的〕理论洞见应当给经济社会学提供基础"时，他脑海中浮现的也许就是这一类的论点。[111]

在第 2 章中，韦伯着意分析的另一个经济制度是货币，他的分析提出了类似的问题。韦伯公开表示，他无意建立一个货币理论，他只想表明货币使用造成的"最一般的社会学后果"[112]。例如，这些后果中包括这样的事实，人们可以使用货币交换各种各样的其他物品（非直接交换）。使用货币的其他后果还包括，提高了为未来的使用而存储价值的能力、计算利润的能力和计算边际效用的能力。在一个货币经济中，与自然经济不同的是，还可能把对经济机会的控制转变成一定数量的货币。[113]

但是，韦伯还坚持说，"货币不仅仅是可以随意改变的'未指明的效用的购买券'"，而毋宁说是"人对人的斗争"的一件"武器"。[114] 所有这些似乎表明韦伯在他的经济社会学中抨击了传统的货币理论，但是，从笔者的观点来看，情况并非如此。例如，在第 2 章的某处，韦伯称，他多少有些赞同冯·米塞斯在《货币与信用理论》中的货币理论。[115] 韦伯对货币理论的态度很像他对价格理论的观点：纯理论的论点（例如边际效用理论）和以解释经验领域所发生的事情为目标的论点（例如经济社会学）之间有差异。

VI. 主题 4：宏观结构，包括资本主义的不同类型

在第 2 章的经济社会学中，韦伯还引入了一些概念，以便抓住发生在宏观层次的事物。例如，每个社会都有一个"经济秩序"，意指经济权力的独特分配，或者按照韦伯的术语，指的是经济中的"控制与处置权"有特定的分配。[116] 韦伯强调说，尽管资本主义社会中的经济权力是通过合同得来的，但在原则上，经济秩序与法律秩序是区别开的。[117] 不过，经济秩序比法律秩序更为基本，因为它所关涉的是谁在控制经济领域的"实际认可"（*de facto* recognition）。[118]

韦伯宏观层次的纲领的另一重要特色是介于"自然经济"与"货币经济"之间的形式。[119] 纵观人类历史，许多社会同时属于这两种经济类型。在货币经济中，有货币在流通使用，而且，经济活动有其货币价格，以市场为指向。自然经济的概念更加复杂，韦伯的意思是，它包括了几种不同的经济类型。在更常见的情况下，这一概念仅仅被用来指物物交换的经济。这是诸如布鲁诺·希尔德布兰德等人最初使用这个概念时的含义，在 1860 年代，希尔德布兰德就引入了货币经济与自然经济之间的区别。[120]

但是，韦伯更感兴趣的自然经济是与在社会主义社会*中一样，是完全没有交换、进行实物计算的经济。韦伯对社会主义

---

* 韦伯对社会主义、社会主义经济的理解，参见本书第 3 章相关内容。——译者

经济深切的关注也是他在宏观层次的一对概念——"市场经济"和"计划经济"的核心。市场经济被定义为需求通过市场交换而满足的经济,而计划经济最终依赖于实物计算,因为它的指向是"实质的"(substantive)。[121] 在计划经济中,经济行动指向专职行政人员的活动,而且是根据预算来实行的。[122]

在第 2 章中,韦伯几乎没有提到经济从一个阶段发展到另一个阶段的问题,部分原因是,他对德国经济学中流行的演化纲领有所怀疑。例如,古斯塔夫·冯·施穆勒认为,经济经历了以下几个阶段:村庄经济、城镇(town)经济、领主(territorial)经济、国家经济和世界经济。[123] 在这个问题上,韦伯的立场是,并不存在经济必然从一个阶段演化到另一个阶段的所谓"经济规律",而在讨论经济阶段之前,必须先分析非经济因素。整个来看,韦伯认为施穆勒鼓吹的类型纲领没有什么价值。韦伯说,经济阶段的概念只有被当作理想型及启发性的工具时才是有用的。[124]

冈瑟·罗思提出,韦伯有自己的演化纲领,不过它集中于"领域"概念,而非阶段概念。[125] 这是一个有意思的想法,尽管它如何契合于韦伯的经济社会学的不同部分尚有待研究。但是很明显,刚才提到的韦伯宏观层次的概念与经济领域的概念很协调。例如,萌芽状态的货币经济和市场经济就倾向于将自己构建为非常特别的社会领域。韦伯在作品中几乎不提商业周期,也与这样的思想有关,即在某一点上,一个相对自主的经济领域在西方发展起来了。因此,韦伯说,商业周期出现于 19 世纪初,是由理性的投机造成的,大约每 10 年一次。[126]

冈瑟·罗思认为,韦伯的历史发展思想与他的"领域"概念相关。这一点同样适用于毫无疑问是韦伯宏观层次中最具启发性的类型学，即见于第2章第31节的不同的资本主义类型（"资本主义指向的营利主要模式"）。[127] 马克思认为，资本主义出现于一个特定的历史时刻，并且终将被社会主义和共产主义取代，而韦伯认为，有几种不同类型的资本主义彼此平行发展、交互发展和前后相随地发展。至于资本主义是否在某一天将被一种新型的经济体系所取代，则不是韦伯在他的经济社会学中要思考的问题。

韦伯在第31节中说，存在六种主要的、彼此截然不同的资本主义模式。韦伯使用的确切说法是"资本主义指向的营利的主要模式"，这与他早期关于营利作为特殊形式的经济行动的讨论（第11节）的关联是很明显的。[128] 无论是这里，还是《经济与社会》的其他地方，都没有发现关于资本主义的一般构成的讨论，即使韦伯明明将资本主义等同于组织化的营利形式，并经常将其与某种形式的事前与事后的财产计算结合在一起。[129] 在关于资本主义的观点上，韦伯与包括马克思[130]在内的其他人的区别主要在于三个问题，即资本核算（或事前计算与事后计算的差额比较）概念，对理性的强调（计算或多或少是理性的），以及远在现代商业与工业化出现之前就存在一定形式的资本主义的思想。韦伯说，在人类历史上的这六种主要的资本主义营利形式中，有两种是西方独有的，其他三种构成了他所称的"政治指向的资本主义"。笔者将把最后一种称为"政治资本主义"，这是很多二手文献的做法，而把前者称为一种"理性资本主义"。[131] 将第六种仍然是资本主义的营利模式称为"传统的商业资本主义"（参见图表2.9）。

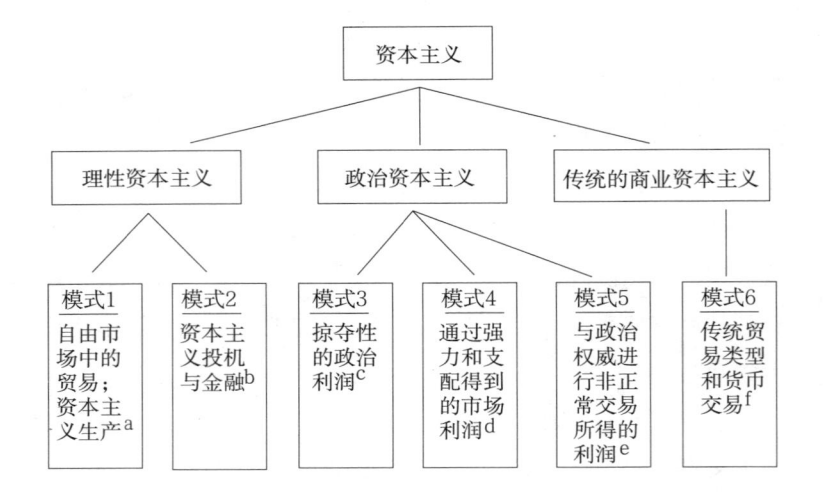

```
                          资本主义
         ┌─────────────────┼─────────────────┐
    理性资本主义          政治资本主义      传统的商业资本主义
     ┌────┴────┐      ┌──────┼──────┐           │
   模式1     模式2   模式3   模式4   模式5      模式6
   自由市    资本主   掠夺性  通过强  与政治      传统贸
   场中的    义投机   的政治  力和支  权威进      易类型
   贸易；    与金融b  利润c   配得到  行非正      和货币
   资本主             的市场  常交易      交易f
   义生产a            利润d   所得的
                              利润e
```

图表 2.9 韦伯所述的资本主义的主要类型和资本主义指向的营利的主要模式(《经济与社会》第 2 章第 31 节)

来源:马克斯·韦伯:"资本主义的营利取向的主要模式",《经济与社会》(伯克利:加利福尼亚大学出版社,1978),第 31 节,第 164—166 页。

注释:在《经济与社会》第 2 章中,韦伯并未定义资本主义,而是谈论了六种"资本主义指向的营利的主要模式"(第 31 节)。这六种可以被划分成理性资本主义、政治资本主义和所谓的传统的商业资本主义诸范畴。不同类型的资本主义通常并存,例如,在主要是理性的现代资本主义中便是如此。

[a] 自由市场上持续的购买与出售;资本主义企业中持续的商品制造。

[b] 规格化的商品(standardized commodities)或有价证券投机;政治组织的财政运作;出售证券以促进新企业融资;新企业或其他经济组织的投机性融资,以获得市场权力或有利可图的规则。

[c] 掠夺性利润可以通过资助战争、革命或政党领袖等获得。

[d] 得益于强力或支配的持续的商业活动,例如,包税、承包官职、殖民地利润(种植园、垄断性和强迫性的贸易)。

[e] 本节中没有此类政治资本主义的更多信息。

[f] 货币贸易与投机,专业信用的授予,创造支付手段,承接支付功能。

韦伯说，政治资本主义和传统商业资本主义都已经存在了数千年，理性资本主义则要年轻许多。"政治指向的资本主义"或"政治资本主义"是韦伯最有趣的概念，尽管它通常在二手文献中被引用，却很少被深入探讨过，应用到实际分析中就更少了。[132] 韦伯说，当政治事件或过程为资本主义营利开放机会时，政治资本主义通常就出现了。[133] 他还有关于政治资本主义的衰落的理论：当某一地区被某一帝国绥靖并支配时，国家不需要借助于那种经常会助长政治资本主义的筹资活动。[134] 韦伯还解释说，政治资本主义或多或少是理性的，或者与某种理性特征的资本主义相类似。[135]

政治资本主义有三种不同的子类型：(a)掠夺性政治营利；(b)直接使用强力或支配，从而使持续的营利成为可能；(c)通过与政治权威的非正常交易而营利。韦伯举出的掠夺性政治营利的事例有战争、革命和政党领袖的金融（financing）。韦伯使用"金融"，可能的含义是指高利息率的贷款，或者延伸为战利品份额的许诺。韦伯说，通过直接使用强力或支配，使包税、承包官职和殖民地营利等有可能获得利润。所谓殖民地营利，韦伯主要指的是种植园和垄断与强制性的贸易。韦伯并未阐明可归结为与政治权威的非正常交易的资本主义营利，不过，一个可能的例子是，为得到一个公共特许权而贿赂官员。[136]

在《新教伦理与资本主义精神》中，韦伯使用了"冒险家的资本主义"一词，来表示一种特别大胆而且无情的资本主义的形式；他说，政治资本主义就是其典型例子。[137] 某些所谓"经济超人"或许也属于这一范畴。[138] 不过，韦伯最经常提到的政治资本主义的例子是"古代的资本主义"。这一类型的资本主义的最彻底的描述可见于《古代文明的农业社会学》(1909)，这本书的部分目的就是要与那些相信古代资本主义类似于现代资本主义的人争论。[139]韦伯说，存在于古代的那种资本主义并非以商业为中心，统治阶层是以鄙视的眼光来看待商业的。在古希腊和古罗马，以任何种类的生产企业形式，都很难在市场上获得金钱，造成这种情况的其他原因包括，奴隶和政治条件使经济生产既不可预测又非常困难。韦伯指出，相反，"古代资本主义是被政治强力所形塑的，而且，在特征上只间接地是经济的。"[140]韦伯说，古代最大的资本主义企业是罗马的包税公司(tax-farming companies)。政治资本主义在罗马共和国时期达到其顶点，但是，当货币经济开始枯竭时，政治资本主义便随后消失了，代之以自然经济，自给自足的"庄宅"占支配地位的地区尤其如此。

韦伯在第31节中概述的第二种资本主义是理性资本主义。它包括两种不同模式的资本主义营利：(a)围绕着现代贸易和生产的模式；(b)涉及资本主义金融的模式。现代贸易被描述为形式上自由的(即非传统的)市场中的贸易，而现代生产指的是以某种程序、以固定的间隔期来评价资产的持续性生产。资本主义金融包括几种类型的活动，均涉及金融、投机或二者的综合。(更确切地说，以下范畴属于资本主义金融：规格化商品的纯粹投机或企业证券的纯粹投机；政治实体的持续的金融运营；资本主义公司为控制市场利益或获得权力的投机性金融。)

所有这些不同类型的资本主义营利的核心是理性资本主义的概念，而这也是整个韦伯经济社会学的核心。在《经济通史》中，韦伯以很大的篇幅讨论了理性资本主义，但是，由于这本书是以学生笔记为基础的，韦伯本人从未有机会进行更正，因此，在这个问题上，他的最权威的陈述应当是《经济与社会》中的第31节。[141]韦伯在其中谈到，理性资本主义的关键行动者是理性的资本主义企业。这一类型的企业预设了自由劳动力、理性的劳动分工和固定资本的存在。韦伯指出，如果存在对生产工具的剥夺和相应的所有者对这些工具的占有，那么，劳动力必须是自由的。理性资本主义也预设了成熟的货币和资本市场、通过股份向公司投资的可能性，以及由国家运营的理性的货币体系的存在。

在第31节中，韦伯还讨论了第三种类型的资本主义，即所谓传统商业资本主义。在他关于营利模式的分类学中，这种资本主义由一种单一类型来代表，但却覆盖了几种活动。这些活动包括商品贸易、货币投机、专业信用授予，以及支付手段的创造。[142]与本节其他部分一样，韦伯的定义极为简洁，没有提供更多的细节。不过，这一类型的资本主义的代表性活动大概会包括传统贸易、贷款取息和早期的银行。韦伯所谓"贱民资本主义"就有可能属于这一范畴[143]；一般地，人们假设传统商业资本主义的规模相当小。尽管这一类型的资本主义一度代表了资本主义的核心，但今天它已不再是核心形式了。

由于政治资本主义和理性资本主义是韦伯关于资本主义的类型学中两种最重要的范畴，对这二者进行比较会比较有趣。首先，重要的是要注意，韦伯关于不同类型的阶级的讨论（在《经济与社会》第1部分第4章）与他关于政治资本主义和理性资本主义的区分有关。在存在"有产阶级"的社会里，政治资本主义尤其繁荣，而理性资本主义只能存在于由"商业阶级"组成的社会里。有产阶级包括食利者，以及"享有消极特权的有产阶级"，例如乞丐；还有某些中产阶级，其成员通过商业、手工艺者身份

第 2 章　韦伯经济社会学的基本概念

等来获得支持。食利者主要兴趣在租上,但时常会卷入某些营利计划,从而被吸引到政治资本主义之中。但是,在一个主要受商业阶级支配的社会中,典型情况是理性的资本主义。这一类型的资本主义的主要阶级由企业家和工人组成;还有某些中产阶级,包括专业人士、官员,等等。一个由有产阶级支配的社会的动能要显著小于一个由商业阶级支配的社会。

由韦伯本人的论述或许还可以走得更远,即确立政治资本主义与理性资本主义之间更多的差异。根据经济企业是按照政治资本主义还是理性资本主义的原则运行,可以推测它们在以下论题上有所不同:利润率和利息率水平、企业平均存在时间、与政治精英的私人接触的作用,以及是否有独立的法律体系。关于利润率,在政治资本主义中,企业家通常希望得到非常高的利润;与理性资本主义相比,最终的结果也随时有起伏。对于古代企业来说,百分之几百的利润率并非不可能,而现代公司的利润率要低许多。围绕着政治财富的不安全感也推动了一个具有强大政治资本主义的社会的利息率远远高于一个由理性资本主义支配的社会的利息率。与理性资本主义相比,政治资本主义的冒险可能要短命得多,而且常常局限于某个特定的时间段。与国家行政的多次私人接触是政治资本主义成功的关键,但在理性资本主义中就不那么重要。最后,政治资本主义的冒险在定义上比理性资本主义中的冒险更难预测;而且,在理性资本主义中,人们通常可以求助于一个独立的法律体系(这有助于确保其可预测性),而在政治资本主义中却往往不是这么回事。

另一个重要问题是,韦伯如何看待现代资本主义,或者说是存在于他的时代的资本主义。触及这一问题的二手文献通常提到韦伯所说的现代资本主义像一个"铁笼"的隐喻，并且因此含蓄地传达这样一个印象，即韦伯视资本主义为一无情推进的机器。但是，韦伯的观点要比这更复杂。他认为，现代资本主义主要是理性的，但也有其矛盾以及非理性要素。在第31节中有关于这一复杂性的提示，韦伯指出，现代形式的金融和投机可能有一个非理性的维度。[144] 他还指出，理性资本主义和冒险家式的资本主义可以并肩存在，而且"彼此逐渐转变"。[145]

在《经济与社会》的另外一处的一个被大多数评论者所忽视的有趣的注释中，韦伯提到了类似的一点。他说，许多（也许是全部）经济体系都有其卡理斯玛要素，现代理性资本主义也不例外。韦伯甚至谈到了"资本主义精神……的双重性质"，意思是现代资本主义不仅是理性的，而且有某些卡理斯玛要素。[146] 韦伯用亨利·维拉德的"大掠夺者的资本主义"，来作为他的时代的资本主义的一个要素的例子。[147] 读者们看到，通过让公众提供给他资金，而且不需要他作任何保障，这个维拉德在19世纪成功地实现了一个接管计划。换而言之，公众中了维拉德的声望或卡理斯玛等财政家巫术的魔咒。在此，还需要补充的是，在韦伯看来，理性的企业家身份也有某些非理性要素。首先，企业家总是"希望"他或她可以赚到比平均利息率多的钱；企业家也很依赖于他或她的"经营想象力"。[148]

在他的政治作品中，韦伯观察到，政治资本主义经过第一次世界大战得到了复兴。[149] 而这引起了有趣的问题，即政治资本主义是否也存在于现代社会中，且因此比通常认为的更为常见。如果答案是肯定的，现代资本主义将比"铁笼"的隐喻所表示的状态不稳定得多。此外，韦伯的政治资本主义思想和现代经济学的寻租概念之间也存在着饶有趣味的类似。[150]例如，难道农业补贴、关税和公共部门的采购没有为现代形式的政治资本主义提供可能性吗？

更进一步地看，由于存在阶级和身份群体，韦伯意义上的现代理性资本主义包含了几处矛盾。商业阶级通常彼此斗争，也跟身份群体斗争。商业阶级是流动的，以生产制造为依靠，而且导致社会的变迁与发展。与此相对，身份群体围绕着生产方式、声望和消费，因稳定而繁盛[151]。

因此，认为韦伯将现代理性资本主义看作某种类型的机器、重复不断地经历相同的运动这种想法是错误的。按照韦伯的观点，现代理性资本主义的特点是生机勃勃且不可预测，在宏观层次上尤其如此。还需要指出的是，韦伯并不确信资本主义的这一种活跃类型能够持续很久。他认为，现代资本主义受到了一些政治和经济强力的威胁。前者以社会主义尤为重要。但是，也存在着包括资本家的利益在内的经济强力，有可能会破坏现代资本主义。上文提到，只要符合自己的利益，个体的资本家会毫不犹豫地封闭一个市场。韦伯争辩说，如果使资本家利润转变成"租"成为普遍倾向，整个的现代资本主义机器会陷入停顿，因此租会对经济产生保守影响，而不像利润，会导致变迁。[152]这种发展的最终结果就是类似庄宅的带有压制特征的传统经济。用韦伯的阶级分析的术语来说，活跃的"商业阶级"（企业家、中产阶级、劳动者）会被稳定的"有产阶级"（食利者、中产阶级、非自由人）代替。无论现代资本主义中存在什么样的政治自由，都会被残酷的传统支配所代替（参见图表 2.10）。

	传统的以租为指向的经济	现代营利经济
经济原则	家户，导致经济传统主义	谋取利润，导致持续的经济变迁
支配性经济群体的主要收入类型	租（以财产为基础）	利润（以资本为基础）
阶级	有产阶级（食利者、中产阶级、非自由人）	商业阶级（企业家、专业人士、劳动者）
冲突水平	几乎没有能动性；身份群体强大，可能有阶级斗争	非常有能动性；阶级斗争，可能是革命型的斗争
政治体系和法律原则	压制性的政治体系；传统性支配	政治与经济权力的分离；可能是法律支配

图表 2.10　传统，以及未来？——以租为指向的经济和现代营利经济

来源：马克斯·韦伯：《经济与社会》（伯克利：加利福尼亚大学出版社，1978），第 87—90、302—305 页。

注释：韦伯认为，人类经济的两个主要原则是家计和营利，在宏观层次，它们支撑着非常不同的经济体系。此处所谓传统的以租为指向的经济中，经济体系的核心是统治阶层的寻租；而在现代营利经济中，谋取利润是核心。具体的经济体系通常既有租的要素，也有利润的要素。传统经济趋向于具有压制性，没有活力；这种经济在过去很常见，而且也许未来会重现。营利经济的历史较短，富有活力，具有法律支配（民主）的潜力，因为它预设了政治权力与经济权力之间的结构性区分。

《经济与社会》的第 2 章"经济行动的社会学范畴"内容丰富，而且通过大量的概念和类型学提供了经济社会学的坚实基础。这一章初看起来非常干涩，难以卒读，但如果其分析具有很高的水准的话，我们就不应拘泥于这个第一印象了。但是，关于第 2 章，还有一些任务需要完成。首先，必须要确定韦伯经济社会学中最有发展潜力的概念，对它们进行比本书更广泛的讨论。在笔者心目中，韦伯在第 31 节中提出的资本主义的类型学和他对理性的分析是两个最有潜力的贡献。第 2 章的潜在逻辑结构也需要更好地理解。例如，韦伯的许多概念通过"机会"、"斗争"和"控制与处置的权力"等概念彼此关联，但是，仍需要讨论这种关联是如何，以及为什么完成的。关于个别概念的单独研究，例如投机与占有，也会很有启发。

　　对此还需要补充的是，了解韦伯关于经济学的想法与当时的经济学思想之间的关系，对于今天的经济学家和社会学家都不无裨益。前文有几处都试图指出，韦伯受到当时的经济学家和经济史学家的影响，但是，关于韦伯的同时代人对他的作品的影响，还需要了解更多。最后，在整合韦伯的经济社会学思想与当代经济学的某些方面时，探究这项工作到底能进行到什么程度，也是一件颇为有趣的事情。笔者要再次说明，在韦伯关于政治资本主义的概念和寻租思想之间存在着亲和关系，但是，这两种进路彼此相容的真正程度则是另一个问题了。在韦伯"指向他人"的概念和启发了托马斯·谢林的提示模型的思想之间存在着类似的亲和性。最后，对于现代经济学来说，韦伯关于经济学与政治学之间关系的某些言论也非常有趣，这将是下一章的主题。

第 3 章　经济与政治

　　《经济与社会》第 2 章关于经济领域的分析构成了韦伯的经济社会学的核心内容，但这绝非全部。的确，韦伯的经济社会学中，某些最有原创性的发现在于他看到了经济中发生的某些事情与社会的另外一些地方发生的事情之间的联系，或者说是某个领域的物质利益与可能属于另一个领域的精神利益之间的关系。韦伯始终认为，经济学应当有广阔的视野，这也是他后来扩展到经济社会学中的一个视角。例如他在 1890 年代讲授经济学时，课程的一部分是关于"经济与其他文化现象，尤其是与法律和国家之间的关系"。1904 年，韦伯在关于客观性的论文中提出了社会经济学简要纲领，他指出，"社会-经济现象的范围几乎是无所不包的"。更确切地说，他所谓"社会经济学"不仅覆盖了经济制度和事件，而且也包括了社会中影响经济的那些部分（"与经济有关的现象"）和社会中以某种方式受经济影响的部分（"受经济制约的现象"）。而且，最后，韦伯为他负责编写的经济学手册即《社会经济学大纲》规定了广泛的范围，并且希望它包括经济与地理、经济与社会等章节。韦伯本人的论述是关于经济与现代国家、经济与法律的。确实，《经济与社会》之所以如此有趣，正是因为它试图着眼于现代经济所依存的社会的所有方方面面。[1]

对比韦伯与马克思的进路，将有助于理解韦伯如何看待经济与政治之间的互动。马克思曾经宣称，经济对大多数社会现象起决定性影响，但是，韦伯的论点有所不同。他争辩说，首先，因果关系可能在相反的方向上也成立；经济会影响社会，但是，接下来，非经济现象也同样会影响经济。他说，此外，经济现象会影响社会，但不一定以一种决定性的方式影响。在1910年德国社会学学会的大会上，韦伯用如下方式发表了他关于经济与社会之间互动的看法：

> 我反对某位发言者的观点，他认为，某个单一的因素，无论是技术还是经济，能够成为另一个因素的"终极的"或"真正的"原因。如果我们审视因果关系线索，就会发现它们在某个时间是从技术指向经济和政治事务，而在另一个时间，又从政治指向宗教和经济事务，等等。因果关系是变动不居的。我认为，历史唯物主义通常拥护的看法，即经济在某种意义是因果链条的终点，作为一个科学陈述而言，已经完全结束了。[2]

如果像笔者现在这样，用非常一般的术语来谈论经济与政治之间的关系，可能会给人留下这样的印象，即这二者构成了现代社会的两个分离的领域。但是，韦伯的观点是，政治与经济是密切相关的，而且经常必须放在一起分析。例如，在《经济与社会》的第2章，有好几段讨论了经济与政治的关系。虽然对于这一类问题而言，数字可能并不能构成最有说服力的观点，不过，事实上在第2章中，每五段话中就有一段是关于国家在经济中的作用的，这就能使人了解韦伯关于政治与经济之密切关系的观点。韦伯说，对于理论经济学而言，将国家从经济现象分析中去掉也许是合适的，但是，在经济社会学中就不是这样了。[3]

I. 政治的特殊性，以及韦伯关于经济与政治关系的观点

终其一生，韦伯都充满政治热情，并曾几次试图成为职业政治家。有一次，他曾是德意志共和国驻维也纳大使的考虑人选；他还曾是国家内政部的部长候选人。他为几个政党和政治组织提供咨询，在一战以后还参与制定了新的宪法，1919年，他作为专家被纳入派往凡尔赛的德国代表团。他曾经说过，"政治是我秘密的爱恋"。[4] 韦伯为报纸和其他期刊写过很多关于政治问题的内容丰富的文章，而且这些作品吸引了大量出色的评论家。大卫·毕瑟姆和沃尔夫冈·莫姆森的作品之重要性就在于详细论述了韦伯关于许多政治主题的观点，对于韦伯如何看待政治也提出了更好的全面的观点。韦伯的一个很值得吸引许多评论的是其对当代德国的观点，特别是他认为德国的资产阶级在政治上一直软弱而且没有经验（"俾斯麦的遗产"）。但是，在后面各章中，笔者将更多地使用《经济与社会》而非韦伯的政论文章，主要是由于正是在这部作品中，韦伯从社会学的角度，以最完整而且最为系统的方式提出了经济与政治的关系。

在讨论韦伯如何看待经济与政治的关系之前，关于他的政治社会学及其关键概念还需要加以说明。一般来说，"斗争"的概

念既是韦伯政治观点的核心，也是他的经济观点的核心。例如，他在某处宣称，"所有政治的本质就是斗争"。[5]而原则上，将政治与经济区别开来的是暴力及由此而来的威胁。在经济中，斗争通常是通过妥协解决的，而在政治中则使用了暴力，即使是将其作为最后才诉诸的手段。因此，政治秩序是基于暴力的，而在经济之中，人们使用韦伯所谓的"(形式上)和平的手段"。不过，经济秩序最终是由政治秩序来保证的，因此，"在每一个经济秩序的背后，都有而且必然有强制的使用。"[6]

作为他的政治社会学的一部分，韦伯引入并定义了一些重要的概念，例如，"国家"、"民族"、"政党"，等等。其中，国家是最为重要的概念，而其他一些概念的定义都与之有关。"政治组织(团体)"的概念差不多与国家概念一样，居于核心地位，可以用一种简化的方式来做例证，例如，在国家存在之前居统治地位的组织类型。换言之，韦伯的"政治组织"不是大多数人所说的意义上的政治组织，在韦伯的类型学中，政治组织始终是一个居于统治地位的政治组织。[7]当居统治地位的政治组织使用武力或以武力相威胁，要在一个确定的地域内保卫自身或其秩序时，国家就有合法使用武力的垄断权，并由专职人员来执行这一垄断。因此，国家就是一个特殊类型的、居统治地位的政治组织。

居统治地位的政治组织有三个特征：它在某些方面"不仅仅"只是一个经济组织；它控制了一块领土；它以暴力相威胁或确实使用暴力。韦伯说，在这三者中，后两者是居统治地位的政治组织的概念的最低限度的内容，而对于更为充分的概念界定而言，第一点很重要。在韦伯看来，说一个居统治地位的政治组织在某些方面"不仅仅"是一个经济组织，其含义主要在于两点。[8]第一点，它意味着居统治地位的政治组织不仅规范着经济，而且规范着某一特定领土范围内的人们的互动。进一步来说，它还意味着居统治地位的政治组织的价值体系不限于纯粹的经济事务。

关于对领土的控制，这是居统治地位的政治组织的第二个标准，韦伯写道，有时候也不存在居统治地位的政治组织，例如当经济处于无差别状态时。只有当对某个特定的地方有一种对永久性供应的需求时，才会出现村庄首领制。首领的这种权威最初只在紧急状态下才具有，但是后来延伸到了平时。起初，在和平时期，村庄首领只掌握对经济事务的权力。韦伯进一步强调，在人类历史的早期，许多共同体是由武士队（warrior bands）来保卫其领土的，通常由男子集会所（men's house）的成员组成，通过暴力袭击和劫掠来养活自己。一般来说，强大得足以在其领土上保持和平的政治组织需要很长的时间才能出现。全面控制领土并减少私人暴力的努力得到了宗教权威和特定的经济利益的支持。韦伯说，当宗教权威认为自己能够在和平条件下更好地控制其成员时，具有特定"市场利益"的群体也会支持政治权威对公共和平的追求。[9] 具有"市场利益"的群体在这个例子中不仅仅指的是商人，而且是地主，即他们在征收实物税，以及更一般地说，其臣民的纳税能力方面的利益。

居统治地位的政治组织的第三个也是最后一个特征是暴力。前文已经提到，按照韦伯的说法，经济中的斗争通常是通过妥协来解决的，政治舞台上的斗争则最终通过暴力或暴力威胁来解决。我在前一章中也曾指出，韦伯将经济行动定义为"指向经济目的"，他还说，"毫无疑问，使用武力是与通常意义上的经济行动的精神严重对立的"。需要补充的是，在韦伯的心目中，经济现象的动力学通常不同于政治现象的动力学。在生命的最后一年,韦伯在关于社会与经济史的课堂上讲到,政治与经济遵循着不同的"逻辑"。[10]

韦伯说,在此处单独挑出暴力的一个原因,是因为不可能用国家的目标来定义国家。纵观人类历史,从强盗国家到福利国家,国家有各种类型的目标;因此,目标的性质不能够被用来作为构成国家的一个标准。不过,所有的国家都使用相同的手段,即在最后它们总是会诉诸暴力或暴力威胁。事实上,国家的成员总是准备着为它而牺牲,这也是国家经常会具备的通性。在国家的成员中间,这样一种牺牲所需要的精神气质(ethos)创造了强烈的感情基础和共同记忆。

韦伯关于经济与政治的关系的分析集中于居统治地位的政治组织,特别是国家。在《经济与社会》第2章第37节中对此有总结。在该处,韦伯列举并简要评述了此论题的中心问题。然而不幸的是,在去世之前,他只有3个月的时间来扩展论述其中3个问题。[11] 下文将对所有这些问题分别进行讨论:现代国家的货币体系;居统治地位的组织的财政;历史上不同类型的支配及管理人员的组织方式和资金供给方式(第 I 和第 III 部分)。下文还将讨论城市中经济与政治的关系(第 II 部分)以及社会主义经济方面的问题(第 IV 部分)。

II. 政治支配与财政社会学

韦伯对政治社会学的公认的富于创造性的贡献是对支配的分

析，其最终的形式可见于《经济与社会》第3章（"正当性支配的类型"）。在这一部分，韦伯提出了著名的传统型支配、法制型支配和卡理斯玛支配的类型学。他还制定出每种支配所对应的管理和合法性类型。不过，很少有人注意到，在韦伯关于支配的分析中，还有一个重要的经济维度。每一种行政管理类型都有不同的支付方式；其管理人员都是些具有不同资格和利益的个人；它还以不同的方式影响了经济。因此，韦伯对政治支配的经济维度的分析可以部分地被看作属于财政社会学的领域，如果所谓财政社会学指的是对国家财政的社会学分析的话。这一类型的分析深深扎根于德国传统的经济学即官房学当中。而当韦伯致力于关于支配的分析时，鲁道夫·戈德沙伊德普及了"财政社会学"的概念，熊彼特发表了他著名的论文"税务国的危机"，这篇论文也属于这一类型。[12] 韦伯在与出版商的通信中，把《经济与社会》第3章（"正当性支配的类型"）称为"经济与支配"，由此可见，他很重视分析支配的经济维度。[13]

韦伯关于财政社会学的文献具有很高的水准，堪与熊彼特出色的研究相媲美，不过，二者在一些问题上还是有所不同。首先，韦伯的分析范围远远大于熊彼特；它回溯到远比"税务国的危机"更久远的时代。此外，韦伯的财政社会学比熊彼特更为现实。确实，熊彼特带着赞许意味引用了戈德沙伊德著名的话，"剥离了所有误导性的意识形态之后，预算是一个国家立国的根本"；但是，熊彼特并没有像韦伯那样，集中描述税收体系的蛮横。举例来看，下一段选自韦伯对于古代的研究：

> 我们知道，埃及是如何征税的：官员们不期而至，妇女

第3章 经济与政治

们开始哭泣，大家很快开始逃跑和搜索；那些符合征税标准的人被抓住，痛打和折磨，直到向官员交出符合要求的税，税额是由官员们负责按照官方的土地清册来确定的。对于当时近东的农民和现代俄国农民而言，国家便是这个样子。[14]

最后，与熊彼特不同的是，韦伯将居统治地位的政治组织的财政视为西方的普遍理性化的一部分。起初，国家及类似的组织并无预算可言，只是简单地花掉手头现有的东西。在中世纪便是如此，韦伯还指出，"不同于领主，城市的财政是以星期计的，就像现在的小家庭那样。"[15]有好几种措施有助于增加国家财政的理性要素，尤其是包税制。不过，真正理性的税收管理最初出现于意大利的城市中，然后传播到法国、德国和其他国家。

韦伯的财政社会学的基础奠基于《经济与社会》第2章，其中包括了居统治地位的政治组织的不同的财政方式的类型学（第38节），以及这些形式可能对经济产生的影响的简要分析（第39节）。[16]韦伯强调，财政构成了经济与居统治地位的政治组织之间"最直接的联系"。[17]有关这些组织的不同支付方式的分析很枯燥而且是形式化的，不过可以总结如下。国家财政的两个最重要的常见形式是税收和赋役制（liturgy）*（与特权相伴的义务）。韦

---

* "liturgy"的一般意思是指礼拜仪式，但这是后出之义。在本书中，"liturgy"译作赋役制，原指古希腊时期由富人提供金钱或劳役来支持举行一些公共事务、提供某些公共物品的制度；通过借用这一名词，韦伯试图说明政治组织或国家的财政解决方式，即根据不同职业、身份、特权来确定其义务（主要是实物或劳役等）的制度。——译者

伯说，财政可以是暂时的或永久性的。尽管可以找到前者的例子，例如通过劫掠来获得金钱的海盗国家，但是，永久性财政还是更为重要。

为了从社会学的角度把握永久性财政形式的现象，韦伯提出了以下的类型学：(1) 通过居统治地位的政治组织所属的生产单位而发生的财政；(2) 通过赋役制（与特权相伴的义务）组织起来的财政；(3) 居统治地位的政治组织既无自己的生产单位，又无赋役制时的财政。韦伯举出的第一种类型的例子是庄宅、封建领地，以及通过不同类型的、通常具有垄断性质的商业企业的活动完成的国家财政。当国家是通过自己的生产单位实现财政要求时，通常是交付实物形式或实物形式的强制服务。在国家无任何属于自己的生产单位时所发生的国家财政中，货币现金尤其常见。现代资本主义国家征收货币形式的税，其专职人员可以得到薪水，属于后一种类型的范围。最后，要知道，赋役制的财政是与税收一样常见的最重要的财政形式之一，它通常意味着一定的特权群体有财政或其他方面的义务。例如，某个群体可以获得免税，而代之以承担军事义务。罗马史学家保罗·维尼所讨论的一个例子是，古代的富人被迫要为从公共宴会到城市防卫等内容异常丰富的活动掏腰包。[18]

韦伯说，国家及其他居统治地位的政治组织为其活动获得财政支持的方式反过来对"私人经济活动的结构有非常重要的影响"。[19] 这一点不仅对于其自身的不同的财政来源（如强制性实物服务、货币税收，等等）成立，而且对于财政的组织方式也成立。例如，国家可以出售其征税权以获得更为稳定的收入（包税），也可以授以个人终身收入的权利，以换取服务（俸禄），等等。根据财政类型及财政的组织方式，在经济中会普遍地鼓励或抑制不同类型的资本主义（参见图表3.1）。韦伯指出，只有现代的税收体系才构成了理性的市场资本主义的真正积极的环境。包税和多数的赋役制形式有利于政治资本主义，而不利于市场资本主义。以实物形式交付的强制服务、俸禄不利于任何类型的资本主义。最后，国家财政和其他居统治地位的组织的财政的多数方式都与韦伯所谓的"投机贸易资本主义"相容，也就是说，它们与一种期望实现高利润的市场商品的实质性贸易相容。

国家的财政途径	对资本主义类型的影响
1. 现代税收体系	对理性市场资本主义有积极影响
2. 包税 垄断性营利企业 与财产相伴的赋役制义务	对政治资本主义都有积极影响 但对市场资本主义有消极影响
3. 俸禄 实物给付 强制性服务	对所有形式的资本主义都有消极影响

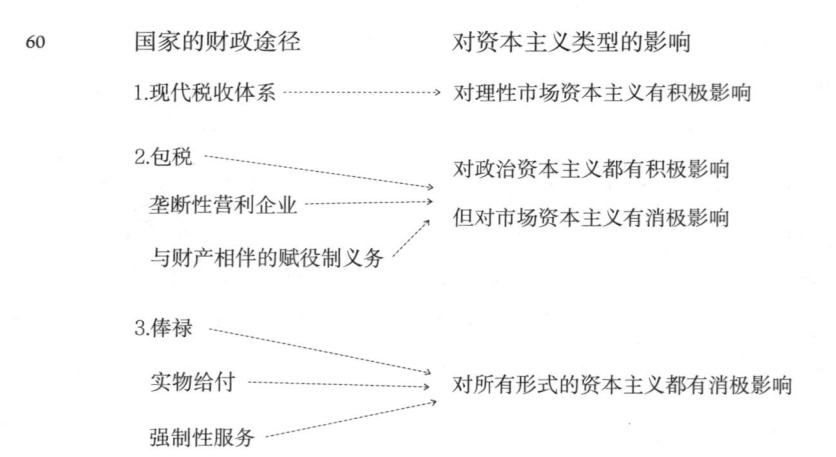

图表 3.1　韦伯的财政社会学，I：国家的财政方式及其对不同类型的资本主义的影响

来源：马克斯·韦伯："第39节公共财政对私人经济活动的影响"，《经济与社会》（伯克利：加利福尼亚大学出版社，1978），第199—201页。

注释：根据国家的财政方式，某些类型的资本主义受到鼓励而其他类型受到抑制。在财政类型与资本主义类型之间并没有严格的决定论的关系，而只是一种一般性的影响。韦伯还指出，除了对贸易的某些赋役限制之外，所有的财政方式都是与投机性贸易资本主义相容的。

韦伯很谨慎地指出，财政形式和资本主义类型之间的联系是很弱的，其原因在于还涉及了许多其他因素。例如，宗教态度会妨碍理性资本主义；公司及其他经济组织也必须被"发明出来"。[20]韦伯公开声称，也有这样的时期，理性的市场资本主义的所有财政阻碍都不存在，但是，仍然没有出现任何理性资本主义。与之相对的情况也会存在：假设国家有一定的财政方式，理性资本主义可以在本来意味着相反结果的环境中成长起来。

韦伯还从第二个视角来探讨财政如何影响到经济的问题。韦伯的这一部分论点与方才在图表 3.1 中讨论并总结的论点的区别是，韦伯感兴趣的，不仅是理解不同形式的财政如何倾向于鼓励或抑制不同形式的资本主义，他还想要发现国家在经济生活中的参与程度如何影响到资本主义的可能性。图表 3.2 总结了第二种研究的结果，并且表明，国家越直接参与到经济中，对于市场资本主义而言，就越不可能有一个适宜的环境。通过赋役制或自己所有的生产单位获得资源的国家会鼓励政治资本主义，或者抑制任何一种类型的资本主义。从图表 3.2 可以清楚地看到，金钱的应用使国家能够较少直接参与到经济中去。同样地，韦伯所说的这种影响仍然相当微弱，而且不是严格的决定论。

```
        #1                      #2                    #3
     很少直接参与            中等程度的参与            完全参与
  ┌──────────────┐       ┌──────────────┐       ┌──────────────┐
  │国家既无所属生产单位,│       │通过赋役制筹资,│       │通过国家所属的│
  │又无赋役制时的财政│       │(或者是与特权相伴的义务)│   │生产单位筹资  │
  └──────────────┘       └──────────────┘       └──────────────┘
```

| 现代税收体系 | 货币形式的包税 | 俸禄 | 对贸易的赋役制限制 | 对产权的赋役制限制 | 垄断的营利企业 | 上交实物 | 强制性劳役服务 |

对市场资本主义有积极影响 | 对政治资本主义有积极影响,不利于市场资本主义 | 不利于任何类型的资本主义 | 不利于投机性贸易资本主义 | 有利于政治资本主义,不利于市场资本主义 | 不利于任何类型的资本主义

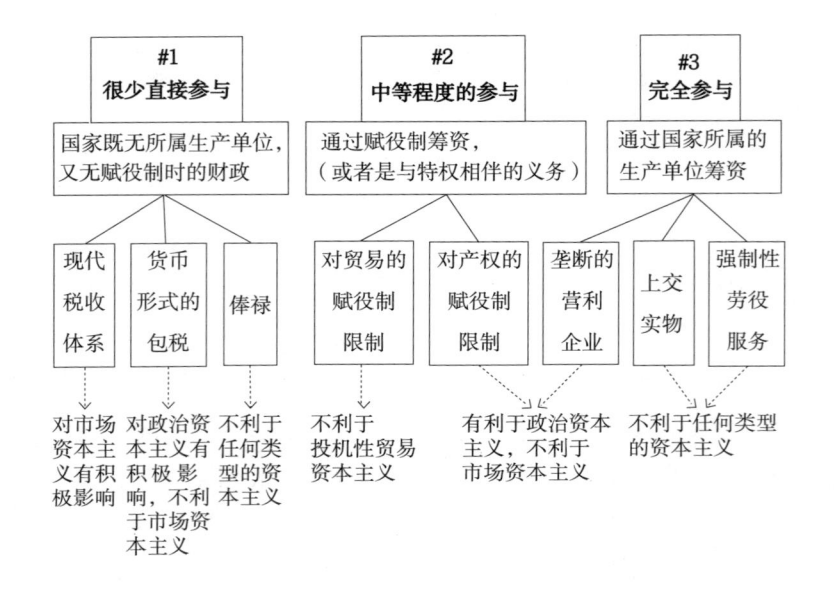

图表 3.2　韦伯的财政社会学，Ⅱ：国家通过其财政参与经济的程度及其对资本主义类型的影响

来源：马克斯·韦伯："第 38 节政治实体的财政"，《经济与社会》（伯克利：加利福尼亚大学出版社，1978），第 194—201 页。

注释：以上并非严格的决定论，而只是一般性影响。韦伯所谈论的是永久性财政方式。

至此为止，韦伯关于财政方式的分析在读者看来会显得有些枯燥，那么，我要强调的是，我们马上就要看到他最精彩的分析部分。毫无疑问，韦伯的财政社会学的最令人激动和最有创新性的部分是对财政与支配类型之间关系的解释。韦伯说，一般而言，支配是一种凌驾于包括经济与政治关系在内的大多数社会行动类型之上的现象。[21] 经济事务上的支配往往非常类似于政治事务上的支配，例如，必须遵守秩序，这既是现代资本主义公司也

是国家顺利运行的核心。不过，读者们也许还记得，在前面一章中，韦伯并不希望将支配概念延伸到市场运行之中（在那里他用"控制与处置的权力"来代替）。他在《经济与社会》的第一部分中说道，支配因而只在命令的权力和服从的义务的意义上使用。[22]

韦伯还补充说，这一含义的支配可以通过两种方式来加强：正当化和专职行政管理人员。韦伯说，人们会因为不同原因诸如习惯、物质利益等服从命令，但是，除非他们认为发号施令者有权利这样做（"正当化"），否则，支配便相对不太稳定。[23] 很清楚，专职行政管理人员的存在使支配更有效率，但韦伯也指出，首领与其行政管理成员之间的关系会随后者的付酬方式的变化而变化。例如，首领及其行政管理人员的关系会因为后者是获得薪水还是其他形式的报酬而有所不同。韦伯补充说，不同的付酬方式的正当性与首领的正当性紧密相连，也就是说，如果首领的正当性遭到挑战，则行政管理人员的正当性也会受到质疑。

通过对支配的三种主要类型的经济维度的分析，韦伯开创了财政社会学的新领域。更确切地说，他的创新在于表明某种形式的行政管理如何对应于每一种类型的支配，以及每一种行政管理如何配备人员并用不同的方式付给他们薪酬。韦伯进一步分析了这三种形式的支配如何影响了经济，他还提出，每一种主要的支配类型都有一种对经济产生更一般影响的气质。在现存韦伯关于支配的几个不同版本的分析中，这些主题彼此有些差异。[24] 不过，总的来说，可以看出有一个一般性的框架，这个框架也是本文的兴趣所在。

韦伯三种支配类型的第一种，即法制型支配，乃基于人们对所颁布的法规的合法性的信任，并相信那些根据这些法规得到某个权威职位的人有权利发号施令。人们不是服从于发出命令的人,而是服从于法律本身。韦伯列举了法制型支配的几个典型特征,对于财政社会学而言,其中两点尤其有意思。第一点是,不允许某一职位的责任人占有其职务;原则上,在职位和所委任的人之间有一个清楚的界线。第二点与韦伯所谓行政工具有关,而且类似于马克思的生产工具概念。[25] 韦伯说,在理性资本主义之中,劳动者与生产工具相分离,与此相同,在理性的国家中,官员们与行政工具也被分离开了。

法制型支配的最纯粹的行政管理形式是官僚制。在官僚制中,官员们服从命令的首要原因是投了他们的身份感。他们受过特殊训练、有一定的能力领域划分,而且形成了与其工作有关的强烈的责任感。他们的职业基于资历和成就,而且只有在特定的环境下才会中止职业生涯。他们是等级制度的一部分;他们遵守命令,并且以一种精确的和非人格化的方式开展其工作,只带有最少的情绪。韦伯说,在效率、速度和可预见性方面,官僚制是不可超越的。[26]

官员们按照官阶高低领取固定的薪水,而不是按照一定的工作量拿工资。他们通常还有一份养老金。在货币经济的前提下,支付官僚制的典型方式是税收。但是,官僚制也存在于自然经济之中,韦伯举出的例子是埃及新王朝。在韦伯看来,新王朝是官僚制的经典例子,但是,新王朝之所以有成功的官僚制,是由于一系列独特的历史环境。韦伯说,如果想要人们严格按照命令做事的话,除了官僚制以外,唯一现实的选择就是暴力强迫。但是,这只有对奴隶才是可行的,韦伯提到了古罗马大庄园主乐意让奴隶专门经手自己的钱财事务,却不肯让他们成为自由人:因为当他们怀疑有问题时，可以拷打逼问这些奴隶。[27] 不过，很难通过强迫产生出长期一致的行为，韦伯总结说，像官僚制这样，诉诸人们的身份感比使用暴力更有效率。

在韦伯提到官僚制时，他不仅想到了国家的行政管理，而且也包括了大型资本主义企业及其他类似组织的管理方式。不过，由于本章讨论的是政治与经济的关系，因此，限于政治的官僚制（官僚制的经济形式，参见注[28]）。[28] 还有必要指出的是，韦伯在其作品中夸大了政治与经济官僚制的相似性。历史学家于尔根·柯卡认为，这样做的原因之一，是德国的国家官僚制的发展大大先于工业资本主义，这就意味着资本主义公司总是以国家官僚制作为自己的组织模型。[29] 柯卡用历史证据表明了这一趋势。例如，德国公司里的领薪雇员（salaried employees）最初被称作"私人机构中的公务员"（Privatbeamet）。而且，与美国等地相比，德国的领薪雇员和普通劳动者之间也有更加明确的区分。

韦伯说，对于理性资本主义的运行而言，国家官僚制在很多方面是不可替代的。进行资本核算的现代公司需要"公共管理功能和法律秩序的完全的可计算性"。[30] 而且，官僚制的精神气质也很契合现代资本主义：

> 官僚制发展得越完美，就越发被"去人格化"，越彻底地从公务中去掉爱、恨和纯个人的、非理性的、情绪性的等所有逃避了计算的要素。而这正是作为其特别优点而为资本主义所称道的。[31]

不过，在关于韦伯作品的二手文献中，也存在着一种夸大现代官僚制与理性资本主义之间的和谐的趋势。最终驱使国家官员们表现得如此有效率的是他们的身份感,但是,寻求身份也会使他们将其职位当作就像是潜在的受俸牧师,或者是具有私人性质的终生收入的权利。[32]进而,人们还可以发现官僚中"对获利欲的憎恨",韦伯说,这是非常自然的,因为某些有固定收入的人认为听任商业考量来摆布自己的判断力是一件不名誉的事。[33]韦伯还观察到,正是由于这种对商业的敌意才使那么多的国家官员青睐福利国家。设想一下,同样的态度也会令官员们成为国家社会主义的潜在的支持者。

卡理斯玛支配,即韦伯三种支配类型中的第二种,也毫无疑问是最生动的一种。卡理斯玛人格被描述为在日常生活中无法找到的某种非凡的或超人的禀赋,而且其追随者或门徒认为服从领袖的命令是理所当然的事情。卡理斯玛人格的例子包括先知、战争英雄和伟大的平民领袖(demagogues),所有这些人都有一个坚定的看法,即不能听任事态发展,必须要有所作为("法书上如是说……可是我告诉你们……")。[34]对于变化的强调使卡理斯玛成为社会的激进因素,按照韦伯的看法,在人类历史的早期,卡理斯玛就是革命的力量。他还注意到,当变化的强有力的现代机制,诸如官僚制和理性资本主义,使人们适应外部环境时,卡理斯玛则内在地影响着个人。

以上对卡理斯玛的简短描述或许使人设想,经济事务在其中起不到什么作用。但是,情况并非如此。实际上,韦伯在关于支配类型的分析中不断引用到经济学,特别是指出卡理斯玛不是什么的时候。在韦伯看来,卡理斯玛可以被总结为一种"反经济的力量",它对经济事务最为忽视。[35]卡理斯玛的反经济并不意味着它在其所有表现形式中都拒绝经济。例如，卡理斯玛武士就把心思放在战利品上，而且，许多卡理斯玛运动都接受捐赠和其他形式的自愿奉献。但是，在任何情况下，卡理斯玛都不接受日常生活中典型的那一类型的经济心态。按照韦伯的看法，"受到轻视的……是传统或理性的日常经济，即以获得固定收入为目标的持续的经济活动"。[36] 尽管"日常生活（是）经济的背景"，卡理斯玛的定义恰恰是超越了日常生活的某些东西。[37] 与日常生活的对立引入了卡理斯玛运动的一个重要的张力，并使它不稳定；这一张力迟早会通过与日常状态达成妥协而得以解决。这一全部过程即著名的卡理斯玛的例行化，它主要受到两种力量的推动：一种力量是必须要为卡理斯玛领袖找到一位继承人，另一种是需要适应日常生活中的经济力量。韦伯注意到，这两种力量中最为强大的也许是后者，而且，没有哪个卡理斯玛运动能够避开它。韦伯在《经济与社会》中写道，"每一种卡理斯玛都沿着这么一条路线，首先是动荡的情绪性的生活，完全没有任何经济理性，然后受物质利益的重累，渐渐窒息而死；它存在的每一时刻都使它更接近它的终点。"[38]

某些卡理斯玛领袖的追随者们部分地是韦伯所提到的"卡理斯玛的管理干部"，尽管他对于"管理"一词用在文中是否合适表达了某些疑虑。[39] 卡理斯玛官员*并非像官僚制中那样，由于他们已经被证明的能力和训练而被甄选，而是因为他们献身于卡

---

* 本书作者在此处使用"官员（officials）"与下文的论述有矛盾，即卡理斯玛领袖与其门徒或追随者之间没有理性、责任、任命、升迁等事，也没有行政组织和等级系统。事实上，韦伯曾经肯定地说，"一个卡理斯玛领袖的管理干部并非'官员'"（《经济与社会》英文版，第243页）。——译者

理斯玛领袖,支持并共享他(或她)的观点。在卡理斯玛管理中,无所谓晋升、职业生涯,也没有关于免职或其他事情的规定。在这种情况下,要紧的是卡理斯玛领袖的观点及如何将它变成现实。不过,由于例行化的开始,卡理斯玛管理的性质改变了:卡理斯玛官员与其他卡理斯玛属下之间的区分更加明显了,而且,干部们倾向于通过训练及其他类似要求而将自己封闭为一个独立的身份群体。卡理斯玛变得不太纯粹了,而且通常转变成为一些社会群体("世袭卡理斯玛")或自身的组织结构("职位卡理斯玛")。

由于开始了例行化,卡理斯玛管理的财政经历了类似的变化。首先,卡理斯玛管理存在于某种共产主义之中,每样东西都是按照需求而共享的。领袖负责资源,不需要向任何人就资源的花费方式进行核算。由于卡理斯玛运动对日常的商业活动非常怀疑,它是通过礼物、自愿奉献、战利品和敲诈勒索来满足财政要求的。追随者和门徒通常认为自己有责任根据能力和运动的当前需要作出奉献。但是,卡理斯玛管理的成员们也想要一个稳定的收入和正常的家庭关系,而这二者与纯粹的卡理斯玛国家是不相容的。结果,干部成员们很快开始引入薪水、俸禄等,这样,他们可以过上更稳定的生活,而例行化的无情过程便开始了,将卡理斯玛组织转变成某种俸禄制的、家产制的(patrimonial)或封建的组织。

韦伯说,卡理斯玛运动对经济的影响是"革命性的",但在各个阶段有明显的不同。最初出现时,卡理斯玛在不同需求方面直接面对经济传统主义。但是,在例行化进行之时,卡理斯玛运动引入了某种新型的经济传统主义,经常是家产制或封建制的某些形式。卡理斯玛对资本主义的影响可以进行这样的总结，即它不仅与理性的资本主义，而且与所有类型的资本主义背道而驰，因为它反对所有为谋取利润而进行的持久努力。尽管这个说法是正确的，但是，应当注意到，按照韦伯的说法，在资本主义之中，常常存在卡理斯玛因素。韦伯在此处（以及第 2 章）引用的例子是亨利·维拉德，在世纪之交的美国，他仅仅凭借其人格就在一笔著名的交易中得到了公众的支持。但是，韦伯认为，卡理斯玛不仅存在于这一类型的"堂皇的强盗资本主义"中，而且存在于其他的现代资本主义形式当中，包括理性资本主义。[40] 不过，这并不意味着某种类型的"卡理斯玛资本主义"就要出现了。经济活动需要不断地重复，以便成为稳定的社会结构，而卡理斯玛常常只能持续很短的时期。[41]

韦伯所说的三种支配型中的第三种，即传统型支配，比卡理斯玛支配或法制型支配都要复杂。而且，至少在韦伯的早期作品中，还有某些存而未论的东西。例如，根据是否有管理干部和统治者是否控制了行政工具，就有不同类型的传统型支配。但是，传统型支配的多数形式都有一些共同特性。首先，传统被认为是神圣的，也就是说，服从一项命令或将其正当化时，要参考这样一个事实，即这样的事情是"古已有之"的。传统型支配也有两个不同的领域：在其中一个领域内统治者必须遵循传统，而在另外一个领域统治者可以为所欲为。在某些类型的传统型统治中，前一领域占优势，而在另外的传统型统治形式中，多数的事情都由统治者随心所欲地决定。韦伯指出，"酬金"（fee）概念的历史起源正是在非传统型领域之中。

如果完全没有管理干部，那么，传统型支配会采用长老制或原始家父长制（patriarchalism）。这二者都会对包括经济在内的社会产生保守影响，因为除非得到共同体的公开许可，统治者不能有任何作为。在历史上，长老制和原始家父长制很快被最重要的一种传统型支配所超过，这就是家产制。韦伯关于传统型支配的分析多少是以家产制为核心的，他将家产制定义为统治者将所有政治和经济权利都视为自己的个人权利的政权制度。换言之，与官僚制国家的不同之处是，国家财产与统治者的个人财产之间没有区分。统治者视管理和军队为个人的工具，而且由他个人支付其费用。统治者的个人财富对他的权力而言非常重要，而且他还要不断努力地扩大财富。他会努力鼓励贸易、发现新的城市，或者从事任何可以带来更多金钱的事情。由此产生的结果在很大程度上都是非理性的："统治者的爱好与厌恶、授予或没收，都在不断地创造新的财富并再次破坏它。"[42]

除了某些情况下之外，家产制的统治者完全控制了行政工具。[43]在早期，统治者得到某些个人的辅佐，并不存在真正的管理。韦伯所谓的这些家臣（household officials）与统治者在同一张餐桌上用餐，分配去完成一些初步的任务。全世界的王室官职都起源于这种家户管理的初步类型：司库（财富与税收）、内务（衣服与盔甲）、司马（马厩），等等。早期另一种类型的官员是政治官员，他通常是世袭政权中的一位亲信；当人们意识到没有他们的帮助就很难进行有效统治时，书记官和簿记官就早早出现了。当官员数量变得如此庞大，以致他们无法保留在统治者的家族中时，他们就被派往帝国的其他地方。不过，他们的任务经常还是定型化事务和特别事务的混合。他们首要地是效忠于统治者个人，而且，重要的是忠诚，而不是官僚制中的公平无偏。

当家产制官员不再以他们主人的餐桌为依靠时,他们必须以其他方式得到报酬,即采邑。起初是实物形式,后来是货币形式,也许以酬金的形式出现。原则上,采邑是终身的,持续到持有者死亡时,不过,实际上它们常常变成世袭的了;采邑通常由来自封君(lord)的财产或资源的津贴或者一块土地组成。家产制官员由统治者用自己的库藏或财富来负责支付。统治者的资源越多,他的管理队伍就越大。因此,家产制政体的一个普遍倾向便是管理队伍的增长。

韦伯说,家产制管理的后果和普遍意义上的家产制对经济的影响是抑制理性资本主义,鼓励传统经济行为和某些政治资本主义,例如包税制和贩卖官职。资本主义形式的贸易也会出现,因为它可以使自己适应任何实际条件。[44] 理性资本主义无法在家产制下得到发展,则是由于在后一制度中普遍存在的随心所欲倾向;在受传统约束的领域之外,统治者和他的官员们都有为所欲为的自由。但是,工业资本主义则对于这种条件下的非理性太过敏感。此外,统治者会感觉受到理性的营利所代表的那种力量的威胁,因此不会容忍它的存在。与此相对,政治资本主义与具有反复无常、冒险和牟取暴利等一般特征的家产制之间的相处就好得多。对于苏丹制而言尤其是这样,这种所谓的苏丹制,指的是统治者的大多数决策都不受传统约束的家产制形式。

还有一种支配形式是韦伯觉得不太适合他的法制型、卡理斯玛型和传统型支配的,这就是他所谓的西方封建制(下文仅指封建制,尽管韦伯常常提到俸禄封建制)。[45] 在《经济与社会》中已经由韦伯亲自审查决定出版的部分里,他认为,封建制是一个单独的范畴，尽管它兼有家产制和卡理斯玛的起源。[46] 马克思等人首先用经济词语来定义封建制，而韦伯认为，更为根本的是封君及其封臣之间的法律-社会关系，尽管他承认庄园（manor）是基本的经济单位。韦伯明确指出，封建制存在于这样一种情况下，即封君与封臣以一纸契约联系在一起，在契约中，封臣承诺付出忠诚与个人的服务，这种服务主要是军事服务，作为交换，他将得到对某一地区的权利。这种契约不是普通的商业契约，而是由一种身份荣誉感所支持，这是封建制的一种典型现象。封建军队也许是封建管理中最重要的部分，它由经过特殊训练的骑士组成。大约是当自己准备军事装备对于大量受征募的农民来说价格昂贵，负担不起，而且他们必须不断地照料自己的田地时，封建制就出现了。

封建管理的特点是这样一种事实，即不是封君自己，而是关键的管理者——封臣控制了行政工具。这就引起了封君与封臣关系长期存在的不稳定，韦伯说，这是因为一旦封臣掌管了自己的土地并有自己的军事力量，除了忠诚感以外，就没有什么力量能够阻止他脱离封君了。后者试图以不同方式来抵消这种倾向，也正因此（以及为了照料好他的个人事务），封君创建了自己的管理干部。不过，韦伯注意到，整体上看，封建制倾向于将管理最小化。尽管在家产制中，统治者用增强自己的力量和扩张财富的新机会来平衡一支庞大的管理队伍，但是，封建制仍然要保守得多。原因之一在于封建的管理机构得到的是实物形式的贡品和服务，这就使经济体系僵硬而且抵制革新。

一般而言，封建制对经济有深刻的稳定作用。很明显，它的经济结构，即与实物形式的贡品、服务相结合的庄园制对此颇有助益。家产制鼓励贸易,从而引起财富的传统分配的变化,封建制则不是这样。不过,最重要的是,封建制的普遍精神气质是反对经济进步的。在封建制中,个人及其英雄事迹得到颂扬,而理性商业需要具备非人格化和可预测性才能够繁荣。在商业中,封建制的封君也表现出了典型的贵族式无动于衷,韦伯补充说,"封建制与生俱来地鄙视资产阶级的商业功利主义"。[47] 因此,受到鼓励的既非理性资本主义,也非政治资本主义,而只有经济传统主义。

尽管封建制并不很适合于韦伯的类型学,但是,他对支配的分析仍然是对政治社会学和经济社会学的重要贡献。韦伯以一种非常有启发性的、清楚系统的方式提出了一种思考和分析的路线,以研究各种支配的相互关系、管理结构、财政管理的方式(包括官员的薪酬方式),以及所有这些对经济的影响,尤其是对理性资本主义兴起的影响(参见图表 3.3)。

但是,从经济社会学的观点来看,韦伯的分析所包含的还不止这些。对于不同类型的支配来说,韦伯还着眼于支配、军队的类型(官僚制的、家产制的,等等)以及军队的费用负担方式之间的关系。[48] 他还进一步分析了支配、法律类型以及对经济的影响之间的关系,本书第 4 章将讨论这一论题。最后,在他对家产制的分析中,韦伯勾勒出了福利国家的早期形式与经济之间的关系,其主要的论点是,家产制的统治者容易承担"人民之父"的仁慈角色,但是,这也使理性资本主义更加难以出现,因为实质正义会走向形式的经济理性的反面。[49]

	法制型支配	卡理斯玛支配	传统支配：家产制	卡理斯玛及传统支配：封建制
合法化的性质	服从于法律法规，而非人格化	服从是被领袖的非凡品格所激起	服从是由于传统的神圣性；相应地忠诚于领袖	封君与封臣间的契约；传统与卡理斯玛因素的混合物
管理的类型	官僚制；官员训练有素，以此为职业，有责任感	追随者与门徒在例行化之后越来越像平常的官员	从家臣到发展更充分的、主要处理特别情况和完成定型化任务的官员	小规模管理，类似家产制官员，但有一个独特的身份因素；封臣往往还有军事义务
行政管理和官员薪酬的支付方式	税收；官员得到薪水，并可能有养老金	在例行化导致其他薪酬方式之前以掠夺、供奉等方式满足"官员"的需要	来自统治者自己的资源或财富；官员们开始时与统治者一起用餐，后来得到采邑	来自其子民的贡品和服务；封臣得到封地，下级官员的报酬方式同家产制
对经济尤其对理性资本主义兴起的影响	因其可预测性而成为理性资本主义所必需；对政治资本主义持敌态度	最初对所有系统的经济活动形式持敌意；例行化后通常是保守力量	因为其专制因素，对理性资本主义持敌意态度；对经济传统主义和政治资本主义有积极作用	封建主义的精神气质反对任何形式的资本主义；对经济造成深刻的保守后果

图表 3.3　支配的三种主要类型及其与经济的关系

来源：马克斯·韦伯：《经济与社会》（伯克利：加利福尼亚大学出版社，1978），第 212—301 页、941—1211 页；马克斯·韦伯："正当支配的三种类型"，阿米台·埃兹奥尼（Amitai Etzioni）（编）：《复杂组织的社会学解读》

（纽约：霍尔特、莱因哈特与温斯顿出版社，1969）。

注释：韦伯对财政社会学的最重要的贡献是他对不同支配类型、支配的经费负担方式及其对经济的普遍影响的关系之间的分析。图表4.1还补充了有关法律及不同支配类型之间的关系的信息。

III. 城市的经济与政治

在韦伯关于城市的研究中，人们可以找到有关政治现象与经济的关系的进一步的资料。从职业生涯的早期，韦伯就对城市的发展和性质问题有兴趣。当他在1890年代讲授经济学时，就专门辟出一章讲城市，其演讲内容包括城市的经济理论、城市的经济政策和经济发展中的一个特殊阶段"城镇经济"。[50] 在他1909年关于古代的经济与社会史的作品中，就有一章比较了城邦与中世纪城市。1914年出版的《社会经济学大纲》（*Grundriss der Sozialökonomik*）的计划里包括了一个称为"非正当的支配：城市的类型学"的部分；韦伯去世后，人们在他的遗物中发现了大量关于城市的手稿，这些手稿被编入《经济与社会》（即"城市"一节）。最后，韦伯在1919—1920年间的社会与经济史讲座中，也讲授了关于城市的内容。这些讲义所根据的材料非常类似于"城市"，但是焦点在于市民身份，而不是非正当的支配。从以上简要回顾可以清楚地看到，在韦伯早期作品中，他首先是从经济的视角来看待城市的，而且，也着眼于它在经济史的一般作用。在后期作品中，韦伯加上了一个政治的焦点：非正当支配（在给《大纲》的稿件中）和市民身份（1919—1920年间的社会与经济史讲座）。

当然，韦伯完全意识到了城市在西方资本主义演化中的关键作用。马克思，以及之后的卡尔·布歇、古斯塔夫·冯·施穆勒都强调过这一点。例如，韦伯在其 1909 年以后的古代社会与经济史论文中写道，西方资本主义奠定于中世纪城市的贸易与工业的基础之上。在 1919—1920 年的讲座中，韦伯非常关注城市中出现的多种经济组织，例如手工业者行会和康曼达。他在"城市"一节中写道，尽管城市显然并不是现代资本主义的"载体"，但是，它却"作为其关键因素之一而与〔资本主义之兴起〕紧密相连"。[51]

但是，韦伯感兴趣的，正是城市对于西方资本主义兴起，以及在一般意义上对理性化过程所作出的政治贡献。作为他揭示城市的政治角色之关联性之努力的一部分，他尖锐地抨击了关于城市的经济理论和城镇经济在经济发展中构成一个独特阶段的观念。[52] 韦伯的观点是，城市的经济理论的确突出了城市的重要方面，例如作为核心的市场，对进口农产品的需求，等等。诸如"消费者城市"、"生产者城市"和"商人城市"等概念因此是有用的。但是，韦伯也相信，这一进路具有约束性，而"'城市'的概念能够而且必须用经济范畴以外的一系列范畴来分析……也就是说，要用政治范畴分析城市"。[53] 尤其重要的是，要认识到一个典型的城市不仅是一个市场，也是一个堡垒，它还构成了具有特殊政治和行政制度的独特的共同体。对于将城镇经济视为经济发展的一个特殊阶段的看法，韦伯更是持批评态度。他认为，当关于城市的经济理论还需要进行补充时，用经济阶段理论来看城市便存在基本的错误。错误之处在于混淆了"纯粹经济范畴"与"经济政策"；而被施穆勒等阶段论理论家视为典型的城市经济实际上通常都是特殊经济政策的结果。[54] 更确切地说，中世纪城市与乡村的关系并非城市固有的经济性质，而是中世纪城市中某些特定群体的清醒的政治策略的产物，即出于自身利益而使乡村屈服。这一政策包括价格控制、约束乡村工业的建立和规定农民出卖农产品的场所等。

下文将简要概括韦伯对于市民身份和非正当支配的观点，并试图勾勒出经济因素在这两种现象中的作用。韦伯将市民身份界定为某个政治共同体（典型情况是国家）的成员资格，以及与此成员资格相关的某种权利感。市民身份起源于两个非常不同的历史阶段，一个是古代的城市或城邦，另一个是中世纪的城市。主要由于两个因素，它没有在西方以外的地区出现：经济-地理条件和竞争性社会纽带。当灌溉和河流法规是经济的核心时，就会出现皇家官僚制形式的强大的中央集权的国家力量（"'水利'官僚制"），全面控制战争工具。这就意味着亚洲、近东和埃及的城市在任何时期都没有得以实行自治，因为统治者的军事权力之大压倒一切。阻止西方以外地区出现政治共同体之意识的第二个因素是强大的传统社会纽带的存在。例如，在中国，个人首先而且最重要的是属于家族的，而且这种从属关系还得到了巫术信仰的支持。在印度，每个人都属于一个种姓，这就意味着对他与什么人互动有严格的规定，因此，很难产生一种共同的政治认同。

城邦的产生主要是出于军事目标：一些贵族家庭通过结合进自卫的共同体而获得其独立性。他们通常定居于海边，以便获得贸易通道。尽管每个人仍然与强大的社会组织（典型的情况是氏族或一些军事组织）紧密联系，但是，他仍是一个市民，或者是一个政治崇拜共同体的成员，居民们共同祭祀，共同用餐。从韦伯对城邦的描述来看，显然其驱动力是军事性的，其首要的认同是政治性的而非经济性的。作为总结，韦伯说，城邦的公民是政治人（homo politicus）。

但是，即使政治扮演了核心角色，韦伯对西方市民身份的早期和原始阶段的描述也包含着一些对经济与政治现象间互动的有趣观察。例如，城邦的好战特点使它倾向于不同形式的政治资本主义，而不像理性资本主义，只存在于和平氛围之中。通过战争和掠夺战利品，城邦繁荣昌盛，而且始终在与邻国作战。城邦贵族鄙视贸易和理性形式的营利，贪婪却不想为财富而劳作（他们是"体面的游手好闲者"）。[55]康曼达正是为这些贵族量身定做的，他们可以投资于某一船货或某一艘船，而工作由其他人完成。韦伯说，在城邦里，唯一可与中世纪和平商人相当的是自由人。但是，他们却不被允许参与城邦的多种形式的政治资本主义。[56]

在古代文明走向终结时，城邦自治及其初步的市民身份感都消失了，与之共同走向灭亡的还有政治资本主义的可能性。出现于中世纪城市中的市民身份类型显然更为完善，而且有不同的成因。之所以说它更加完善，指的是市民不再与那些跟政治共同体竞争的群体有任何强大的联系，诸如基督教之类的事物已经通过它对个人的强调和对巫术的敌意而对此有所贡献。市民属于一个特殊的共同体，在意大利它被称作"coniuratio"，不过，它也出现在西方的其他地方。与城邦对立的中世纪城市并非出于军事原因而形成，相反，封君们通常为了赚钱而建立城市。由于城市鼓励贸易和工业，它通常会成为营利活动的中心。韦伯说，与城邦的公民不同，中世纪西方城市的市民是经济人

(*homo economicus*)。[57]

韦伯这样描述了中世纪城市的政治与经济因素的互动：在早期，由贵族家庭控制着城市。他们对于商业的态度类似于城邦贵族，即他们想要快速致富，但并不通过劳动，因此康曼达非常适合他们。与古代一样，在中世纪城市里，民主政治主要因为军事原因得以传播，但是，它将积极的市民身份扩展到更多的居民，并导致贵族统治的结束。具有资产阶级气质的和平获利在城市中得到强化与传播。而商业活动没有被允许传播到乡村，原因是城市想要以适合自身利益的方式控制和规范乡村。

韦伯后期关于城市的作品的第二个主要政治主题是他所谓的非正当支配。按照韦伯的观点，西方中世纪的城市代表着一种独特的支配类型，它既是自律，同时又是受封君统治的某个更大的政治区域的一部分。封君的权力受到认可，但是并没有在城市中被视为正当的。非正当支配（nonlegitimate）与不正当支配（illegitimate）之间的差异在于，被统治者在什么程度上会完全抗拒统治者的权威，这一点并不清楚。非正当支配在许多方面都是一个很困难的概念。韦伯一度似乎要将非正当支配概念结合进他的支配和正当性的类型学，例如，1917年，韦伯曾在维也纳的一次谈话中称西方的城市为"第四种类型的正当性"。[58] 不过，后来他不再提及第四种类型的支配的想法，而且从未整合他关于非正当支配的分析与他关于支配的普通研究纲领。

韦伯唯一彻底讨论非正当支配的是在他后来关于城市的研究中，而且是从好几个角度接近这一问题的。例如，他以下述方式讨论了城市的起源。在中世纪的城市里，封君通常会以租、市场规费等方式弄钱。他更愿意其臣民向他贡献金钱，而非实物，这就构成了他鼓励城市贸易的另一个驱动力。韦伯说,从经济的角度来看,城市的建立很清楚地引起了两种经济原则的冲突:城市所代表的市场和封君所代表的庄宅(oikos)。但是,原则上的冲突并没有造成现实生活中的很多对立,因为货币经济的传播和附近市场的存在对于封君而言也有好处。而他真正恼火的是中世纪城市不断增长的政治力量,以及它在他自己的领土中发展出一种自由区的趋势。不过,封君对城市听之任之的主要原因是他需要钱,这再一次表明了政治与经济之间的联系。韦伯写道,"他在城市中的属民的经济力量使封君被迫在需要时转而跟他们讨价还价。"[59] 但是,历史的因果关系总是很复杂,在这个例子中,在城市与封君的财政关系问题上,城市的力量还有一个政治上的原因。韦伯说,封君首先只在城市已经有自己的军事力量的情况下才跟它谈判。韦伯强调说,只有当封君缺少一个发展充分的行政机器时这样的力量才有可能存在。而一旦一个运转良好的官僚制到位,中世纪城市就逐步丧失了自治权,最终被家产官僚制国家吞没。

希望以上关于市民身份和非正当支配的两个例子已经足以说服读者,认为韦伯关于城市的研究不仅是对城市社会学和历史社会学感兴趣,而且也对其经济社会学有兴趣。笔者只从经济学与政治学彼此关系的角度来讨论"城市"一文及类似作品,甚至对这些作品也只是匆匆而过。如果着眼于城市中的纯经济制度,如手工业行会、市场、不同类型的企业家等等,则这些研究对于经济社会学的重要性就更加不言而喻了。

IV. 现代国家中的经济与政治：
韦伯未完成之国家社会学的主题

在韦伯看来，现代理性国家只出现于西方。《经济与社会》第1部分有几处勾勒出了它的主要特色：理性国家的正当性主要是基于法律权威；它的资源主要来自税收；国家行政通常是以官僚制的形式组织起来，跟法律系统一样，为了使理性资本主义繁荣，官僚制也必须是高度可预测的。不过，韦伯起初要在为《社会经济学大纲》所写的稿子中包括一个更加广泛和系统的政治社会学，而且，在《经济与社会》第1部分的好几个地方，他都提到了"关于国家的社会学"，却没有时间去完成。毫无疑问，韦伯想包括在其中的材料可以在《经济与社会》的较早内容（目前英文版的第2部分）中发现，但是，与第1部分相比，这一部分既不系统，在概念上也不够敏锐明晰。韦伯的政治学作品还显示，他在这个题目上要说的东西远比他在其他科学研究中考虑的东西要多。因此，现存的韦伯的政治社会学是片段化的，就像他对国家与经济之关系的讨论一样。不过，韦伯的政治社会学的确还包含着某些使经济社会学对它有独特兴趣的分析。笔者将集中于以下三个题目：(1)国家的经济政策；(2)国家的货币政策；(3)民主政治、国家及资本主义之间的关系。

在介绍韦伯在这些问题上的观点之前，有必要谈谈理性国家的历史和资本主义在其中扮演的角色。尽管资本主义及国家都采取了官僚制的组织形式，但是，它们有着非常不同的社会起源。

一直到法国大革命，家产制国家都控制着西方的大部分地区，大革命之后，现代官僚制国家就取而代之了。在某些案例中，家产制直接发展成现代国家，而在另外的案例中，它通过身份制（Ständestaat）成为现代国家。韦伯认为，尤其是当各国事实上经常彼此交战时，资本主义从西方政治的发展方式中得益匪浅。家产制诸侯间、诸侯与社会各等级间的战争耗费金钱，从而鼓励了资本主义的发展。韦伯指出，"〔民族-国家间〕竞争性的斗争为现代资本主义创造了最大的机遇。"[60]在这一过程中起作用的机制是韦伯所谓的"政治竞争"，而且他还注意到，它在古代的政治资本主义的发展中也扮演了核心角色。[61]韦伯说，总而言之，当政治单元彼此交战，而为了战争又需要金钱时，机会对所有类型的资本主义都会敞开。另一方面，当政治竞争结束，单一的帝国形成时，资本主义通常会被扼杀。在韦伯看来，这便是发生在中国和罗马的情形。

国家的经济政策

在《经济与社会》第1部分中，没有系统论述国家的经济政策。不过，第2部分却包括了对两个具体案例的有趣分析：重商主义（mercantilism）和帝国主义。[62]在韦伯的时代，重商主义是一个广受争议的论题。尤其是施穆勒，他试图对抗亚当·斯密认为重商主义对经济有负面影响的命题，认为重商主义毋宁说是建造国家的一个策略。[63]韦伯依然有自己的角度，他论证说，重商主义代表了西方理性经济政策的第一种形式。重商主义特别重要的地方是，诸如英格兰和法国这样的国家开始系统地鼓励工业，其方式或者是保护现存的工业，或者是用垄断和投资来鼓励新工业。国家对工业的支持是一个更普遍的增强国力之努力的一部分，比如，发展积极的国际贸易平衡（这也是当时才发展出来的概念）。韦伯指出，贸易与工业的规范最初对经济产生理性影响，但是后来情况变化了，重商主义最终被废除。

韦伯在《经济与社会》中继续讨论的第二种经济政策是帝国主义，这也是那个时代备受关注的题目。[64] 韦伯视帝国主义为政治现象，而非经济现象。他坚持说政治力量有一个特别的动力，而有时（但也只是有时），"政治声望"会造成一个想要扩张的巨大力量。[65] 经济利益通常会在从非扩张性政策到扩张性政策的转变中起到"举足轻重的作用"。[66] 纵观人类历史，从罗马时期开始就存在韦伯所谓的"帝国主义的资本主义"，它可以被总结为政治资本主义的一种形式。这一类型的资本主义的利益群体包括包税人、国家供应商和获得国家特权的海外贸易商。韦伯引用了阿里斯托芬所谓"取利于和平的产业"和"取利于战争的产业"，他认为，后者会鼓励帝国主义资本主义，而前者偏爱自由贸易。[67] 很明显，帝国主义资本主义是资本主义的非理性和古老的形式，但是，韦伯也用以指称当时它的复兴。第一次世界大战以前，德国及许多其他欧洲国家都在努力打造殖民帝国。

将韦伯关于帝国主义资本主义的论述与同一时期其他著名的帝国主义理论比较可知，韦伯形成了自己独到的角度。例如，与列宁或熊彼特相比，韦伯的进路不是那么无条件的和决定论的。列宁认为资本主义直接造成了帝国主义，熊彼特则坚持说帝国主义在性质上是前资本主义的和非理性的，而韦伯认为，帝国主义首先是一种偶然的政治的现象。权力声望的动力学会使一个强大的国家扩张，而如果是这样的话，就会伴随有帝国主义资本主义。[68] 在韦伯看来，社会主义国家也可以成为一个帝国主义强国。

国家的货币政策

《经济与社会》第 1 部分包括了对现代国家的货币政策的系统处理。实际上，这一部分的核心的第 2 章把大约 25 页都用在了这个主题上。韦伯论证说，理性的货币体系是现代资本主义的一个条件，而这样的体系只会出现在西方。它对于有效率的资本核算而言特别重要，而且，其产生需要特别的条件。这些条件是：国家垄断货币发行；国家垄断货币体系的法规；货币政策是以形式理性，而非实质理性的方式被告知的。[69]

有趣的是，人们注意到韦伯所写的关于货币政策的部分受到了他的同事 G. F. 克纳普的影响，1905 年，克纳普出版了名为《国家货币理论》的论文。他提出，可以从法治国的视角来看待货币，而且这一视角可以用来分析货币理论中的一系列重要议题。克纳普的书开篇便说，"货币是法律的产物"，后来，他解释说，这句话的意思是"货币……是国家立法活动的产物"。[70] 克纳普的主要工作致力于引入一个精致的新术语，可以反映出他的法治国的立场。例如，货币是"特许的"，指的是某个权威将某些材料（也就是说，一张纸）变成了一个法定的支付手段，其方式是盖章，或者类似于邮戳之类的方法。换言之，货币的价值并不在于制造它的物质原料，而来自这样一个事实，即国家在货币上留下了印记。一战以前，克纳普的作品在德国经济学家中间很流行，而且，韦伯认为，《国家货币理论》是一部"杰作"。[71] 其他与韦伯意见一致的经济学家还包括克努特·威克塞尔，他认为，克纳普的书"可谓经济学文献中的一粒珍珠"。[72] 跟韦伯一样，威克塞尔对克纳普引入一些新术语的尝试也很热心。[73]

但是，也有一些经济学家对克纳普这些雪片一样纷至沓来的新奇术语感到困惑，而且，有些人认为他的思想很危险地颂扬了国家。冯·米塞斯便是这些批评者之一，经历了第一次世界大战后德国和奥地利的毁灭性的通货膨胀之后，批评克纳普的人数增加了。[74] 韦伯自己对克纳普作品中的某些方面持怀疑态度，但是，他的反应与米塞斯等其他批评者有两方面的不同。首先，韦伯认为克纳普的思想是形式化的和科学的，而不是实践性的，也不是像在奥地利那样，用于党派目标。第二，他论证说，尽管克纳普以杰出的方式解决了货币理论的某些困难的形式化问题，但是，他的工作仍有待补充和变得更加现实。简言之，韦伯或许同意米塞斯货币理论的思想，但采取了比米塞斯更加调和的态度。[75]

韦伯拒绝那种认为国家能够通过立法决定经济现实是什么样子的被误导的观念。韦伯说，"无论在过去还是未来，是个人的'利益'而非经济行政部门在统治这个世界。"[76] 他还指出，克纳普没有理解的是货币的价值是由它跟其他物品的关系决定的，而非由国家宣布决定。类似地，货币不仅是克纳普所说的一种支付手段，而且还是交易手段。[77] 在韦伯心目中，克纳普的正确之处在于，他论证了世纪之交的货币政策的主要关注点是，某一国的通货的价值是如何与其他国家的通货的价值相关的。但是，他相信克纳普的错误在于认为国家货币政策的唯一目标是稳定性。对于使用货币政策来刺激经济或有意制造通货膨胀，国家也同样有兴趣。韦伯补充说，背负大量外债的国家尤其对制造通胀的策略感兴趣，这也正是一战后的德国将要面临的局面。克纳普没有认识到，国家还可能有除了稳定通货以外的目标，这就引起了韦伯认为是克纳普最重要的缺点，即克纳普没有认识到货币的经济价值是由一些经济因素决定的，而不是国家有没有权力的问题。[78]韦伯还质疑了克纳普对纸币的狂热认可。韦伯说，有一个金属的标准至少限制了国家陷入不负责任的货币政策的能力。作为对克纳普批评的总结，韦伯提出必须明确区分"货币的形式上的有效性"及其"实质有效性"。前者指的是国家试图加给通货的价值，而实质有效性指的是与其他货物的交换中货币的市场价值。

民主政治、国家和资本主义的关系

尽管韦伯在《经济与社会》中以一种相当系统的方式表述了关于货币政策的思想，但是，他有关民主政治与经济之关系的分析散布于他有关科学与政治的作品中。不过，很明显，韦伯认为以下两个主题具有特别的重要性：资本主义与民主政治的历史关系，以及更为一般的货币、民主政治和政治家的工作之间的关系。[79]毋庸多说，这两个主题不管是在韦伯的时代，还是在当前，都是很重要的。

关于资本主义与民主政治之间的关系，韦伯很坚定：这二者并无共同之处；资本主义与民主政治之间绝无"选择性亲和"。[80]人们总结出的现代社会及其资本主义经济的个人主义和政治民主政治的特征只是一种历史的巧合，是某些无法重复的事件的结果。在这些方面，韦伯特别提到了克伦威尔的军队和法国国民议会。他补充说，资本家并非总是倾向民主政治的，他们更愿意与单一的幕后权威打交道，而不是与很多民主选举出来的官员打交道。[81] 韦伯对未来持悲观态度：如果经济与技术开始衰退，或者租开始在经济中代替利润的地位，则目前尚存的自由将很快消失。[82]

通过提出政治上活跃的人物如何得到报酬或如何从经济上支持其政治活动，韦伯也讨论了货币与现代国家的政治行为之间的关系。这里，最重要的概念是"经济有余裕"（economic availability），"〔在经济意义上的〕依赖政治而活"（living off politics）和"为了政治而活"（living for politics）。[83] "依赖政治而活"指的是通过献身于政治而得到报酬，而"为了政治而活"指的是将政治视为职业。为了能够"为了政治而活"，必须要么得到报酬以献身于政治，要么通过私人的手段达到目的。韦伯指出，在直接民主制中，权力趋于移至那些有经济实力可以成为政治上活跃的人，而不需要给他们付酬。但是，他也注意到，只有富人才能够有经济实力做到真正在政治上独立。韦伯总结说，如果不能付给某些人报酬，使之投身于政治，则现代民主政治就不可能实现，"民主政治只有一个选择，要么由占据名誉职位的富人来管理，这样比较便宜，要么由得到报酬的职业政治家来管理，这样比较昂贵。"[84]

通过"经济有余裕"概念，韦伯试图捕捉一种类似于但不同于依赖政治而活的现象，即只有某些人才能够在不放弃普通工作和身份地位的情况下做到政治上活跃。[85] 他指出，某些种类的人，例如产业工人，完全不可能将时间投入政治中；其他人则只在一年的某些确定的月份里忙碌，例如农民；而有些人只在有些时候工作，例如时不时有生意要处理的中世纪贵族。韦伯说，普通的企业家看上去可能是政治工作的好的候选人，但是，他通常都在忙于一些同政治缺少适当距离的工作。在这里,还要揭示另外一个经济余裕的维度:企业家在"日常的利益争斗中"缺少"内在的富足"。[86]

V. 社会主义的经济与政治

韦伯政治作品中的另一个重要主题是社会主义。特别是在第一次世界大战之后的年代里,革命席卷了俄国和包括德国在内的欧洲,此时,韦伯开始更广泛地讨论这个主题。部分分析可见于《经济与社会》的第2章,尤其是他对计划经济的困难的估计(第12节,第14节)。不过,更为一般的关于社会主义的分析则大部分可见于他的政治作品中。韦伯关于经济计划(economic planning)的一般性论述,特别是关于经济计算的部分,通常被视为过时而不受重视,尤其是在奥斯卡·兰格在1930年代的有关论述中情况更是如此。[87]不过,笔者将试图表明,这是一个错误的看法,它把韦伯关于某个具体的社会主义国家的经济计划之困难的社会学论点,与通常出现在理论经济学中的那一类分析,以及由此建立的人们脑海中的资本主义社会混淆起来了。如果把韦伯关于经济计划和计算的论述,与他对于社会主义社会的一般性质的观点结合起来,就可以更加明显地看出,韦伯实际上作出了一个犀利的社会学结论,并提出这样的问题:"这一类型的社会对于准确价格的形成之可能性会产生什么样的影响?"

韦伯说,社会主义在某个国家掌权的一个重要后果是政治官僚制与经济官僚制将合并为一个单一的官僚制。这种合并明显地增加了官僚制在整个社会的重要性，而且，通过排除它在资本主义之下的最重要的竞争者，它还增强了国家的权力。按照韦伯的看法，"如果私人资本主义被消灭的话，国家官僚制就会单独统治。目前，私人和公共的官僚制在并肩工作，而且潜在地相互抵制，因此在一定程度上会彼此检查，而它们将合并为单一的官僚制。"[88] 结果，作为资本主义一部分的压迫性的"铁笼"仍然原封不动，因为理性的社会主义离不了大规模的工业、工厂纪律和官僚制。

从经济的角度来看，社会主义的引入意味着所有独立的经济行为的终结。社会主义会通过其官僚制的权力来达到这个效果，而根据韦伯的看法，"每一种官僚制"，都有一种倾向要"抑制私人的经济主动性"。[89] 社会主义社会中的劳动者不会改善其经济状况，他们仍然被与生产工具隔离开，也必须要面对远比单个资本家强大得多的对手，即社会主义国家。在社会主义社会中，资本主义企业家自然会消失，与之一并消失的还有能够带来某些经济变化与省略的力量。社会主义的胜利意味着经济传统主义的胜利，也许还结合了社会主义版本的帝国主义。[90]

对于利他主义或在很大程度上影响了社会主义经济运行的某种形式的革命意识形态，韦伯也持怀疑态度。他说，资本主义社会中，个人在经济事务中的驱动力来自他或她的物质和精神利益，而"在一个社会主义基础之上组织起来的经济体系中，在这个方面没有什么基本的差异"。[91] 在每一种经济形势下，个人都会为了自己的利益而努力工作，无论是资本主义社会还是社会主义社会都是这样。在社会主义国家中，暴力斗争的发展会很快跃居许多经济事务，特别是工作和与薪水有关的事情之上。在社会主义社会的背景下，这些斗争会发生，而个人将不得不将其行动指向社会主义管理者，等等。

　　韦伯写作《经济与社会》的第 2 章中关于社会主义部分时是在 1919—1920 年间，当时还很少有人考虑到社会主义社会的实际经济运行是什么样子的。奥托·诺伊拉特（Otto Neurath），一位奥地利社会主义者和经济学家提出了一份最详尽的建议，宣称不需要借助于货币，在"自然"的计算基础之上组织社会主义经济是完全有可能的。一战以后，诺伊拉特的思想受到了路德维希·冯·米塞斯的挑战，在哈耶克看来，他的一篇现在非常知名的文章是第一个成功地指出社会主义经济的核心问题的作品，他所说的问题是，不求助于（资本主义）市场，就不可能形成有效的价值。哈耶克还指出，韦伯"独立地得出了类似的结论"。[92]

　　在《经济与社会》中，韦伯表示出对在不使用货币的情况下是否有可能运行一个全面的社会主义经济的怀疑。他说，诺伊拉特有关"自然"的计算的论点也许是正确的，但是，这只有在经济非常简单、围绕着消费并限于一些容易辨认的需求时才成立。而一旦涉及比较，即不同需求、资源的不同使用等等的比较，实物计算就会变得非常困难。韦伯认为，从简单形式的消费发展到工业生产，这一点同样正确。例如，如果不使用货币，人们该如何确定经济组织的某一部分表现欠佳，或者某个生产要素对产品价值的贡献呢？韦伯总结说，整个情况是不可能的，或者几乎不可能。他补充说，在社会主义经济中几乎没有什么刺激精确计算的东西，人们不会被激励去计算替代选择的成本，因为它们不存在。

　　韦伯对社会主义经济的批评具有社会学的性质，而且依照笔者的看法，它比许多为社会主义计算辩护的形式的和逻辑的论证更有说服力。为了看出韦伯的进路与奥斯卡·兰格等人的进路之间的差异，读者可以回忆一下韦伯对于社会主义社会的一元权力结构的论述，正是在社会主义经济的计算变得困难的地方，社会力量才会干预影响价格。很明显，社会主义社会的利益群体会推动它们受益最多的解决方案。在讨论为什么社会主义中不可能有有效率的经济计算时，韦伯提到了诸如比较的问题，指出这只能通过两种方式来解决，或者遵循传统，或者通过"专制独裁的法规"。[93] 类似地，在讨论社会主义企业中可能发展出来的计算的问题时，韦伯指出有些必须在某种实物价值的基础之上解决，而一旦这种情况发生，这些价值就必须被"规制"。[94] 在分析此类非市场的价格形成时，很明显，社会学比理论经济学（已经与理念中一个运行良好的资本主义社会相伴而发展起来了）要更适宜。

最后，韦伯的论点也是对那些相信社会主义比资本主义要优越的人的一种回应，他们认为社会主义意味着对经济统计的更有效率的使用。他说，有些人争论说，在社会主义社会中，只需要在一个大的"通用统计办公室"中将每一个人在资本主义社会中用经济计算进行的工作加总，这个巨大的办公室中的人就能够解决社会主义经济中的计算问题，因为他们可以得到这个系统中的所有信息。但是，韦伯说，这个建议忽略了一点，即资本主义的经济统计之所以集合在一起，首先是作为营利努力的一部分。他说，"这一思想不仅没有考虑到'统计'和'商业核算'的根本的不同动机，还没有区别它们的根本不同的功能；〔因此〕它们的不同恰恰类似于官僚制和企业的不同。"[95]

在关于韦伯作品的二手文献中，很少提到可以在其中发现关于社会主义经济方面的有趣的社会学分析，同样也很少提到他分析经济与政治间更为一般的关系的努力。韦伯本人完全意识到了他的经济社会学作品的这一维度，《经济与社会》第 2 章等处的经济与政治的互动分析说明了这一点。韦伯对经济社会学这一方面的兴趣也延伸至一个尚未被讨论过的政治领域，即法律和法律体系，这些将在下一章进行讨论。

第 4 章　经济与法律

韦伯在其经济社会学中给予法律以很大的关注，部分是由于他将法律视为资本主义社会的核心。在他看来，现代国家有五个基本功能，其中有三个与法律体系直接相关："法律的制定（立法功能）"、"保护既定的权利（司法管理）"，以及"保护个人安全和公共秩序（警察）"。[1] 进而，在韦伯心目中，在西方社会里有一个强烈的趋势，要使正当性在本质上合法，人们服从政治领袖的首要原因是他们根据法律而得到并行使权力。在现代经济中，主要由于契约的关系，法律也扮演着重要角色："当前，经济生活乃是基于通过契约而得到的机会。"原则上，所有的契约都是受到由国家管理的"法律强制的威胁"的保障。[2] 一般地，现代经济需要可计算性，而这也包括了法律体系。按照韦伯的看法，西方理性资本主义的假设之一，便是"理性的因而是可计算的法律"。[3]

韦伯在其经济社会学中如此关注法律的第二个原因或许与他的兴趣及有关这个问题的广泛的相关知识有关。韦伯在好几个学科的学术上都很出色，但是，他的法学训练要比其他方面更好。他在大学学习的主要课程便是法律，而且两篇论文也都是法律方面的；他接受了律师的训练，而且，他的第一项学术任命是柏林大学的法学讲师之职。韦伯尤其对商法感兴趣，在柏林，他师从伟大的莱文·戈德施密特学习商法。[4] 终其一生，韦伯都在写作法律方面的文章，在他的作品中，法律总是以某种方式成为不可缺少的部分。[5] 而且，在 19 世纪，德国就有高度发展的法律文化，韦伯认识当时几位最伟大的法律学者。对于当时的德国来说，创造新的法律体系是重要的民族事业。在整个 19 世纪，德国编纂了一些实体法，包括 1861 年以后的一部新的商法，以及 1900 年以后的一部全新的民法典，即著名的德国民法（*Bürgerliches Gesetzbuch*）。后者在确立之前有一次大规模的争论，争论的一方只想吸收日耳曼法律传统，而另一方则偏爱罗马法。[6] 1888 年问世的第一稿被认为太过罗马化而被抛弃了，1896 年，第二稿问世，并在不久之后生效。韦伯写道，对不同法律传统之兴趣的结果之一，便是法律史学在当时达到了一个"其他国家从未达到过的"水平。[7]

在二手文献中，对韦伯关于法律社会学的作品有几种不同的解释方法。例如，在塔尔科特·帕森斯看来，韦伯社会学的"核心"并不在于他的宗教社会学或对支配的分析，而在于他的法律社会学。[8] 帕森斯说，其原因在于，法律在理想与现实之间居中协调，因而构成了社会的规范秩序的中心。最近一项类似的研究也提出，韦伯的法律作品是理解其社会学的核心，不过其论点则认为，韦伯采用了某些司法概念，并将它们转变成了其社会学的基本范畴。[9] 例如，韦伯的因果关系概念就源于法学方法论。一些评论也提出，韦伯的法律作品可以被看作他的更为一般的关于西方文化的分析的一部分；法律的演化是总的理性化过程的一部分，而这也在很大程度上解释了韦伯对法律的强烈爱好。[10]不过，通常较为温和的主张是，韦伯的作品既是对法律社会学的贡献，也是对普通社会学的贡献。[11]

不过，很少有人提到，韦伯关于法律的作品也包含着对经济社会学的重要贡献，相应地，对此也没有什么仔细的研究。例如，塔尔科特·帕森斯只是说，韦伯的法律社会学代表了理解其经济社会学的一个"根本关键"，此外再没说什么。类似地，安东尼·克朗曼已经注意到，韦伯对法律与经济关系的分析构成了韦伯法律社会学的"某种连接性的组织"，但是他没有详细论述这一说法。最后，约翰尼斯·温克尔曼坚持认为，如果认为韦伯关于法律的分析只讨论法律与经济的关系的话，就是小觑了其工作。[12]

大多数就韦伯作品中法律与经济的关系问题发表评论的人都提到了所谓的"英格兰问题"，而忽视了他的经济社会学的其余部分。所谓英格兰问题，指的是某种被认为存在于韦伯作品中的矛盾，即韦伯的一般性命题是，现代资本主义只可以有高度形式化的法律类型，但事实上，在韦伯自己看来，这样的法律从未存在于英格兰这个资本主义获得重大成就的地方。由此产生了这样的问题：韦伯对法律与资本主义的关系的一般性理解是否存在缺陷？又或者可以说，英格兰问题是虚构的，并且是基于对韦伯作品的误读？

今天，研究英格兰问题的文献日益增多，本章稍后将对此有所讨论。不过，这并不是本章的主要目标，确切地说，笔者将论证两点：（1）韦伯的法律社会学的微观基础是他的受精神或物质利益驱动的社会行动的概念；（2）韦伯作品包含着有关法律与经济的关系的精密的中程（middle-range）分析，这填补了当前经济社会学的一个空白，并代表着对"法与经济学"文献之霸权的一个建设性的挑战。[13]这一中程的进路尤其可见于韦伯关于特定的法律制度（例如契约、法人的观念、法律职业等）的分析。韦伯有关罗马法、中世纪法和教会法等不同类型的法律的论述还有许多更进一步的中程思考。所有这些主题，加上韦伯关于法律与资本主义关系的分析，都将在本章进行讨论。

I. 法律与经济的关系

毫无疑问，法律是贯穿从韦伯最早的作品到1920年6月去世前的全部作品的一个主题，准确地说明韦伯对法律与经济学关系的观点如何演化，就是一件重要的任务，但是，本文在此处尚不讨论这一问题。笔者首先要讨论的是，在韦伯生命的最后10年，即1919—1920年间，他在自己的社会学作品中是如何看待法律与经济的，因为正是在这些岁月里，韦伯发展出了其法律社会学和经济社会学。笔者将主要集中于韦伯给《社会经济学大纲》所写的文稿，即《经济与社会》。笔者将首先表明，韦伯是如何从社会学的视角来看待法律与经济的关系的；然后，讨论在人类历史上的主要法律类型中是如何看待这一关系的。启示笔者的这种论述方式的是韦伯1910年给《社会经济学大纲》的一篇文字："经济与法律（1. 基本关系；2. 当前条件下的发展阶段）。"

接近第一个题目的方式之一是重新审视《经济与社会》，看看韦伯从社会学角度如何论述了法律与经济的一般性关系。不过，一个更容易的，并且能够使我们更接近韦伯自己的进路的方法，是集中于韦伯专门讨论这一问题的两篇文章。其中一篇是在韦伯遗物中发现的，后来被汇编到《经济与社会》中去，标题是"经济与社会规范"。[14] 从它的内容来看，较准确的标题应当是"经济与法律的基本关系"。第二篇是《经济与社会》的第 1 部分，这是经过韦伯修订才出版的，建议在着手研究《经济与社会》较后部分对法律与经济的更精细的讨论之前，读者可以先阅读这一部分。由于韦伯在第 1 部分中首先已经对经济社会学进行了详细的论述，那么，他在这部作品中如何讨论关于法律与经济的关系问题就非常有趣。

韦伯对法律的著名定义见于《经济与社会》的第 1 部分。韦伯说，有可能建构一种持续的、反复的社会行动，诸如"习惯"、"风俗"、"常规"和"法律"等现象都可以建立在它上面。[15] 人们有规律地完成的某些社会行动是所谓"习惯"，而当这种行动已经持续了很长时间时，它就成为"风俗"。所谓"常规"，指的是对某种特定类型的社会行动会受到抵制，而"法律"预设了存在着"一群执行人员"，如果有些行动偏离了预先确定的轨迹，他们就会使用"身体的或心理的强制"。对韦伯来说，法律区别于其他规范的特征是执行人员的存在，他们包括法官、律师和警官。如果有人违反了法律，俗话里所谓的"戴头盔的人"就会出现。[16]

韦伯在《经济与社会》第 1 部分表述法律的定义时，并没有谈论到它与经济的可能联系。但是，由于我们已经从韦伯关于支配的分析中了解了行政管理的财政，这样的联系就是明显的。像任何管理机构一样,法律执行人员可以通过诸如采邑、战利品及理性的税收等资源来得到报酬。很明显,执行人员会以不同方式被构造组织起来。例如,服务于现代国家的法律职业者会成为公共官僚制及相应体制的一部分,而私人法律机构则通常较为分散化及较少形式化。

乍看上去韦伯对法律的定义会给人留下这样的印象,认为它与奥斯汀著名的法律定义是相同的,即它是君主的命令。尽管这二者无疑存在着某些相似性,但也有着重要的差异。从韦伯在《经济与社会》第 1 部分关于不同类型的支配的分析来看,很明显,与奥斯汀的定义相比,韦伯的定义既更为广泛也更灵活。例如,在一个非常传统的社会中,法律有与传统合而为一的倾向,而法律革新必须加上传统的伪装,否则会被即刻抛弃。与之相对的是,一位卡理斯玛领袖会破坏传统法律,不信任法律规范,因为这些在定义上适合于多个案例却不能应用于独特情况。卡理斯玛司法通常采用了天启正义(revealed justice)的形式,因而本质上就是个别和非理性的。最后,法制型支配意味着要服从统治者,因为统治者乃是依法行动,而且以合法的方式得到了权力。与法制型支配相呼应的法律类型是有意的创制,可以被总结为与绝对规则相容的体系。

由本书第 3 章的分析可以看到,不同类型的支配会以不同方式影响经济:卡理斯玛支配在其例行化之前对所有既定的经济秩序都怀有敌意;家产制的那种传统主义不能与理性资本主义并存,因为它具有专制的要素,等等。那么,法律在这些过程中起到什么作用呢?韦伯并未直接回答这个问题,但是以下几点很明显:无论是从法律到经济,还是反之从经济到法律,在法律与经济类型之间不能建立起直接的因果关系。而应当是，某种类型的法律可以适应于类似的一些支配；而这些支配类型又或多或少与不同类型的经济并存（参加图表 4.1）。

	法制型支配	卡理斯玛型支配	传统型支配：家产制	卡理斯玛及传统型支配：封建制
正当性的性质	服从法律与规则，而非服从于个人	受到领袖的超凡品格的感召而服从	因传统的神圣而服从；相应地产生对领袖的忠诚	封君与封臣之间的契约；传统与卡理斯玛因素的混合
行政类型	官僚制；经过训练的官员以此为业，具有责任感	例行化的一个结果是，追随者与门徒变得更像平常的官员	从家臣转变为较先进的官员，执行特殊的和模式化的任务	小规模的行政队伍，类似于家产制但具有独特的身份因素；封臣还有军事义务
法律系统	法律构成了有目的地建立的一套具有一致性的抽象规则体系	在具体案例中获得天启正义；没有法律传统或抽象的法律原则	法律传统主义与统治者的独裁专制并存，造成不稳定的法律局面	封君与封臣之间的契约渗入全社会，造成稳定的法律局面
对经济尤其是对资本主义兴起的影响	因为其可预测性而成为理性资本主义所不可或缺的；与政治资本主义敌对	最初对所有系统的经济活动持敌对态度；例行化之后，通常是保守力量	由于其专制因素而对理性资本主义持敌对态度；有利于经济传统主义和政治资本主义	封建主义的精神气质反对所有的资本主义类型；对经济有深刻的保守后果

图表 4.1　支配的主要类型及其与法律系统、行政类型及经济形式的关系

来源：马克斯·韦伯：《经济与社会》，第 212—301、941—1211 页；马克斯·韦伯："正当支配的三种类型"，阿米台·埃兹奥尼（Amitai Etzioni）（编）：《复杂组织的社会学解读》（纽约：霍尔特、莱因哈特与温斯顿出版社，1969）；关于法律的内容，亦可见《经济与社会》，第 1041、1082、1099、1115 页。

注释：法律对经济的影响乃是因有关的支配类型而异的：法制型支配、传统型支配、卡理斯玛型支配，或者这些类型的某种混合体。关于行政支付方式，参见图表 3.3。

不过，韦伯认为，法律与经济之间存在着更加直接的关系。在《经济与社会》的第 1 部分里，他给出了三个例子，第一个堪称构成了韦伯整体分析的微观基础。他指出，经济行动经常是同时指向其他行动者及法律秩序的。他说，"行动者选择经济秩序时自然而然地是指向他自己（不仅仅是其他经济行动者，而且）此外还要指向他认为有效的常规的和法律的规则，也就是说，他明白如果自己违反了的话要招致其他人特定反应的规则。"[17] 可以说，对于有关法律秩序的经济现象而言，这种双重指向无疑是独特的；例如，某一方在一项交易中接受金钱，他或她就会假设其他行动者在未来的交易中也会接受。韦伯说，行动者的指向不仅在于其他经济行动者，而且在于法律秩序的效果是，所发生的经济行动更有可能在人们的意料之中。当然，这就是事情的核心：多亏了法律，诺言才会经常被坚持，而财产也得到更好的保护（参见图表 4.2）。[18]

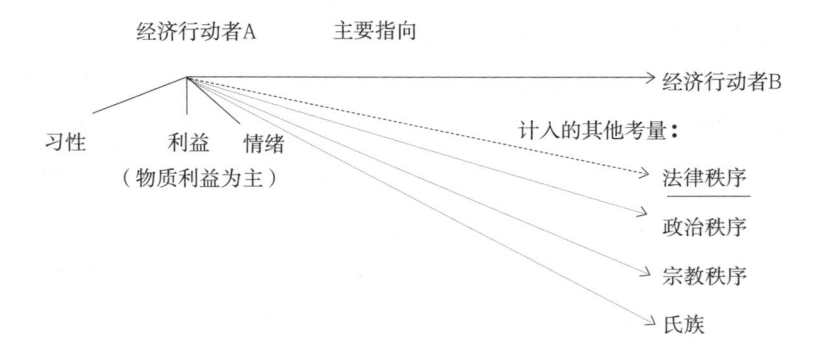

```
经济行动者A      主要指向
                                    → 经济行动者B
                              计入的其他考量：
习性   利益   情绪            → 法律秩序
     （物质利益为主）           → 政治秩序
                              → 宗教秩序
                              → 氏族
```

图表 4.2　从社会学视角看马克斯·韦伯的法律与经济分析的微观基础

来源：马克斯·韦伯：《经济与社会》，第 33 页。

注释：在现代市场经济中，经济行动者通常将他或她的行动指向另一个经济行动者，同时指向法律秩序。对法律秩序的指向增加了确定的经济行动发生的可能性。在另一类型的社会中，经济行动也会指向氏族、政治秩序和宗教秩序。

在他有关所谓"控制与处置权力（处分权）"的讨论中，韦伯提出了法律与经济之间的第二种形式的直接关系。他写道，每一种经济秩序都意味着某种对经济资源的实际控制的分配，而且每一种经济行动都反映了这种分配。在市场经济中，对这些资源的控制通常是通过契约来让渡的，而这便是法律与经济彼此发生直接联系的地方。韦伯说，通过契约进行的"控制与处置权力"的转让是"经济行动与法律之关系的首要来源"。[19]

法律与经济的第三种直接关系还可见于《经济与社会》的第 1 部分，即韦伯对资本核算的最高形式理性所必需的条件的讨论。在韦伯列举的八个条件中，有两个与法律直接相连。首先，必须要有韦伯所说的"实质的经济契约自由"，意思是不存在实质的或（形式上）非理性的关于消费、生产和价格的管制。其次，必须要有"法律秩序……的完全的可计算性和公共权威对所有契约的可靠的、纯粹形式化的保障"。[20] 这两个条件都有很多方面可以讨论。不过，二者的共同之处在于，它们使法律秩序变得更加可以预测，因而与理性资本主义更合拍。

前文提到，韦伯讨论法律与经济的一般关系的第二个地方，是一篇名为"经济与社会规范"的文章。他指出，法学与法律社会学关注着法律的不同方面：原则上，法学关注着应该发生什么，而法律社会学关注究竟发生了什么。从社会学的视角来看，法律在经济生活中的基本功能可以这样描述，"作为规范，法律规范的经验效力，从许多方面影响到个人的利益。特别是，它可以告知个人确定的可以计算的机会，从而经济物品变得可得，或者未来在确定的条件下能够得到它们。"[21]

从可以增加某些行动确实发生的可能性的角度来看法律的话，会带来一些有趣的含义。首先，如果商人们确信交易无论如何会发生，他们就无需法律（韦伯补充说，情况经常是这样的）。[22] 这种确信也解释了为什么新形式的经济行为会在相关立法产生之前很久就存在。此外，韦伯的论点根本不是说人们做某些事情的首要原因是他们想要遵守法律。例如，在许多经济形势之下，人们参与确定经济行为的主要原因是自利，而非服从权威。[23] 最后，韦伯也指出，经济理论在其模型中忽视法律环境（以及其他规范）也是可以容许的。他说，对于经济理论而言，关键在于有些行为的确发生了，而它发生的原因（习惯、风俗、常规、法律、自利，等等）并不要紧。最后的论点，即"经济理论……正确地在某种程度上忽视了〔法律〕规范的特点"，并未在关于韦伯与经济学的讨论中被经常提到,但是,它是经济理论为什么在其论证中可以忽视法律之影响的一个重要说明。[24]

"经济与社会规范"的一大部分是批评鲁道夫·施塔姆勒关于马克思主义中的法律与经济关系的著名作品。[25]韦伯说,施塔姆勒的首要错误之一,是认为社会学与法学在处理同样的问题,即法律的规范性的效力。另一个错误是,他假设法律决定着经济生活,意即社会的法律结构构成了它的"形式",而经济构成了它的"实质"。韦伯认为,认为法律在这个意义上可以塑造经济的内容是错误的。他补充说,将马克思的经济决定包括法律在内的上层建筑的论点颠倒过来,同样是站不住脚的。按照韦伯的观点,法律与经济间确实存在着的关系是复杂的;并不存在一对一的相关性,而因果关系也并非马克思和施塔姆勒所宣称的那样只有一条路线。

在"经济与社会规范"的最后,韦伯提出了一个他所谓的"法律与经济间最一般关系"[26]的简短目录。他的意图是用这六点作为对马克思、施塔姆勒及其追随者们简单化的思想的纠正。[27](1)韦伯指出,由于重要的社会群体通常有重要的物质利益,法律倾向于保护经济利益;(2)但是,法律要捍卫的不仅是经济利益,而且有其他不同的利益,例如声望、宗教权威、个人权威等等;(3)韦伯写道,如果没有相应的法律体系的变化,社会的经济关系也会经历一个激进的转变;(4)但是,将法律仅仅看成经济力量的产物是错误的,相反的论点,即认为经济是国家立法的产物也是错误的;(5)很清楚,重要经济现象的法律保护还可以由国家之外的机构来提供;(6)最后,韦伯说,可以给予经济现象以新的法律解释或分类,而不会对经济产生实际后果。

II. 历史上主要法律体系中的法律与经济

一般认为,韦伯对法律社会学最重要的贡献主要是在他的文稿中发现的一份篇幅相当于一本书的手稿,后来以"法律社会学(经济与法律)"的标题被编入《经济与社会》第 2 部分。韦伯可能是在 1911—1913 年间写了这篇稿子,但直到去世前,他还在忙于准备新版的《经济与社会》,没有时间对它再作修改。无论《经济与社会》第 1 部分还是"经济与社会规范",它们的重点都在于法律与经济的一般关系,而这篇未经修订的手稿却从历史的视角来看法律与经济的关系。看上去,韦伯感兴趣的首先是两个问题:在法律的一般演化中,经济扮演着什么样的角色?从不同的法律体系,如罗马法、教会法等,可以了解到法律与经济间的什么样的关系?

对于其中的第一个问题,即法律如何进行历史演化,以及经济在其演化中扮演什么样的角色,最好的方法是着眼于韦伯关于法律发展的一般纲领。这一纲领在韦伯手稿的结尾部分提出来,是他的许多分析的一个总结。[28] 按照韦伯的看法,为了启发思想,法律史可以被分成四个阶段。他说,在人类历史的早期,是"'法律先知'的法律宣告"(第 1 阶段)。接下来是"法律名家(legal honoratiores)的经验性的法律创制和发现"(第 2 阶段)。然后是"世俗和神权政治的权力所强加的法律"(第 3 阶段)。现代法律形势可以总结为"由受过学术的和形式上合乎逻辑的系统法律训练的人进行的法律系统的法律制定和专业化的司法管理"

(第 4 阶段)。

韦伯说，法律的形式化性质随着历史发展而更加强烈，可以说，法律的一般趋势是越来越系统化、专门化和合乎逻辑。韦伯特别强调不同类型的法律专家的核心作用，诸如法律名家和接受了形式化的法律教育的法律职业者在此过程中的作用。至于经济力量，韦伯在资产阶级的群体、经济因素或条件二者之间作了明确区分。后者的影响首先是"非直接的"，"经济条件……在各个地方都扮演了重要角色，但是，它们自身在任何一处的作用都是非决定性的和单独起作用的。"[29]

按照韦伯的看法，在法律的演化中，资产阶级的群体扮演着更为积极的角色，而且，尤其受到法律理性化的推动，即一个比较"可计算的法律"。[30] 但是，经济利益群体不能够任意创造法律概念，在这个意义上，他们的影响也是"非直接的"。韦伯对最后一点的论述如下：

> 与工业的技术方法一样，由法律给予保障的法律技术的理性模型在它们能够服务于一个现存的经济利益之前必须先被"发明"出来。因此，一个法律体系中的特殊类型的技术，或者换言之其思想的模式，对于某个特定的法律制度在这种情况下创生之可能性的重要性远比通常人们认为的要大得多。[31]

为了澄清他所说的法律史的历程中理性之增加的含义，韦伯引入了其法律社会学的一系列核心特性，而且，这也是他关于法律与经济的分析的核心兴趣所在。他说，从理想型的观点来看，法律既是形式上理性的，又是形式上非理性的。[32] 当一个特殊案例的一般性特点被考虑进来时，法律是形式上理性的；而当法律推理并非由理智控制时，它是形式上非理性的。后一种情况的一个例子是，用神谕来定案。法律还可以是实质理性或实质非理性的。前者意味着将非法律规范引入法律过程，并影响形式的法律推理，后者则意味着每一个案例都以非法律规范为指导进行不同的裁定。

在二手文献中，有时会提到与韦伯的法律的四个历史演化阶段大致对应的四种理想型。例如，人类历史早期的法律先知制定了一种形式上非理性的，而且不受理智控制的法律类型（第1阶段）。逐渐地，法律过程变得实质非理性或更加经验性了，但是仍然受到非法律规范的很大影响（第2阶段）。家产制和神权政治倾向于强加一个系统化的、深受非法律价值影响的法律形式，并因此是实质理性的（第3阶段）。最后，形式理性类型的法律出现于现代，这主要归功于法律职业者（第4阶段）。

很清楚，韦伯关于法律的四种理想型中的每一种都或多或少与不同形式的资本主义相容。例如，实质理性的法律与所有形式的政治资本主义和投机性贸易资本主义相容，但与理性资本主义不相容；形式理性的法律只与理性资本主义相容，等等（参见图表4.3）。但是，必须要记住，韦伯是出于启发性的目的引入了法律的四种理想型，而不是要总结具体的历史过程。对图表4.3的纲领也要这样看。

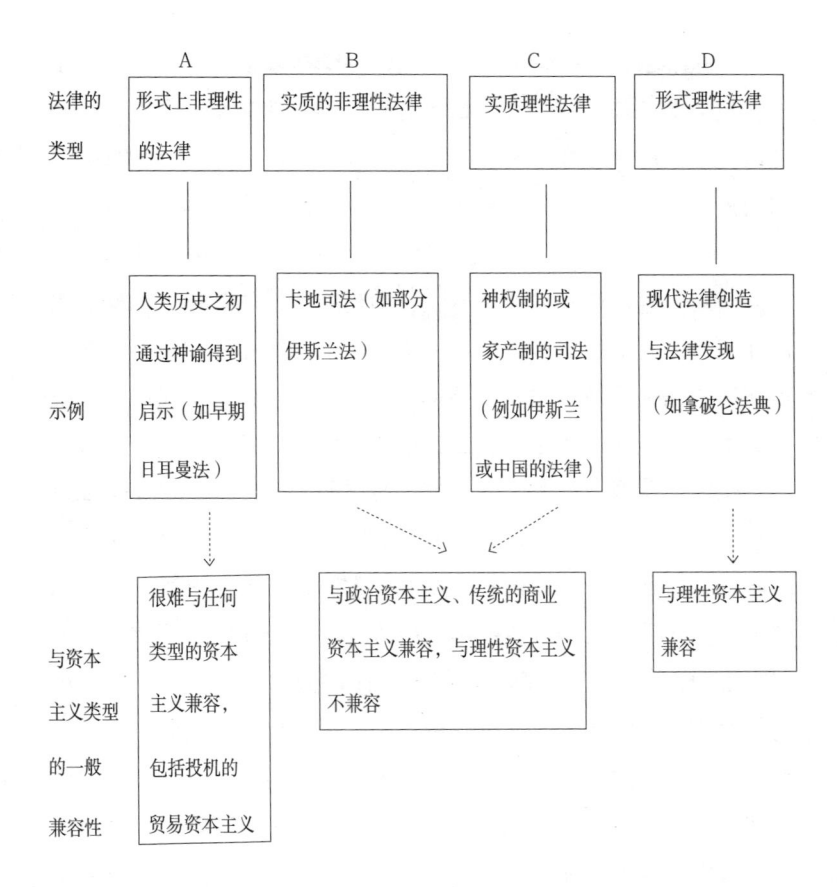

	A	B	C	D
法律的类型	形式上非理性的法律	实质的非理性法律	实质理性法律	形式理性法律
示例	人类历史之初通过神谕得到启示（如早期日耳曼法）	卡地司法（如部分伊斯兰法）	神权制的或家产制的司法（例如伊斯兰或中国的法律）	现代法律创造与法律发现（如拿破仑法典）
与资本主义类型的一般兼容性	很难与任何类型的资本主义兼容，包括投机的贸易资本主义	与政治资本主义、传统的商业资本主义兼容，与理性资本主义不兼容		与理性资本主义兼容

图表 4.3　法律、理性的形式，以及资本主义的类型

来源：马克斯·韦伯：《经济与社会》（伯克利：加利福尼亚大学出版社，1978），第 164—166、656—658 页；马克斯·韦伯：《经济通史》（新不伦瑞克，纽约：交流出版社，1981），第 340—341 页。

注释：韦伯认为，在法律、法律的理性形式及资本主义的类型之间存在着确定的兼容性。只有形式上理性的法律才能与理性资本主义兼容；形式上非理性的法律与任何类型的资本主义都不兼容。实质理性与实质非理性的法律均不与理性的资本主义兼容。

第 4 章　经济与法律

但是，韦伯感兴趣的不仅仅是法律的一般演化，他也审视了一些具体的法律系统，并分析了它们与经济的关系。在从这个角度研究不同的法律体系时，无论从地理还是时间上，韦伯都把范围划得很大。例如，他考察了印度法、中国法、罗马法，甚至提到了美索不达米亚法律中对经济事务的规定。[33] 由于他最关心的问题之一是法律在西方资本主义演化中扮演的角色，他便粗略地在区分了有助于这样的资本主义产生的法律体系和没有起到这样作用的法律体系。在韦伯心目中，阻碍理性资本主义出现的三个最重要的法律体系是印度法、中国法和伊斯兰法。

印度法在很大程度上为印度教僧侣所控制，且不存在受过特殊训练的法律人阶层。[34] 其结果便是神圣的法律，而法律的形式的法学特征没有得到很好的发展。大部分法律体系都注入了宗教价值，而且，这些价值经常与经济理性背道而驰。例如，韦伯在某处说，"倘若任何职业的变更、任何劳动技术的变革，都可能导致礼仪上的降格贬等时，在这样一种礼仪规则的氛围里，自然是不足以自内部产生出经济与技术之革命的，甚至连最初的萌芽都不可能"。[35] 但是，这并不是说，印度法总是会在宗教价值与经济价值发生冲突时偏爱前者，而且，在某些情况下，当种姓律法违反了强大的经济或个人利益时，它就会发生变化。例如，在使用仆人时，种姓律法是否认为他们纯洁就不重要了；而且，在工厂里，通常彼此不接触的不同种姓是可以一起杂处的。[36]

在描述中世纪印度法的状况时，韦伯说，它的发展之不足令人吃惊，其特征就是非理性与巫术的混合。但是，法律对经济事务的规范则情况要好些。继承人继承其亲属的债务，不过，只延续几代人。同时，没有关于生意伙伴的联合责任的法律规定，无条件的信用只给予亲属。法人团体（corporation）及其他经济联合体的法律概念的发展也很不够。

在总结中世纪之后的印度历史时，韦伯说，即使法律允许从事商业，也不会积极地推进贸易。原因是，印度教阻止了包括资本主义立法在内的对于资本主义更为积极的态度的发展。例如，在很长时间里，债务难以得到偿付的债权人就会到债务人家里，或者上吊，或者坐在房门口慢慢饿死。通过这些措施，债权人希望强迫其家族为他的利益而出面干预，从而给债务人施加压力。

中国法也构成了对理性资本主义的阻碍。尽管它在性质上并非是宗教性的，但它与印度法有某些重要的相似之处。[37] 例如，在中国既不存在独立的法律人阶层，也不存在形式正义的传统。中国官僚担心成文法会鼓励人民的反抗，因此倾向于避免正式立法。韦伯说，的确有为数不多的中国法律汇编，但主要由大量的伦理规则组成，而且主要证明了中国官僚的高超的文字文化，而非法律技术。控制经济的两个非常有弹性的力量主宰了有史以来的中国社会：家族和以皇帝为首的家产制国家。巫术在中国社会的强大的地位也阻止了法律理性的出现。

总而言之，韦伯认为，中国法律制度的发展很不足，而那些确实存在的法律制度也往往缺少稳定性和安全性。中国有商品的私有制，是经历很长时间才发展出来的。而土地只能在氏族有权买回的条件下才可以出售。经济合作关系达不成某项协议，即合作的一方能使另一方同样对此协议担负责任；而且，合作方也无法将其经济责任限制在一定数目的金钱以内。商业企业的法律形式整体发展很不足。而韦伯认为，最终阻碍中国法律发展为更加形式化和对资本主义持正面态度的方向的，是其家产制特征。统

第 4 章 经济与法律

治者及其官僚权力极大,唯一与他们形成竞争的是家族。韦伯论证说,家产制国家对法律体系的主要影响是,使中国法律无形式化,并赋予其经济非理性特征。例如,如果某人将房子售于他人,而多年以后,出售房子的人又出现并且很贫穷,他要求住在那房子里,这时,因为买主担心祖先的魂灵受到打扰,卖主即可不付房租住进原屋。韦伯评论说,"这样一种性质的法律,是无法实行资本主义的。资本主义需要的是一种有如机械般可以计算的法律。礼仪的、宗教的、巫术的观念都得清除掉。"[38]

伊斯兰法与印度法的相似之处在于,它也是一部圣法(sacred law);不同之处是,伊斯兰法很早就形成了成文的法典,并有一个训练有素的法律人阶层。[39] 从形式上说,所有的法律都是基于《古兰经》,而实际上是由法律人发展出来的。但是,神圣价值完全充斥着伊斯兰法,并使它缺少生气且难以应用。在具体案例中,经常必须向法律专家咨询其解释,但是,由于他们不一定说明自己的观点,因此,这些观点会变得不可预测并抵制体系化。简言之,出于以下几个原因,伊斯兰法律并不鼓励理性资本主义:法律是神圣的或实质理性的;法律体系受制于家产制统治者;被咨询的法律专家并不必须说明其观点。

韦伯说,伊斯兰商法是世俗的和创新的,并在资本主义的法律发展中起到进步作用。从古代社会晚期起就存在的不同的法律技术中创制出了商业法律制度,其中一些后来被西方采纳。韦伯认为,阻止这种创新精神进一步发展并传播到其余的法律里的,是它缺少官方的保护。伊斯兰商人必须自己规制法律,与之对应的,在西方有商人及其商人法。但是,与西方商人的不同之处在于,伊斯兰商人并没有强大的城邦为后盾,而且很容易被家产制统治者支配。

家产制统治与圣法的结合会造成形式非理性的法律，对韦伯来说，这并不奇怪。不过，伊斯兰法吸引他的一个方面是，它的非理性还有第三个来源，即法官，或者说卡地（quadi），其任务是解释法律并决定法律在具体案例中的意义。卡地只负责宗教法范围内的案例，例如，婚姻、离婚和遗产，他以一种极其形式化的方式对这些作出决定。不过，应当指出的是，韦伯倾向于在较广泛意义上使用"卡地司法"（quadi justice）的概念，与当地伊斯兰法官所执行的那种司法稍有不同。在韦伯看来，卡地司法概念包含了一种非常特别的对法律的态度，在全世界都可以看到。更确切地说，这意味着在每个特殊的案例中，根据法官自身对公平的感觉来作出判决，而不必考虑正式的条文。[40]政治资本主义和投机性贸易资本主义能够与这一类型的司法共存，但是，理性资本主义绝对与其"情不投意不合"。[41]

在韦伯看来，犹太教以间接方式为西方资本主义铺平了道路，但并不是通过其法律制度。[42]例如，犹太法并没有高度的形式理性。韦伯还竭力反驳韦尔纳·桑巴特的观点，即犹太人创制了某些最重要的资本主义法律制度。例如，并无证据显示对持票人的支付手段或现代的证券是源于犹太法。对持票人的支付手段在早期巴比伦法中已经存在，而现代证券的产生则主要利用了中世纪程序法。在韦伯心目中，资本主义的核心法律制度中没有哪一种可以溯源至犹太法。犹太法最多是曾经有助于从东方传播某些商业企业形式到西方，但即使这一点也还是不确定的。[43]

韦伯不仅研究了犹太法与资本主义演化之间的关系，而且还从更加日常化的层面，审视犹太文化中法律与经济的关系。特别是,《古代犹太教》(1919—1920年)包含了有关早期犹太法律的丰富信息。韦伯在这里指出,犹太教一个重要的法律维度是"berith"概念,即约书。犹太人与上帝有一种特别的受誓约束缚的、类似契约的协议,而这深刻地影响了他们的生活。犹太人的恭顺是非常法制化的,以色列的社会立法从一开始就有对寡妇、仆人和奴隶的经济保护。"安息年"的思想也是社会立法的一部分,并且对农业、土地所有权和债务囚犯产生了一些重要的经济后果。

按照韦伯的看法,诸如"约书"和"申命记"这样的法律汇编包含了有关社会、经济发展的丰富信息。这一类型的法律汇编暗示了会发生哪一类财产冲突,如何规范债务等等更多的东西。韦伯特别注意到后来对犹太人在资本主义中的经济角色起决定性作用的一个法律制度,即以色列人绝对不能从另一个以色列人处获取利息。韦伯说,这个禁令回到了古老的邻居伦理,据此,人应当帮助处于危难之中的兄弟。但是,它还允许犹太人向非犹太人收取利息,从而有助于具有强烈的双重经济伦理的犹太教的发展。

教会法,即罗马天主教与东正教教会的法律法规的主体部分,在精神上是理性的、形式化的,在这个方面与犹太法截然不同。[44]在韦伯看来,造成教会法如此理性的原因很多,而最重要的原因是罗马法对基督教的影响。早期教会赞美罗马法,并通过它自己的非常理性的组织——天主教会——吸收并复制了罗马法的面貌。韦伯说,通过三个渠道,教会法影响了经济:它认可非正式契约;(出于容易理解的原因)它提倡立遗嘱的自由;它帮助引入了公法人团体(public corporation)这一宗教概念,并在后来影响到世俗的企业概念。韦伯还提到对贷款取息的法律禁令，指出这在各大宗教中都存在。[45] 不过，出于某些原因，教会自己帮助减小了这一禁令的效力，而且，中世纪的商人也设计了许多方式来避开它。韦伯总结说，一般地，教会法对经济事实只有非常小的影响，而它在法律史上的特殊地位主要在于它的高度的法律形式主义。

正如韦伯已经看到的那样，只有在西方才发展出一种彻底理性的、可预测的法律，而罗马法既代表了这一类型的法律的最杰出的成就，又是这一类型的其他法律的基础。[46] 罗马法在性质上是世俗的，而且随时间的推移逐渐变得理性起来。首先，罗马共和国时期的法律是经验性的；然后，在罗马帝国时期，帝国的行政机构帮助创立了许多更为形式化的法律；最后是中世纪时对罗马法的承袭，罗马法的形式的和理性的特质得到了充分和完全的发展。不过，尽管它具有这些特质，但罗马法并不是现代资本主义赖以建立的主要法律制度的来源。罗马共和国和罗马帝国时期的商业立法相当原始。代理机构基本上不可能，也没有谈判工具，私法人团体（private corporation）的概念实际上并不存在。例如，限定某人的义务的唯一方式是一种被称为奴隶的财产（peculium）的法律制度，即允许奴隶为其主人经商，而且不能损失数量超过主人最初投资的钱。韦伯总结道，"很明显，古罗马商业能够而且必须在没有……技术手段的情况下进行，而我们今天看来，这些技术是绝对必要的。"[47]

一直到中世纪的承袭阶段，罗马法的形式的和理性的特质才充分发展起来。一些基本的法律概念被制定出来，例如，法律是一个无缝隙的制度的观念，以及一个法律概念适用于不同的环境。著名的罗马概念"*dominium*"（所有权）也来自这一时期，而非来自古代。罗马法的承袭首先有其政治与行政的原因。除了其他原因之外，国王与王子们因为其声望而需要罗马法，因为这提高了他们的行政管理效率。法律人也起了关键作用，特别是意大利的公证人，在西方的帝国崩溃了之后，是他们保持了罗马法的活力。不过，韦伯说，经济力量并没有在罗马法的承袭中起到多大作用。

中世纪法，特别是中世纪商法，并没有受到罗马法的多少影响，这是韦伯的看法。[48]一个原因是，罗马法中的经济制度发展得很不够；另一个原因是，使用形式上最理性的法律类型并不总是有利于生意人。韦伯写道，"纯粹逻辑建构的结果与商业利益的期望之间，往往是一种非理性的或者甚至不可预见的关系。"[49]韦伯还指出，中世纪法的明确的"倒退"因素实际上证明对经济事务非常有帮助。他提到的例子是：愿意承认不同情况下的独立资金；整个群体可能为某件事情负责的观念；书写工具的使用，从而利用了在古代法律中属于某些确定事物的魔力。

韦伯总是坚持认为，现代资本主义赖以建立的主要的法律制度乃是源于中世纪法，而非罗马法。更准确地说，它们通常是由居住在具有自治的法律体系的独立城市中的商人们发展起来的。依照韦伯的看法，中世纪商人的成就确实令人吃惊。作为中世纪法对于现代资本主义的贡献的总结，韦伯写道：

> 在典型的文人的非专业的观念中，认为"罗马法"推动了资本主义发展，这是非常幼稚的。每个研究者都必须知

道，现代资本主义的所有特征性法律制度都是罗马法里完全看不到的，它们起源于中世纪，甚至在相当大的程度上源于日耳曼法，而且，罗马法从未对英格兰产生任何影响，但英格兰却是现代资本主义的摇篮。这些制度包括股票、证券、以土地为抵押品的现代法律、汇票，以及所有形式的商业文件，以至于工业、矿业和贸易中的资本主义形式的团体。[50]

自然法是另一种西方独有的法律，并且有助于发展出西方法律的形式化的一面。[51] 从社会学的视角来总结自然法，它并非起源于通常的法律创造，它是一些法律原则，而且可以被看作独立有效的实在法。韦伯很少关注早期的自然法，而集中于启蒙运动以降的现代形式的自然法。他尤其对人权感兴趣，并与他的朋友、法学家格奥尔格·耶利内克一起宣布，"良知的自由"是人最基本并且也许是最古老的权利。[52] 后来，良知的自由又加上了一些经济权利，例如，契约自由和私人财产不可侵犯。在韦伯心目中，人权对西方的自由有独特的贡献，但他也清楚，它们同样在资产阶级的兴起中起了作用。他不加渲染地写道，"人的基本权利使物品与人的使用成为可能，它们促进了资本主义的扩张。"[53]

自然法是抽象的，它适用于所有的个体，而且，它还有助于破坏地方法以及只对特定群体的人有效的法律。韦伯区分了形式的自然法与实质的自然法，在此，他强调了事物起源的方式。例如，财产和货币是通过起源于契约而得以正当化的。与此相对，实质的自然法更为集中于内容而非形式，可资例证的是认为财产可以只通过个人劳动就创造出来的观念。从这一原则可以得出三个权利：工作的权利、最低生活水平的权利，以及对个人劳动的全部产品的权利。韦伯称这些权利是"个人的社会主义的权利"。[54]但是，按照韦伯看法，自然法类型的思想很快就从社会主义者的教条中消失了，而且在世纪之交几乎没有起到什么作用。在西方，仍然潜在地有自然法的影响，但也只是如此而已。

很明显，韦伯在其法律社会学中关注着法律与经济的问题。在描述从古代中国到现代欧洲的法律体系时，韦伯的分析涉及了范围广大的地域，但是仍然成功地对法律与经济因素之间的关系作出了深刻的观察。这些观察意见中，有很多都可以扩展为宏大的法律与经济的研究，例如，韦伯所说的伊斯兰商人的创新的商业立法，罗马法的承袭中经济因素的作用，以及劳动在社会主义自然法中的核心地位。本文没有提到的韦伯的许多其他观察也同样有启发性。其中一个是，韦伯观察到印度法的某些法律制度鼓励了资本主义的起飞；另一个，新教教派发展出了通过市场竞争进行定价的法律-宗教论点，从而直接对立于中世纪的公平价格的观念。[55]

从韦伯的法律社会学可以看到，尽管韦伯对每个法律体系中的个体特征很敏感，但是，他持续寻求的是所有这些体系中的某些特定主题。这些主题中，有些特别关注法律和经济，例如每一法律体系中的商业立法、它的形式理性的水平，以及对理性资本主义的出现的潜在的贡献。图表 4.4 总结了韦伯关于这三个问题的考察意见。例如，从图中可以看到，神圣法律对理性资本主义的兴起几乎毫无贡献，其商法发展不充分，（除教会法以外）形式理性的程度很低。这大致契合了韦伯的看法，即圣法会阻碍经济理性的出现。这里有几个原因：宗教法通常会禁止某些经济活动；它抵制变革；而且，它处理法律中没有明确提出的东西的方式是不可预测的。[56] 由图表4.4所清楚体现的一个现象是，成熟完善的商业立法通常伴随着低水平的形式理性，反之亦然。两个最明显的例子是罗马法和中世纪法。尽管罗马法为西方的法律形式主义奠定了基础，它仍然没能发展出现代资本主义所基于的某些主要的法律制度；而尽管中世纪法创造了所有这些制度，从形式的角度来看仍然未得到充分发展。本章的下一节有关现代法律与资本主义，并将进一步讨论韦伯关于理性资本主义和法律形式主义的作品之间是否存在矛盾的所谓英格兰问题。

	形式理性的层次	商业立法的状况	对资本主义兴起的贡献
印度法	圣法及缺少受过专门训练的法律专家造成的低水平	潜在的重要性，但实际上并没有很好地发展出来	没有独立的贡献
中国法	巫术、家产制及缺少受过专门训练的法律专家造成的低水平	没有很好地发展出来	没有独立的贡献
伊斯兰法	圣法、家产制及卡地造成的低水平	伊斯兰商人的立法革新	商法中的某些制度被西方采用
犹太法	圣法造成的低水平	没有很好的发展；强烈的双重经济伦理	没有独立的贡献
教会法	罗马法和天主教教会造成的高水平	很低的发展水平；对贷款取息的禁令无效	没有独立的贡献

第4章 经济与法律

罗马法	高水平；西方的正式立法的基础	没有发达的商业立法	包括"dominium"（所有权）概念在内的一些贡献
中世纪法	低水平；本质上很教条	创造了现代资本主义的特有的所有制度	对理性资本主义的法律基础贡献良多
自然法	几个理性的方面	诸如产权、财产等问题上的重要的哲学-法律思想	为资本主义铺平了道路；例如，通过人权

图表 4.4　历史上的法律体系：形式理性的层次、商业立法的状况以及对理性资本主义兴起的贡献

来源：关于不同法律体系的准确信息，参见本章第 II 部分正文的尾注。

注释：在《经济与社会》的法律社会学部分，韦伯分析了历史上的某些主要法律体系，例如中国法、印度法、罗马法和教会法。韦伯从更普通的意义上研究了这些商业立法对于现代资本主义兴起的贡献。从韦伯的论证来看，复杂的商业立法会伴之以较低水平的形式理性，反之亦然。

III. 法律与现代资本主义的关系（以及英格兰问题）

对英格兰问题的讨论显示，韦伯对现代法律与现代理性资本主义关系的分析是他有关法律与经济的作品中最困难的方面。在这里，笔者认为接近韦伯关于这个题目的分析，而且避免某些陷阱的一种方法是把韦伯在《经济与社会》第 1 部分中关于理性资本主义及其法律前提的分析作为起始，而不是开始就去看《经济与社会》中关于法律社会学的长度相当于一本书的那一章。这种进路可以让人以韦伯最后的陈述,而非未经修订的法律社会学为出发点;而且,从一开始就着眼于资本主义与法律之间的联系,而不是法律的一般演化与理性化。

我们还记得,韦伯在《经济与社会》第1部分将现代理性资本主义的要素描述为由理性企业在市场上进行的一种系统的买卖方式。进一步的研究揭示,韦伯认为理性的或现代的资本主义有三个先决条件:(1)必须有发达的商业契约,可以藉以进行系统而理性的买卖;(2)必须有现代法人团体的法律概念;(3)必须要有可计算的法律秩序。[57] 在本章下面的部分中,作为讨论英格兰问题的序幕,笔者将介绍韦伯关于现代资本主义的三个法律前提的观点。

现代资本主义的第一个法律前提:发达的商业契约

读者也许还记得,韦伯基本上(从社会学的视角)将法律视为增加某种意料之中的特定行动发生的可能性的一种方法;行动者的某个经济行动主要指向另一个经济行动者,而法律秩序则是同时被考虑在内的(参见图表4.2)。如果将此视角应用于韦伯关于法律在现代理性资本主义中的作用的分析,则我们可以看到以下情景:理性的经济行动通常受到物质利益的推动;它主要指向另一个经济行动者;它通常采用了契约的法律形式。法律秩序同时被考虑在内,而且是以一种完全可预测的方式运行。经济行动者可以是理性统治的企业,而法律秩序由法律专家来管理(参见图表4.5)。

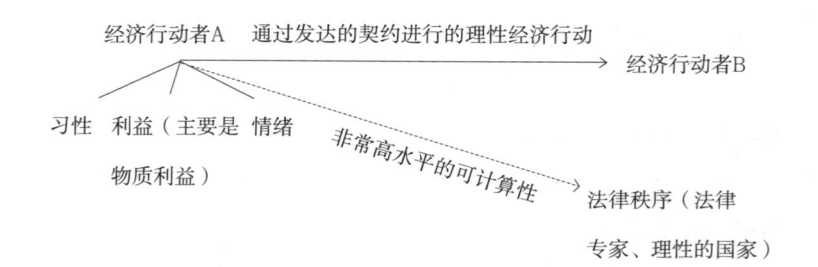

```
经济行动者A    通过发达的契约进行的理性经济行动
                                              → 经济行动者B

习性  利益（主要是  情绪
      物质利益）    非常高水平的可计算性
                                      ↘ 法律秩序（法律
                                         专家、理性的国家）
```

图表 4.5　法律在现代理性资本主义中的作用

来源：马克斯·韦伯：《经济与社会》，第 33、109—114、161—166 页。

注释：经济（社会）行动的首要指向是其他经济行动者，尽管法律秩序也被考虑在内。经济行动者总是个人，不过他或她也会代表某个团体采取行动。

在《经济与社会》有关法律社会学的一章中，韦伯对现代资本主义的三个法律前提的讨论是其中的重要部分。对于占据了大量篇幅的契约而言，尤其是这样。[58] 契约的历史起源是同一政治共同体中不同亲属群体之间的争论，韦伯将它定义为"构成权利主张与义务的法律基础的自愿协议"。[59] 韦伯指出，从社会学的角度看，契约的引人注目之处是，它不仅增加了某些社会行动发生的确定性，而且，它之所以独特，是在于它允许通过自愿协议创造新的法律关系。关于经济方面，这意味着契约可以创造新的经济关系，而且这些关系最终会得到国家的保障。更确切地说，在发达的资本主义经济中，法律向法律行动者提供了一种空间，使他们能够在这个空间内由契约来转移经济权力和控制，从而得以创造新的经济关系。[60]

韦伯区分了两种契约，初民社会中典型的"身份契约"，以及较发达社会中典型的"目的契约"。身份契约表明了个人的整体法律情势，它会引起从一种身份到另一种身份的变化，比如成为某人的奴隶、妻子或封臣。身份契约在自给自足经济中很常见，而且，除了有关遗产及其他家庭问题之外，很少触及经济事务。目的契约与身份契约不同，它们并不表明某人的整个的法律身份，它们是世俗的，而且"只以某些特殊的（尤其是经济上的）业绩或结果……为目标"。[61] 目的契约与市场有密切联系，而且随着市场的扩展而越来越常见和复杂。在这个过程中，目的契约受到具有强大市场利益的行动者的高度影响。韦伯说，我们今天生活在"一个契约社会"里，其中，目的契约或多或少消除了身份契约。[62] 遗产是少数仍然存在并在经济上具有重要性的身份契约。

现代理性资本主义只能与高度发达的目的契约共存，其发展经历了许多个世纪。[63] 实物交易是最早的目的契约形式，它主要是在财产占有的基础之上建立起来的。其中没有什么义务可言，财产仅仅是从一个人转移到另一个人手里。货币契约更加精确，而且更加抽象，在这个意义上是前进了一步。韦伯说，"货币契约代表了目的契约的原始模型。"[64] 但是，最初的货币契约并未包含任何约定要素，其法律结构也非常简单。韦伯指出，作为契约思想之核心的义务观念最初来源于刑法。赔偿金（Wergilt）便是一例，即如果犯了某个错误，就必须赔付一定数量的钱。义务及有效的执行慢慢被引入了契约之中。例如，个人最初是作为一个实体的人，而非他的财产来为契约负责的。韦伯举了几个例子，用来说明历史上让某人还债是多么困难，尽管债务人很明显并非财产匮乏。起初，人们唯一的办法就是将债务人抓住，然后杀了他，或者卖了他，或者把他当奴隶用。韦伯说，"如果有好几个债权人的话,他们会像(罗马法中的)十二铜表法所说的那样,把他大卸八块。"[65]

但是,韦伯认为,商业社会需要更为精密复杂的契约,而不是简单的强制性的货币契约。特别是,人们必须能够安全地让渡法律权利。在这个方向上的重要进步发生在中世纪,当时能支付持票人并确定收款人次序的法律工具通过罗马法、日耳曼法和阿拉伯法的影响获得了其现代形式。韦伯还提到,与第三方的契约关系逐渐得到规范,私人契约现在被视为一种新式的特别的法律,并得到了国家的保障。不过,除此之外,他就没有再提到契约的历史演化,只提到《社会经济学大纲》中的一篇文章,"现代私人法律秩序与资本主义"。[66]

在描述现存的"契约社会"时,韦伯强调契约自由首先具有形式的性质。关于这一点,韦伯所说的东西与马克思五十多年前在《资本论》中所说的并无多大不同,但仍然值得一提。[67] 对于劳动者来说,与他或她的雇主建立契约的自由经常是虚幻的:"在劳动力市场上,一方的'自由'决定体现在他们接受那些经济上更为强大、其财产得到法律保障的人们所强加给他们的条件上。"[68] 一方面,财产所有者得益于那些让他们能够保卫并增加其利益的契约制度;"从官方来看,形式自由的条件是对所有人都可能的;但是,实际上,它们只对财产所有者来说是可以得到的,因此,产生了支持其自主性和权力地位的效果。"[69] 韦伯与马克思之间的一个差异是,韦伯将这一点视为形式与实质的法律理性的对立,而马克思把它看成完全是剥削的问题。

现代资本主义的第二个法律前提：现代法人团体的法律概念

依照韦伯的看法，如果理性资本主义的第一个法律前提是存在高度发展的契约，那么，第二个便是与理性的法人团体相适应的法律秩序。韦伯认为，现代企业可以总结为一个法律上自治的组织，它是由国家支配的法律秩序的一部分。只有通过国家的许可，现代企业才能够产生，但是它也有自己独特的自主性。从法律的立场上来看，法人团体属于契约的一般性范畴，更确切地说，是构成了一种"联合契约"的形式。现代企业可以着手处理自己的契约，并有其"法人格"（legal personality）。

从社会学视角来看，法人格的概念非常有趣，而从法律的视角来看，它又非常复杂。它在西方法律史上可以追溯到很远，而它的演化也难以用寥寥几个句子加以总结。不过，最终出现了一种理性形式的法人格，韦伯是这样描述它的：

> 将所谓团体的法人格的观念最理性地实现出来的办法，是将成员的法律领域完全和特别建构出来的团体的法律领域分隔开来。换言之，按规则被指派出来的特定人选，被视为是唯一具有正当资格去让团体承担义务与取得权利者。不过，这些法律关系一点也不会影响到个别成员的人身与财产，而且也不会被视同为他们的契约，而是在法律上被归属于一整个分离出来的团体资产。[70]

在这个意义上，一个现代经济企业就构成了一个法人格，不过，此外它还必须满足两个条件：它必须有资本，而且它的成员必须能够享受它的利润。用法律术语来讲,这意味着要遵循一些额外的法规,尤其是有关公司的成员或股东的规定。例如,在一个营利企业中,成员数量必须受到限制,人们能够让渡成员资格,成员必须有与其所持资本的股份直接对应的投票权。

从法律的角度看,今天的企业代表了一个漫长而复杂的历史发展的最终产品,韦伯对这一历史过程进行了广泛的探讨。特别是,他试图表明两个独立的法律传统如何对现代企业的法律概念作出贡献:一个传统是有关法律自律组织的观念的演化,另一个更加专门地研究了经济组织的法律发展。[71] 在讨论法律自律组织的观念时,韦伯尤其考虑了德国传统中的兄弟会,以及罗马法、英国法和教会法中如何对不同类型的自律组织进行概念化。在论述经济组织的法律概念时,韦伯特别集中于委托企业和股份公司,以及一些单独的法律特征,例如联合责任制和有限责任制。

带着脑海中的法人团体观念,韦伯还简要地分析了非西方的法律,但是认为它们主要带来了消极的结果。例如,在印度,独立组织的法律出现得较晚;它会跟宗教组织有牵连,而且几乎没有什么法律上的影响。[72] 在中国,家族和家产制国家或多或少阻碍了私人组织的出现。[73] 中国的确出现了一种机构,它有特定的公司名称,并成为家庭资源的汇集之处。但是,它的目标却不是通过贸易或生产来获得利润,而是投资于一个官僚主义者的教育和购买官职,因此,它不是理性资本主义,而是政治资本主义的一个事例。韦伯总结说,无论中国、印度还是整个东方,私人经济组织都没有能够成功地将企业与家庭单位分离开来,因此,在家庭成员的财产与经济企业的财产之间,也没有产生任何法律上的区别。

在罗马法中有高度发达的组织的法律理论,但主要是在政治领域。在经济领域,情况就大不相同了。我们知道,罗马人将一定数量的金钱投资于一个普通的商业冒险的唯一办法就是由奴隶来经手。韦伯说,罗马的法律结构中并不存在自律的经济组织,但是他们的目标是通过包税来营利,因此并不受私法的影响。这一类型的组织与国家紧密相连,是政治资本主义而非理性资本主义的一个体现。[74] 普通的经济组织并没有得到罗马法的法律认可。

韦伯说,私人企业的法律概念的重大突破出现在中世纪时期。[75] 当氏族和家族对个人的控制开始分解时,意大利法学家和商人完善了某些古老的法律技术,发明了新技术,这是现代资本主义出现所必需的。联合责任开始有可能通过契约进行分配,将商业企业的经济责任限定在特定范围内,以及将企业财产与个人财产分离。韦伯指出:

> (在中世纪的这些发展中)具有决定性的因素是家户与经营出于经济核算和法律目标的分离,以及一个与这种分离相宜的法律的发展,例如,商业注册、商社和公司之解除家族的束缚、独资或合资公司的独立产权,以及相应的破产法等。[76]

中世纪时发明的许多法律原则是好几个世纪以后才得到普遍应用的。例如,在英国和欧洲大陆,有限责任制直至19世纪才被接受。不过,有关公司的独立的法律演化也是在中世纪之后发

第 4 章 经济与法律

生的，尤其是有关股份公司方面的演化。当地中海的小型贸易单元被北欧较大的工业单元所代替时，它们对大量资本的需求最终通过股份公司的观念得到了调节。对于这一发展，韦伯没有提供很多细节，但是他说，政治组织，以及由国家授予垄断权的企业（例如荷兰和英国的东印度公司）首先采用了将大量投资者聚集在一起的技术。

现代资本主义的第三个法律前提：可计算的法律秩序

现代或理性的资本主义的第三个要求由韦伯所谓的"可计算的法律"所组成。[77] 在这一背景下，"可计算性"概念涵盖了许多现象。首先，由于理性资本主义对于任何类型的干扰都很敏感，因此，必须将意外控制到最小。国家绝对不可以通过其法律体系对经济进行专断的干预，而是要尊重其自主性。必须尊重财产，不得破坏契约（*pacta sunt servanda*）。而且，法律必须清楚、合乎逻辑，以一种专业的和可预测的方式来实施。与宗教法相对立之处在于，可计算性意味着在遇到法律条文涵盖范围以外的事务时，这一法律体系的解释是可以预测的。韦伯说，从早期开始，资产阶级群体就要求

> 一种毫无二义的明确法律，既不受非理性的行政恣意所影响，也不受具体特权的不合理干扰，特别是能够确实保障契约之法的约束力——换言之，能够完备所有这些特性而具有可计算性的功能的法律。[78]

但是，韦伯指出，即使资产阶级想要有一个此类可计算的法

律，他们也没有创制出现行的法律体系。他们朝着可计算的法律的方向进行推动，但是，在现代法律体系的创造过程中，另外两种力量起到了更具决定性的作用，即家产制君主和法律专家。纵观整个历史，尽管这二者都有其"法律利益"，但是，他们还对西方的可计算的法律的出现有所贡献，虽然其贡献是以一种意料之外的方式造成的。[79] 例如，家产制君主想要以一种更为一致的法律类型来代替庄园的法律特权；迎合资产阶级群体及其法律要求，也会使他们得到经济利益；而且，由于想要有更有效率的行政管理，君主们雇佣受过正式法律教育的人，由他们创制更合理的法律程序。最后，为了使自己的帝国更有秩序，君主们有时会决定编撰其法律。这些法典通常会造成现存法律的统一和系统化。

法律专家使西方法律更具可计算性的方式有两种：使法律的实施更加可靠，以及使法律自身的结构更为形式化和合乎逻辑。对于第一方面的贡献，韦伯言之不多，只是强调法律教育在一个可靠和专业的实施群体方面的作用。在这个意义上，法律教育无论是像在欧洲大陆那样具有比较形式化的性质，还是像在英国和美国那样具有经验性质，则并不重要。对于普通法必然产生与欧洲大陆的形式理性的法律相比较更少具有可计算性的法律，韦伯则表示怀疑。韦伯写道，法学家明显偏袒后一种法律，除非它与他们的专业和经济利益发生了冲突。但是，法律成为一个无缝隙的法律规范之类的东西，对于现代资本主义的支配性经济群体而言并无特别的利益可言，他们所需要的，只是一个清晰而可计算的法律。对于最后一点，韦伯是这样总结的：

资产阶级们对于"可计算的"法律的那些实际需求,在形式化法律的趋势中同样是决定性的,但是,(对于作为无缝隙体系之法律的思想的创制)并未起到任何值得一提的作用。经验表明,他们的需要同样可以由一个形式化的、经验性的案例法来满足,而且通常得到了更好的满足。[80]

英格兰问题

现在,应当直接开始讨论所谓的英格兰问题了。在1970年代早期关于韦伯作品的争论中,一位法律学者大卫·特鲁贝克引入了这样的观念,即韦伯有关法律与资本主义的分析包含着重要的缺陷,最清楚地体现在关于英国的分析之中。[81]特鲁贝克的关键论点是,根据韦伯的纲领,资本主义要求有可计算的法律,而韦伯把可计算性等同于形式的法律理性。但是,特鲁贝克认为正是韦伯作品中"将可计算性等同于逻辑形式主义"在论及英国时证明是有问题的,英国法律的特点是相当低程度的形式法律理性,而现代资本主义正是在这里取得了重大成就。[82]

按照特鲁贝克的看法,韦伯从来没有放弃最初的命题,即资本主义需要高度的形式法律理性,但是,他总是努力寻找保留它的方式。因此,英国被视为一个"偏离的案例",而且,韦伯还列举了许多特殊的历史环境,来证明为什么以低水平的形式法律理性来组织资本主义在历史上是可能的。例如,韦伯认为资本家在英国的法院体系中处于较为有利的地位,而较低等级的社会阶级不可能得到公正。特鲁贝克还引用了韦伯的说法,即资本主义在英国的成就"不是因为其司法体系,而恰恰与其司法体系没有什么关系"(应当指出的是,他没有考虑韦伯的一些限定性提法,包括他说情况只是"在某种程度上"是这样的)。[83]

近几十年来,关于韦伯作品中的资本主义与法律问题的争论,乃至一般的法律与经济问题的争论中,认为存在"英格兰问题"的看法居于支配地位。[84] 多数学者都以这样那样的方式认可了特鲁贝克的命题,即韦伯分析中"将可计算性等同于逻辑形式主义",有一些学者还补充了一些新的论点,认为这是韦伯为了不改变其基本命题而制造出来的。这些新奇论点中的一个是,按照韦伯的看法,法律与经济之间并不存在任何直接联系,因此,资本主义可以在一些不同的法律体系之下得到发展。[85] 还有人说,在其职业生涯的早期,韦伯就认为,商人想要一种可计算的法律而对其形式理性的水平不感兴趣。[86]

关于英格兰问题,笔者本人的立场是,特鲁贝克持论有误,他认为,韦伯作品中必然把可计算性与高度的逻辑形式主义或形式法律理性等同起来。韦伯说得很清楚,资产阶级对法律体系的要求首先而且最根本的是可计算性,而这个要求与低水平的形式法律理性是完全协调的。韦伯最后的作品尤其是这样,他很平实地陈述说,英国的普通法"不是理性的……却是可计算的"。[87] 笔者还认为,特鲁贝克有关英格兰问题的表述中隐含着对于资本主义和法律的关系的较为狭义的看法。可计算的,并且有高度的形式理性的法律,并不是理性资本主义存在的充分条件。此外,还必须有高度发展的关于一些高级经济制度(尤其是契约和经济企业)的法律规则。先前关于现代资本主义的两个法律前提(高度发展的契约和现代法人团体的法律概念)的讨论已经表明,韦伯自己正是持这样的观点。

最后,如果仔细阅读韦伯作品的话,特鲁贝克及其他参与辩论的人似乎将英格兰问题只看作一个理论问题，这是非常令人奇怪的。某些问题主要与经验有关，而不是具有理论的性质，而这些可以从历史事实，而非韦伯作品中得到佐证。例如，多数参与英格兰问题辩论的人描述了一个性质非常单纯的英国法律体系。但实际上英国很早就将商人法吸收进自己的法律体系，从而在与欧洲大陆商贸往来时有许多相同的法律规则。[88]还有看法认为，韦伯夸大了英国法律的非分析性质，忽视了诸如马修·黑尔（Mattew Hale）、威廉·布莱克斯通（William Blackstone）等人的论述。[89]为了使我们对这两点的理解更为全面，还需要补充细节，而法律发展史是出了名的复杂。但是，英格兰问题明显不仅代表了对韦伯的论著的具有争议的误读，而且是基于对英国法律史的简单化处理。

作为本章的总结，笔者将从英格兰问题转向对韦伯有关经济与法律的整体分析。在此过程中，韦伯论述之丰富性和涉猎广泛的信息之博学令人吃惊。因此，还需要对韦伯的概念工具和作品的历史维度进行更多的研究。例如，韦伯法律作品的比较的方面还没有得到充分的认识；他的利益驱动的社会行动概念如何对他的法律社会学产生影响同样需要进一步认识。不过，这些工作不能够偏离这样的看法，亦即，即使从当代的经济社会学的角度来看，韦伯的分析也为经济社会学对法律的分析奠定了一个坚实的，而且是非常必要的基础。

第 5 章 经济与宗教

在韦伯一生中相当长的时间里,他都被宗教问题所吸引,韦伯夫人说,他的工作可以证明,他"始终关注着宗教"。[1]而越接近韦伯的作品,就越能发现,他一般是从宗教与经济之关系的角度来研究宗教的。这一点尤其可以从《新教伦理与资本主义精神》中看到,尽管许多人将它视为体现了韦伯对经济社会学的贡献。不过,从他的其他作品中也可以看到这一点,包括标题为《世界诸宗教之经济伦理》的大部头著作,以及《经济与社会》中关于宗教的篇幅很大的一章。本章的主要目标是勾勒出韦伯作品中对经济与宗教的整体分析。为此,除了《新教伦理与资本主义精神》以及由它引起的争论(第 II 节)之外,还要讨论韦伯的一般宗教社会学(第 I 节),韦伯对世界宗教的经济伦理的分析(第 III 节)。笔者尤其试图表明,除了《新教伦理与资本主义精神》中引人入胜的命题之外,对于从社会学视角分析经济与宗教的关系问题而言,韦伯的分析还包括一些非常有用的概念与方法。与前面几章一样,本章的整体性背景是韦伯的社会行动概念,即作为利益驱动的行动的一种特殊形式的社会行动。需要补充的是,韦伯关于宗教的论述也可以应用于非宗教形式的精神利益,比如人文主义，或者更多由政治促成的意识形态。

I. 韦伯的经济与宗教关系分析引论：《经济与社会》中的一般性命题与概念

韦伯在《经济与社会》中讲述宗教的一章中描绘出一幅宏伟的全景画，从宗教的诞生开始，到世界五大宗教为止，在此过程中包括了祭司制(priesthood)、神权制(hierocracy)、先知(prophet)、救赎(salvation)等现象。[2] 从韦伯这边来看，这部分材料中的多数与经济没有关系，最多是为宗教的社会学研究奠定基础。不过，也有相当一部分是在处理经济与宗教的关系，韦伯对这个问题进行了充分的分析。笔者选择了韦伯关于经济与宗教的分析的几点中心命题，特别是：

> 宗教对待财富的态度；
> 宗教组织及它们与经济事务的关系；
> 特定的社会-经济阶级和阶层的宗教倾向；以及
> 朝向救赎的不同方式及其对经济的影响。

韦伯还用相当多的篇幅论述了另外两个同样核心的命题，即世界各大宗教对待经济的态度，以及宗教改革中经济与宗教的关系。本章稍后将对这两个命题进行讨论，并讨论与此相关的韦伯对《新教伦理与资本主义精神》和《世界诸宗教之经济伦理》的分析。

在介绍韦伯分析经济与宗教的第一个命题之前，必须补充说明他的宗教现象分析的总出发点，以及它与他的社会行动、利益概念是怎样相关联的。《经济与社会》是一部社会学作品，宗教行动被作为特殊形式的社会行动或曰指向其他人的行动来分析。宗教社会行动，以及一般的宗教行动，受到精神利益、习惯和情绪的联合驱动。韦伯进而关注在分析中消除价值判断，由于心里萦绕着这个目标，他就要寻找一个术语，来表达宗教对人们的吸引力，这个词语既是相当中性的，又广泛到足以包含不同类型的宗教。在《经济与社会》最后的版本中，他选择的术语是"救赎资财"（goods of salvation，*Heilsgüter*），这个词在德国神学中根基深厚，最少可以追溯到16世纪晚期。[3] 不过，韦伯用它来表示的意思更接近"宗教财"（religious benefits，《经济与社会》正是这样翻译的），或作"宗教资财"（religious goods）。[4] 在经济理论中，"商品"（或"财货"）包括任何有需求或被偏好的事物，类似地，韦伯使用"宗教财"也包含了许多种宗教上令人期望的东西。韦伯更确切地说，宗教财既可以是此岸的，也可以是彼岸的；既可以是物质的，也可以是精神的；宗教社会行动被界定为同时指向某些宗教财和其他行动者的一种行动形式（参见图表5.1、图表5.2）。"宗教财"也很好地契合了韦伯的目标，即在一定程度上将宗教行为与一个受利益驱动（而非由理念激发）的过程相结合。[5] 最后一点对韦伯非常重要，也反映在他所使用的其他术语中，例如下文将要讨论的"（对特定宗教行为的）心理奖赏"和"精神利益"。

	宗教财	
	此世	彼世
物质	原始宗教	
精神		较发达宗教

图表 5.1　宗教活动的目标:"宗教财"或曰"宗教资财"

来源:马克斯·韦伯:《经济与社会》,第 54—56 页。

注释:不同的宗教有不同的宗教财或救赎资财,可以是此世或彼世的、精神的或物质的。

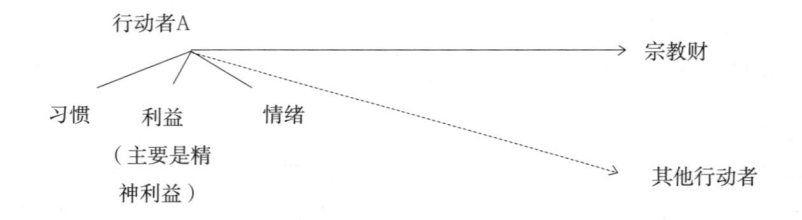

图表 5.2　韦伯的宗教社会行动的结构

来源:马克斯·韦伯:《经济与社会》,第 4、22 页。

注释:当行动者追求宗教财时,就会发生宗教社会行动,行动者主要受精神利益驱动,并且将其他行动者考虑在内。

韦伯《经济与社会》中的宗教社会学第一个命题,即宗教对财富的态度,是直接与他的宗教财概念相联系的。韦伯指出,在原始宗教中,宗教财在性质上通常是物质性的,由诸如长寿、健康和财富之类组成。[6] 较为发达的宗教中也同样如此,例如印度教、佛教、伊斯兰教和犹太教。韦伯说,除了禁欲运动和特定形式的基督教以外，宗教财会包括物质财富。在讨论早期犹太教时，他说，"财富是虔诚的酬金"。[7]

韦伯还说，宗教的早期形式会以一种"定型化"的方式影响包括经济行为在内的人的行为。宗教观念对于生活行为乃至经济行为最初且最根本的影响通常是定型化的。[8] 韦伯用"定型"(stereotyping)来指某些事物是"固定的或以不变的方式不断重复"(《牛津英语辞典》)。韦伯的这些话写作于世纪之交，还在"定型化"的现代概念诞生之前。[9] 在现代社会科学的术语学中，人们也许会说韦伯的定型化观念与锁定(lock-in)之后的现象的标签化有关。韦伯认为，各种各样的经济活动和财货都能够定型化，包括人们对工具和产品的态度。不过，我们在此关注的主要的定型化方式是影响到对财富态度的那些方式，这包括可接受的贸易方式观念，以及更一般地，个人认为财富要怎样才算"诚实地"获得的。韦伯指出，当某些经济活动已经从宗教上定型化了，宗教的力量（即宗教财的激励）与传统的力量（即让事物保持原状的价值）结合在一起，结果就成为对经济革新的强大的阻碍。

韦伯说，随着历史的继续，主要通过先知预言和宗教的理性化，宗教定型化最终瓦解。在较为发达的宗教里，宗教财具有彼岸的和非经济的倾向，宗教活动自身不再像原始宗教中那样，被视为仅仅是目的和手段。韦伯写道，"宗教行为的目标是连续地'非理性化'，直至最终彼岸的非经济的目标得以代表宗教行为的独特方面。"[10] 韦伯补充说，随着宗教财越来越少经济的和此岸的特征，在宗教价值与普通的世俗生活的价值之间就发生了普遍的张力。这一张力可以通过不同方式来解决，它通常也会引起一些意料之外的结果，而这在韦伯的分析中起到了核心作用。

韦伯说，当宗教越来越发达和理性化时，它对财富的态度就改变了，特别是来自资本主义活动的财富。分析到此处，韦伯的经济社会学中引入了"非人格化"（Unpersönlichkeit）概念。[11] 他解释说，所有的宗教都将个人关系视为生活的核心，根据对不幸者的博爱或慈善（caritas, charity）的需要的看法，它们试图规范这些关系。这种看法带来了旧的邻居伦理，即人应当努力帮助有需要的兄弟。[12] 但是，尽管可以根据个人关系和宗教的慈善观点来规范特定的经济关系，例如奴隶主与奴隶的关系，或者家长与其家庭成员的关系，但是，在韦伯看来，对于多数资本主义关系不能做这样的处理。在资本主义经济中，人们与他人的联系通常比较间接，例如，工厂主与厂里的工人，或者公司股东与为公司工作的雇员。关键的事实还在于，如果资本主义的关系可以通过某些慈善观念就改变，很快就会造成经济困难。韦伯说，在一个资本主义经济中，人们必须遵循市场规则，要么就会失败——原因仅仅是没有容纳慈善的空间而已。

《经济与社会》中的第二个主题，即宗教组织及其与经济事务的关系也与宗教财的观念直接相连。韦伯由此将"神权制"定义为一种经济组织，它"通过分配或否定宗教财的心理强制来实施其秩序"。[13] 依照《经济与社会》，"教会"类似于神权制，但处于较晚近和较理性的发展阶段。教派也使用宗教财和心理强制，但是与教会或神权制相比较少普遍性。人可以生而属于一个教会或神权制，但却不能生而属于一个教派，每个人必须以自己的个人品质成为获得教派成员的根本依据。

韦伯在《经济与社会》中讨论的最后一种宗教组织是修道会。他没有提出修道会的正式定义，不过，也许可以将它总结为一种教派，其成员将全部时间都用于宗教活动，而且他们通常住在一起。

韦伯论述中关于神权制的许多内容自然是用来讨论它与政治权力的关系的。韦伯说，由于神权制的力量与政治权威的权力大小直接相关，这一类型的组织通常反对王侯及其军队的扩大财富。在土地拥有上，宗教权力也经常与世俗权力冲突，因为双方都有意要增加土地。由于这个原因，僧侣阶层持有土地是它与贵族的紧张关系的一个根源。在历史上，神权制与资产阶级之间的关系要比与贵族的关系好得多，因为神权制有把信任与稳定引入商业生活的倾向，这赢得了商人们的赞赏。例如，在古代，寺庙被用来存放钱和贵重物品，而在中世纪，宗教权威们经常向外贷款，并拿他们的荣誉和对宗教财的控制来作为还款的保证。但是，韦伯认为在宗教权力与商业阶级之间还是存在着一些张力，特别是由于修道院可以支配比它的世俗竞争者便宜得多的劳动力。

韦伯说，神权制肯定影响了经济发展，但主要并不是通过它的经济行动，而更多是通过它对世俗世界的总的态度来影响的。在韦伯看来，神权制本质上是传统的，并倾向于将包括经济在内的环境定型化。后果之一便是它对所有的革新都有疑虑，并表现出"对资本主义的非传统的力量深深憎恶"。[14] 换言之，神权制通常鼓励经济传统主义。

在典型情况下，教会是从神权制发展出来的。韦伯说，尽管教会是较晚近的，而且更为理性的组织类型，它对经济发展的影响却相当类似于神权制。全世界的许多教会都努力通过诸如贷款取息的规定和公平价格观念等方式对经济发挥直接影响。[15] 在西方，对贷款取息的禁令深刻地影响了立法，也给商人们造成了许多问题。但是，他们找到了规避它的办法，而贷款取息禁令从未能够成功地阻碍资本主义的发展。在17世纪，一个加尔文教徒最早为贷款取息进行理论辩解，而在其后的两个世纪中，加尔文教会颠覆了它的立场，赞同基于市场利率而进行的借贷。

韦伯说，总的来说，西方教会并无多少经济规划。此外，"教会并没有对经济制度产生决定性影响"，而且"它既没有制定也没有破坏（经济）制度"。教会的确影响了人们对经济的态度，但主要是以消极的方式影响的，因为由它发扬光大的经济心态本质上是传统主义的。韦伯总结说，教会，以及更一般意义上的神权制通常会鼓励一种"非资本主义的和部分是反资本主义的（心态）"。[16]

教派对经济的影响多少与教会不同，韦伯认为，主要原因是其独特的社会学构造。按照教派的定义，它要选择自己的成员，而它控制成员行为的能力也是教会所望尘莫及的。教派用诚实、良好性格等项来甄别候选人，并通过对成员的持续的、相互的审查来保持较高的伦理道德标准。因此，教派的资格往往被世俗的经济制度视为可资信任的符号。韦伯也指出，正是贵格派和浸礼派这两个教派给西方引入了固定价格，用来代替讨价还价。[17]

在《经济与社会》中，韦伯讨论的第四种宗教组织是修道会，区分了它的两个发展阶段。在早期，修道会通常具有卡理斯玛性质，在精神上是反经济的。其成员并不以工作来维持生活，而是靠捐献和礼物过活，并拒绝私有财产。但是，在例行化到来之后，它们与居统治地位的教会之间经常会达成一些协议，对经济事务的敌意减弱了，而且修道会通常会获得自己的财产。[18]

但是，例行化并不意味着修道会中的经济行为就等同于世俗世界中的经济行为。韦伯指出，在修道院里，劳作首次被用作禁欲苦修的工具。僧侣们常常以一种有条理的、自我控制的方式生活和工作。韦伯还描述了宗教激情（特别是与修道院里存在的那种有条理的工作方式相结合时）如何造成了许多宏伟的经济成就，超过了普通劳动能够达到的水平：

> 如果我们没有意识到，埃及国王的臣民们坚定地相信国王就是神的化身，那么金字塔看上去像是全然无谓的功业。在犹他州荒凉的盐碱滩上，摩门教徒的成就违背了所有理性定居的规则。这些无疑都是修道士们事功的典型例子，他们往往能做到在经济上看似不可能的成就。喇嘛教的僧侣在西藏的冰雪荒漠中造就出经济上，特别是建筑上的宏大事业——布达拉宫，其规模之巨大、质地之精良，堪与世上最宏伟的著名造物相媲美。[19]

在《经济与社会》中讨论第三个主要主题，即特定的社会-经济阶级和阶层的宗教倾向时，韦伯引入了两个概念，用来描述宗教对社会的优势特权群体和劣势特权群体的不同作用："补偿的希望"，即劣势特权阶层想要从宗教中得到的；以及"恩宠之神义论"，解释了为什么优势特权群体对宗教有兴趣。[20] 在韦伯看来，优势特权群体在根本上满足于他们在社会中的位置，而他们的荣誉和自尊的自我感知也与他们的现状紧密相连。与之相对，劣势特权者则受困于他们当前在世界中的位置，他们对荣誉或自尊的感知集中于将来某一天要成为什么样。结果，劣势特权群体需要一种基于补偿伦理的宗教，或者按韦伯的说法，是"对补偿的希望",以及在性质上可计算的宗教。

有特权的、成功的群体所需要的宗教具有非常不同的目标,即正当性。这些人确信,他们拥有的幸福和穷人的不幸都是各得其所。韦伯称此为"恩宠之神义论",并作了如下解释:

> 当一个幸福的人比较自己与另一个不幸的人的位置时,他并不会满意于自己事实上的幸福,而想要得到更多,即他的幸福的权利,意识到他值得这种幸运,而那些不幸的人的不幸也同样必定是自己该得的。日常经验证明,就是有这么一种要正当化自己的幸福、满足自己的心理的需求,无论他的快乐是政治事业的成就、优越的经济地位,身体的健康、恋爱成功或任何其他的事项。特权阶级如果对宗教有所要求的话,就是这种正当性。[21]

韦伯对各社会-经济阶级和阶层的宗教倾向的讨论有一个重要方面,就是经济力量在多大程度上塑造了宗教,换言之,韦伯在此讨论的是与《新教伦理与资本主义精神》相反的因果方向。韦伯对马克思单单用经济力量来解释宗教的观点持批评态度,这是他公开表露的立场。[22] 他自己的观点更接近他在 1904 年的论客观性的论文中的路线,即宗教现象最多可以算作"受经济限制的现象",或者"非'经济'事务中受到经济动机的部分影响的行为"。换言之,不同的社会-经济阶层或阶级的宗教行为从来都不能完全用经济力量解释,经济力量只有"部分"的解释力。[23]

按照韦伯的看法,历史上,由于强烈的荣誉感和时常有机会得到战争带来的意外财富,阻止了贵族和武士阶级发展出深刻的宗教虔诚。他们最多会为军事胜利和免受邪恶巫术之害而祈祷。贵族的神强大、热情，而不甚理性。因此，贵族的宗教倾向于经济传统主义。农民的情况也有些类似，不过，他们对巫术，而非万神殿里好战而嫉妒的神灵的嗜好加强了他们的经济传统主义。韦伯解释说，巫术之所以对农民产生吸引力，是由于农民的生存非常接近于自然界的有机过程和无法预测的事件。他说，要让农民真正虔诚起来，必须有非常强大的力量——比如奴役或无产阶级化——将他们同他们正常的生活形势分裂开。他指出，认为农民宗教上虔诚是现代的观念（在农民、贵族中宗教与经济的关系参见图表5.3）。

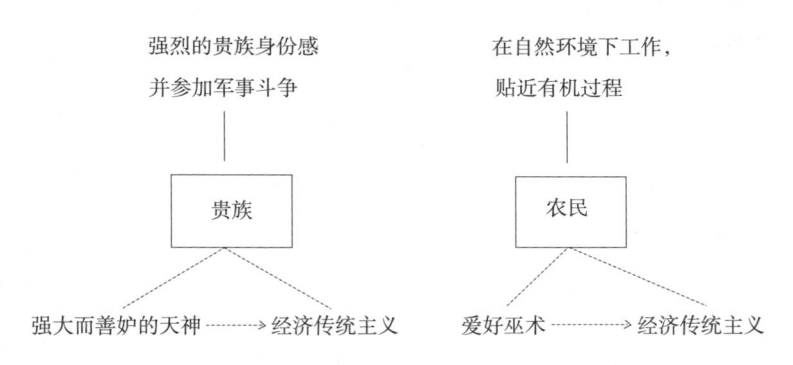

图表 5.3　贵族与农民的宗教倾向及经济生活态度

来源：马克斯·韦伯：《经济与社会》，第468—476页。
注释：无论是农民，还是贵族，其宗教倾向都会鼓励经济传统主义。

早期工匠的工作环境与农民不同，宗教倾向也不同。工匠们较少感受到自然的力量：他们通常在室内工作；使用不同的肌肉来完成工作；而且有更多的机会去思考事物的本性。而且,工匠们经常住在城市里,很多时候血缘纽带被新的社会关系所代替。因此,尤其在西方,工匠们倾向于发展出会众派的(congregational)和伦理的宗教类型,而且,他们鼓励理性的生活方式和经济事务上的理性态度。

尽管韦伯清楚地阐明工匠及其他小资产阶级群体容易热情地接受狂欢、神秘主义等许多宗教体验,但是他也说,新教的禁欲教派正是形成于这些阶层之中,也正是在其中,首次出现了人类历史上对经济事务的积极的、有条理的宗教态度。与此形成对比的是,资产阶级上层对宗教不怎么感兴趣。大商人和早期的金融家有着世俗的生活指向,对宗教持怀疑或漠然的态度。而尽管中产阶级的禁欲因素通常对理性类型的资本主义而言是积极的,上流阶层却有侧重于缺少伦理维度的政治资本主义的倾向(参见图表 5.4)。

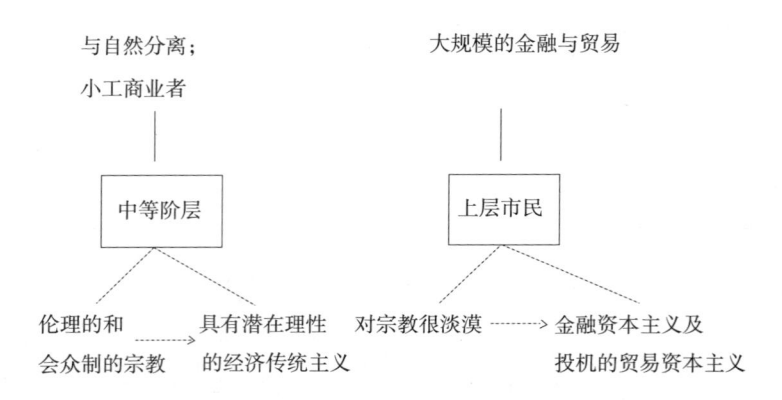

```
与自然分离;                    大规模的金融与贸易
小工商业者
   |                              |
[中等阶层]                      [上层市民]

伦理的和    具有潜在理性      对宗教很淡漠 ——→ 金融资本主义及
会众制的宗教  的经济传统主义                   投机的贸易资本主义
```

图表 5.4　中等与上等资产阶级的宗教倾向及经济生活态度

来源:马克斯·韦伯:《经济与社会》,第 477—484、1178—1181 页。

注释:中等阶层的禁欲因素往往使他们易于接受理性的资本主义类型,而上等资产阶级则往往被缺少伦理维度的政治资本主义所吸引。

韦伯也讨论了另外两个社会群体的宗教倾向：政治官员和现代工人。[24]前者是冷静的理性主义者，对宗教行为趋于怀疑和不信任。韦伯说，儒教官员正是这一类型的例子，他们自身没有超越性的需要，但认为巫术与宗教可以用来控制大众。政府官员对营利态度模棱两可，更为偏爱经济传统主义。按照韦伯的看法，现代工人同样对宗教问题没有兴趣，不过却有不同的原由。工人们通过经验了解到，他们可以信任自己的努力，他们的命运是由社会和经济力量决定的，而不是那种主宰着农民生活的力量。因此，工人们或者拒绝宗教，或者漠不关心。在这一点上，只有无产阶级中最孤注一掷的部分才是例外。工人们想要的"仅仅是补偿"，但却是政治上的补偿，而非宗教的。但是，工人们与社会主义的关系却经常表现出一种类似宗教的态度（见图表5.5）。

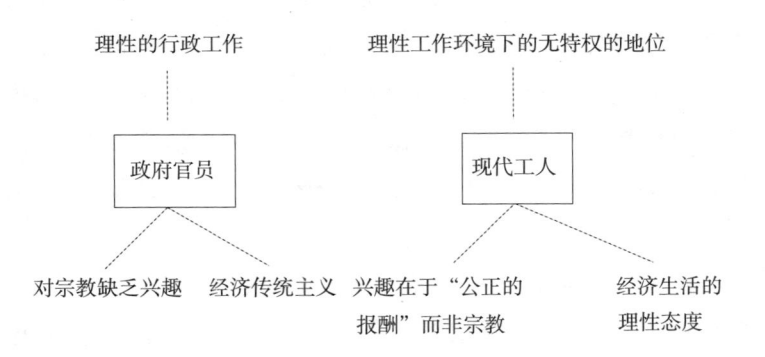

图表5.5　政府官员与现代工人的宗教倾向及经济生活态度

来源：马克斯·韦伯：《经济与社会》，第476—477、484—486页。

注释：工人通常对宗教很淡漠，对于经济生活则持有理性态度。政府官员也对宗教淡漠，不过，对营利则较为模棱两可，倾向于经济传统主义。

韦伯的一般宗教社会学的第四个主题,即朝向救赎的不同方式及其对经济的影响,为他在《新教伦理与资本主义精神》和《世界诸宗教之经济伦理》中的分析提供了重要的背景。韦伯论述说,不同的救赎道路会以两种方式影响经济。首先,它们全都引起了经济生活中某些外在的态度,宗教越理性化,则态度越趋于系统化。例如,神秘主义者拒绝世俗世界,也拒绝工作,路德派忽略世俗世界,而将工作当成天职。然而,韦伯告诫说,对于这一类型的外在的宗教态度能够对经济发生的影响,的确存在着"确定的限制"。[25]

但是,寻求救赎的不同方式也会有一些意料之外的后果,它们在一定环境下能够以一种相当深刻的方式影响经济制度。这些意料之外的后果(通常与意料之中的结果相结合)影响经济的机制如下。不同的救赎道路既不会使信徒的人格保持不变,也不会有深刻或永久性的改变。永久改变通常带来个人的净化或重生("神圣化")。人格有永久性变化的信徒要么避离人世,要么根据某些宗教理想来改变世间的制度。韦伯说,只有信徒改变社会的努力才会挑战经济传统主义。在其他情况下,救赎的意料之外的后果也许会加强经济传统主义(参见图表5.6)。

在《经济与社会》中,韦伯分析了寻求救赎的不同道路,有一些救赎方式或多或少不触及信徒的人格,也无意对社会和经济制度作多大改变,包括仪式主义、狂迷、行善、制度性恩宠以及因信称义。韦伯说,仪式主义对信徒的影响肤浅得如一次流动剧场的演出。而且,某些仪式性宗教还以许多规章加在信徒身上,从而仅有富有的人可以负担得起。将狂迷作为达到救赎的方式只有短暂的效果,而且引到了一个非理性的方向上。行善对信徒的人格几乎没有作用，如果人们认为好事可以补偿坏事的话，尤其如此。

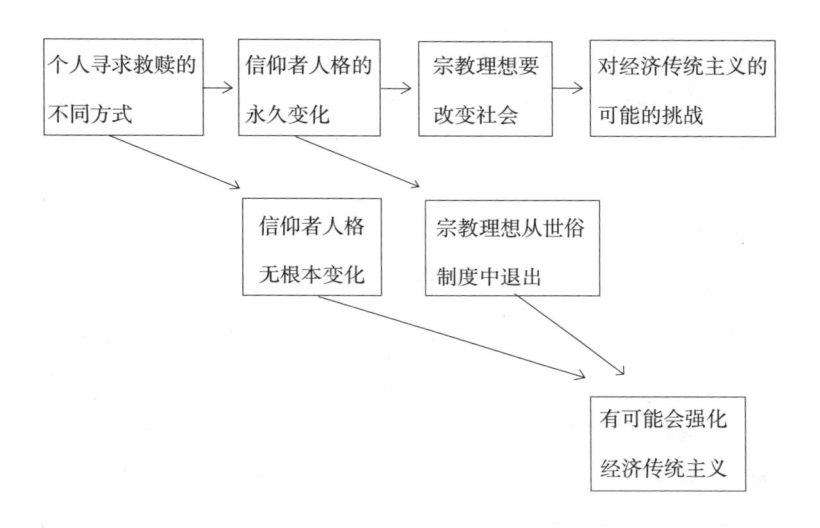

```
┌─────────────┐   ┌─────────────┐   ┌─────────────┐   ┌─────────────┐
│ 个人寻求救赎的 │──▶│ 信仰者人格的 │──▶│ 宗教理想要  │──▶│ 对经济传统主义的│
│   不同方式    │   │  永久变化   │   │  改变社会   │   │  可能的挑战   │
└─────────────┘   └─────────────┘   └─────────────┘   └─────────────┘
       │                 │
       ▼                 ▼
┌─────────────┐   ┌─────────────┐
│ 信仰者人格  │   │ 宗教理想从世俗│
│  无根本变化 │   │  制度中退出  │
└─────────────┘   └─────────────┘
                         │
                         ▼
                  ┌─────────────┐
                  │ 有可能会强化 │
                  │ 经济传统主义 │
                  └─────────────┘
```

图表 5.6 不同的救赎方式及其对经济传统主义的潜在影响

来源：马克斯·韦伯：《经济与社会》（伯克利：加利福尼亚大学出版社，1978），第 518—576 页。

注释：寻求救赎的不同方式也会以不同方式影响到经济。例如，仪式主义和狂迷没有根本改变信仰者的个性，并且倾向于强化经济传统主义。拒世的禁欲主义和神秘主义的确会引起个性的深刻变化，但是不触动世俗制度，还有可能无意中强化这些制度。只有入世禁欲主义和预定论会对经济传统主义形成潜在的挑战。不同的救赎之途产生的影响往往是意料之中的后果与意料之外的后果的结合。

对于通过制度性恩宠和仅仅通过虔信来寻求救赎来说，情况也同样是这样。在通过制度性恩宠获得救赎的情况下，任何事情都以分配恩典的制度为转移，个人受到鼓励去服从，而不是改变他或她的行为。韦伯说，尽管忏悔制度使天主教拥有一种潜在的强大工具，但是，教会处理忏悔的方式减弱了它的力量：罪恶得到宽恕，而信徒并没有被强迫永久性地改变他或她的行为。[26]像路德教所提出的那样，仅仅由信仰得救赎，也只对信徒的行为有微弱的影响，而鼓励了经济与社会事务中的传统主义。同时，路德教挑战了天主教中只把救赎限于少数人的宗教达人（virtuosi）观念，并进一步宣称，普通的世俗劳动是社会中每一个人的宗教任务（一份"天职"）。

还有其他一些救赎途径，可以引起信徒人格的深刻变化，却不触动社会与经济制度，甚至还对其有所加强。神秘主义即其一，信徒们将自己视为圣灵的容器。神秘主义者听任世俗制度存在，而且拒绝工作，由此鼓励了经济传统主义。韦伯所谓的"拒世的禁欲主义"代表了完全改变信徒的人格而不改变世界的第二种救赎之路。这一类型的禁欲者不想拥有私有财产或家庭，通常，他或她会和其他宗教达人一起离群避世。但是，与神秘主义者不同的是，拒世的禁欲者为了自己的生活而工作。而他或她如此激烈地拒绝尘世的事实会加强经济的传统主义。由于追随上帝意味着避离人世，经济与社会的制度就被自动贬值了。

在韦伯看来，只有两种救赎方式既能改变信徒的人格，又挑战了社会制度，即"入世的禁欲主义"和预定论。前者是一种非常活跃而敏捷的禁欲主义类型，通常需要社会根据某些宗教理想而作出改变。例如，某些新教禁欲主义者有意在经济生活中引入伦理-宗教规范，并将他们在宗教事务中的有条理的方式引入了营利活动——正是这两项措施深深地影响了西方经济。韦伯说，预定论引起社会的变化，而不是导致宿命论，这似乎是违反了直觉。不过，预定论能够使信徒们感到他或她是圣灵的工具，而上帝的意志必须以一种有条理的方式来实现。当入世禁欲主义和预定论的力量结合起来时，它们的影响变得尤其有力，下文将试述之。

II. 经济与宗教的历史研究（第 I 部分）：《新教伦理与资本主义精神》

出版了近一个世纪的《新教伦理与资本主义精神》是韦伯最著名的作品，它所引起的争论至今犹存。尽管其中的主要命题（即禁欲的新教帮助形成了现代的理性资本主义的心态）是在1898年就形成了，但是韦伯是在数年后的1903—1904年才把它写出来。[27]当时，韦伯既关注方法论问题，也关注宗教问题。比如，《新教伦理与资本主义精神》的第一部分发表在1904年，正是他的论文"社会科学与社会政策中的'客观性'"发表的同一年。用后一篇文章的术语学来看，很明显，《新教伦理与资本主义精神》首要地在处理"与经济有关的现象"，或者说本身为非经济的（禁欲的新教）但有重要的经济后果（鼓励了新型的资本主义心态的出现）的现象。《新教伦理与资本主义精神》还阐明了在论客观性论文中讨论的其他方法论原则，并分析了不同的宗教现象，特别是基督教教会和教派。但是，此处对《新教伦理与资本主义精神》的讨论将突出它对经济社会学，而不是对宗教社会学或社会科学方法论的贡献。以此为目标，笔者将贴近其主要论点来介绍《新教伦理与资本主义精神》的内容，但也会特别关注经济现象。然后，要谈谈韦伯对《新教伦理与资本主义精神》的补充，以及由此引起的争论。

《新教伦理与资本主义精神》分成两个部分，刊登于1904—1905年的《社会科学与社会政策文库》上。第一部分或上篇的标题是"问题"，由三个小节组成，其中，韦伯提出了要研究的问题，如何进行研究，以及应当在什么方向上寻找解决。第二部分发表于半年之后，韦伯提出了问题的解决方法。这一部分标题为"禁欲主义新教的职业伦理"，尽管只有两节，但长度两倍于第一部分。1919年，韦伯对全书进行修订，以作为一个多卷本《宗教社会学论文集》的结论部分。他在某些地方增加一两个句子和脚注，但是，其主要论点则没有进行任何改变。

《新教伦理与资本主义精神》一开始就概括性地讨论为什么新教徒比天主教徒在经济上更成功的问题（第1章，"宗教派别和社会分层"）。第1章的目标并不是分析比较韦伯时代的天主教徒与新教徒的社会分层，而是逐渐引导读者更精确地理解其问题和术语学。韦伯指出（并在此过程中犯了一个统计学的错误）[28]，在天主教徒和新教徒都有的国家里，经理和资产所有者、技术工人、管理人员中的新教徒比例要高于天主教徒。带着这个问题，韦伯继续讨论了当时已经提出的有可能解释这种情况的几个理论。他还谈到了少数民族在经济生活中的作用、移民对经济态度可能造成的强大效果等问题。[29] 但是，韦伯拒绝了所有可能的解释，或者因为它们是完全错误的，或者因为它们使用的笨拙的概念让它们没法处理问题。韦伯在第1章写道，为了得到一个成功的解释，必须更精确地阐明问题，并引入更好的概念。在第2章，韦伯从最初对宗教教派与分层关系的较概括的论述，转而宣称他的研究所着眼的内容（第2章，"资本主义精神"）。他说，现代资本主义的核心趋势是将工作（包括赚钱）视为天职或目的本身，而需要探究的，正是这种态度的起源。韦伯争论说，这种特殊的工作方式不可能是单个人的莫名其妙的发明，它必然是起源于一个群体的集体的生活方式。他还指出——这是《新教伦理与资本主义精神》的重要的论证部分——现在，当资本主义体系已经安全建立起来，已经不太需要每个人都接受具有外在的伦理维度的天职观念了，因为人们如果想要在经济上存活下来，必须以一种系统的、无休止的方式工作。但是，曾经有一个时期，系统地赚钱、为了工作本身而工作是被宗教以及整个社会所蔑视的，因此，最初的天职概念必须有一个强大的伦理成分，才可以使自己成功地树立起来。

为了阐明他所称的"（现代）资本主义精神"[30]（天职构成了其核心部分），韦伯引用了本杰明·富兰克林的一些作品。富兰克林认为，个人应当不断地工作，不仅仅因为他需要或感觉需要钱："谁若白白失掉了可值五先令的时间，实际上就是白白失掉了五先令，这就如同故意将五先令扔进大海。"不利用某人的资本也同样是错误的，因为钱可以生钱："谁若把一口下崽的母猪杀了，实际上就是灭了它一千代。谁若毁（!）了一个五先令的硬币，实际上就是毁了所有它本可生出的钱，很可能是几十英镑。"在自传中，富兰克林还引用了圣经中的一段，即他的信加尔文教的父亲经常对他说的"你看见办事殷勤的人么，他必站在君王面前"。[31] 韦伯总结了关于富兰克林的这一部分，认为这种对工作和赚钱的态度在人类历史上确实很新奇：工作是每一个人的伦理职责，还应该尽可能系统地、勤奋地赚钱。

现代资本主义的这一伦理成分明显地使它区别于"获利冲

动",在韦伯看来,获利冲动存在于人类历史之初以来的所有阶段。韦伯对这一概念有所怀疑,后来则严厉批评,此后这个词便适得其所地被遗忘了。[32] 韦伯也指出,在以冷酷而无任何伦理约束为特征的攫取行动中可以找到获利冲动的事例。韦伯称这种从获利活动中发展出来的非伦理型的资本主义为"投机者的资本主义",并进行了这样的描述:

> 资本主义性质的获利,作为一种投机活动,在所有使用货币进行贸易,并且通过康曼达、包税、国家借贷、战争资助、公爵朝廷和职位把持等方式提供机会的各类经济社会中都一直盛行着。同样,这种投机者的内心态度,即嘲笑一切伦理限制的态度,也一直是普遍的。获利过程中绝对的和有意识的冷酷无情的态度常常最紧密与最严格地与遵从传统联系在一起。[33]

投机资本主义的概念跨越了韦伯在《经济与社会》的讨论中使用的各种类型的资本主义中的两个,即政治资本主义和传统的商业资本主义。[34] 在《经济与社会》关于经济社会学的理论章节中并没有使用"投机者的资本主义"一词,也许韦伯在《新教伦理与资本主义精神》中引入它的目的是与禁欲的新教帮助创造的道德类型的资本主义形成很好的对照。

韦伯还仔细区别了现代资本主义精神与他所谓的资本主义的"传统主义精神"。[35] 与投机资本主义不同,传统主义的精神的确有一个伦理的成分。例如,它认为要以传统方式工作,以传统方式投资,其他任何方式都是错误的,等等。韦伯使用了19世纪中期的纺织工业的例子来说明现代资本主义精神与传统的资本主义精神之间的差异，还指出很重要的一点：即使经济精神促进其改变，"资本主义的形式"仍然可以保持为相同形式。韦伯说，某一确定"形式"自然要与某一确定"精神"相配，但是，情况并非总是这样。[36] 例如，本杰明·富兰克林的印刷生意就有一个传统的"形式"，但却由一个非传统的"精神"推动。

韦伯举出的19世纪纺织业的例子正好为他的论点补充了某些重要的细节。韦伯说，当时在欧洲大陆上，一个纺织业生产者通常管理一个外包系统，由一些当地农民来纺织布匹。生产者用传统价格向农民收购布，然后再把布从他的仓库中卖出去，在此过程中获得适当的利润。这些所有者们在每个工作日只要工作五到六个小时，所以他有大量的时间来消遣和休息。韦伯指出，在此类商业中使用了资本核算，不过以一种相当平静而传统的方式在进行。但是有一天出现了一个这样一种企业家，他有着类型相似的经济组织（"形式"），但是，关于如何做事却有不同的想法（"精神"）。这个新到来的企业家会在农民中更仔细地挑选供货者；他可能亲自去顾客那里；或者以更低的价格带来更高的产量。与熊彼特类似，韦伯认为这个进行革新的新企业家必须足够强大，以克服他动辄要遇到的不信任和愤慨。但与熊彼特不同的是，韦伯说，新企业家的力量必然是道德类型的。[37]

韦伯讨论了新型企业家和新型劳动者。传统劳动者会接受更高的工资，但是也会减少工作时间，因为他们的传统需求现在可以更容易地就满足了。换言之，这一类型劳动者的需求曲线是向后倾斜的。此外，传统劳动者对工作本身没有附加任何特殊的价格。新型劳动者在这两方面都有所不同：即使加了工资，他们也会继续工作同样长的时间；而且他们会在工作中投入更多自己的特性，因为他们将工作本身视为目的。

在《新教伦理与资本主义精神》第1部分的最后一章，韦伯将眼光从19世纪转向16世纪，来考虑天职概念（第3章，"路德的天职概念：研究任务"）。韦伯说，认为人有正确地完成其世俗活动的宗教职责的观念，可以直接追溯到路德翻译的圣经。他强调说，不只男女修道院里少数宗教精英的活动，而且普通意义的劳动都与积极的宗教意义融合在一起，这在宗教史上还是第一次。从路德这里，天职（Beruf）的观念传播到所有新教国家的日常用语中。但是，对路德而言，工作在很大程度上构成了必须接受的东西，而不是由上帝所设立的要每个人都努力胜出的任务。韦伯说，由此引起的结果之一，是路德对现代资本主义精神的发展作用不大。

与路德教相比，加尔文教和某些新教教派采取了较为积极的取向，在许多方面更接近现代资本主义的精神，而不是路德的经济传统主义。韦伯注意到，在经济事务中，许多加尔文教和禁欲新教的成员都极为成功。但按照他的看法，正是在如何分析非路德派新教和资本主义的关系上产生了一些难题。加尔文及其他重要的新教领袖都没有直接赞同新的资本主义精神的论述。韦伯强调，这些领袖首要关注的总是精神的救赎，而不是赚钱或资本主义。因此，必须找到研究宗教与经济关系的其他方式。只有这样，才有可能确定新教伦理何以有助于现代资本主义精神的"质的形成与量的扩张"（关于新教的扩散，参见图表5.7）[38]，韦伯由此提出了他这项研究的主要任务。

在《新教伦理与资本主义精神》第 2 部分中，韦伯分两步解决这个问题：首先，他说明了一般性机制（第 4 章），然后，将它应用于经济中（第 5 章）。在第 4 章（"世俗禁欲主义的宗教基础"）中，韦伯提出，他没有兴趣去追溯神学思想对个人或教会的教义的影响。相反，他把个人的、确定的宗教信念当作分析的起点。他认为，通过适应而将宗教信念转化为实际行为的机制如下：宗教财为某些类型的行为设置了"心理奖赏"，在某些情况下这会引起新的"心理冲动"的形成[39]。用韦伯的术语学来说，禁欲行为是宗教的产物，这种宗教指引实际行为的方式激发了朝向系统的、自我否定的行为。韦伯还指出，加尔文教便是最符合这种禁欲宗教的例子。

加尔文主义对人类持有非常清醒的观点，其中起重要作用的是预定论。除了上帝，没有人知道谁被拣选，个人也没有任何作为可以改变他或她已预先决定的命运。有人也许会认为，这将导致宿命论和听天由命，但情况并非如此。相反，在毁灭与救赎之间的严厉选择使个人倾向于以一种系统的行动侍奉上帝，同样残酷的事实还包括，个人的哪怕最微小的罪恶也得不到宽恕。对人的自然状态（*status naturalis*）的强烈敌意以及宗教财只能是在来世而非今生得到的事实，这二者起到了同样的作用。加尔文主义还包括了有力的激进主义的因素，即人们应当通过改变世界在其心中的景象来侍奉上帝，而这一因素将信徒系统的和无休止的行动指向外在的现存社会制度。

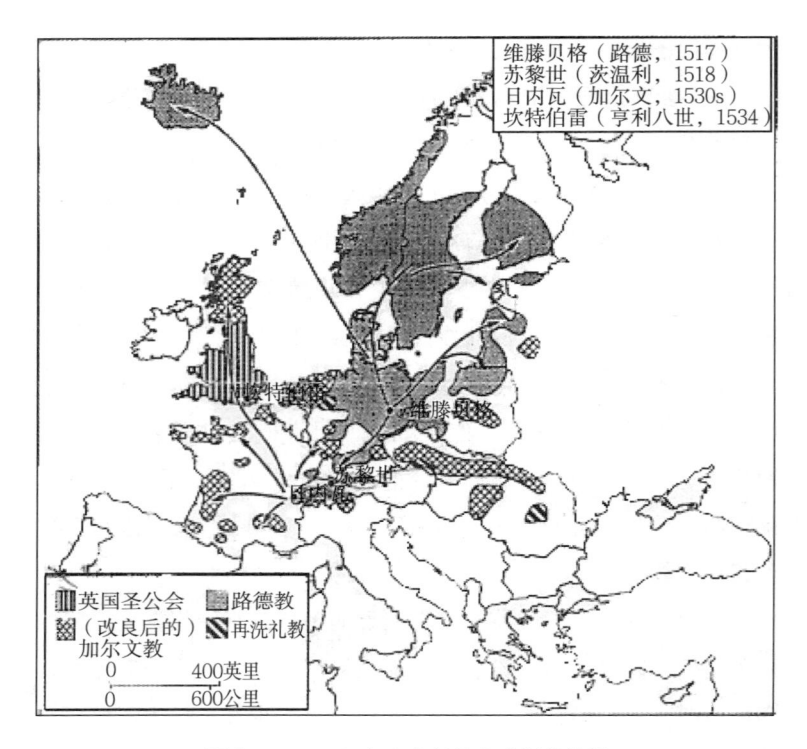

维滕贝格（路德，1517）
苏黎世（茨温利，1518）
日内瓦（加尔文，1530s）
坎特伯雷（亨利八世，1534）

英国圣公会　路德教
（改良后的）加尔文教　再洗礼教

图表 5.7　1570 年左右新教在欧洲的传播

来源：克里斯·帕克（Chris Park）：《神圣的世界》（*Sacred Worlds*）（伦敦：罗德里奇出版社，1996），第 113 页。

注释：韦伯认为，现代资本主义精神是在禁欲的新教的影响下，形成于 16 世纪晚期至 17 世纪。而 17 世纪末的西方地图也表明，加尔文与英国清教徒的理念已经传播到北美东海岸的英国殖民地了。还要指出的是，1685 年《南特法令》的撤销使法国新教徒或胡格诺派教徒得以大批前往英国、荷兰、普鲁士和美国。

韦伯说，在虔信派、循道宗和浸礼宗诸派中也可以找到类似的禁欲的和激进主义的生活方式，尽管它们都是从某一套不同于加尔文教的宗教思想出发的。他将加尔文教与路德教、天主教进行对比，以显示出它的特性。路德教强调信念和与上帝的神秘合一，从而减弱了它的禁欲和激进的因素，天主教通过赦免圣礼也或多或少产生了同样的结果。这两者都没有对可以给始终如一的、有条不紊的生活方式以"心理冲动"的行为类型以奖赏。尽管加尔文教和禁欲的新教教派，以及路德教、天主教都建立在相同的思想主体即《圣经》之上，而《圣经》鄙视以积累财富作为生活的目标，但是，有些教派最终促进了经济理性主义，其他教派则鼓励了经济传统主义（参见图表5.8）。

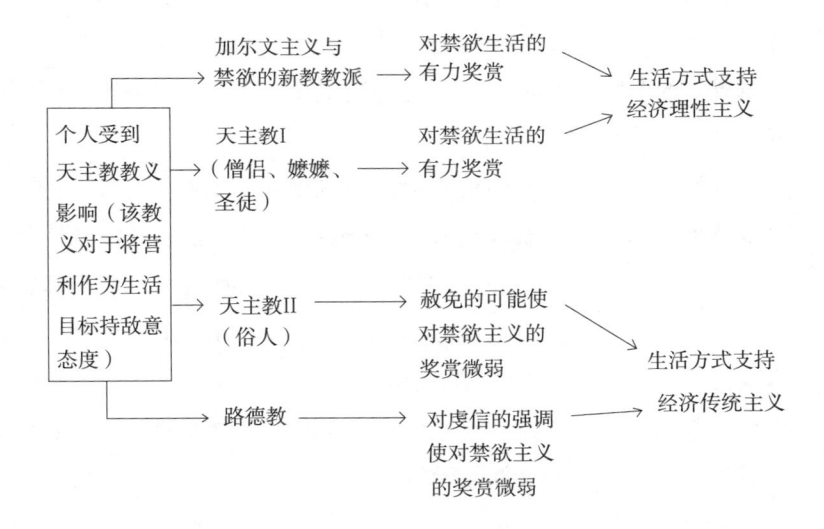

```
个人受到           加尔文主义与      对禁欲生活的
天主教教义    →    禁欲的新教教派  →  有力奖赏      →  生活方式支持
影响（该教                                           经济理性主义
义对于将营         天主教I          对禁欲生活的
利作为生活    →   （僧侣、嬷嬷、 →  有力奖赏
目标持敌意         圣徒）
态度）                              赦免的可能使
              →    天主教II      →  对禁欲主义的
                  （俗人）          奖赏微弱        →  生活方式支持
                                                     经济传统主义
              →    路德教        →  对虔信的强调
                                    使对禁欲主义
                                    的奖赏微弱
```

图表5.8 《新教伦理与资本主义精神》中不同类型的天主教对经济的影响

来源：马克斯·韦伯：《新教伦理与资本主义精神》（伦敦：艾伦与安文出版社，1930），第197页注解12、第259页注解4。

注释：韦伯认为，宗教财给确定的行为形式设立了心理奖赏。这些行为中，某些行为产生了朝向禁欲生活方式和经济理性主义的启动力，而另外一些则鼓励经济传统主义。

第5章 经济与宗教

韦伯论证说，加尔文教所引起的禁欲的生活方式首先通过"日常经济行动的箴言"影响到经济（第 5 章，"禁欲主义与资本主义精神"）。[40] 按照其中一句箴言所说，人应当努力而系统地工作，履行其天职。如果这种无休止的活动带来财富的话，也不得将财富用于休闲或奢侈品消费。积累财富本身并没有错，只要财富不被用于个人的放纵。正如某位清教伦理的权威说，"你可以为上帝而劳动致富，但不可为肉体、罪孽而如此"。赚取大量的钱甚至受到加尔文教的鼓励，因为这是上帝赞赏某人的劳动的迹象："确实，一种职业是否有用，也就是能否博得上帝的青睐，主要的衡量尺度是道德标准，换句话说，必须根据它为社会所提供的财富的多寡来衡量。不过，第三个而且是最重要的标准乃是私人获利的程度。"[41]

很清楚，这一类型的清教伦理非常接近于本杰明·富兰克林鼓吹的非宗教的"（现代）资本主义精神"。虽然清教徒没有把时间等同于金钱，但也不能浪费；对于个人无时或止地履行其天职的行动，也有一般的奖励（图表 5.9，本杰明·富兰克林的道德记录簿）。由于不允许奢侈品消费，多余的资金就可以不断地进行新的投资。进而，清教徒将一种严厉而诚实的道德引入经济生活。他们厌恶贵族的无所事事和奢华，并发自内心地反对任何接近于投机资本主义的事物。清教徒对垄断和政治资本主义的敌意无疑有助于形成一种竞争性的、私有类型的资本主义。认为赚钱和宗教可以配合得很好的观点也有助于资本主义的正当化：

一种特殊的资产阶级的职业*伦理形成了。资产阶级商人意识到自己充分受到上帝的恩宠，实实在在受到上帝的祝福。他们觉得，只要他们注意到外表上正确得体，只要他们的道德行为没有污点，只要财产的使用不至于遭到非议，他们就尽可以随心所欲地听从自己金钱利益的支配，同时还感到自己这么做是在尽一种责任。此外宗教禁欲主义的力量还给他们提供了有节制的、态度认真、工作异常勤勉的劳动者，他们对待自己的工作如同对待上帝赐予的毕生目标一般。[42]

韦伯说，新教伦理的禁欲主义形式有助于形成和传播现代的理性资本主义。这一点是通过打破传统资本主义的伦理禁令，以及积极创造和推进更条理化地对待经济事务而得以完成的(《新教伦理与资本主义精神》的全部论证的简要总结见图表 5.10)。但是，一旦完成，资本主义就不再需要宗教的任何援助，今天的理性资本主义是一个在很大程度上按照自己的动力学运转的体系。[43]在《新教伦理与资本主义精神》著名的结尾段落处，韦伯说，从个人的视角来看，经济生活已经僵化成"铁笼"。[44]最初的清教徒逝去已久，他们的作为宗教任务的职业概念也同样一去不复返。韦伯说，"天职责任的观念，在我们的生活中也像死去的宗教信仰一样，只是幽灵般地徘徊着。"[45]

为了完整地表现韦伯试图通过《新教伦理与资本主义精神》要完成的任务，还需要把其他一些材料考虑进去。首先，是一篇文章，"新教教派与资本主义精神"(初版 1906 年，修订版 1920

---

* 此处作者对英文版引文有所改动，英文版为"经济"伦理。——译者

年),其中包括许多有关禁欲教派和经济生活的有趣的观察。这也是韦伯最有灵气和文字最美丽的文章之一。考虑到《新教伦理与资本主义精神》所关注的一般性论点,这篇文章的主要贡献在于,它表明了在现代资本主义精神的形成中起作用的一种新机制,即教派。按照韦伯的看法,教派的个体成员不得不在其他教派成员面前坚持不懈。换言之,教派有助于将参与世俗禁欲行为的"冲动"转变为有益于经济理性主义的性格特点。

节制

食不过饱,饮不过度。

	星期日	星期一	星期二	星期三	星期四	星期五	星期六
Tem.							
Sil.	•	•		•		•	
Ord.	•	•	•		•	•	
Res.		•				•	
Fru.		•				•	
Ind.			•				
Sinc.							
Jus.							
Mod.							
Clea.							
Tran.							
Chas.							
Hum.							

图表 5.9 道德记录簿,条理化的生活态度的例子:本杰明·富兰克林品格养成及有效利用时间的计划表

来源：本杰明·富兰克林：《本杰明·富兰克林回忆录及其作品》（费城：T. S. 曼宁出版社，［1793］1818），第91页；亦可参见马克斯·韦伯：《新教伦理与资本主义精神》（伦敦：艾伦与安文出版社，1930），第124页、第238页注解100。

说明：上图中，各列代表一周的七天；各行分别列出各种美德，其中，Tem. =temperance（节制）；Sil. =silence（安静）；Ord. =order（井井有条）；Res. =resolution（果断）；Fru. =frugality（节俭）；Ind. =industry（勤奋）；Sinc. =sincerity（诚挚）；Jus. =justice（公正）；Mod. =moderation（适中）；Clea. =cleanliness（清洁）；Tran. =tranquility（宁静）；Chas. =chastity（贞洁）；Hum. =humility（谦卑）。

注释：以上是本杰明·富兰克林（1706—1790）在一本书中复制的他自己为了培养良好品格而绘制的图表。每周他集中于某一项美德（本例中是节制），希望以这种方式逐渐升华自己。韦伯称富兰克林的美德图表是禁欲主义新教发展出来的有条理的生活方式的一个"经典案例"，不过，他也指出，如果不伴以处罚的话，这一类图表的效力也有限。韦伯在11岁的时候收到的一份圣诞礼物就是一本富兰克林的自传。

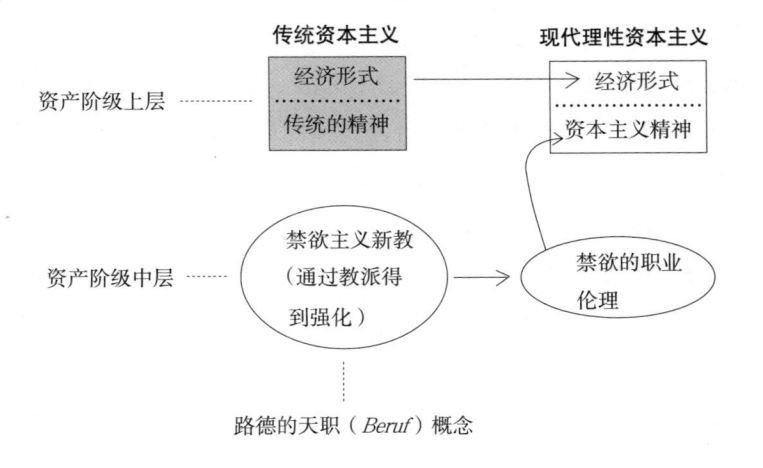

图表 5.10 根据《新教伦理与资本主义精神》，禁欲主义新教对16世纪晚期到17世纪的现代资本主义精神的性质形成的贡献

来源：马克斯·韦伯：《新教伦理与资本主义精神》（伦敦：艾伦与安文出版社，1930），第75、91、220、159、273页。

注释：韦伯在《新教伦理与资本主义精神》中的目标是概述并说明禁欲主义新教对现代资本主义精神的"质的形成与量的扩张"的贡献。现代资本主义精神形成于16世纪末，在17世纪继续发展，并在18世纪形成于西方某些地区。不过，由于宗教的原因，资本主义的组织形式并没有任何改变。上图中有阴影的部分代表着占优势地位的宗教观点认为是"伦理上不适当的或者最多是可以被容忍的"经济活动。至于教派如何强化了禁欲主义新教的观点，则出现于1906年韦伯的一篇文章中。

韦伯讨论新教教派的文章还提供了有关新教伦理传播的新信息。前文已经指出，《新教伦理与资本主义精神》不仅要解决新的资本主义精神的形成，而且要解决其扩散问题。韦伯的这篇饶有趣味的论文补充分析了美国的教派所扮演的角色，以及它们对美国的结构的影响。韦伯说，特别是在中等阶层中，教派有助于保持并扩散19世纪的商业气质。读者们还可以清楚地感觉到，美国的教派（以及它们的世俗产物，社团）给美国的民族性格留下了重要的烙印，并对美国的经济体系的动力学有所贡献。[46]

为《新教伦理与资本主义精神》中的问题提供补充信息的另一个地方是以《经济通史》为名的韦伯的讲座。[47]在最后，韦伯讲到了现代资本主义精神的演化，其主要的论点差不多与《新教伦理与资本主义精神》是一样的。但是，随着系列讲座的进行，越来越清楚地浮现的论点是，清教徒的商业伦理如何区别于韦伯所说的"双重伦理"。[48]他解释说，较早时，在一个家庭、氏族或信徒共同体中，只存在一种类型的伦理，以及明显更为无情的针对陌生人和外人的道德规范。通过将新型伦理引入商业，清教打破了这种双重伦理，这样，无论属于什么宗派或血统，每一个人都会受到同样的对待。

《经济通史》也是另一个有助于理解《新教伦理与资本主义精神》的文献。只要逐章通读韦伯在《经济通史》中关于现代资本主义如何形成的论述，读者就会意识到，这个过程在许多国家都发生了，并且与宗教之外的许多其他因素都有关。换言之，现代资本主义并不是某些突然出现于16、17世纪的新的资本主义精神推动既存的经济组织的结果。当然，韦伯已经在《新教伦理与资本主义精神》中说明了这一点，不过那是以一种更为微妙的方式来说明的，从而让人较难理解：在现代资本主义体系的漫长而艰难的演化中，他只谈论了一个阶段（尽管是非常重要的阶段），即新的资本主义精神的创造阶段。正如韦伯在《经济通史》中反复说明的那样，现代理性资本主义是发生在新的资本主义精神被创造出来之前以及之后的一系列事件的结果。这一事件之前发生的事件包括西方城市和现代（罗马）法的诞生；之后发生的事件有工厂制度和科学在生产中的系统应用。记住韦伯的这一论点尤其重要，因为大家似乎都公认，《新教伦理与资本主义精神》鼓吹资本主义诞生的宗教的或"文化的"解释。[49]

在韦伯时代，《新教伦理与资本主义精神》就引起了相当多的争论，而且，到了近一个世纪之后的今天，争论仍然在持续。许多社会科学家仍然对韦伯的研究感到很矛盾，一个典型的例子是小巴林顿·摩尔在1970年代末期的一句论述："韦伯著名的《新教伦理与资本主义精神》到底是重要的突破，还是一条死胡同，这一点尚不清楚。"[50] 本研究不可能完全地表述近百年来有关韦伯命题的争论的主要论点及反驳的观点，而试图介绍韦伯关于经济的一般社会学分析。因此，本文将只谈论韦伯本人如何参与辩论，以及近年来两个从经济社会学视角出发的非常有趣的作品。此外还要提一句，经济学家对韦伯命题没有表现出多少兴趣。[51]

1907—1910年间，韦伯四次出版了对《新教伦理与资本主义精神》的注释，以便回应主要来自德国经济学家和德国历史学家对初版的《新教伦理与资本主义精神》的批评，这些文章仍然值得一读，因为许多直接针对《新教伦理与资本主义精神》的批评仍然在不断重复，而且是基于对韦伯所说的话的误解。例如，在回应这些批评时，韦伯指出他并没有认为找到禁欲新教的地方就可以找到现代资本主义精神，也不认为只要发现现代资本主义精神就可以找到资本主义。[52]的确，其他因素也会干预特定历史事件，而且有时情况的确如此。韦伯还指出，他从未说过宗教或宗教改革以某种方式"造成"资本主义的出现；《新教伦理与资本主义精神》的论点毋宁是，在16世纪末和17世纪，禁欲新教为创造新型经济心态["（现代）资本主义精神"]发挥了重要作用，但并没有改变经济组织（"经济形态"）。[53]

韦伯进一步说，他同意批评者的意见，即加尔文本人的观点不应混淆于后来的加尔文主义的思想，在《新教伦理与资本主义精神》中他也这样说过。他还回应了批评家的看法，即雅各布·福格尔（1459—1525）这样的金融家完全没有表现出《新教伦理与资本主义精神》中所界定的现代资本主义精神，因为他缺乏一种清醒而系统的生活方式。[54]类似地，桑巴特的论点也有错误，他或多或少将现代资本主义精神这一概念等同于经济理性主义，因为这忽略了它的伦理维度，而这正是韦伯论点的关键所在。[55]

既然已经有大量讨论《新教伦理与资本主义精神》的二手材料，人们有理由认为，截至20世纪中期，该说的大部分都已经被说了出来。[56] 不过，对于经济社会学而言，近来的两个有关的讨论非常有趣。其中之一是詹姆斯·科尔曼在他著名的文章"社会理论、社会研究和行动理论"中对《新教伦理与资本主义精神》的评论，另一个是戈登·马歇尔尝试对韦伯作品中的主要命题进行经验研究和检验。科尔曼将《新教伦理与资本主义精神》作为一个例子，来说明社会学的分析如何按照方法论个人主义原则来进行，从而有所改进。[57] 按照他所称的宏观-微观-宏观转换，科尔曼富于创造性地重新构建了韦伯论点中的逻辑。集体的宗教价值影响到信徒个人（第1步：宏观到微观）；这些宗教态度最终将改变信徒对工作和赚钱的态度（第2步：微观到微观）；当许多个体行动者都发生这样的改变时，结果便是一种对待经济事务的新的集体态度（第3步：微观到宏观）。科尔曼对韦伯论点的重建，可参见图表5.11。

根据科尔曼的看法，韦伯的分析虎头蛇尾，在第3步即微观—宏观的转变时不成功。科尔曼说，对任何社会学分析来说，这一部分都难以处理，但这也是最重要的一部分，因为正是在这一步上，通过将他人考虑在内，个体行动者创造了新型的社会现象（科尔曼的术语学称之为"转变问题"）。科尔曼说，韦伯没有能够说明《新教伦理与资本主义精神》中的个体行动者创造新的社会现象（确切地说，是现代资本主义精神）的机制。

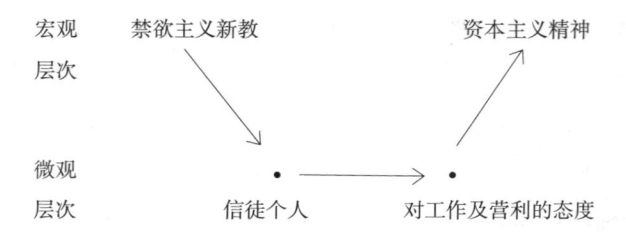

```
宏观      禁欲主义新教              资本主义精神
层次            ↘                  ↗

微观                 •    →    •
层次              信徒个人      对工作及营利的态度
```

图表 5.11 詹姆斯·科尔曼对《新教伦理与资本主义精神》中的论点的重构

来源：詹姆斯·科尔曼："社会理论、社会研究与行动理论",《美国社会学杂志》91（1986），第 1322 页（图表有改动）。

注释：科尔曼强调以下几点：信徒个人受到宗教信仰的影响（第 1 步）；这些信仰如何影响他或她对待经济事务的态度（第 2 步）；以及个人的态度如何与其他人的类似态度融合为集体的生活方式或心态（第 3 步）。

笔者认为，科尔曼在此处夸大了韦伯的疏忽。韦伯在分析中也许真的没有详细说明第 3 步的确切机制，但是，他说得很清楚，资本主义的新的精神是社会互动的结果。准确地说，韦伯强调资本主义精神并非某一个人，而是整个群体的发明，而这可以被总结为某种类型的、集体的"生活方式"。[58] 在关于新教教派的文章中，韦伯还增加了有助于新的资本主义精神变成一种集体心态（即教派的社会结构）的机制。不过，科尔曼有关"转变问题"的论点代表了一种新颖而重要的尝试，表明方法论个人主义如何在韦伯的《新教伦理与资本主义精神》的论证中起到核心作用，而这在围绕着这部作品的争论中已经被遗忘了。需要补充的是，科尔曼自己的以利益为基础的分析形式表现出与韦伯的许多相似之处。

笔者想加以强调的有关《新教伦理与资本主义精神》的争论中第二个重要文献来自戈登·马歇尔。在一些文章和两本书［《长老会与利润》(1981)、《寻找资本主义精神》(1982)]中，马歇尔认为《新教伦理与资本主义精神》论证的"资本主义的那一面"在二手文献中"实际上未被探讨"。[59] 马歇尔的意思是，在有关《新教伦理与资本主义精神》的争论中，实际上没有人关注以下三个核心问题：(1) 禁欲的新教伦理的实际经济后果到底是什么？(2) 什么才算得上是这些后果的经验证据？(3) 有没有可能找到这些后果的经验证据？笔者认为，马歇尔对这些问题的讨论代表了围绕着《新教伦理与资本主义精神》的争论中非常实质性的贡献，也是对一般经济社会学的实质性贡献。

马歇尔提出了确定禁欲的新教伦理是否确实具有韦伯声称的经济后果的几种方式。对于新型企业家（马歇尔还讨论了新型劳动者），人们可以期待他们无条件地诚实，将利润用于投资而不是消费，系统地扩张其经营，而且必须有效利用时间。马歇尔继续说，这些方面的经验证据包括从16世纪晚期和17世纪的商业记录。在马歇尔看来，韦伯在分析"经济形式"和"经济精神"时前后不一致，这就造成了另一个困难。韦伯有时候认为一种特殊类型的企业意味着某一确定类型的经济心态，但是，在《新教伦理与资本主义精神》中他又明确地区分了这二者，并坚持认为精神并不总是伴随着一定的形式。[60]

关于是否有可能提出《新教伦理与资本主义精神》的主要命题的经验证据的问题，马歇尔首先指出，除了本杰明·富兰克林作品的某些引用之外，韦伯自己没有提出有关商人中的新的资本主义精神的经验证据。马歇尔认为，韦伯提出的案例如此单薄，以至于只能说主要命题"没有得到证明"。[61] 他指出，在相关历史时期中，为确定或否认韦伯研究的主要命题而需要的那一类数据很难得到。马歇尔还补充说,理想状态是可以访谈所讨论的企业家和劳动者。

不过,的确存在某些相关的经验材料,马歇尔自己就使用苏格兰的例子来说明这一点。他的主要研究,《长老会与利润》,就分析了一个17世纪的名为纽米尔斯纺织厂的企业;在作者看来,这个案例在很大程度上肯定了韦伯命题。[62] 马歇尔的结论是,韦伯并未在《新教伦理与资本主义精神》中对他的案例进行经验证明,其论证的某些部分完全没有被证实或证伪,因为没有验证所必需的资料。但是,我们必须努力确定他的论证中的这些未验证部分,并把相关材料与论证的其他部分对应起来。马歇尔推测,如果荷兰、新英格兰、苏格兰等地的资料都这样系统地处理,那么就可以很好地证明,韦伯在《新教伦理与资本主义精神》中的命题很大程度上是正确的。[63]

III. 经济与宗教的历史研究(第 II 部分):《世界诸宗教之经济伦理》

在《新教伦理与资本主义精神》结尾处,韦伯说他的研究是一个集中于一般的禁欲理性主义的更大的研究计划的一部分。他说,他想要在未来探讨的问题之一,是禁欲理性主义在现代科学与技术史上的作用;另一个是,禁欲理性主义的形成如何受到不同因素的影响,"尤其是经济因素"。[64] 但是,韦伯并没有继续研究这些问题,部分原因是他的同事和朋友恩斯特·特勒尔奇正在从事类似的工作。因此,完成《新教伦理与资本主义精神》和关于教派的文章之后，韦伯转向了其他问题。他把自己在1890年代有关古代社会与经济史的论述扩充为一本书，还写了关于"工业劳动者的心理物理学"。

不过，在1911年前后，他决定从另一个角度重新开始自《新教伦理与资本主义精神》以来的研究计划。此前，他主要感兴趣的是在宗教影响下西方资本主义的兴起，但此时他开始研究为什么类似的过程没有在西方以外的世界里发生，并又一次以宗教为特别参考。于是，核心问题便成了，为什么理性资本主义没有在中国、印度、日本等地出现，却只出现在西方？有人注意到，韦伯"现在打算从（与《新教伦理与资本主义精神》）相反的方向论证"，这一点本质上很正确。[65]不过，我们将看到，韦伯的新研究与《新教伦理与资本主义精神》在一些重要方面也有所不同。

韦伯的新研究计划名称是《世界诸宗教之经济伦理》，他的目标是涵盖世界上所有主要宗教。[66]研究尚未完成，韦伯便去世了，因此计划中的研究只写出了一部分，而且，其中有些很重要的部分丢失了，例如对伊斯兰教和基督教的分析，但是，韦伯的确完成了三部主要作品，即《中国的宗教》（1915年，1920年修订）、《印度的宗教》（1916—1917）、《古代犹太教》（1917—1920），以及几篇理论文章。与《新教伦理与资本主义精神》一样，这三部作品都针对特定的历史局面，文章的首要兴趣在于引入新概念，并讨论经验研究的理论意义。韦伯计划的首要意图是将它作为《经济与社会》的宗教社会学部分，但它也是有关"经济社会学"的。[67]

从这一时期韦伯的宗教研究中可以看到一些新概念，其中有三个对经济社会学特别重要,即"经济领域"、"精神利益"及与之相对的"物质利益"和"经济伦理"。这些概念深深扎根于韦伯的作品,但是直到1910年,主要是在《世界诸宗教之经济伦理》的理论文章中,韦伯才选择对它们进行彻底讨论,并作为其社会学的一部分。[68] "经济领域"的概念本质上表示出随着历史的演变,经济活动越来越与其他的人类活动分离开来,并在一定程度上受到其规则或法则的支配(按照韦伯的术语学是"有限自主性",或称"*Eigengesetzlichkeit*")[69]。至于经济领域与其他社会领域之间,通常存在着一定的张力。例如,在资本主义社会中,经济领域与宗教领域有冲突,因为很难通过宗教规则来规范理性的经济行动。

"精神利益"与"物质利益"、"经济伦理"等概念提出了规范在经济生活中的作用问题。精神利益的概念对物质利益概念而言是个补充,而后者是马克思及马克思主义者作品的核心。按照韦伯的看法,在受到物质欲望驱动的同时,人们也被诸如宗教财、声望等精神欲望所驱动。实际上,用韦伯的著名陈述来说,"直接支配人类行为的是物质上与精神上的利益,而不是理念。"[70] 但是,韦伯还说,尽管利益推动人的行动,这些利益并不必然决定人的行动的精确方向。例如,在《新教伦理与资本主义精神》中,韦伯试图表明,受到基本一致的救赎利益驱动的人最终如何具备了不同的经济生活的态度(参见图表5.8)。上文引用的认为人的行动被精神和物质利益而非理念所支配的著名陈述还有另一部分,韦伯补充了以下重要的限定:"但是由'理念'所创造出来的'世界图像',常如铁道上的转辙器,决定了轨道的方向,在这轨道上,利益的动力推动着人类的行为。"[71] 在《世界诸宗教之经济伦理》中，韦伯提供了这种"世界图像"的几个例子，包括印度教、佛教和儒教，并表明它们如何在不同的"轨道"上设立了类似的精神利益。

韦伯关于宗教的新研究的核心概念之一是"经济伦理"，它不同于但容易让人联想起后来所谓"道义经济"。[72] 不过，围绕这一概念还有一些混淆不清之处，而关于韦伯使用这个词的意思也几乎没有共识。例如，某位作者将经济伦理等同于韦伯的"实践伦理"观念，另一位作者则争辩说，它只可以应用于诸如欧洲中世纪之类的情况中，那时宗教支配着社会上的所有事物，包括经济。[73] 最著名的解释则是以下首先由玛丽安娜·韦伯提出来的解释："从最初《新教伦理与资本主义精神》的研究开始，他（韦伯）便用经济伦理来表示对由宗教得出的行动的实际的启动力，而不是伦理学的或和神学的理论。"[74] 韦伯的妻子及后来的几位研究者首先将他们的解释建立在韦伯在《世界诸宗教之经济伦理》中的一篇理论文章中提出的以下陈述之上："'经济伦理'所指的是行动——根植于宗教之心理的、事实的种种联系之中——的实际启动力。"[75] 但是，这一解释很难与韦伯在同一篇文章中的其他有关经济伦理的陈述协调起来。例如，韦伯写道，"经济伦理并非经济组织形态的一个简单'函数'"，而宗教是"经济伦理的决定性要素之一——注意，只是其中之一"。[76] 这两个陈述并不意味着作为经济行为的实际启动力的经济伦理产生于宗教背景之下。

但是，如果意识到韦伯在说到"根据于宗教之心理的、事实的种种联系之中的实际的（经济）行动启动力"时，并没有对经济伦理进行一般的定义，而只是谈到它的一个子范畴，即"某一宗教的经济伦理",[77] 围绕着韦伯的经济伦理观念的某些困难就消失了。在《新教伦理与资本主义精神》中,韦伯只谈到了由禁欲主义新教所产生的"启动力",以及在确定的环境下它们如何转变成对经济的理性态度(参见图表 5.8)。他还说,在某一社会特定阶层,即"某宗教的特有的担纲者"身上,经济伦理的宗教类型达到了它的最充分和最典型的表达方式。[78]

应当指出的是,在《世界诸宗教之经济伦理》的文章中,韦伯论述了宗教的经济伦理,不过他也谈到了更一般类型的经济伦理。后者指的是整个社会的经济伦理,此类经济伦理并非"经济组织形态的简单'函数'"——以上论述令人想起《新教伦理与资本主义精神》中有关资本主义精神与经济形式的类似论点。[79] 韦伯还指出,与经济相比,第二类经济伦理有"有其高度的法则性",塑造这一法则性的因素有"经济地理"、"历史"及宗教力量等。[80]

认识到韦伯在《世界诸宗教之经济伦理》中以不同方式使用经济伦理的概念,则他在三个个案中的复杂论证就比较容易理解了。对于中国、印度和巴勒斯坦,韦伯首先努力捕捉儒教、印度教和犹太教的特殊的经济伦理,以确定它们在哪一社会阶层中获得了自己最充分和最典型的表现。在此过程中,他也涉及这些社会的一般性经济伦理,即受历史、经济-地理条件和宗教影响而形成的经济伦理。韦伯在《世界诸宗教之经济伦理》中进行分析的包罗万象的目标是,找出为什么理性资本主义没有出现于非西方社会的原因;与《新教伦理与资本主义精神》一样,他的答案更多是关于经济行动者的精神或心态,而不是具体的经济组织。但是,韦伯在《世界诸宗教之经济伦理》中的答案并不局限于不同宗教的经济伦理，以及宗教的担纲者能够说明的东西；他还考虑了经济或社会中普遍的经济伦理，而这显然与他在《新教伦理与资本主义精神》中的做法非常不同。

图表5.12和图表5.13总结了韦伯所谓的两类经济伦理的典型特征，并显示出构成一个经济伦理的是什么类型的实际的和可评价的态度。或许可以用"规范"而非"态度"来表现这一整体，不过应当指出的是，韦伯避免使用"规范"这个词，他只是提到，在"常规"的形式下，行动者指向一种"正当的秩序"（参见本书第2章韦伯对"正当的秩序"的讨论）。构成一种经济伦理的规范被分成一些不同的范畴，以便更容易理解韦伯在写作《世界诸宗教之经济伦理》时在寻找些什么：关于工作的规范；关于财富与财产的规范；关于贸易、工业和金融的规范；关于经济变革和技术革新的规范；将经济资源给予那些缺少资源的人的规范（慈善）；以及关于其他经济行动者的规范。

宗教 → 宗教的经济伦理 →
- 关于工作的规范
- 关于财富与财产的规范
- 关于贸易、工业和金融的规范
- 与其他因素有关的规范
- 关于经济变革与技术革新的规范
- 与那些缺少经济资源者有关的规范（慈善）

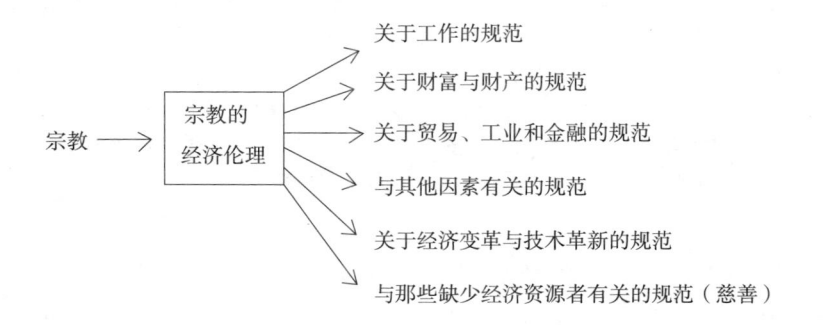

图表5.12　韦伯关于宗教的经济伦理的观点

来源：马克斯·韦伯："世界诸宗教的社会心理学"，格斯与米尔斯

（编）:《马克斯·韦伯选集》(纽约：牛津大学出版社，1946)，第267—268页。

注释：个人的宗教信仰的选择造成了推动包括经济领域在内的某些领域的特定行动的动力。以这种方式，许许多多的个人就制造出了韦伯所谓的宗教的经济伦理。像所有的经济伦理的类型那样，宗教的经济伦理意味着针对工作、财富、贸易等的特定评价性态度（或规范）。社会的特定阶层通常居于形塑和表达宗教及其经济伦理的典型特征的中心地位。

```
历史因素 ↘              → 关于工作的规范
                        → 关于财富与财产的规范
宗教    → [社会的经济伦理] → 关于贸易、工业和金融的规范
                        → 与其他因素有关的规范
                        → 关于经济变革与技术革新的规范
经济地理 ↗              → 与那些缺少经济资源者有关的规范（慈善）
```

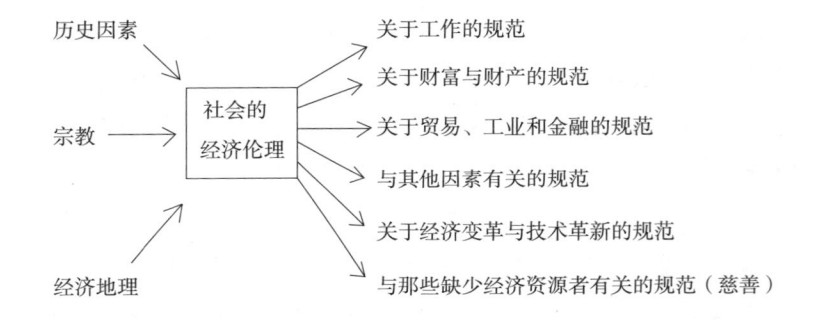

图表 5.13　韦伯关于社会的经济伦理的观点

来源：马克斯·韦伯："世界诸宗教的社会心理学"，格斯与米尔斯（编）:《马克斯·韦伯选集》(纽约：牛津大学出版社，1946)，第267—268页。

注释：所谓经济伦理，可以被总结为一些针对组成经济体系的不同活动（如工作、贸易、金融等）的一些评价性态度（或规范）。社会的经济伦理有其特定的自主性；它受到历史、宗教和经济地理因素的影响。

例如，工作可能受到鄙视，也可能被漠视，还可能被看作天职。宗教通常会禁止特定类型的工作。同样，产业或财富也会受到赞许或非难，所有者可能受到鼓励而花天酒地，也可能受到生活不应当奢侈的教导。一般来说，只有当财富是以战争、继承、工作之类的方式获得时，才能被其阶层中的其他人接受。大

多数宗教反对以借贷谋取利润,而贵族们通常视贸易为一种欺骗("谁被骗了?"——据说这就是俾斯麦对贸易的总结)。

更普遍地看,人们在经济事务中对他人的行为方式也有一个伦理的维度。在人类历史的大部分时间里,个人都受到约束,只与来自同一部落或家庭的人们进行经济往来,但毫不留情地对待陌生人和外人则得到允许。韦伯所谓的"双重伦理"并不存在于现代社会,今天,如果不以相同的方式对待所有人,就会被认为"犯了错"。没有经济资源的人有时遭到恶意的对待,有时则带有一些善意。例如,清教徒反对乞讨,但是其他多数宗教都鼓励对贫者和乞丐要施以善行。最后,一种经济伦理还会引起对待经济变革和技术革新的特定态度。经济上的新鲜事物或技术上的变化既可能被看成积极的,也可能被认为令人惧怕。例如,在中国和印度,出于巫术和宗教的原因,人们十分担心技术革新;而且,众所周知,这些地区还有将现存的工具和技术定型化的倾向。

《中国的宗教》是《世界诸宗教之经济伦理》中的第一个研究,韦伯在其中提出了两个问题:为什么理性的资本主义没有出现在中国,以及以儒教为首的不同宗教的经济伦理对中国没有发展出现代资本主义产生了什么影响?[81] 韦伯的回答看上去像是在《经济通史》中罗列的许多能够解释西方理性资本主义的兴起的因素中的一部分(参见图表1.2)。中国或任何一个独立的城市中都没有出现过西方类型的资产阶级。中国的法律体系和国家都是家产制的,因而不会导致工业资本主义,后者要求政治体系是高度可预测和可计算的。在中国,几乎没有理性的技术、科学或会计核算;与中世纪晚期地中海地区的城市国家相比,中国的经济组织发展得很不足。中国的经济心态完全是传统的,其各种形式的宗教也同样如此。韦伯没有就理性资本主义为什么没有在中国发展起来的问题单单挑出某个原因,但是他指出,在较近的历史时期中有许多原因可以解释这一失败,而这些"几乎都与国家的结构有关"。[82] 无论如何,宗教并非决定性因素。

与其他经济伦理的研究一样,韦伯在《中国的宗教》的开始部分就介绍了中国的社会与政治结构;然后是对宗教的详细分析。韦伯说,在生活的所有领域里,中国都受到传统主义的支配。在地方上,家庭几乎控制着所有事情,包括社会生活和祖先崇拜。家庭拥有土地。在农民之中,巫术压倒一切,而所有革新都被视为对神灵的潜在威胁。占卜及其他类似的流行巫术支配着大众的思想,阻止了任何使经济理性化的努力。例如,人们相信采矿会干扰神灵,火车和工厂的烟雾当然也一样。

文人们掌握着地方行政和税收体系的重要部分,他们是儒教的坚定信仰者;而儒教的世界观在经济、社会和政治事务上都是完全传统主义的。中国是家产制性质的国家,这意味着它肯定实质正义,但怀疑市场力量。国家没有能够将经济理性化,或者发展出一种经济政策,甚至无法控制货币。地方经济控制在家族手中,而家族是经济传统主义的堡垒。人民十分勤劳节俭。不属于某个家族的个人会受到怀疑;经济中弥漫着不信任的态度。经济组织要么模仿家族的结构,要么不会延伸到家族以外。

前文已经提到,韦伯并不认为中国没有出现一个现代类型的资本主义,仅仅是因为儒教没有发展出一个类似于西方由禁欲的新教帮助产生的资本主义心态。不过,韦伯对儒教的经济伦理特别有兴趣,并在《中国的宗教》的最后一章对比了清教与儒教。韦伯说,这两种宗教的差异很关键,虽然它们在精神上都是传统的，但是，清教想要激进地改造社会，而儒教要与现存秩序保持一致。它们的经济伦理也完全不同。清教对财富持怀疑态度，而儒教看重财富，因为必须有钱才能过士大夫的生活。清教将工作视为天职，儒教则避开所有与士大夫的气质相对立的职业性的专门工作。清教积极看待成功的和系统的营利，而儒教蔑视牟取暴利和市场交易。韦伯总结道，一般地说，儒教的经济伦理构成了中国出现理性资本主义的一个阻碍。在《中国的宗教》的结尾处，韦伯称中国社会的"心态"对这个国家的经济发展有着固有的法则性的影响，这种影响"与（现代）资本主义发展尖锐对立"。[83] 按照我们所说的两种经济伦理的术语学来说，这意味着中国社会的经济伦理整个地阻碍了理性类型的资本主义的出现。

《世界诸宗教之经济伦理》的第二项研究，即《印度的宗教》，有一个与《中国的宗教》相类似的目标，即确定为什么理性资本主义没有出现在印度，以及宗教（确切地说，是宗教的经济伦理）阻碍它产生的可能的作用。[84] 韦伯说，"此处我们必须检讨，印度宗教的性格是否构成了妨碍（西方意义下）资本主义之发展的因素之一"。[85] 韦伯关于印度的研究大部分是分析印度教和种姓制度，印度国家的规模时常变化，有时分裂成一些小王国，有时又变成一个大帝国。国家性质通常是家产制的，严重依赖婆罗门的管理技术，以及用来驯服人民的婆罗门意识形态。印度的城市里有强大的商人群体，但却没有发展成独立的力量源泉。例如，在种姓制度的氛围里，公民的概念就没能发展起来。来自宗教的平静的怨恨也阻碍了城市商人形成自己的军事力量；政治统治者不需要来自资产阶级的财政资源，而他们的西方同行就很需要。韦伯写道，在印度，乡村比城市重要得多。

韦伯将种姓定义为一个封闭的身份群体，并指出，种姓存在于全世界许多地方，并不仅仅是在印度。不过，使种姓制度在印度如此强大的首先而且最重要的原因是，它得到了提倡一种非常类似的社会组织类型的印度教的支持；它还得到了亲属制度的支持。换言之，对于印度人来说，赞成种姓制度是他的宗教义务。按照印度教教义，生活的主要目标是严格遵守宗教仪式，这样就有资格在来生获得更好的地位。如果一个人始终这么做，最终会从"轮回"中被解救出来，进入永恒的、无梦的睡眠。与不合规范的人缔结婚姻、同席用餐，甚至触摸或看到他们都会使人在仪式上受到玷污，并严重影响他在来生的地位。不同类型的工作通常与不同的种姓有关，而且各自有不同的仪式限制。

韦伯写道，历史上存在着多得令人迷惑的种姓，根本不可能把它们精确地排序。不过，四个主要种姓是婆罗门（祭司）、刹帝利（骑士）、吠舍（自由民）和首陀罗（奴隶）。婆罗门最初是巫师，为王侯、行政官员等提供宗教咨询，得到的报酬是作为礼物赠送给他们的土地。他们非常贪婪，而且看不起农业劳动、借贷和贸易。刹帝利（后来被拉吉普代替）充当了政治统治者的骑士和士兵，通常得到的报酬是俸禄。他们与婆罗门都获准拥有土地，属于有特权的种姓。吠舍（自由民）多数是农民和商人，他们与首陀罗都属于较低种姓。出于一些宗教原因，印度的农民甚至比西方的农民还要受轻视，统治者只视他们为税源，此外什么都不是。首陀罗不能拥有土地，多数是些手艺人。某些首陀罗在宫廷里工作，其他在乡村或城市里从事简单的手工劳动。韦伯也提到了某些在礼仪上被认为是不洁的工作，例如制革业和处理动物尸体的工作。

在第一部分介绍了印度的社会与政治结构之后，韦伯接下来试图表明，印度教的经济伦理如何对理性的资本主义在印度的出现造成障碍。印度教的许多礼仪规则直接对立于能够引起经济理性化的法则，但是，韦伯强调说，首先而且最重要的是，正是印度制度的"精神"造成了这方面的问题。由于每一个印度教徒都视严格遵守一系列仪式规则为宗教义务，因此，劳动工具和经济实践通常都保持不变。人们出于宗教的原因，对技术革新深为恐惧，并本能地反对从一种工作到另一种工作的变更和社会流动。韦伯写道，"倘若任何职业的变更和任何劳动技术的变革都可能导致礼仪上的降格贬等时，在这样一种礼仪规则的氛围里，自然是不足以自内部产生出经济与技术之革命的，甚至连资本主义最初的萌芽都不可能。"[86]

在韦伯看来，印度教包含着某些理性的要素。但是，与禁欲主义新教的不同之处在于，印度教提倡彻底的避世，因此不可能形成对经济理性主义的任何"实际的启动力"。印度教也有巫术的因素，而且在宗教精英和社会精英之外的人民之中特别强烈。正像在中国一样，印度有大量农民的生活深深浸淫于巫术思维之中。总而言之，理性资本主义在印度受到大量因素的阻碍。一方面，印度教的经济伦理在婆罗门中间发展最为充分，通过种姓制度，它使印度社会的其他部分保持铁板一块。而另一方面，家产制国家、亲属制度、缺少独立的城市和强有力的资产阶级，这些都使得理性的经济伦理更难形成。

《世界诸宗教之经济伦理》的第三部分名为《古代犹太教》，这一部分与《中国的宗教》和《印度的宗教》有相当大的不同。[87]与前两个作品一样，韦伯试图揭示犹太宗教的经济伦理，以确定为什么犹太人没有能够建立一种理性的资本主义。不过，此外他还讨论另一个主题，即为什么犹太教与巫术断然决裂。韦伯说，犹太教的后一种贡献造成了世界历史的一个真正的转折点，对包括经济在内的西方社会产生了重大影响。

《古代犹太教》开篇就是关于早期巴勒斯坦的宏伟的社会学图景，包括其经济地理、主要的社会群体，以及政治与经济结构。韦伯说，这一时期的巴勒斯坦几乎没有联合，但是当战争来临时，不同的社会群体就以保卫耶和华为名聚集在一起。耶和华是来自山地的战争之神，他与巴力之间有激烈的竞争，后者是腓尼基人和迦南人的神，有强烈的狂欢与巫术因素。耶和华的支持者为了消灭巴力和诸如"围绕着金牛的舞蹈"之类的仪式而艰苦作战。后来，耶和华教通过犹太教强调法律研习而有助于它反对巫术的战斗。先知们也要求人们在日常生活中严格而系统地听从耶和华的命令，从而加强了反对巫术的力量。所有这些不同力量的最终结果是，犹太教是世界历史上与巫术决裂的第一个宗教。韦伯还进一步指出，不同于提倡避世的许多非西方宗教，犹太教保持了面对这个世界的取向。

主导韦伯对犹太教及其经济伦理的分析的是他对犹太人作为"贱民"的描述，即一个在仪式上与其他民族相隔离，并且在政治与社会上处于下等地位的民族。[88] 韦伯说，使犹太人成为贱民的因素有许多，在《古代犹太教》中，他将相当多的注意力放在这个转变过程上。从早期开始就使犹太人区别于其他民族的一个因素是他们独特的耶和华崇拜。另一个因素是这样一种观念，即以色列民族是独一无二的，因为他们，而且只有他们才能够进入与上帝的特殊的接触或圣约（Berith）。宗教仪式和规则也将犹太人区别于非犹太人，例如，割礼、禁止在安息日工作、不可向信仰犹太教的其他成员贷款取息的规定，等等。由于面临被同化的威胁，犹太教牧师强化了这些规则，这样的一个后果便是完全的仪式的隔离。至于政治与社会上的劣势，则是在将犹太民族变成贱民的竞争过程中，由基督徒加上的。

韦伯说，历史上，犹太人之所以愿意容忍如此多的逆境与不幸，是由于他们的宗教包含着强大的弥赛亚要素。犹太人相信自己是上帝的选民，并将在很久很久以后的某一天得到回报。但是，当时财富和奢侈品完全被巴勒斯坦的信徒所占有，犹太教早期便包含着许多要求对寡妇、穷人和债务人等其他犹太人行善的规定。在韦伯看来，这种对慈善的强调非常突出，因为这并不是起因于家产制国家——出于自身的原因，家产制国家通常表现出对其臣民福利的兴趣——而是来自对宗教的关注。犹太教经济伦理的另一个重要方面是双重伦理和它如何影响到贷款取息问题。《旧约·申命记》23: 20 说，"借给外邦人可以取利，只是借给你弟兄不可取利"。当犹太教变成被彻底隔离的民族的宗教，而且犹太民族面对其他民族的敌意时，这种双重伦理的力量自然增强了。

在韦伯看来，早期犹太教有强烈的理性要素，例如强调警醒的内省和自制。不过，犹太教经济伦理与禁欲的新教伦理之间也存在着决定性的差异。犹太商人可以因为在经济以外的领域的行为（特别是勤奋学习宗教法）而得到财富，但是禁欲的新教徒只能通过在其天职上的刻苦工作而富有。双重伦理成为后来的浸礼会和贵格会平等对待所有经济行动者的序幕；由于非犹太人受到的待遇不确定，伦理上便出现了一定的松弛。尽管清教徒蔑视贷款取息、政治资本主义之类的经济活动,但是这在犹太商人中很常见。换言之,由于各种不同的原因,犹太人从来没有发展出理性的资本主义精神;也没有对工业资本主义的发展有所贡献。韦伯把犹太商人突出的经济活动类型称为"贱民资本主义",这可以说是一种传统的商业资本主义的形式。[89]

犹太教与巫术的决裂对许多个世纪以后在欧洲出现理性资本主义有决定性作用。韦伯在《古代犹太教》中不仅说明了巴勒斯坦自身的情况,而且说明犹太经济伦理以外的许多因素阻止了理性资本主义的出现。也许可以这样来描述韦伯所谓的两种经济伦理,即宗教的经济伦理和整个社会的经济伦理:尽管韦伯相信,每一个世界宗教都有一个特殊阶层"烙下(这个宗教的)经济伦理的最具特色的面貌",但是,以他的观点来看,犹太教的情况多少有所不同。[90]原因在于,在其他民族眼中,犹太人是贱民,通常都受到驱逐。简言之,在犹太教里,这两种经济伦理倾向于合而为一。

前文提到过,韦伯一直没有时间完成有关伊斯兰教和天主教经济伦理的研究。不过,《经济与社会》中确实有关于伊斯兰教经济伦理的短小章节。[91]对伊斯兰教的充分研究将提供有关伊斯兰社会(包括其一般经济伦理)轮廓的详细的社会学描述,以及有关伊斯兰教教义和伊斯兰神职人员的出现的分析。毫无疑问,还会讨论韦伯认为对理性的资本主义的出现而言重要的因素,即城市及其中等阶层,政治机器与法律机器,等等。[92]不过,韦伯将要描述的伊斯兰教经济伦理,与《经济与社会》相关章节中的内容差异不会很大。

韦伯说,伊斯兰教最初带有虔诚派的特点以及避世的倾向。

但是，很快就发展成具有强烈封建伦理的阿拉伯战士的民族宗教。圣战的目标是扩展伊斯兰的政治权力，并提供贡品。韦伯写道，伊斯兰教理念中的天堂有大量的战利品，这是任何士兵都会喜欢的天堂。伊斯兰教还严格禁止贷款取息和赌博，并规定信徒应当赡养穷人。韦伯简要地对比了伊斯兰教经济伦理与清教经济伦理，这二者很明显存在着几处根本差异。例如，清教商人拒绝通过与战争有关的活动尤其通过掠夺战利品获得财富的思想，而且，也不赞同封建伦理的感性维度及其有关罪恶的概念。在韦伯看来，伊斯兰教的罪恶概念本质上是仪式性的，并没有真正深入到信徒的灵魂之中。而且，伊斯兰教的预定恩宠概念也没有能够产生出韦伯所寻找的以经济理性主义为目标的"实际的启动力"，首先是因为它没有使个人对自己的日常生活采取充分而有条理的控制。[93]伊斯兰教中存在某些禁欲的要素，例如斋戒，伊斯兰战士中有一定的简朴生活的倾向。不过，这些并不系统，特别是与清教的中等阶层相比较时更是这样。简言之，伊斯兰教中从未产生过现代资本主义精神。

韦伯去世后，他的朋友和同事埃密尔·莱德勒写道，《世界诸宗教之经济伦理》中的研究是"一个全新时代的标志，对于社会学研究来说尤其如此"。[94]但是，对韦伯作品的研究却很少，与有关《新教伦理与资本主义精神》的作品相比显得尤其不足。在很长一段时间里，关于韦伯的经济伦理作品只有一些零星的评论，而且其中大多数只是针对这三部作品中的某一部，而忽视了这一点，即它们都是一个更大部头的作品的组成部分。某些评论受到了1950年代和1960年代关于现代化的争论的影响，其性质往往比较单一。[95]不过，在1980年代，沃尔夫冈·莫姆森编辑了多卷本的《世界诸宗教之经济伦理》。近来，《中国的宗教》和《印度的宗教》也作为韦伯选集的一部分由一流的学者进行了编辑。

尽管这些新作品有更高的质量，但是，与围绕着《新教伦理与资本主义精神》的争论一样，多数有关《世界诸宗教之经济伦理》的二手文献都因为误解了韦伯的论点而有损其质量。例如，一个常见的错误是宣称韦伯认为印度和中国这样的国家不适合资本主义发展。实际上，韦伯试图说明的是完全不同的东西，即为什么理性的资本主义没有自发地产生于西方以外的地方。[96] 另一个更常见的错误断定是说，资本主义没有发生在印度、中国等其他地方，按照韦伯的看法，是因为这些国家缺少像禁欲的新教这样可以创造出资本主义精神的宗教。[97] 但是，在《世界诸宗教之经济伦理》中，韦伯论证说，不仅仅是宗教因素，而且有一些其他因素都阻止了理性资本主义的产生。从前面的部分我们可以知道，这些其他因素包括国家的结构、城市的性质、强大的资产阶级的缺席，等等。在这三个个案研究中，韦伯从来没有试图认定——在约翰·斯图亚特·穆勒的区分与一致的意义上——每一件事情都围绕着某种类型的经济宗教的缺席。

围绕着《世界诸宗教之经济伦理》的争论，多数高质量的作品是有关韦伯论点的宗教一面。尽管韦伯公开声称他的研究本意是一个"经济社会学"的作品，仍然没有人试图研究他在这方面的贡献。[98] 在笔者看来，关于经济社会学及《世界诸宗教之经济伦理》，有三项任务是特别重要的，下文将一一述之。

经济社会学的第一项任务是，用韦伯在《世界诸宗教之经济伦理》中的分析来比照当前在经济史中的新发现。目前只在中国问题上已经有定论，说明韦伯在几个历史问题上有错误，[99]其他国家的问题还没有进行这样的工作。不幸的是，关于韦伯的印度、伊斯兰社会和犹太人"贱民资本主义"的二手文献大部分本质上是有关意识形态的争论，而不是基于事实的讨论。[100]

第二项任务是，对待韦伯在《世界诸宗教之经济伦理》中的分析要有戈登·马歇尔在评论《新教伦理与资本主义精神》上的那种严格。当然，《新教伦理与资本主义精神》与韦伯后期的世界宗教研究有一些重要的差异，但是，仍然可以通过提出马歇尔的三个关键问题来推进有关的研究：韦伯所研究的宗教有什么经济后果？可以作为这些后果的经验证据有什么？以及我们是否能够得到关于这些后果的历史材料？的确，较之《新教伦理与资本主义精神》，韦伯有关世界宗教的系列研究中的每一部分都包含着更多的历史材料，但是，人们不能够把戈登·马歇尔对后一研究的陈述也扩展至《世界诸宗教之经济伦理》，认为它"未经论证"。

第三项值得完成的任务是研究韦伯在《世界诸宗教之经济伦理》的单个研究中的主要论点的建构方式。尽管这些研究的总目标很明确，即研究为什么理性资本主义只出现在西方，但是它们的分析逻辑却难以捉摸，也没有被充分认定。《新教伦理与资本主义精神》的读者可以一步步地理解韦伯的论证，但是阅读《世界诸宗教之经济伦理》时却没法做到这样。沃尔夫冈·施路赫特用"集群描述"（constellational description）来总结韦伯在《世界诸宗教之经济伦理》中的论述方式，这个术语或许能够很好地描述当前对其艺术的理解状态。[101]不过，施路赫特没有指出为什么韦伯想要用这一类型的描述来代替历史的因果分析。尽管韦伯对简单地把西方理性资本主义的前提条件加之于世界其他部分的发展上没有什么兴趣，但是，这些前提条件仍然在《世界诸宗教之经济伦理》中发挥了重要作用。在韦伯单个研究中，我们也可以发现他试图把使用两种不同含义的经济伦理概念作为某种杠杆。这些部分如何统一在一起，却并不清楚。

尽管《世界诸宗教之经济伦理》仍然意味着对现代学者的某种挑战，但是，《新教伦理与资本主义精神》以后的韦伯作品中有关经济与宗教的分析却异常丰富，有许多富于启发性的思想和概念。在笔者看来，韦伯有关经济与宗教的分析也许是他的经济社会学中最具想象力的部分，尽管韦伯对宗教的了解明显少于对法律的了解。但是，阐述宗教在创造现代经济秩序中的作用，这一任务的困难和违背直觉之处却远远超出了说明法律或政治的类似作用。韦伯将禁欲主义新教与理性资本主义联系起来是特别具有独创性的事情，代表了他关于经济与宗教的早期作品的最大成就。韦伯在这个领域的第二个重大发现，是后来提出的经济伦理观念。他提出，宗教与经济总是通过对经济活动的道德评价而相互联系的。进而，韦伯在《世界诸宗教之经济伦理》中建立经济与宗教的联系的具体方式代表着经济社会学的一个宏伟成就。

第6章 结语:韦伯的经济社会学观点

经济科学应当是什么样子?对此韦伯自有其有力的、独创性的观点。经济学,或者用韦伯较为偏爱的术语——社会经济学,应当是一个内容广泛的科学,涵盖了不同的、界定清楚的一些领域,尤其是经济理论、经济史和经济社会学。[1] 韦伯自己的工作主要是在经济社会学领域,尽管他还写作并讲授过经济史与经济理论。不过,他的经济社会学作品也许是最具创新性的。韦伯以一种非常系统的方式把关于经济社会学的观点转变为创新性的学问,着眼于经济本身,以及它与政治、法律和宗教的关系。

不过,韦伯的社会经济学的视野还要更广泛一些,在结语部分笔者将试图表明这一点。首先,除了政治、法律、宗教之外,韦伯作品中到处都是对经济和其他社会领域之关系的评论。例如,在他的经济社会学中涉及经济与艺术、科学、技术、种族、地理条件的关系;而每一个题目都值得关注(参见第Ⅰ部分)。笔者还会谈到,作为《社会经济学大纲》的编辑,韦伯如何尽其所能地实现他的经济学观点。这部卷帙浩繁的经济学手册可以说明韦伯的经济学观念,尤其说明他认为经济学家应当进行研究的是什么题目(参见第Ⅱ部分)。最后,笔者将提出,从当今经济社会学的角度来看，韦伯的工作中仍然有用的内容是什么。简言之，在韦伯的经济社会学中，哪些还有活力，哪些已经死寂（参见第 III 部分）？

I. 经济与艺术、科学、技术、种族、地理条件之间的关系

韦伯在其经济社会学中首要关注的是经济与政治、法律和宗教的关系，不过，他也讨论了经济与艺术、科学、技术、种族、地理条件等问题的关系。[2] 从《社会经济学大纲》来看，韦伯最初计划在一个关于"文化社会学的经济与物质维度"的专门的小册子里分析艺术与科学。[3] 但是，尽管他对文化社会学颇感兴趣，但他一直没有抽出时间来写这个小册子。

不过，韦伯的其他作品，尤其是关于客观性的 1904 年论文，提供了韦伯如何看待经济与艺术关系的某些认识。他在其中写道，艺术现象通常不是"经济现象"，但总是受到经济的影响，并因此构成了"受经济制约的现象"。韦伯还举出一个例子，认为社会的艺术口味总是受到热衷于艺术的人们的社会分层的影响。他还提出，物质利益和其他经济力量影响了所有类型的艺术，而且，它们甚至渗透"进入了最细微的艺术感觉之中"。[4] 韦伯坚决拒绝了认为用经济因素就可以完全"说明"一件艺术品的观念。

在关于如何看待艺术对于理性资本主义的出现（或阻碍其出现）的作用，韦伯也提出了几点看法。在讨论奢侈的历史作用

时，他往往指出，奢侈品的消费意味着一种前后不一致的、非理性的对待经济的方式。例如，他描述了一个中国的手艺人家庭如何数代人都制作同样的花瓶。但是，他说，艺术也会为理性资本主义提供刺激。例如，正如通过利奥那多·达芬奇及其他人的工作，最初出现于文艺复兴时期的艺术中的科学实验成为理性的科学的（以及由此成为理性资本主义的）核心概念。对艺术的消极态度可以在禁欲的新教中看到，它有助于消除自发冲动和纵欲，从而鼓励理性的经济行为。韦伯写道，通过对艺术的消极态度，禁欲主义新教进一步地使行为更为一致，从而有助于产品的标准化。[5]

在《音乐的理性基础和社会基础》中，可以找到关于"经济与文化社会学的物质维度"的某些提示。这本书的主题是，为什么音乐的理性进路只出现在西方。从韦伯分析中可以清楚地看到，经济因素在这一过程中只起到非常小的作用。他的确认为，音乐与经济间存在某种关系，但也注意到别的现象，比如，中世纪的宫廷乐器存在着社会级别。在英格兰的伊丽莎白女王的宫廷中，吹横笛的人挣到的钱数倍于拉小提琴或吹风笛的人。在现代，有些可以大规模制造的乐器也可以轻易就获得突出地位。钢琴就是这样，韦伯对此进行了一些讨论，他把钢琴称作"中产阶级的家庭乐器"。[6]

尽管艺术只对经济有微小的影响，科学对经济的影响则不容小看，而这也是韦伯对这个题目特别有兴趣并必定要进行讨论的原因。韦伯论证说，理性的科学只出于西方，并在现代资本主义中扮演着重要的角色。韦伯所谓"理性的科学"，指的是以数学为基础，由一些经过特殊训练的人在实验室完成实验，从而获得发展的自然科学。按照韦伯的看法，西方的科学与资本主义在18世纪实现了联合，这便意味着产品制造可以从经济传统主义解放出来了。"〔科学家的〕自由活跃的智力"现在获得了自由；而且从那时至今，"现代科学〔构成了〕资本主义的技术基础"。[7]

在二手文献中，韦伯关于科学的说法吸引了相当多的注意力，例如他所谓的只有禁欲新教，而非天主教才有助于现代科学的出现的命题。不过，韦伯在最后一个问题上的态度多少不同于人们通常的看法。例如，他并没有认为只有禁欲的新教有助于现代科学的出现，而是说，天主教与禁欲新教在这一方面都很活跃，只不过方式有所不同。禁欲的新教对现代科学有两个方面的特殊贡献。首先，尽管禁欲的新教徒强烈反对包括科学思考在内的无所事事的思考，他们却非常鼓励科学的实际应用。其次，禁欲的新教鼓励发展科学应用于经济。按照韦伯的总结，禁欲的新教的重要作用在于"将自然科学实际而且……有条理地包括在服务经济之中"。[8]

韦伯关于科学与经济的论述非常片断化，与其说是系统的命题，不如说是有趣的联想。不过，在技术与经济的关系问题上他有非常完善的观点。例如，在《经济与社会》的经济社会学那一章中有一节总结了技术的特点（第1节），《经济通史》中也有几处讨论了技术的历史演化。在《经济与社会》中，韦伯说明经济行动与技术行动二者都是指向行动的手段的，但方式有所不同。经济行动的主要指向是手段的稀缺性，并存在不同目的之间的选择。例如，一个消费者可以选择购买物品A或B，而企业家也可以选择生产物品A或B。与此相对，技术行动则只指出手段；原则上，唯一有趣的问题是：给定某个目标，应当使用哪一个手段?韦伯使用了采矿的例子来说明经济行动与技术行动之间的差异。如何将矿石带到地面是一个技术问题;而这样做能够有利可图则是个经济问题。

原则上来说,技术行动并不关注价格或成本,只关注事情如何能够完成。韦伯说,如果技术问题要求使用铂而不是铁,则将使用铂。但是,在多数情况下,技术问题也有经济上的考虑;这便意味着技术问题除了指向技术上的问题,通常也还要指向手段的稀缺。正如韦伯在社会政策协会的一次会议上讲到的那样,"实际上,技术只不过是一种形式的应用经济学,它由一个确定的问题所决定,因为每一个技术人员最后都要问,成本是多少?"[9]

韦伯进而注意到,在历史上的技术演变中,经济上的考虑是最重要的因素,特别在现代资本主义的发展中,技术的发展是由获利冲动决定的。不过,这并不意味着其他力量没有影响到历史上的技术发展。情况照旧总是更为复杂:"此外,其他如游戏和不切实际的思想意识——部分来自各式各样的幻想,部分来自艺术方面与非经济性的创作动机——同样有其影响。"[10]

韦伯解释说,在《经济与社会》的经济社会学一章中没有讨论技术的历史,不过,他在《经济通史》中讨论了这一历史的某些方面。例如,在有关交通的章节中,他认为商业中的技术进展有助于扩展市场。这些革新包罗万象,从亚述时代和巴比伦时代用来渡河的吹胀的山羊皮袋,到许多个世纪以后的现代航海技术的发明。《经济通史》中关于技术史的最具实质性的讨论可见于标题为"工业技术的发展"的一章,其中,韦伯包括了一大堆有趣的问题,包括现代工厂的产生、18世纪的技术进展,以为什么理性的技术没有出现于西方以外的地方,等等。与多数经济史学家一样,韦伯也注意到了,由于一些重要的技术革新的原因,棉纺织业起到了带头作用,但是,他将更多的战略作用归诸钢铁业,而不是其他产业。韦伯说,英格兰的森林在17世纪就已经砍伐净尽了,工业发展实际上陷入停顿。必须找到木材和木炭的替代品,而这一问题一直到1700年代早期发明了煤的焦化以后才解决。韦伯说,如果没有这一发现,西方资本主义也许真的就停止了。"没有这种发展,资本主义与欧洲将会如何,我们就不得而知了。"[11]

韦伯关于技术的作品的一个核心主题是他对技术决定论的批评。他严厉批评了这样的理念,即技术构成了人类演化的最后的或终极性的原因;他论证说,技术会影响到经济或政治,但反过来也一样。[12]他补充说,技术的某个既定的状态并不必然导致经济的某个特定的组织,而且,一种类型的经济也不带来特定的技术。韦伯进一步警告,不要过度强调社会-经济现象的技术维度。比如说,可以试图纯粹以机械术语来定义现代工厂,但是,真正使工厂区别于古代的作坊却是另外的东西,即劳动力的社会地位(自由劳动力)和营利的方式(资本核算)。[13]

当前关于经济与技术的许多争论集中于工业革命的作用,看看韦伯如何看待这一事件也颇有趣味。很明显,韦伯相信工业革命的技术革新并不是资本主义发展中最重要的因素。韦伯还选择了不使用工业革命这一词语,而这个词在他的时代里已经很流行了。[14]在韦伯看来,政治因素与宗教、经济因素一样,都在1760—1830年的经济发展中起到了非常重要的作用;因此,没有理由只集中在技术的贡献上。的确,韦伯批评了"常见的错误想法，即特定的技术成就便是资本主义发展的唯一动因。"[15] 此外，韦伯还相信，技术在工业革命中的作用被夸大了。按照他的判断，技术之所以能够发展得如此强有力首先是因为这一时期已经存在大众市场，是这个事实在当时改变了财富与收入的分配。对韦伯来说，技术发现可以在某种程度上自行引起一场工业革命的理念完全是不可思议的。

但是，韦伯并不仅仅考虑诸如艺术、科学、技术之类的社会现象如何与经济互动。在《经济与社会》有关方法论的章节中，他还提出了非社会现象的作用（第1节），认为这些现象就是原则上缺乏意义的现象。其典型例子是种族、生物构成和地理环境。在韦伯看来，这些并非有意义的现象，不能在社会学的帮助之下对它们进行分析。不过，它们的确影响了社会行动，正是在这一点上它们进入了社会学的领域。

按照韦伯的看法，缺乏意义的现象主要以下列方式影响社会行动：即作为"刺激"、作为"结果"、作为"有利的环境"，或作为"阻碍性的环境"。例如，非社会性的现象可以刺激不同类型的经济行动，而且其结果也会影响到行动。进而，它们可以构成经济行动的有利的或负面的环境。非社会现象如何影响经济行为的某些例子也有助于澄清韦伯论点：例如，饥饿通常刺激产生了觅食行为；而体力透支就会引起疲劳。或者，空气恶劣、酷寒的气候会使人难以生存，而较好的空气和适宜的温度会构成较为有利的环境。

韦伯感兴趣的缺乏意义的现象之一是种族，而在1910年以后他拟订的《社会经济学大纲》的要点中，他把自己列为"经济与种族"的作者（这一部分后来分配给了罗伯特·米歇尔斯）。[16]

《社会经济学大纲》的较早版本中也包括了有关资本主义与人口的"现代的退化问题"的章节。[17] 从其 1890 年代的作品开始，韦伯就在一个相当松散的意义上使用种族概念，这个概念指的是某种类似于民族（Volk）的事物，并且认为它在经济中起到了重要作用。[18] 例如，在弗莱堡的就职演说上，韦伯说"斯拉夫种族"与"日耳曼种族"对最低生活水平的构成内容持有非常不同的态度，而这些态度有助于说明他们的经济行为。[19]

数年之后，韦伯对学术圈内这种随意地应用种族概念的做法提出了批评，并开始更谨慎地使用这个词。在他 1904 年关于客观性的论文中，包括有社会经济学的纲领，他强调指出，种族总是被不科学地使用，然而，只有当论证是基于严肃的经验研究时，才可以被接受为一种论点。[20] 从那时起直到去世，韦伯尖锐地批评了他的某些同事使用种族来解释社会上实际发生的所有事情的方式。他争论说，尽管种族是一个重要的现象，但是对这个题目实际上并没有进行充分的研究。他说，按照规矩，人们通常应当在社会科学的帮助之下努力说明一个社会现象，而只在所有其他方法都失败时再转而使用种族概念。比如，乍看上去，许多经济现象都归因于种族，但实际上却是由传统引起的结果。[21]

20 世纪伊始，韦伯的工作并没有直接将种族与经济行为联系起来。[22] 但是，他总是提到这样的例子，即人们对种族的认识（无论准确与否）如何影响到经济现象。韦伯说，当一群人认为自己属于相同的种族时，他们通常会通过吸引或排斥来看待他们与其他群体的关系，而这会影响到他们与这些群体的经济关系。进而，当一个群体认为受到经济威胁时，它的典型反应是向预期的新成员关闭，并使用包括种族在内的任何借口。[23]

韦伯对经济与种族的关系感兴趣，也对经济与人的一般生物构成的关系感兴趣。例如，他在《经济与社会》中讨论"选择"时触及了这一问题。在韦伯看来，存在着两种不同类型的选择："社会选择"，发生于行动者的一生中，并意味着行动延续了某些领域或活动；"生物选择"，即有关"遗传特征的存续"。[24]韦伯区分两种选择类型的核心是要努力区分社会因素与生物因素的不同，以便使分析更加老练。他补充说，社会达尔文主义是太千篇一律和太粗糙的解释，对社会学没有什么助益。[25]

有一段时间，韦伯特别投入地研究了人的生物学构造与经济的关系。1908年至1909年，社会政策协会发起了一个研究项目，韦伯的弟弟艾尔弗雷德和经济学家海因里希·赫克纳都参与了这项研究。这一研究的主要目标是分析现代工业企业对劳动力的影响，并特别研究了什么类型的劳动者会被挑选在工厂工作，他们如何适应自己的工作任务。与这一项目有关，韦伯自己还到他亲戚在厄灵豪森的一个纺织厂中进行了经验研究。他研究了工资记录，列出了一些图表，以便了解工人的生产率的起伏波动，既有按小时计算的，也有按日、按周计算的。《经济与社会》第2章间接地提到了这次研究的某些更为一般性的发现。例如，韦伯说，在解释工人的生产率时，不仅是生物学（"适应性"），而且"倾向性"、"实践"都起到了一定的作用。[26]

韦伯的工作很顺利，没有辜负协会的期望，即用社会的和生物的要素来分析问题，但是，他相信这一类型的研究引起了困难的方法论问题。为了指出某些相关威胁，韦伯为协会写了一个篇幅足够一本书的方法论指导，文章的题目是"工业劳动的心理物理学"（1908—1909）。他在文中写道，劳动的生物学方面，已经有相当数量的科学文献了,它们主要是由人类学家、心理学家、精神病学家完成的。特别是,在韦伯时代最著名的精神病学家之一的埃米尔·克雷珀林(1856—1926)在"心理物理学"的帮助下,分析了工人的生产率,而所谓"心理物理学",即试图量化心理与生理事件的关系的科学。韦伯认真细致地查阅了克雷珀林的工作,但是,他的结论是,克雷珀林的工作对经验研究几乎甚至是完全没有什么用处,因为他的研究是在严格的实验室条件下进行的。进而,尽管克雷珀林考虑了诸如疲劳、惯习和恢复等要素,他却没有讨论诸如酒精或饮食习惯对生产率的影响。他也没有将这一事实考虑进去,即工人们在工作中有其经济利益(!),或者说,他们有时候工作不够努力,是因为想要与其他工人保持团结。[27]

在与社会政策协会的项目有关的所有作品中,韦伯都不断地回到他所认为的主要问题,即人的生物学构成与他们的工作行为之间的关系。韦伯在这一问题上的结论可以总结如下。首先,他认为原则上有可能整合有关劳动的生物学的和社会性方面的科学数据,但是,进行这一整合仍然有待来日。[28] 韦伯的第二个结论已经提到过了,但仍然值得再重复一次。

> 看来,在方法论上可取的是,分析(这一类题目)时不要将起点放在遗传假设上,要知道,"祖先的资产"总是会起作用的,首先,要检验社会与文化背景、教养与传统的影响,然后,将此解释原则推进到越人性化越好。[29]

根据《经济与社会》中讨论方法论的那一章的看法,地理环境是缺乏主观意义之现象的进一步的例子。从韦伯学术生涯之初开始，地理要素对社会和经济的影响就吸引了韦伯的注意力。例如，在1890年代的经济学讲座中，他提议学生参阅"地理学手册"和"经济地理学"。在他的第一部经济学作品，即有关易北河东岸的农业工人的研究中，他仔细地关注了地理因素。他的数据显示，波兰劳动者不仅是土地贫瘠地区的主要居民，而且也是土地肥沃地区收入最低的居民。不过，正是那些收入较好的农业工人，即德国工人，而非波兰工人，想要离开乡村，迁移到城市里去。韦伯说，其原因在于，德国工人获得了较高的最低生活水平，而且对自由的认识较为充分。

正如这则研究农业工人的例子所揭示的那样，韦伯并未鼓吹地理决定论。在其作品中，韦伯努力把分析地理与社会-经济要素的互动作为一种规则，而不预先确定某个要素为最重要。例如，在《经济与社会》中讨论农业土地被占有的不同形式时，他注意到，这些形式通常"部分地"由地理条件所决定，但政治、军事和经济条件"起了大作用"。[30] 韦伯争论说，欧洲得天独厚地拥有多条可资利用的河流，这一点与亚洲的大部分地区不同。与南欧、亚洲等地相比，定居在北欧这样天寒地冻的地方的人们需要更多的消费品，这一事实也影响了工业资本主义的出现。[31] 但是，韦伯坚决否定这样的看法，即西方的经济地理或多或少是西方之兴起的决定性要素。[32] 类似地，韦伯注意到古代的资本主义趋向于沿着海岸线发展，不过，这种描述仍然不包含任何确定性。他指出，海岸资本主义通常是某种类型的政治资本主义，而工业资本主义的兴起是在内陆。

韦伯分析中最具争议的部分是对地理与经济要素互动的分

析，即他所谓的"'水利'官僚制"，或称供水的控制对社会的影响。[33] 在几个研究中，韦伯论证说，通过灌溉而不是降雨来给土地供水通常会引起一个导致专制的过程，并制造出对理性资本主义的阻碍。韦伯举出的例子包括古代埃及和美索不达米亚，以及在某种程度上还包括中国。在世界的这些部分，控制供水要有集体的努力和组织，而这导致集权化和官僚化。官僚化又意味着统治者控制着战争的手段，而这正是阻碍西方式封建主义和独立的城市出现的事物。通过这种简要介绍，韦伯关于水利控制和专制之间的密切关系的论文听起来似乎很有逻辑，但是，近来的历史和考古研究显示，它可能是错的。[34]

II. 韦伯的经济学观点与《社会经济学大纲》

今天，大家都公认，《经济与社会》的结构和内容深受这一事实的影响，即它本身是一部宏大的经济学作品《社会经济学大纲》（以下简称《大纲》。——译者）的一部分；而且，《经济与社会》所经历的几次变化很大程度上也与《大纲》本身的变化有关，而韦伯对手稿进行改动，主要是他认为卡尔·布歇的作品存在问题（关于《经济与社会》的历史以及布歇作品，参见附录部分）。不过，较少人所知的是，韦伯努力要通过这部经济手册想要完成什么，以及它显示出韦伯对作为科学的经济学有什么样的观点；他认为当代经济学中，有哪些是有用的，又缺失了什么。推究《经济与社会》的基本特性必须要从它是一部经济学宏伟作品的一部分这一事实来寻找，同样地，如果我们想要全面了解韦伯关于经济学的成熟的观点,《大纲》便是一个很好的观察点。

在德国社会科学界,《大纲》是一个主要的出版事件。在1914—1930年间,共出版了十几卷,其中有几卷还在1920年代重版。[35]大约50位经济学家完成了第一版约5万多页的《大纲》。在哈耶克看来,《大纲》是"一个宏伟的项目……参与这个项目的有许多当代最杰出的学者";熊彼特认为,它是"德语经济学世界中的重要里程碑"。[36]尽管有这两位经济学史上的专家,同时又是《大纲》撰稿人的经济学家的赞誉,但是,仍然没有关于《大纲》的二手文献。[37]既没有关于《大纲》历史的文章,也没有文章讨论它对经济学的贡献;而传统的德国经济学史即使提到它,也只是一带而过。缺少关注的部分原因可能在于,《大纲》的出版跨越了几乎20年的时间。此外,最初两卷出版之后数周,第一次世界大战就爆发了,这两卷很快在继起的混乱中被遗忘了;战争期间,韦伯差不多停止了《大纲》的有关工作。几年之后,战争结束,而韦伯也去世了,编辑工作移交给了埃密尔·莱德勒,一个才能和性情上都较韦伯平庸的学者。[38]人们对《大纲》的兴趣可能也消逝了,因为"社会经济学"的观念从来没有真正流行过。

为了写出《大纲》的全部历史,需要得到韦伯的部分未出版的通信,以及图宾根J. C. B. 摩尔(西贝克)出版社的出版记录。韦伯的未出版的通信,例如他给冯·维塞尔和熊彼特的信件包括了某些人们至今还未曾获知的新信息。不过,需要指出的是,他在《大纲》构思的这些年里的通信虽然已经可以看到,但是却几乎没有关于《大纲》的结构,或者韦伯对于这项工作的目标等更为一般的材料。我们从这些材料中能得知的是，韦伯的出版商想要用更为现代的东西来代替古斯塔夫·舍恩伯格的《政治经济学手册》，而他最终说服韦伯来编纂新的手册。已出版的韦伯在1906—1910年间的通信也让我们了解到他与某些作者之间的麻烦，并讨论任何一个身为像《大纲》一样鸿篇巨制的作品的编辑所要面临的问题。不过，关于韦伯为什么要那样安排《大纲》的结构的问题，在这些信件中却几乎没有任何信息。为了找出有关问题的更实质性的材料，我们必须利用另外两个来源：1914年出版的韦伯为《大纲》第一卷写的简短的前言；他分别在1909—1910年间和1914年拟订的《大纲》的两份写作计划。

最初，韦伯想要同时出版《大纲》的全部各卷；对他来说，这样更容易传达他的社会经济学的概念，以及他关于现代经济学应当处理什么样的问题的思想。但是，事与愿违，《大纲》的第一部分是由内容迥异的两卷组成的：《经济与经济科学》和《自然、技术与经济的关系》。[39] 第一卷的作者中有几位颇著名的经济学家，例如卡尔·布歇和弗里德里克·冯·维塞尔，但也包括了年轻的约瑟夫·熊彼特。这是一部结构有些怪异的作品，以布歇关于经济史诸阶段的小文章开始，继而是熊彼特写的经济学说史，篇幅相当于一本小书；最后，整卷以冯·维塞尔的一篇关于奥地利经济学理论的长文告终，题目是《社会经济理论》。[40] 接下来的一卷也给人留下特殊的印象，有一些关于经济与地理、人口、消费的短小文章，然后是弗里德里克·戈特尔-奥特里林弗得的一篇讨论技术的长文。[41]

当然，这些内容之中有一个逻辑，这正是韦伯在《大纲》第一卷的前言中清楚地说明了的。特别是，他试图区别《大纲》中所注入的经济学的观点与舍恩伯格的政治经济学手册中的观点。经常有人指出，韦伯之所以要如此鲜明地区别开政治经济手册和《大纲》，是因为舍恩伯格的继承人威胁要起诉（他们认为自己受到了欺诈，丧失了自己的权利）。但是，韦伯将自己与舍恩伯格区分开来还有学理上的原因，在本书中，这些原因更为重要。舍恩伯格的手册分为三部分，从三部分的划分来看，舍恩伯格仍然处在重商主义的影响之下。手册的第一部分讲经济学，第二部分讲财政，第三部分讲行政管理（包括济贫法的管理）。[42]在前言中，韦伯明确指出，财政与济贫法管理将不是《大纲》的独立的议题，而只会在它们与社会经济学相关的时候提到。换言之，韦伯并不想在《大纲》中重复舍恩伯格的进路，但是，在符合他自己的社会经济学观点情况下，他也会愿意将源自重商主义传统的问题包括进来。

从韦伯的前言中还可以看到，他并不想要《大纲》被历史经济学或理论经济学所支配。如果是施穆勒而不是韦伯来担任新的手册的主编的话，《大纲》无疑将会是围绕着某种接近经济史的经济学版本，而不会用很大篇幅来谈理论社会学。但是，韦伯在前言中也指出，《大纲》没有任何关于经济史的一般性的著作。他还称，《大纲》将只包括理解社会经济所必需的经济理论。换言之，经济学理论在社会经济学的框架中有一席之地，但是，韦伯并不想要理论经济学在《大纲》的结构中比历史经济学更具支配性。

毫无疑问，如果韦伯在前言或《大纲》每一卷的开篇都包括一个有关社会经济学本质的有力陈述的话，对他来说是有好处的。不过，出于某些原因，他没有这样做，也许是因为他不想将自己的思想强加给其他作者。他没有在前言中提出纲领性的论述，比如类似1904年论述客观性的论文那样的论述，而是强调《大纲》的写稿人属于不同的经济学阵营，而且也无意在这些作品中进行协调。他写道，"从长期来看，〔经济学方法论的〕不同路径会汇合到一起"；而且，在某种意义上，以韦伯的社会经济学观点看来，它们的确已经走到一起了。[43] 韦伯仍然没有试图使《大纲》的读者更容易理解他的社会经济学的理念，而许多读者很可能没有意识到这部作品整体上所包含的设想。

这本《大纲》自身的结构也可以在一定程度上说明韦伯想要以它来实现什么样的目标。从最初有几卷书中所附的长达四页的图表来看，《大纲》将分为五"部"（books），每一"部"再分为各"卷"（volumes），然后有各"部分"（parts），等等。这部作品的最后结构太过复杂，无法在这里再现，不过可以用一个简化的方式来了解其要点（参见图表6.1）。《大纲》集中于三个题目：如何分析经济现象；现代资本主义的本质；现代资本主义经济的不同分支。五部的第一部名为《经济的基础》，共有三个内容："经济与经济科学"；"经济与自然、技术的关系"；以及"经济与社会"。[44] 我们知道，其中的最后一个就是韦伯留给自己的题目。"经济与自然、技术的关系"里有关于经济与地理、人口和种族的关系的文章。"经济与经济科学"将包括三部作品：一是经济史的不同阶段（卡尔·布歇）；经济学史（约瑟夫·熊彼特）；以及关于"社会经济理论"的论文（弗里德里克·冯·维塞尔）。

```
                        问题1
                   ┌──────────────┐
                   │ 如何分析经济现象 │
                   └──────────────┘
    问题2              │              问题3
┌──────────┐          │          ┌──────────────┐
│现代资本主义│          │          │现代资本主义经济│
│  的性质   │          │          │   的不同分支   │
└──────────┘          │          └──────────────┘
                   第I部:
                   经济的基础
```

第II部：	第V部：	第III部：	第IV部：
现代资本主义经济的特殊要素	资本主义社会关系与现代国家的国内社会政策	资本主义经济的单个经济分支和现代国家的国内经济政策	资本主义世界经济和现代国家的国际经济与社会政策的关系

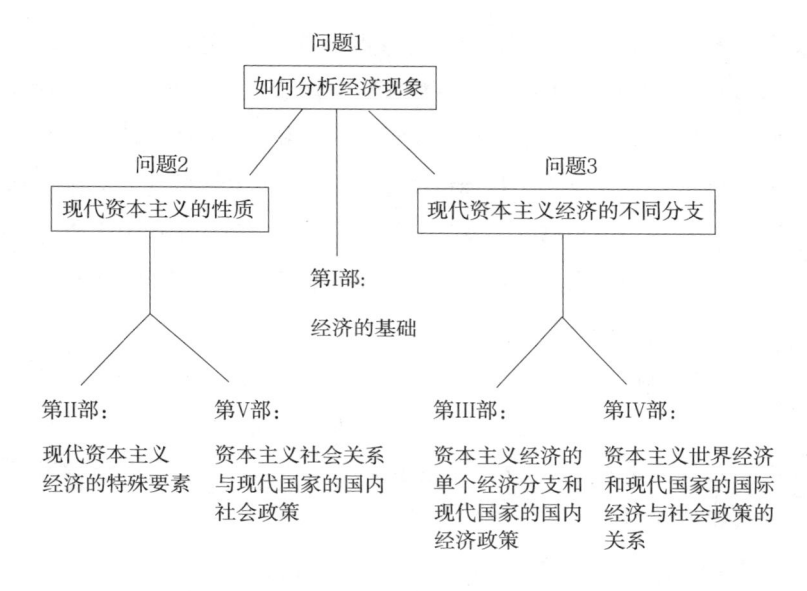

图表 6.1 《社会经济学大纲》的结构，韦伯规划并设计于 1908—1920 年间

来源："社会经济学大纲·总序"，《社会经济学大纲 第一部 经济与经济学》(图宾根：J. C. B. 摩尔出版社)。

注释：1914—1930 年间，《社会经济学大纲》共出版了十余册书。上图提供了它非常复杂的结构的一个简化的结构图。《社会经济学大纲》集中于三个主要问题，分别在五个主要的"部"中进行了分析。每一部又有进一步的划分。

从韦伯拟定的《大纲》的要点可以看到，读者可以用第一部书查阅经济学基础知识，然后从其他各部得到具体的信息：有两部书是关于现代资本主义性质的，还有两部是关于现代资本主义经济的不同分支的。第一部书中介绍和讨论的经济分析的原则也适用于第二部至第五部书，从而引向经济史、经济理论和社会学。有关现代资本主义的性质的两部书主要处理资本主义的经济与社会的方面[《现代资本主义经济的特殊要素》（第二部），以及《资本主义的社会关系与现代国家的国内社会政策》（第五部）]。有关资本主义的经济维度的第一篇论文名为"现代资本主义的特点"（桑巴特），其他论文还包括"资本主义与现代法律秩序"和"现代国家与资本主义"。[45]此书的另一篇文章谈论了资本主义经济中的价格形成问题。这部书里没有关于企业家的论文，这一点多少有些令人惊讶。讨论资本主义的社会维度的书有关于不同阶层和阶级的几篇论文，包括工人、中产阶级和农民等。[46]其他文章分析了收入分配、社会政策和与资本主义对立的方面。有关资本主义的两部书在韦伯去世后数年出版，但却没有遵循韦伯最初拟定的计划。

《大纲》的后面两部书的名字很长而且拗口：《资本主义经济的单个经济分支和现代国家的国内经济政策》（第三部）、《资本主义世界经济的关系和现代国家的国际经济与社会政策的关系》（第四部）。前者由约30篇文章组成，分别讨论了商业、制造业和保险业的不同方面。[47]它们中的大多数涵盖了传统的题目，如采矿业、银行业、农业，与包括舍恩伯格的《手册》在内的任何经济学百科全书都差不多。弗里德里克·莱特纳所著的一篇文章强调了会计在工业中的作用，颇具创新性；艾尔弗雷德·韦伯关于工业区位理论的一篇有趣的文章堪称他在这个题目上最著名的专著。[48]第四部将是最后付梓的书，它只有一卷，是关于外贸和对外经济政策的。[49]第三部和第四部，与第二部和第五部一样，也符合韦伯最初的计划。

《大纲》中体现的韦伯的进路的三个特色使它非常独特，并给我们提供了对韦伯经济学视野的另外某些洞见。首先，《大纲》为经济学研究带来了异常广泛的视角，特别是在第一部中。要研究经济现象，但也要研究它们与非经济现象的关联与互动，例如国家、地理环境、社会制度等。进而，研究经济现象要有一些不同方法的帮助，包括那些用于经济史、理论经济学、经济地理和人口理论的方法。不同的经济学学派的成员受邀参与这项工作。例如，卡尔·布歇是德国历史学派的成员，冯·维塞尔是奥地利学派成员，而熊彼特是一位独立的理论家（尽管他赞同门格尔更甚于施穆勒）。从对作者的选择可以明确地看到，韦伯是对当时经济学中的不同视角都开放的，而且相信它们各有其可资贡献之处。

第二，在经济学说史上，《大纲》是首次的持续努力，要将社会学的视角引入经济之中。这一点主要体现在韦伯本人的《经济与社会》上，但也体现在其他社会学家和对社会学有兴趣的经济学家的文稿中，例如，罗伯特·米歇尔斯、艾尔弗雷德·韦伯，以及韦尔纳·桑巴特。

第三，《大纲》将注意力主要集中在资本主义上，视其为独特的经济与社会系统，从而开辟了新的问题。舍恩伯格的《政治经济学手册》的目录中甚至没有"资本主义"这个词；理论经济学家们跟今天一样，很少提及"资本主义"。[50] 而在《大纲》中，五个主要部分中的四个都是讨论这个问题的。简言之，《大纲》是独一无二的，因为(1)它利用了经济科学中不同视角的合力；(2)它为这些视角加上了社会学的视角；(3)它试图将所有这些视角应用于资本主义以及经济学中更为传统的题目。

《大纲》成功了吗？韦伯是否让他的社会经济学的要点被理解了呢？我们可以通过不同的方式来回答这些问题，方式之一便是查看对《大纲》的评论。总的看来,这些评论如果不是赞美的话,也都是积极的。人们都认为,《大纲》代表了德国经济学家的一次规模宏大的集体工作,而且每一份文稿都是精心撰写的。例如,著名的经济史学家格奥尔格·冯·贝洛为《大纲》最初三卷写作的评论就表达了这样的看法。[51] 但是,批评的声音也时有耳闻。一些评论者认为,与韦伯的意图相反,《大纲》无法被当作教科书使用,因为它大大超出了普通学生的能力。这正是欧根·冯·菲力波维茨的看法,他本人是一本流行的经济学教科书的作者。[52] 大部分评论还指出,《大纲》各个部分给人留下的印象是没有进行充分的协调,而且,《大纲》自身没有真正的统一性。

从这些评论可以看出,韦伯的失败之处还在于,他没有传达出他关于社会经济学的要旨。没有任何评论讨论社会经济学这一术语,或者与之相关的任何思想。包括罗伯特·利夫曼在内的一些评论者讨论了社会学被指派的重大角色。与冯·贝洛一样,利夫曼评论了1914年出版的《大纲》的某几卷,这些是由韦伯本人负责的。利夫曼说,《大纲》应当一开始就彻底讨论价格机制,并对冯·维塞尔在这个问题上着墨不多表示批评。总的来说,利夫曼很怀疑韦伯将社会学引入经济学的努力。他说,德国经济学不需要扩展其范围,相反是要限制它。他认为,韦伯在《大纲》中的雄心是不一样的:"这是类似于施穆勒的一种多路径方式,韦伯试图〔在这部作品中〕涵盖尽可能多的内容,理解经济与所有其他现象的关系,包括社会的、政治的、宗教的及一些自然科学的和技术的现象。"[53] 但是,按照利夫曼的判断,结果却是"更广泛而非更深入"。

我们可以再从德国经济学的观点来谈谈《大纲》。其中有几篇文章是德国经济学不同分支的重要文献，其他的则仅仅总结了一些众所周知的东西。卡尔·布歇关于经济发展阶段的短文就是后者的一个例子，而弗里德里克·戈特尔-奥特里林弗得对技术进行分析的长文则是其后德国在这个问题上的争论中具有主导性地位的独创工作。[54]还需要指出的是，《大纲》的三部作品享有国际性声望。最重要的当然是韦伯的《经济与社会》，它已经被翻译成多种语言，在出版后半个多世纪里仍然被销售和讨论。按照格奥尔格·西贝克的看法，"(《大纲》)在当时并非巨大的胜利，马克斯·韦伯写的部分除外。"[55]另外两部国际知名的著作是熊彼特的经济学说史和冯·维塞尔的理论经济学论文。大多数对《大纲》的评论都赞扬了熊彼特的作品，它还被译成了许多种语言。在德语国家，冯·维塞尔的论文很早就受到了特别的关注，第一次世界大战之后被译成英文出版，并由韦斯利·米歇尔作序。[56]但是，与韦伯的作品不同，今天，无论冯·维塞尔还是熊彼特的著作都不再被讨论了，除了经济思想史学家以外，也很少有人去读它们。

　　冯·维塞尔的《社会经济学》和熊彼特的《经济学学说与方法》通常被当作独立的著作来讨论。它们最初是《大纲》的一部分的事实则只被一笔带过。不过，这两部著作都显示出韦伯的社会经济学的观点的影响。换言之，韦伯在这个问题上的思想受到当时一些最杰出的经济学家的认真对待。冯·维塞尔认为韦伯的思想非常重要，关于这一点，不仅可以见之于他给论文起的题目《社会经济理论》，[57]而且可以从他组织论证的方式上看出来。在第一部分("简单经济的理论")中，仅存在一个个人，其行为方式遵循着一些简单化的假设。第二部分("社会经济理论")中,冯·维塞尔引入了一些其他个人以及交换;并讨论了权力在经济中的作用。第三部分("国家经济理论")将国家加入到分析中。第四部分("世界经济理论")假设存在许多社会经济与国家经济。作为他在《大纲》中的分析要点的总结,冯·维塞尔称"现代经济理论需要由一个高度发展的社会理论来予以补充,以便具有说服力"。[58]

收到冯·维塞尔为《大纲》所写的稿子,韦伯颇为苦恼,觉得必须对自己的稿件进行补充,以便弥补维塞尔文中的缺陷。在今天来看,韦伯的反应有些奇怪,特别是对比其他许多经济学家对维塞尔作品的反应的话,就更是如此,这些反应包括:"我们时代经济理论的最伟大的综合"(哈耶克),"对于主要由奥地利学派产生的经济理论的首次系统的论文"(米歇尔),"奥地利人最伟大的论述,其中,边际效用原则在每一分支上都得到了分析"(摩根斯坦),以及"他在纯理论上最后的和最成熟的中心思想"(熊彼特)。[59]

韦伯不满意维塞尔作品的确切原因尚不得而知,唯一能知道的是,这与冯·维塞尔没有能够讨论确定的"社会学问题"有关。[60] 不过,如果把最后的论述视为一条线索,则韦伯一个可能的反应是,《社会经济学》的章节主要讨论社会学,他希望维塞尔完成从纯经济理论到经验现实的转变。[61] 在这一部分里,冯·维塞尔的起点是有一位行动者的"简单经济",然后到"社会经济",有多个行动者。冯·维塞尔用了大约20页来表达他关于"社会行动"、"社会制度"、"领袖"与"大众"之间的动力学等等的看法。不过,整部作品质量低,给人留下较差的印象。除了自己的想法以外,冯·维塞尔没有使用其他任何来源的资料,更没有吸收社会学中齐美尔和滕尼斯等人远较成熟的作品。[62]冯·维塞尔是奥地利学派的一员,他自然知道并参考了门格尔关于制度的思想,但这却在他的"社会学"中成了一团糟。简言之,尽管韦伯与冯·维塞尔都同意这样的原则,即经济理论需要用社会学来"补充",但是,他们打算建立这一社会学的方式却十分不同。

在《大纲》形成之时,熊彼特比冯·维塞尔更年轻也更敏感(当时他只有二十多岁),而他的作品显示出他遵循了韦伯有关社会经济学的思想。应当注意的是,熊彼特的经济学说史通常被认为是有关经济理论的历史,不过,准确地说,他试图写一部社会经济学的历史,这是一项多少有所不同的事业。既要包括有关经济的论述,又要包括经济与社会、自然及其他方面的关系,这当然是一个极为费力劳神的任务,熊彼特并不打算将它全部承担下来。他的解决方式是,介绍和评论每一位经济学家对经济学理论的贡献,并记录他们每一位有关社会制度("社会学")和有关经济制度("经济社会学")的论述。[63]从他对方法论之争的评价来看,熊彼特在一定程度上同意韦伯的立场,即施穆勒的历史–经验方法与门格尔的理论–分析方法都是必要的。的确,熊彼特有关经济学诞生的整个理论都是由试图公正地对待经济学不同分支而得来的。他说,哲学的分析进路与对实际经济问题感兴趣的经验进路相结合,便产生了经济科学;历史上,重农主义者的著作首次实现了这样的结合。

熊彼特为《大纲》所撰写的文稿在1914年出版。自那以后,他的学术生涯中的其他作品都清楚地表明,他在继续思考社会经济学的事业。[64]有趣的是，熊彼特在《经济分析史》（这是《大纲》文稿的扩充版）中持续地提到社会经济学。《经济分析史》的开头写于1940年代，熊彼特非常细致地说明他如何看待"经济科学"，以及怎样才能成为一位"全能的经济学家"。他强调说，经济学不是一个根据某份蓝图建构起来的学科；而毋宁说是有不同根源和复杂历史的科学。然后，熊彼特说，"经济科学，或者社会经济学"，可以被很好地概念化为由一些"基本领域"构成："经济史"、"（经济）统计学"、"（经济）理论"和"经济社会学"。[65]

在《经济分析史》中，熊彼特对经济史的每一领域都进行了一定篇幅的讨论，并提出了他那著名的论述，即如果他作为经济学家的生活可以重来一次，并且只能选择一个研究领域，那么，他将毫无疑问地选择经济史。这一说法通常被解释为，熊彼特违其本意或者说是要故做惊人之语。不过，如果结合他1914年的经济学说史中的论述，则有可能会有另外不同的解释。在这部作品中，熊彼特批评了19世纪后半期经济理论在德国被压制的情况。他又指出，这毕竟已经过去，更令人担忧的反而是针对经济学中历史-经验进路的敌意。他说，"我们将会看到令人不快的情景，历史学派将遭受到他们昔日曾经加诸理论家们的不公。"[66]简言之，熊彼特想要看到的，同时也是他之所以在1940年代强烈捍卫经济史的原因，就是在作为整体的经济学中不同进路之间作适当的平衡。像韦伯一样，他认为，如果说任何一种进路都不可以任意支配其他进路的话，社会经济学便是唯一正确的选择。

III. 韦伯的设想与当今的经济社会学

前文对韦伯的经济社会学的详细报告中没有提到它与当前学术的相关性。这样做的原因在于，在韦伯去世后，很少有人注意到他的经济社会学，也没有人试图探究它的系统的性质，或者注意到，事实上它不仅包括了经济现象，而且包括这些现象与其他现象之间的互动。不过，社会科学任何意见的终极价值在于它们为当前经验研究所用，因此，下文将从这一视角来讨论韦伯的经济社会学思想。首先，勾勒出韦伯式经济社会学的特点，然后将它与当前经济社会学中占支配地位的进路进行对比。接下来，我将讨论我自己认为的韦伯经济社会学中领先当代研究的几个领域。

尽管本章的结论部分的重点在于韦伯经济社会学思想与当前经验研究的相关性，但并不以讨论它们在经济史和经济理论中的潜在的应用为主。很明显，经济史学家们并没有穷尽韦伯的作品。这一点不仅适用于《经济通史》，而且适用于《经济与社会》和《古代文明的农业社会学》。韦伯作品中的某些部分也会引起经济学理论家的兴趣，特别是在今天，许多经济学理论家都有兴趣理解社会制度在经济生活中的作用。准确地说，预测经济学家怎样在社会制度中寻求一个更具分析性的和更严格的进路并非易事。但是，总的来说，韦伯试图从主要受利益驱动的个体行动出发，在经济分析中引入社会结构，这一点非常契合当前微观经济理论的基本进路。

例如，韦伯作品中强调社会行动是指向他人行为的行动，而这也可以在诸如莱本斯坦（Leibenstein）的追随效应理论和托马斯·谢林的倾斜模型等经典分析中看到。莱本斯坦定义的"追随效应"*指的是，对某一商品的需求会因为其他人对同样商品有兴趣而增加；在谢林的倾斜模型中，当一定数量的个体决定做某件事情时，其他个体也会改变自己的行为。[67] 莱本斯坦和谢林都是基于指向他人行为的行动而建立形式化模型，韦伯并没有建立类似的模型。不过，令人感兴趣的是，韦伯的确试图在社会学中从指向他人行为的视角建立一套范畴：斗争、常规、交换、组织，等等。韦伯还试图使用这一视角来解释经济现象与包括法律、宗教在内的非经济现象之间的某些互动。

为了更好地理解韦伯的经济社会学的独特之处，以及它与当今经济社会学的主导性视角有何区别，总结其基本原则也许会有用（参见图表6.2）。再重复一遍，韦伯的研究的基本原则是，经济社会行动可以被概念化为主要由利益驱动，而且指向他人行为的行动。通过个人赋予其行为的意义，行为成为行动；通过这一意义，行动也指向其他人的行为。韦伯进而提倡一种总是以个人为开端的方法论个人主义。不过，这一方法论个人主义的本质是社会性的，而不是像经济学理论那样的原子式的。换言之，个人并不仅仅是在利益契合时发生互动，而是清楚地、有意识地指向他人行为，从而影响到他们的行为。不同类型的社会结构原则上可以被理解为指向他人行为的个人行为的组合（尽管个人可能会认为国家或其他集体单元是真实的存在）。因此，一般社会学与

---

* 所谓"追随效应"（bandwagon effects），亦有译作"从众效应"、"乐队花车效应"等。——译者

经济社会学研究者的一项中心任务是，建立一些个体行为可以转变为一种新型的集体的社会行动的机制。[68]

I. 分析单元是经济社会行动，其定义是，指向效用也指向其他人的行为的受利益驱动的行动。

　　与经济理论一样，分析始于指向效用的个人行动，并主要受到物质利益的驱动。但是，与经济理论不同的是，经济社会学将经济行动看成指向他人的行为。习惯和情绪会影响经济社会行动。

II. 除非可以证明，否则，经济行动被假定为理性的。

　　在社会学中，行动首先被假定为理性的来进行分析。如果经验现实不符合这种理性模型，就在传统的或情感性行动的基础上寻求另一类解释。

III. 斗争和支配在经济生活中很常见。

　　斗争遍及经济生活，部分是因为行动者在稀缺的情境下受到利益的驱动。支配则是多数经济组织和资本主义存在于其中的政治体系的特征。

IV. 经济社会学应当分析经济行动，以及与经济相关的、受经济制约的行为。

　　经济社会学不仅只研究经济现象，而且也着眼于受到非经济现象影响的经济现象（"与经济相关的现象"）、受经济现象影响的非经济现象（"受经济制约的现象"）。

V. 经济社会学应当与经济理论、经济史和在一个广义的经济学（社会经济学）框架下的其他进路合作。

　　分析经济现象需要使用不同的进路，每一种都在经济学中有其位置（主要是经济理论、经济史和经济社会学）。

图表 6.2　经济社会学的韦伯式进路：基本原则

来源：参见马克斯·韦伯：《经济与社会》（伯克利：加利福尼亚大学出版社，1978），第63—211页；马克斯·韦伯："社会科学与社会政策中的'客观性'"，《社会科学方法论》（纽约：自由出版社），第63页。

注释：I—III条可见于《经济与社会》第1章、第2章；IV和V条见于1904年的"社会科学与社会政策中的'客观性'"一文。

  韦伯式进路的另一个重要原则是理性。其基本规则如下：除非有相反的证明，否则行动被假设为理性的。理性行动可以粗略地定义为有意识地开始进行的行动，并由此可以实现行动者视为利益的东西，这一利益既可以是物质的，也可以是精神的。精神利益通常是指某些与生俱来的价值（价值理性）。与之相对，物质利益通常包括达到某一结果（工具理性）。所有行动者被假定为以理性方式行动，便有助于说明经济生活中的另一个基本现象，即斗争。斗争可能是短缺的结果，即人们在努力实现其利益时，短缺令人追逐相同的资源；类似地，当个人觉得他们的资源受到威胁时，他们倾向于垄断或占有资源。大多数经济组织的特点都是支配，这也是政治系统的特点，而政治系统中存在着经济体系，包括资本主义经济。

  韦伯式经济社会学试图说明极其广泛范围的现象："经济现象"，例如市场、企业这样的纯经济制度，以及影响经济现象的非经济现象（"与经济相关的现象"）和受经济现象影响的非经济现象（"受经济制约的现象"）。《新教伦理与资本主义精神》的命题是禁欲的新教如何有助于形成现代的资本主义心态，这是前者的一个例子；"受经济制约的现象"的例子是，行动者在不同经济阶级和阶层中的定位，这影响到他们的宗教信仰。最后，韦伯式经济社会学进路的特征是，按照社会经济学的原则，愿意同经济理论和经济史合作。韦伯还留下了几个社会经济学的问题没有回答，但是，从他的作品可以清楚地看到，经济现象不可能只由一个学科就能进行充分的分析。

现在，要了解韦伯式经济社会学与当前经济社会学研究的关系，还需要知道韦伯去世后，经济社会学的某些演化。简言之，无论在德国还是其他地方，1920年代早期《经济与社会》的出版都没有引起经济社会学的起飞和繁荣。[69] 受到韦伯、桑巴特、熊彼特等人影响，欧洲产生了一些出色的经济社会学研究，但也仅此而已。美国社会学的情况也差不太多。在两次世界大战期间，美国社会学家对经济问题略略产生了一点兴趣。第二次世界大战以后，曾有人努力复兴经济社会学，其中最著名的是帕森斯和斯梅尔瑟的《经济与社会》（1956），但是这些努力没有产生什么结果。就经济问题完全从社会学视角来分析的意义来看，这样的工作已经在诸如消费者研究、产业社会学、分层研究等框架中完成了。换言之，多数核心的经济问题已经交给经济学家了。

从1980年代早期开始，情况有所变化，美国的一些重要的社会学家，特别是哈里森·怀特、詹姆斯·科尔曼和阿瑟·斯廷奇库姆等人，开始对分析经济现象发生兴趣。[70] 这些社会学家有一些天才的学生，例如马克·格拉诺维特和罗纳德·伯特，特别是，通过使用网络理论，这些学生很快作出了自己的贡献。加上还有其他因素的促进，这一运动传播开了，到1990年代早期，在社会学史上首次出现了在经济社会学领域中的大量论述。一些高水平的专著和论文集得以出版，包括《经济社会学手册》（1994）。[71]

为了有助于对韦伯式经济社会学与当代研究进行比较，图

表 6.3 总结了后者的基本原则。例如，韦伯式经济社会学是起始于一个精心构造的经济（社会）行动的概念，而当代经济社会学的起点却是一个比较模糊不清的"嵌入性"概念。社会学家们相信，经济学家在分析经济现象时已经清空了所有的社会内容，因此，需要将经济行为重新注入或"嵌入"社会中去，这也许能够说明这一概念的流行。马克·格拉诺维特在 1985 年那篇具有纲领性意义的令人激动的文章"社会行动与社会结构：嵌入性问题"中说，嵌入性概念与网络分析谨慎地结合在一起。格拉诺维特说，经济行为"紧密嵌入在人际交往的网络中"。[72]

但是，在当前许多引用嵌入性的经济社会学作品中，这一概念的使用相当含糊。特别在嵌入性没有被准确应用时，在作者看来，韦伯的经济行动概念显得更好，因为它有一个坚实的概念基础。韦伯的方法的另一个优势在于，它强调了经济（社会）行动受到利益驱动的方向，这一点在包括经济社会学在内的多数社会学领域中都已经有消失的倾向了。[73] 在这种情况下，嵌入性概念更多地引起对嵌入，而不是被嵌入者的注意，从而令人偏离主题。但是，韦伯将他的经济社会学直接与利益相结合；他还通过"指向他人"的观念结合进了"嵌入"的要素。韦伯对精神和物质利益的区分也进一步地在当前的社会学中缺席了，目前，社会学倾向于将精神利益视为属于社会学的问题，而物质利益问题则属于经济学。

I. 经济行为总是嵌入于社会结构之中。

有必要将经济行为嵌入或重新插入其社会背景之中，以便对它进行说明。嵌入性概念来自卡尔·波拉尼的作品，并经由 1985 年马克·格拉诺维特发表于《美国社会学杂志》上的一篇纲领性文章而流行。

II. 经济及其制度可以被概念化为一种社会建构的形式。

社会建构的概念来自彼得·贝格尔和托马斯·勒克曼所著的一本值得注意的、著名的知识社会学作品，《实在的社会建构》(1966)；它随即在当代社会学的许多分支中流行起来，也包括经济社会学。经济可以通过网络进行社会建构(格拉诺维特)，但也可通过其他社会结构来建构。

III. 理性不是经济社会学的合适的起点，因为它的假设不现实。

理性选择分析乃是基于不现实的假设；例如，行动者彼此相互隔绝，并拥有完全信息。社会结构要被引入经济分析之中。

IV. 经济社会学的核心是分析经济现象，而较少强调处于经济与社会其他部分交汇处的现象。

深思熟虑地站在过去的经济社会学的对立面上，认为经济社会学与经济学应当处理相同的问题，即位于经济核心的问题，例如，价格和不同类型的市场。

V. 几乎预见不到与主流经济学家的合作；经济史也被大大忽略了。

对主流经济学的某些发展感兴趣并特别追随新制度经济学；对传统经济史更有好感，不过，却没有紧密地跟随。

图表 6.3　当代经济社会学的进路：基本原则

注释：自 1980 年代早期以来，在社会学家，特别是美国社会学家之中，经济社会学有所复兴。本图表试图阐明其基本原则，而且可以与图表 6.2 的韦伯式经济社会学进路进行比较。

当前经济社会学中的一个观念是，经济现象可以被视为"社会建构的"，这一观念与"嵌入性"有着类似的历史：它也始于格拉诺维特，并在他的作品中给出了精确和有用的定义，但是，它经常被用作一句没有什么内容的口号。在格拉诺维特看来，社会建构的理念始于彼得·贝格尔和托马斯·勒克曼的《实在的社会建构》(1966)，在这部作品中，它被用来说明社会制度的出现。在日常生活中，处理事情的方式要求在一定的环境下有特定的"设施"，社会行动者将其视为独立的存在。格拉诺维特（通过把经济制度作为一个例子）提出，这一过程更为具体的发生乃是通过网络完成的。[74]人们通过网络进行互动，而网络在一定环境下"凝结"成稳定的结构，例如新的经济制度。格拉诺维特继续指出，一旦某项制度形成，通常更多的行动会被"锁定"，遵循着一种不同于效率关注的逻辑。

不过，许多谈到社会建构的著作并没有准确地应用这一术语，而只是用它来表示经济行为与经济制度通过某种社会互动而得以形成。人们的互动创造或"社会性地建构"出宗教，也同样会创造出经济。不过，这一思路往往忽视了利益的作用，从而造成一种脱离具体形式的经济的概念。

韦伯式进路与当代经济社会学的进一步差异与理性概念有关。韦伯想要将理性当作社会学的探索式工具，但是，当今的许多经济社会学家相信，理性本质上是如此不现实的假设，从而严重扭曲了经验研究。毫无疑问，这种态度上的差异应当是由于韦伯时代以来经济学所发生的变化。但是，作者认为，韦伯的立场显得更加合适，因为很难不去假设，大多数行动者确实在努力实现他们的利益，或者更准确地说，实现他们认定的利益。还要强调的是，韦伯自己对理性有独特的看法，并因此区别于当今的主流经济学。理性行动既是工具理性的，也是价值理性的，而利益既是精神的，也是物质的。进一步地说，在韦伯的纲领中，理性既是一个变量也是一个假设，本章后面的部分将会再讨论这一点。

作者认为，韦伯式进路与当代社会学在很大程度上都会同意的一个真正重要的问题是，社会结构有必要被引入经济分析之中，以便对后者的某些部分有所改善。韦伯的整个经济社会学可以被看作沿着这一方向的一种主张，而这一论题也是当代经济社会学的核心。例如，詹姆斯·科尔曼在1983年的美国社会学年会上说，除非经济学改变它关于孤立的行动者的某些暗含的假设，否则它不可能推进得更远。他说，"经济学分析所依赖的社会性假设允许经济学在社会理论上作出重大进步，但是，（我还要）提出，只有修订或抛弃这些假设，才能有接下来的进步。"[75]格拉诺维特也提出了类似的论点，认为引导经济学走向错误道路的与其说是理性假设，不如说是行动者彼此孤立的假设：

> 想要改革经济学基础的批评家主要都是经济学家们自己。他们主要抨击的是通常的理性行动概念。在此我主要针对新古典经济学另一个更值得批评的重要特色，即假设经济行动者们在作出决定时彼此孤立，独立于他们的社会联系，我将它称为"原子化"决策假设。[76]

当代经济社会学最令人兴奋的部分是它试图用社会学而非经济学进路分析核心的经济学题目，由此产生新的启迪。在这一点上，今天的经济社会学与1950年代和1960年代已经大大不同了，那时，经济社会学避开了经济学家中的流行题目，从而将经济社会学变成了某种剩余科学。的确，与旧式的经济社会学相比，有时被称为新经济社会学的重要主题就是考虑经济学家们正在考虑的相同的现象。[77] 但是，这一发展的一个结果是，有时会有这样的看法，即对于这一领域的进展而言，经济与社会其他领域（例如政治、宗教和法律）交叉部分的许多现象是比较不太令人兴奋和不太重要的。而韦伯相信，所有类型的经济现象都属于经济社会学。正如我们已经看到的，他还使用了一套有用的范畴来处理他的较广泛的经济行为概念（经济现象、与经济相关的现象和受经济制约的现象）。

最后，可用以比较韦伯式与当代经济社会学的进路的一点是，它们如何对待经济社会学与经济理论、经济史的关系。前文已经反复指出，韦伯希望在社会经济学之总题下，这三门科学之间产生密切而创造性的合作。不过，与一个多世纪以前的德国同行相比，当代经济社会学家的经济史知识要少得多。其中一个原因是，今天的经济史已经是一个有着强大自身传统的独立领域；但是，还有一个事实是，今天的经济社会学家也不认为必须强迫自己跟上经济史领域中的发展。许多当今的经济社会学家对经济学家则持一种混合着疏离与敌意的态度，而这通常会引起对方同样的反应。不过，经济学家试图将社会的、制度的进路引入经济学的尝试，则令社会学家非常感兴趣，表示赞同和跟进。经济社会学家对奥利弗·威廉姆森和道格拉斯·诺思等人作品投注的大量关注表明了这一点。

类似于上述韦伯式进路和当代经济社会学的基本原则的比较容易显得比较抽象，因此，可以对经济社会学的一些近期研究进行评论，以便使这种比较具体些。我选择当代经济社会学的三个中心领域来稍加论述，即经济中的网络、经济组织和经济的文化方面。网络研究是在韦伯时代以后很久才发展起来，并成为当代经济社会学最有趣的分支之一。马克·格拉诺维特的《找工作》(1974)和罗纳德·伯特的《结构洞》(1992)等研究结合了理论的独创性和网络方法的创造性应用。此外，还有一些关于工业区和关联公司(corporate interlock)的重要的网络研究。笔者相信，韦伯式进路很适合结构社会学，因为二者都把社会结构看作由行动者之间清晰指定的和具体的互动组成。不过，网络理论的一个问题是，它通常研究静态结构胜于研究动力学，而这正是韦伯式社会学可以有所矫正的地方。韦伯说，推动经济行动者的首先是被行动者视为精神和物质利益的东西。进而，通过引用韦伯有关开放的和封闭的经济关系理念，特别是在潜在利润保持不变、竞争者增加将导致竞争被缩减的思想，可以把动力学引入网络分析。

在组织被当作经济组织进行研究的情况下，组织理论经常与经济社会学重合。韦伯关于官僚制的分析属于组织理论的经典之作，影响了许多关于经济组织的研究。不过，近年来，韦伯的官僚制理论遭到了严厉的批评，而当前许多最有意思的经济组织研究利用了韦伯之外的资源。例如，罗纳德·伯特的《公司利润与公司》(1983)使用的是组织理论中被称为资源依赖性的视角。伯特的命题是，竞争的结构影响利润水平，法人行动者的结构自主性越强，则利润越高。其他有关经济组织的重要社会学研究主要受到非韦伯式理论的激发，包括尼尔·弗利格斯坦的《公司控制的转型》(1990)和弗兰克·多宾的《制订产业政策》(1994)。弗利格斯坦在前一部作品中追溯了美国大公司的历史；多宾在后一部书里对19世纪美国、法国、英格兰的铁路产业政策进行了比较分析。

但是,即使韦伯在当前组织研究中的影响并不很大,还是应该注意到,当代组织理论和经济社会学对韦伯的组织理论只有一个相当有限的印象。[78]应当看到,韦伯不仅在《经济与社会》有关官僚制的著名篇章中讨论了组织,在作品的许多其他部分中也有同样的讨论。[79]最重要的是,在《经济与社会》第2章和法社会学的那一章中,韦伯将经济组织当作他的经济社会学的一部分来分析。韦伯在这方面另一个有趣的但却被忽略的贡献是他将经济行动当作基本单元,试图建构一个经济组织的概念(参见第2章图表2.7)。另一个贡献是,他试图分析经济组织概念诞生的本质,这一发展尤其可见于中世纪地中海城市共和国。[80]总的来说,在今天,韦伯的组织分析(包括经济组织)只有很少一部分为人所知。

当今经济社会学最主要的一些学者,例如维维安娜·泽利泽和保罗·迪马乔认为,许多甚至是大多数经济社会学家都没有适当处理经济现象的文化维度。泽利泽和迪马乔所说的文化大致是指价值、理念和人们在日常生活中使用的认知地图和指南。维维安娜·泽利泽对19世纪美国人对人寿保险的抵制的研究可以被总结成一种特别关注文化的经济社会学类型,她对关于儿童的经济价值的流行态度的变化的研究也是如此。[81]泽利泽和迪马乔也批评结构社会学将所有事物都还原至网络,并对认为文化可以通过网络以外的手段进行解释的思想持敌意态度。

韦伯的许多宗教社会学的研究进路与当前所谓文化社会学很相似。《新教伦理与资本主义精神》是如此,《世界诸宗教之经济伦理》中分析伦理价值如何注入经济现象的各个研究也是如此。此外，韦伯感兴趣的还有经济与艺术的关系，这是当前的经济社会学多少有些忽视的题目。今天，经济社会学家们也不太关注经济与科学之间的关系，而这一研究领域也正是始于韦伯。

通过对韦伯的经济社会学与当代经济社会学的比较，是否可以由此得出结论，今天，韦伯的作品就足以指导我们呢？并非如此。自韦伯时代以来，历史研究和社会学都大大推进了。当今认为重要的许多经济题目在韦伯的经济社会学中没有进行多少讨论，甚至根本不曾提到。例如，性别在经济中的作用和环境问题。与韦伯时代相比，今天的经济也在很多方面有所不同，并且给研究者带来了新的问题。例如，大经济组织的作用引人注目地增加了，而除了官僚制理论之外，韦伯对此类组织的内部结构几乎没有谈论多少。而且，多亏有了阿尔弗雷德·钱德勒（Alfred Chandler）、于尔根·柯卡（Jürgen Kocka）等许多人的工作，今天我们对世纪之交的德国公司的结构的了解已经超过韦伯。

但是，即使我们考虑到了这么多的保留因素，甚至还可以轻易地加上更多的保留，我们仍然很难说韦伯的经济社会学已经驻足不前。今天，与20世纪之初的情况一样，利益驱动的分析必须结合社会分析之理念依然很重要。韦伯的建议，即社会行动是指向他人的行动依然具有创造性，并且在很大程度上没有被研究。可以看到，韦伯作品中强调斗争和权力，这也是其进一步的长处。对此还要补充并将在以下段落里表明的是，在某些重要的论题上，韦伯比当代经济社会学还要超前。接下来将用四个题目来说明最后这一说法，本文所选择的四个题目是，法律与经济、理性、资本主义和经济伦理。当然，还有其他题目也能说明这一点。

在当代经济社会学中，除了一些具有启发性的建议以外，很少有作品是有关法律与经济的。但是，在韦伯的作品中，可以找到有关法律与经济的系统分析，经济社会学家对此很少讨论，遑论其应用。韦伯提出的许多重要问题中，包括以下几个问题：什么类型的法律系统促进或阻碍了市场资本主义？经济发展与民主权利之间的关系如何？在什么样的环境下，法律会影响经济，或者相反？法律职业与经济问题的关系如何？韦伯在社会学、经济和比较法律史方面的知识使他在处理这一类型的问题上处于优势地位。

韦伯远远领先于当代经济社会学的另一个领域，我认为是他对理性的分析。前面已经注意到，韦伯论证了社会研究中的理性假设是一个有用的启发性工具。不过，应当立即补充说明的是，不仅在社会学家中，而且在经济学家当中，韦伯的理性概念也是独特的。韦伯关于理性的一个饶有趣味的思想是，社会或者社会的某部分的理性程度取决于其历史。在社会学专家中，众所周知的是韦伯从历史的视角来看待理性，但是却几乎没有对此进行什么研究。不过，可以想见，对不同群体或整个社会中的经济理性的建构（或破坏）的研究将构成对这一领域的真正贡献。

韦伯还有一个有趣的想法，即认为理性的现代形式在一定程度上是禁欲新教的产物。我们应当还记得，韦伯在《新教伦理与资本主义精神》中的论点是，通过对预定论和类似的宗教观念的信仰，禁欲的新教徒以最戏剧化的方式改变了他们对待日常生活的方式。其人格发生了深刻的转变，一种系统的和压抑的行为类型代替了传统的冲动而情绪化的行为。韦伯将此过程描述为新的"心理冲动"的创造并发展成为生活的所有领域中的个人行为的一种计划。如同政党、人权和现代资本主义心态等一样,现代经济理性的观念深受禁欲新教影响也是值得进一步研究的思想。在此与其他地方一样,需要对韦伯关于禁欲新教所谈论的东西进行吸收并继续研究。

最后,关于**资本主义**的题目总是引起韦伯的兴趣。我们知道,韦伯来自一个始于马克思的学术传统,资本主义被视为"现代社会中最具决定性的力量"。[82]特别是通过《经济与社会》,韦伯对这一传统有所贡献,这一点与桑巴特一样。在韦伯去世之后,这一传统得以继续,首先而且最重要的是熊彼特的《资本主义、社会主义和民主》(1942)。一些社会学家,例如伊曼纽尔·沃勒斯坦及其追随者们,分析了他们所谓的资本主义世界体系,但是,在经济社会学中,他们只扮演了一个边缘性角色,而且没有能够结合此前社会学和经济学中的许多洞见。在整体上,今天的大多数经济社会学家似乎都将资本主义当作一个宏观现象而回避,表示更适应以中程方法来研究经济题目。

在笔者看来,这是个遗憾,因为当代的资本主义仍然代表了一种牢固的社会力量,值得从社会学的视角进行仔细研究。笔者还认为,韦伯的理性资本主义概念和政治资本主义概念很具启发性,但却极少得到应用。例如,政治资本主义在当代的例子包括经济上依赖国家的产业,现代农业、武器制造业和国家的航空公司都属于这一类。苏联和东中欧地区的所谓私有化也有相当多是韦伯所说的政治资本主义的例证,其中,政治契约被用来获得对财产的控制。还值得指出的一点是,尽管政治资本主义的概念接近寻租,但是,现代经济学中没有对应于理性资本主义的观念。[83]实际上,今天的经济学家们仍然避免使用资本主义的概念，这一点和韦伯时代一样。不过，韦伯关于现代资本主义特征是其有条理和理性本质的思想仍然值得认真看待。哪一种类型的制度有助于产生当代版本的经济理性？例如，在这个过程中，会计、教育、定级技术（rating techniques）和现代计算机等产生了什么样的作用？全球化资本主义是不是理性资本主义的一个新奇的版本？

最后，韦伯的经济伦理概念未曾见诸今天的经济社会学。这一概念引起了大量有趣的研究问题，而它们都与表明经济活动，以及精神与物质利益如何相互缠绕在一起的价值和规范有关。例如，与所有社会一样，现代社会也会瞧不起特定类型的工作，以及营利的特定方式。类似地，以否定或肯定的词语来看待财富、财产和经济变迁。韦伯试图表明，所有这些态度都在宏观层次上产生了重要后果，更准确地说，对可能的资本主义类型有重要影响。

在经济伦理的观念中，还暗含着社会上的哪一种人会得到重视的概念。本书的附录部分还会谈到，韦伯自己在 1895 年弗莱堡就职演说中提出了这个问题，并得出了以下结论。他说，经济学的对待事物的方式忽然间在所有的社会科学中流行起来，人们开始将经济学当作行动的指南。对韦伯来说，这种立场是不可接受的，他论证说，不可能从科学中推演出价值判断。相反，应当鼓励人们作出自己的价值判断，然后，他们可以应用经济学实现这些价值。他补充说，对他自己而言，他更乐意社会的主要目标是产生以"人类的伟大与高贵"为特征的个体，"幸福"便是社会至高的善。[84] 如果可以忽略尼采曾经过分强调这一论调的事实，笔者同意韦伯的论点。不过，这些评论已经进入了价值判断的领域，而且会引起许多新问题，因此，本书应适时地结束在这个地方。

附录　韦伯经济学思想的演变

对韦伯经济学作品感兴趣的人都很快会面对一个多少有些吊诡的事实：尽管韦伯将自己视为与同时代人没有什么差别的兴趣广泛的经济学家，在他去世后却被坚持认为是响当当的社会学家。例如，塔尔科特·帕森斯很早就主要把韦伯当作社会学家，而这也是今天大多数社会学家的观点。类似地，根据马克·布劳格在内的许多经济学家的看法，韦伯并非经济学家，而是"社会学中的大人物之一"。[1] 换言之，主流经济学和主流社会学至少在这一点上达成了共识。

不过，韦伯的主要学术职位却都是经济学的；他主要的授课内容都是经济学；而且，终其一生，他都将自己看作专业的经济学家。在去世之前最后的作品《学术作为一种志业》当中，韦伯提到的是"我们经济学家"，同样的说法可见于他的学术生涯的早期，乃至中期。[2] 对此还需要补充的一点是，在生命的最后岁月中，韦伯十分努力地承担了主编的工作，要用他的作品，即《社会经济学大纲》，来代替舍恩伯格著名的政治经济学手册。令人奇怪的是，为什么一位"社会学家"要被安排来编撰一本经济学手册呢？而且，为什么一位社会学家会拒绝创立社会学教席？而这些正是韦伯所做的事情。而且，为什么一个被首先而且最根本地视为社会学家的人会公开声称，"以社会学之名所行之事多属欺诈"，并且很快从新建立的德国社会学学会退出，还对这个"落选者沙龙"表示厌烦？[3]

答案并不是说，韦伯是一个经济学家，而非社会学家。这种说法只不过是以一种错误概念代替了另一种错误概念。如果我们意识到，韦伯时代的经济学比今天的经济学的范围要广泛得多，那么，韦伯被同时代人视为经济学家，而被今天的人视为社会学家的吊诡就可以部分地解决了。在19世纪和20世纪继替之时的德国，还有可能倡导一种社会的经济分析类型，并在经济学教职上讲授普通社会学。这里有好几个原因。首先，由于经济学的专业教职才刚刚设立，经济学与它在社会科学中最相邻的学科之间的界限还不像今天这么明显。此外，社会学还没有成为独立的学科，没有自己的教席和以社会学为名的系。但是，最重要的原因，是德国经济学从早期就有自己独特的发展方向。

I. 经济学的德国传统

德国的经济思想史的记述往往始自官房学（cameralism），它出现于18世纪的德国。官房学一词来自"*Kammer*"，即王宫里对王国进行管理的地方；作为一种学说，官房学可以说是国家行政管理、国家财政和经济政策的混合体。[4] 无独有偶，类似的对国家而非个人作用的强调（而英国经济学是强调个人作用的）可以见于早期德国经济学的另外两种形式：弗里德里克·李斯特

（1789—1846）和浪漫主义者的作品。在李斯特看来，经济的个人主义必须从属于德国国家建构一个可行的民族经济的任务。浪漫主义者更加激进：他们为德国人民的有机联合欢呼，强烈反对个人主义，并提倡经济独裁。需要补充的是，李斯特将会对德国经济学产生重要影响，浪漫主义者则总是处于边缘地位。

经济学的历史学派从19世纪中期直到1920年代都支配着德国经济学，它与官房学、李斯特和浪漫主义有某些清楚的关联，例如，对国家、对德意志民族的积极肯定的态度。不过，历史学派并不仅仅是德国经济学的这些早期形式的进一步发展，它还是一个知识运动的一部分，这一运动对整个德国文化都有着巨大影响，这就是历史主义运动。1843年，威廉·罗雪尔出版的一本小书被认为是经济学历史学派的宪章。罗雪尔在书中称，经济学必须使用"历史方法"，而"这一方法所要达到的目的，是与萨维尼和艾希霍恩的方法在法学方面达到的目的完全一样"。[5] 罗雪尔这段话的意思是，通过历史的视角的持续使用，法学的发展已经到达一个新的进步阶段，经济学也同样可以获得新的进展。

在罗雪尔看来，历史方法之所以如此有用，是由于它使得我们可以描绘实际存在的经济生活。他宣称，"我们的目标纯粹是描述人的经济性质和经济需求。"[6] 经济学不应当仅仅着眼于人的自利并成为"致富术"（chrematistics）的指南；它还必须将人的"共同体的意识"考虑在内，并且有助于促进人类共同体。罗雪尔提倡具有比较目标的历史方法，而且确信，在历史方法的帮助之下，能够建立发展的规律。他说，经济学是"一国经济的发展规律的学说"。[7]

除了罗雪尔(1817—1894)，经济学历史学派的奠基人还包括卡尔·克尼斯(1821—1898)和布鲁诺·希尔德布兰德(1812—1898)。这三位都非常赞成将"历史方法"作为经济学必要的方法来使用。罗雪尔和克尼斯只将历史方法用于说明性目标，而希尔德布兰德在其学术活动中不遗余力地应用历史方法。克尼斯——1883年，韦伯曾经听过他在海德堡的讲座——通常被认为是这三位奠基人中进行系统化工作的人，而且是一位多产的作者。克尼斯对历史学派的一个核心主题贡献良多，即经济学的主观领域远远超出了严格意义上的经济体系的观念。克尼斯说，为了充分理解经济，应当调查研究经济的核心，以及它与社会其他部分——国家、法律、宗教——的关联。[8]韦伯后来的论点也非常类似。

1880年代早期，当韦伯开始在大学里学习时，新一代历史学派经济学家出现了，即所谓新历史学派。这一群体的领袖是古斯塔夫·施穆勒(1839—1917)，还包括G. F. 克纳普、卡尔·布歇和卢卓·布伦塔诺等优秀学者。年轻一代投身于专业的、通常是非常注重细节的经济-历史研究。施穆勒认为，理论经济学只会造成没什么用处的"鲁滨逊·克鲁索的故事"，不应该在德国被教授。[9]由于施穆勒与普鲁士教育部关系非常好，在数十年间，他成功地阻止了经济学理论家在德国担任教职。

施穆勒还控制了一个重要的刊物，并且是颇有势力的社会政策协会的创始人之一。在施穆勒看来，伦理学是经济学的必备的部分，而这一态度也在协会内部具支配地位。他争论说，经济学无论如何也不能被简化成"只是关于市场与交换的理论"，而应当成为"宏大的道德与政治科学"。[10]在努力组织社会改革时，施穆勒与协会的许多最主要的经济学家模糊了科学与政治之间的界线。他们讲课的特点是价值判断与事实的大杂烩，熊彼特这样描述所谓讲坛社会主义的讲课风格："卢卓·布伦塔诺讲课时就像在政治集会上演说一样，听众们报之以欢呼或喝倒彩。阿道夫·瓦格纳讲课时一边跺脚一边大喊大叫，对着他心中的假想敌挥舞拳头，直到老迈年高、精力不济，这才镇静下来。其他一些经济学家精力虽然不那么旺盛，效果也不那么显著，然而在试图说服听众方面，却毫不逊色。"[11]

依照势力强大的施穆勒来看，经济学理论家的错误是努力将经济与社会的其他部分隔离开来，而历史学派经济学家的任务是认真研究并描述人们的现实存在的经济。[12]正确的进行方式是，把尽可能多的专门研究整理在一起，直到有一天有足够的知识，才着手建构一般性理论。不过，这一目标仍然在较远的将来，施穆勒警告人们不要进行不成熟的总结。在研讨会上，施穆勒通常是以这样的话来结束他的评议，"不过，先生们，我仍然要说，这一切都非常复杂。"[13]

不过，即使施穆勒有权力确保在德国只有那种"正确的"经济学家才能被委以教职，经济学理论家受到阻碍，他的智识权威仍然受到几次挑战。其中最重要的两次是方法论之争（*Methodenstreit*），以及价值判断之争（*Werturteilsstreit*）。主要是通过施穆勒与出色的奥地利杰出的理论经济学家门格尔之间的争论，方法论之争爆发于 1883—1884 年间。两位主角很快中断了与对方的联系，但是，双方的追随者之间的战斗持续了很多年，并且将德国和奥地利的经济学家截然划分为两个相对立的阵营。在施穆勒和门格尔最初的交锋中，前者指控后者夸大了经济学理论的作用，过度夸耀经济学大厦中的一个小房间。门格尔的回答也与此类似：他说，施穆勒就像一个刚刚给建筑工地倾倒了一些建筑材料，便妄称自己是建筑师的人。[14]

人们彼此继续相互侮辱，争论时欠缺礼貌，证明他们被激情所主宰。结果，真正的论题反而被丢开了，或者至少被歪曲得丧失了原来的含义。门格尔一方指责说，历史学派经济学家只是把事实不加分析地堆砌起来；施穆勒的支持者回答说，经济学理论家们不知事实，只会玩抽象。施穆勒及其追随者还确信，不会在德国讲授奥地利版本的经济学。

不过，方法之争中的论题不仅仅是在分析经济现象时主要应当依靠理论还是历史的问题，还有不同的社会科学在一般经济分析中的作用，以及经济学的主观领域由什么构成的问题。施穆勒主张，经济学的主观领域很广泛，因为经济是社会的不可或缺的部分。施穆勒把作为科学的经济学看成个体心理学、经济史和经济理论的相互混合。经济学家们首先从具体的个人出发（心理学），长期搜集事实（经济史），在相当长一段时间之后，应用所有事实，努力进行普遍化总结（经济理论）。门格尔的立场与施穆勒差异很大。在门格尔看来，经济学应当集中于非常有限的领域。尽管经济学家可以使用其他一些社会科学来分析经济，但是，这些科学之间必须保持绝对的区别，因为它们提出的是不同的问题，并且以不同方式分析了这些问题。例如，在门格尔的纲领中，经济理论与经济史、经济政策是截然分开的，但是在施穆勒那里就不是这样，后者相信，由于这些学科都在处理相同的现象，将它们分开反而不自然（参见图表 A.1）。

I. 施穆勒的经济学概念

A. 经济学的问题领域：

经济是一个更大的整体即社会的一部分；它包括法律、道德价值和国家等现象。

B. 社会科学在分析经济时的分工：

从对人的心理学知识出发，将大量的数据汇总，然后进行理论化，此结果便可用于经济学的修正。

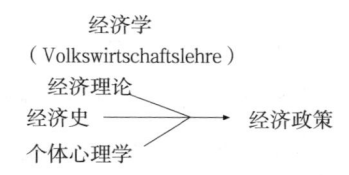

经济学
（Volkswirtschaftslehre）

经济理论
经济史 ——————→ 经济政策
个体心理学

II. 门格尔的经济学概念

A. 经济学的问题领域：

经济是一个非常有限的领域，必须从整体社会中分离出来进行分析。

B. 社会科学在分析经济时的分工：

经济学的不同分支之间有清楚的划分；应当把优先权给予理论经济学；修正的问题与此科学无关。

经济学
（Wirtschaftswissenschaft）

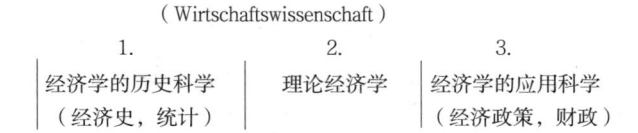

1.	2.	3.
经济学的历史科学（经济史，统计）	理论经济学	经济学的应用科学（经济政策，财政）

图表 A.1　古斯塔夫·冯·施穆勒和卡尔·门格尔论经济学的性质

来源：卡尔·门格尔：《社会科学方法研究——以经济学为特别关注点》（纽约：纽约大学出版社〔1883〕1985）；卡尔·门格尔："通往经济科学的系统分类"，见路易斯·萨默编《欧洲经济思想论文》（纽约：D. 范·诺斯特兰，1960），第1—38页；古斯塔夫·冯·施穆勒："国民经济，国民经济学和方法"（1894），见于J.康拉德等编《国家学手册》（耶拿：古斯塔夫·费舍，1911）第8卷，第527—563页。

注释：施穆勒和门格尔对经济学的性质和如何进行经济学研究有着非常

不同的看法。施穆勒说过，应当从汇集心理和历史数据出发，然后通过一般化逐步建立经济理论；门格尔则跟韦伯一样，认为即使经济学要从几种不同科学那里获取知识，也必须保持各自的不同，因为它们是以不同方式分析了自己的研究主题。与施穆勒不同的是，门格尔想要严格区分作为科学的经济学和出于经济政策目标的经济学。施穆勒的思想大部分都保持未变，门格尔则在1889年修改了他的纲领，增加了一个范畴，"经济现象的形态学"，即根据经济现象的类型和物种来区分现实的经济现象。

在社会科学之间的劳动分工问题上，韦伯的立场与门格尔相同；但是关于经济学的主观领域问题上，他的立场更接近施穆勒。在应用理性作为经济研究的方法的问题上，韦伯更接近门格尔，而非施穆勒；而他尤其赞同门格尔的看法，即经济制度经常是个人行动的"意料之外的结果"。[15] 弗里德里克·冯·哈耶克认为，韦伯受到门格尔的严格区分经济理论与经济史的"相当大的影响"。[16]

历史学派经济学卷入的第二次大的争论是所谓的价值判断之争。争论爆发于社会政策协会1909年的一次会议上，而且正是在这次会议上韦伯领导了对施穆勒立场的抨击。韦伯强调指出，"我不能忍受的是，将具有震惊世界的重要性和最重大的理念后果的问题（在某些方面这些终极问题能够激荡人的灵魂）转变成技术性的经济问题……并因此成为一个学术科目的讨论对象，而经济学正是这样。"[17] 1914年，价值与事实第二次发生重大冲突，仍然是在协会的一次会议上，也仍然是韦伯领导了这次攻击。韦伯就一系列问题尖锐地批评了施穆勒以及那些不接受这样的观点的人，即在科学分析中，事实与价值必须被截然区别开来。这次争论没有明确的赢家，而争论本身在一战以后又继续，韦伯去世后仍然持续，最终是纳粹中止了这种争论。

II. "社会经济学"和"经济社会学"在德国的出现

德国经济学中必须要提及却常常被经济思想史忽略的还有两个进一步的发展，即社会经济学(*Sozialökonomik*)和经济社会学(*Wirtschaftssoziologie*)的出现，这是经济学的两种研究方式，在19和20世纪之交吸引了颇多的注意，但接着就多少被遗忘了。出于自己的用途，韦伯非常努力地进一步发展这两种进路。熊彼特是这样说的："马克斯·韦伯比任何人都致力于使〔'社会经济学'一词〕流行起来。"熊彼特还指出，"（韦伯的）工作和教学大大地促成了经济社会学的出现。"[18]

人们通常认为，"社会经济学"一词源于让-巴蒂斯特·萨伊1828年的一部作品，这部作品很快就被译成了德文。[19]对萨伊来说，社会经济学(*économie sociale*)与政治经济学(*économie politique*)是相同的，但是在原则上更为恰当，因为它清楚地表示了经济的社会性质。在萨伊的作品出版后的几十年间，这个词被以英语、法语和意大利语的形式零星地使用。例如，约翰·斯图亚特·穆勒在1830年代对萨伊的这个词作出评论，他把它译作"社会经济学"(social economy)。[20]在德国，"社会经济学"不时（以不同的拼写形式）出现于布鲁诺·希尔德布兰德(1848)、威廉·罗雪尔(1854年及以后)、艾伯特·舍夫勒(1867)、欧根·杜林(1873、1876)、海因里希·迪茨尔(1883)、韦伯的经济学老师卡尔·克尼斯(1888)、卡尔·门格尔(1883)、韦尔纳·桑巴特(1888)和阿道夫·瓦格纳(1892)等人的作品中。[21]1895年和1907年，海因里希·迪茨尔和阿道夫·瓦格纳分别写作并在德国出版的两部重要作品就是以这个词为标题的,从而张扬了社会经济学的概念。尽管有差异,但是,这个词的主要含义是,经济是一个社会的现象。[22]

在1910年之前,社会经济学的概念已经足以成为与施穆勒所偏爱的"国民经济学"(*Volkswirtschaftslehre*)相匹敌的一个概念。德国经济学的老前辈认为有必要说明为什么应当使用后一个词,而非社会经济学。[23]1914年,韦伯的《社会经济学大纲》第一卷面世,几年之后,古斯塔夫·卡斯尔出版了畅销的教科书《社会经济理论》(1918)。不过,1910年代的局面已经代表了将"社会经济"引入德国的努力的最高水平;多年之后,熊彼特在《经济分析史》(1954)中写道,"社会经济或社会经济学这样的词汇从来都没有流行过。"[24]英国的情况也类似,只是规模小些,因为英国人更少使用社会经济学一词。无论如何,艾尔弗雷德·马歇尔在《经济学原理》第三版(1895)、第四版(1898)中,将"社会经济学"当作"经济学"的同义词来使用,但是,从第五版(1907)开始,就弃而不用了。[25]

德国经济社会学的产生主要是民族发展的结果。人们并未意识到国外的类似的尝试,例如,1879年,W.斯坦利·杰文斯试图引入"经济社会学"的词汇和理念。[26]在德国,经济社会学的出现可以区分为两个阶段。第一个阶段始于19世纪后半期,经济学家开始讨论社会学,而社会学文章也开始见诸经济学刊物。应当指出的是,这一时期存在的社会学类型在很多方面异于今天的非常专业的、学术的社会学。不过,有一些经济学家,尤其是舍夫勒和施穆勒认为,由于经济是社会的一部分,经济理论也是社会学的一部分。[27] 施穆勒在1894年的一篇重要作品中宣称:"今天,普通经济学具有哲学-社会学的特性。它始于社会的本质。"[28] 有些评论者的确指出,施穆勒的作品具有社会学性质,尽管可以看到,施穆勒本人的社会学的概念很模糊,并且缺少精确性。[29] 不过,施穆勒在经济学和社会学之间建立了一种尝试性的联系,并由此建立了社会学与历史学派经济学的联系。

后来,在第二阶段,严格意义上的经济社会学开始出现,同时出现的还是这样的理念,即研究经济现象时,社会学的理论洞见可以作为一门独特的社会科学来使用,从而阐明这些现象的某些新颖的方面。1909年德国社会学会建立时,上述运动得到了某些助力,10年之后,创立了一个社会学的教席和两个"经济学与社会学"的教席。[30] 新世纪的开端,经济学刊物上的社会学文章变得很常见。[31] 以格奥尔格·齐美尔关于货币的作品(1900)为开端,继而是鲁道夫·戈德沙伊德、韦尔纳·桑巴特、约瑟夫·熊彼特在这一领域的更为直接的研究,[32] 公开地以经济社会学的名义出现了数量不多的一批作品。韦伯主要的经济社会学作品《经济与社会》也是在1910年代完成的。

由上述可以清楚地知道,严格地说,韦伯并没有"发明"社会经济学或经济社会学这样的词语,这两个词出现于19世纪的德国和欧洲其他地方,尽管是尝试性的,但却是在韦伯注意到它们之前。不过,一旦韦伯决定进行社会经济学和经济社会学的研究,他的确是明确而有创造性地将它们转变为坚实而令人兴奋的计划。以下三节将讲述韦伯怎样逐渐认识到,社会经济学和经济社会学是值得为之努力的事业。

III. 韦伯早期的经济学作品（1882—1898）

韦伯一生的经济学作品可以被划分为两个截然不同的阶段。第一个时期始于韦伯1882年起在大学的学习（他生于1864年），止于1898年他患病。在这些年间，韦伯被引入经济学并担任了几年经济学教授的工作，先是在弗莱堡大学、接下来是在海德堡大学任教。第二个时期始于1903年，韦伯身体康复，重新开始写作，止于1920年6月他去世。在此，作者将既从时期划分的角度，也从他对社会经济学的三个部分（经济理论、经济史和经济社会学）的作品的角度，勾勒出韦伯的社会经济学观点。

1882年，18岁的韦伯进入海德堡大学时，对经济学所知甚少，甚至一无所知。不过，作为学习法律的学生，他必须学一些经济学，因此，他选修了卡尔·克尼斯的课。克尼斯的第一堂课令韦伯觉得"厌烦"，但是，一旦他开始经常上这个课，便开始喜欢这位老师的"非常聪明而有创造性的学术演讲"。[33] 韦伯改变观念的一个原因是，他开始学习经济学，并理解了经济学家的思想。1883年5月5日，他在写给父亲的一封信里这样说，"由于我已经通过学习亚当·斯密等人的作品掌握了一些基本的经济学，克尼斯便留给我非常不同的印象。"[34]

从威廉·亨尼斯的一篇非常有趣的文章来看，克尼斯坚持经济学是关于人的科学，而且它要分析经济与社会的非经济部分的联系，这给年轻的韦伯留下了相当深刻的印象。[35] 尽管有人对亨尼斯的观点持反对意见，例如，他们认为施穆勒对韦伯的潜在的影响大于克尼斯的影响,但是,比较合理的看法是,韦伯的这个第一位也是唯一一位经济学教授受到了他的尊敬,对韦伯的思想产生了重要的影响。[36]在亨尼斯的文章问世前几十年,亚历山大·冯·谢尔廷也与他一样,强调韦伯将经济视为一个更大整体的组成部分的观点是从历史学派,"特别是克尼斯"那里学到的。[37]

尽管学生时代的韦伯受到了经济学的吸引,甚至曾经宣称他已经"成为三分之一个经济学家",但是,在那些年他从来没有将自己视为经济学家。[38]在柏林时,他没有选经济学的课,尽管施穆勒和其他知名的经济学家都在柏林。[39]总的说来,韦伯在学生时代只上过一门经济学的课。他的主要身份是法学学生,而且对历史非常感兴趣。按照他未来的妻子和传记作者的看法,他的第一篇博士论文内容"处于法学与经济史的交界地带",第二篇论文也同样如此。[40]应当补充说明的是,这两篇作品也都证明了韦伯自身对于资本主义起源问题的浓厚的兴趣。第一篇论文也是一部名为《源于南欧的中世纪贸易公司的历史》(1889)的大部头作品的一部分,这部作品着眼于早期的商业企业的形式,抽取的主要是法学资料。[41]韦伯特别关注了家庭在这些早期的法人团体中的作用,并注意到了公司责任(corporate liability)概念。韦伯的第二篇论文题为《罗马农业的历史及其对共和国、民法的重要性》(1891),它研究的是有关资本主义诞生的另一个核心问题,即个人的土地所有权如何产生于罗马共和国。[42]

1888年,韦伯加入了社会政策协会,当时许多杰出的经济学家都是这个协会的成员。在柏林,年轻的韦伯律师一直与经济学家们保持着经常的联系。[43]1892年初,韦伯刚刚呈交了第二篇论文，协会便委派他和另外几个人研究德国的农业劳动者的情况，每人分配一个地区。分配给韦伯的是德国易北河以东的部分，由于波兰移民与德意志人之间激烈的竞争，这一地区具有特殊的政治利益。《易北河以东地区农业工人的状况》（1892）获得了巨大的成功，赢得了在这一问题上最权威的专家 G. F. 克纳普的公开赞誉。[44] 克纳普认为，韦伯开创了研究这一问题的全新的思路，"我们的专家已经被超越了，我们必须从头学起。"[45]

在协会的这项研究中，韦伯的主要命题是，如果听其自然的话，波兰的农业工人会逐渐将德国工人赶出这一地区，因为他们愿意以低于德意志人的薪水工作；他的潜在的结论是，应当采取一定的政治手段来中止这种情况的发展。另一个困难是容克们，他们是普鲁士和德国东部地区的强大的土地所有者阶级，对使用波兰工人表现出了明确的兴趣，韦伯指出，正因为如此，他们直接削弱了德意志国家。

按照玛丽安娜·韦伯的说法，她丈夫之所以对协会的研究有兴趣首先是出于政治原因，但是，韦伯的作品中还包含了许多本质上是社会科学研究的材料，显示出他对经济的社会分析的兴趣。例如，他的一个重要观察是，驱使德国农业工人移民到城市中去的，不仅是物质原因，而且也源于"自由的魔力"。[46] 在他的作品中，这一洞见还将重新出现，即"物质利益"和"精神利益"的对立。另一个例子是韦伯经常使用的一个饶有趣味的概念，即劳动的构成（*Arbeitsverfassung*），他或多或少是把这个词当作"劳动的社会与经济组织"来使用。[47] 而且，韦伯在作品中好几个地方都坚持认为，分析诸如德国农业工人状况之类的问题时不可能仅仅依靠狭隘的经济学进路。他指出，"纯粹的经济学观点"

是"不现实的",因而要由其他进路予以补充。[48] 最后,他论证说,经济与社会之间的因果关系不是单向的,尽管经济总是以其特定方式影响着社会;情况还有可能相反,即"因果关系存在于另一个方向上"。[49]

1893年,韦伯在协会的成功的研究工作为他带来了弗莱堡大学请他担任国民经济学与财政学教授的聘书。之前这一教职属于欧根·冯·菲力波维茨(他在前往维也纳大学之前推荐了韦伯),而且,弗莱堡的人们认为需要有很好的人来代替他。[50] 施穆勒希望韦伯待在柏林,并留在法学界,因此,他最初通过与普鲁士教育部的政治关系成功地阻止了这项任命。不过,1894年,弗莱堡大学再次提出邀请,韦伯接受了。

接受这个邀请对韦伯而言并不容易,在他前面有留在法学界的卓越的职业前景,而且,出于某些原因,他想留在柏林。不过,他仍然接受了,因为在德国那个特定的历史时期,经济学是一种如此广泛而且在智力上如此令人振奋的学问,而且,经济学家在政治上比法律学者更能发挥作用。韦伯夫人在她写的传记中阐述了韦伯决定前往弗莱堡的事情:

> 与法学相比,作为一门科学的经济学仍然是富有弹性的和"年轻的"。此外,经济学位于一些学术领域的交界处;它直接通向文化史、思想史以及哲学问题。最后,与法学思想的比较形式化的问题相比,经济学的政治指向和社会政策指向会更富有成效。[51]

一旦到了弗莱堡,韦伯便认真地对待作为教授的任务。例如，通过把经济学从哲学院转到法学院，韦伯成功地提高了经济学的地位。由于在学生时期几乎没有接受什么经济学训练，他还花费了大量的时间来备课。按照惯例，韦伯教授的课程是"普通理论经济学"与"应用经济学"，以及一些特别讲座（例如"财政学"和"经济思想史"）。[52] 按照某些学生的说法，韦伯的讲座给人留下了"很不系统的"和"未完成的"印象；他的妻子说，直到1896年春天，韦伯才觉得自己掌握了这个新领域。[53]

在弗莱堡大学的第二个学期一开始，韦伯便按照惯例进行就职演说。他选择的题目是"经济生活中的民族身份"（在印刷版本中标题换成了"民族国家与经济政策"）。韦伯向不同的人大量散发这个稿件，希望演说能够产生政治影响。不过，他也许错误估算了演说的潜在效果，而且很快便认识到，他的观点之"冷酷"令不少人感到不安。[54] 其中一个冷酷之处在于，他以一种咄咄逼人的方式，想要让经济学被当作一件利器，用于德国和其他国家的斗争之中。韦伯骄傲地宣布自己是一个"经济民族主义者"，详细说明了1892年他为社会政策协会所作研究的民族意义，认为必须中止波兰人移民德国：一定要"阻止斯拉夫人的大潮"。[55]

不过，除了其政治含义以外，韦伯的演说还包含了一些有趣的想法，这些想法大多都是要解决经济学在现代社会的作用问题。例如，韦伯写道，德国的公开辩论中有一个普遍的倾向，即让经济学或"以经济学的方式看待事物"成为公认的规范，这就意味着许多经济学中暗含着的价值判断被毫无反思地接受了下来。韦伯将这个倾向看作"现代对'经济'的过高估计"的一部分，对此他持严厉的批评态度。韦伯说，那种相信可以直接从科学分析中提炼出价值的看法，仅仅是一种"乐观的幻觉"。[56] 经济学家不应当隐藏在科学的权威背后，而应当诚实地走向前方，说出他们认为的作为公民应当做到的事情。这正是韦伯自己在做的事情，如前所述，他希望一个强大的德国可以阻挡住斯拉夫人的洪流。

在弗莱堡，韦伯还作了另外一个著名的演讲，题目是"古代文明衰落的社会原因"（1895、1896）。[57] 这次演讲仍然被认为是一个出色的学术成果，其中，韦伯提出了他自己关于罗马帝国衰落原因的理论。他论证说，一旦对新的土地的征服停止了，罗马的经济就不再有便宜的奴隶可供驱使了，而这最终引起了向以庄宅为核心的、自给自足的经济的回归。由于共和国当局越来越难以征收到税款，罗马国家很快便丧失了对社会的控制。

在弗莱堡，韦伯还写了一些关于证券交易所的文章，主要原因是他想参与到公开辩论中去。许多人相信，证券交易所只会引起欺诈与投机，作为这一观点的对立方，韦伯为工人们写了一个教育性的小手册，题目是《证券交易所》（1894—1896）。由于清楚地描述了证券交易所的工作和它在现代社会中的作用，这个手册风靡一时。手册的最后一段说，证券交易所构成了"经济斗争的力量的手段"，由此可以明显地看出，韦伯有关证券交易所的作品受到了他的政治兴趣的启发。韦伯说，"只要国家要为着民族生存和经济强权而进行不屈不挠且不可避免的斗争"，那么，战时需要"枪炮"，和平时代则需要"强大的证券交易所"。[58]

1896 年，韦伯被任命为海德堡大学经济学与财政学教授，以接替他以前的老师卡尔·克尼斯。用聘请他的那些决策者的话来说，之所以选择韦伯，是由于这位年轻人"即使现在……都有望成为这一领域的前沿人物"。[59] 年迈的克尼斯已经降低了经济学的品质,韦伯首先采取的行动之一便是主持经济学的研讨会,在当时的德国大学中,这被认为是必须要做的事情。[60] 韦伯还是一个名为社会经济学协会(*Socialökonomische Vereingung*)的组织的创建者之一,甚至可能是最初的发起人。人们对这个协会所知甚少,只知道它的主要功能是通过经济学家和其他社会科学领域的学生之间的联系,扩展经济学的知识范围。[61]

与弗莱堡时期一样,韦伯在海德堡仍然讲授"普通理论经济学"、"应用经济学"和一些特别讲座(例如"农业政策"、"社会问题与工人运动")。[62] 玛丽安娜·韦伯是这样描述她丈夫在海德堡的经济学讲演的:

> 他现在已经掌握了这门学科,而且很享受他的内容丰富、组织严密的重要讲演……每次课程都经过了精心的安排,不过,讲完课,在剩下的时间里他却完全听从灵感的安排,抛开教案,滔滔不绝。严密的概念结构配以丰富的历史知识;他非同寻常的敏锐的头脑还受助于同样强大的表述的力量。这样,通过丰富的案例和他直白的讲演风格,他甚至能够使最抽象的理念变得让人可以理解。每一堂课都新鲜生动,仿佛刚刚在他头脑中完成一样。[63]

尽管韦伯的演说技术和百科全书式的知识使聆听讲演的人难以忘却,但是,并不是所有人都喜欢这样。例如,1898年某一期的《社会主义学生》(*Der Sozialistische Student*)上提到,那些使韦伯来到海德堡的人原希望由此加强历史学派的力量,但是,当他们意识到韦伯实际上是"奥地利学派的拥戴者"时，感到非常失望。[64]

在海德堡期间，韦伯写出了两份初稿，后来变成了一本关于古代社会的社会与经济史的书，其英文名字叫做《古代文明的农业社会学》。[65]从他有关普通经济理论和课程，以及1897年在曼海姆的标题为"经济发展课程"的著名系列讲座来看，很显然，他在努力掌握并应用整个人类的经济史。后一个讲座没有讲稿留存下来，但是，可以从某些报纸文章中了解其大概内容。[66]不过，由于韦伯将"普通经济理论"的课程大纲和第一部分的笔记印发给学生，因此，人们对这门课就比较了解。在1890年代后期，韦伯还计划写作一本经济学教科书，其中一部分就是要在这门普通经济理论课程的笔记基础上进行改写。[67]

课程大纲和笔记在1990年以《1898年普通（理论）国民经济学讲座大纲》的名字出版，提供了了解韦伯在1890年代的经济学观点的独特洞见。[68]课程大纲有25页长，分为六个主要部分，第一部分是"经济学的概念基础"，最后一部分是"经济与社会理念的发展与分析"。其他四个部分的标题分别是，"经济的自然基础"（第二部分）、"经济的历史基础"（第三部分）、"经济理论的发展阶段"（第四部分），以及"现代市场经济的理论分析"（第五部分）。各个部分都有建议学生阅读的参考书，总计约六百部。阅读指南之后便是课程第一部分是34页的笔记，题目是"第一部：经济学的概念基础"。这些笔记向学生介绍了经济学的关键概念，例如，"经济"、"商品"，以及"需求"，并且讨论了价格形成、货币和生产等题目。

从阅读指南来看，很明显，韦伯的经济学知识很渊博。他介绍给学生的作品不仅有罗雪尔、克尼斯和施穆勒等历史学派经济学的标准读物,而且包括奥地利经济学家和马歇尔、瓦尔拉斯、杰文斯等人的作品。他还时常提及马克思的作品,显然很了解其思想。[69] 从课程第一部分的笔记也可以清楚地看到,韦伯同意在经济分析中使用虚构的经济人(*homo economicus*)。他指出,"抽象理论的起点是现代的西方人及其经济行动"。他还补充指出,经济理论:

> a. 忽视影响真实的人的所有那些动机,特别是非经济动机,并将它们视为不存在来处理,例如,所有那些并非物质手段的满足中产生的动机;
>
> b. 将不存在或不完全存在于人身上的某些特质当作确实的存在加之于人,即:
>
> a)对既定情境的完全的洞见——完全的经济知识;
>
> b)对一个既定目标的最合适的手段的排他性选择——绝对的经济理性;
>
> c)将个人的力量完全用于获得经济物品——不知疲倦的经济努力。因此,它的论证是建立在不现实的人的基础之上。
>
> 因此,经济理论假定了一个不现实的、与数学模型类似的人。[70]

《课程大纲》中的这一段给我们的印象是,就像社会主义学者们指责他的那样,韦伯的确是"奥地利学派的拥护者"。但是,阅读指南表明,更准确的说法是,韦伯根据手头的问题来宣讲不同的经济学进路。例如,当韦伯在理论层次讨论价格形成时,他主要抽取奥地利版本的边际效用理论;而当他讨论"经济的历史基础"时,他主要引用历史学家和历史取向的经济学家,例如卡尔·布歇、爱德华·迈耶及奥古斯特·梅森等。最后,在一个名为"经济与其他文化现象,特别是法律和国家的关系"的部分中,韦伯建议学生参考孔德、斯宾塞和滕尼斯等人的社会学作品。

认为韦伯在1890年代末就已经发展出了自己的经济学分支是否正确?按照笔者的观点,在这一阶段中,韦伯的经济学进路中有两个方面使它区别于其他那些经济学家的进路,由此可以说,韦伯已经建立了自己的经济学基本轮廓。首先,韦伯建议他的学生既学习历史学派经济学,又学习分析性的经济学;建议他们根据手头要解决的问题使用最合适的方法。韦伯还在自己的经济学中结合了这两种视角的洞见。

第二,从《课程大纲》可以清楚地看到,在某种程度上,韦伯试图在教学中超越分析性的经济学和历史的经济学,普通经济学课程第一部分的笔记证明了这一点。最后,这一努力将使他通过结合利益驱动的分析与社会的视角来发展出经济社会学。尽管还处于萌芽状态,但是,韦伯20年后的经济学中的几个起到关键作用的概念已经见于《课程大纲》了,即"经济行动"、"控制与处置权"、"机会"和"斗争"("价格斗争"、"竞争者之间的斗争",等等)。所有这些概念都被韦伯沿着社会学的方向进行发展,并且在《经济与社会》第2章形成一个内在一致的整体。[71]在《课程大纲》中,韦伯还提到了"物质需求"和"精神需求",这样的类型学预示着他后来所谓的"物质利益"和"精神利益"概念。

韦伯想要超越历史的和分析的经济学的意图的另一个迹象

是，他试图发展出一个既吸收奥地利经济学，又吸收历史学派经济学的价格形成理论。韦伯论证说，在确定"理论价格"时，关键是按照边际效用理论而排序的买方的需求。但是，当确定"实际价格"时，还有几个其他因素必须计算在内，例如经济行动者之间的斗争（"经济斗争"）、市场的不完全，以及需求的历史形成。[72] 总的来看，《课程大纲》留给人们的印象是，韦伯想要在分析性经济学和历史的经济学之间进行调和，有时还同时超越了这两者。

在1882—1898年韦伯的第一个学术阶段中，他在何种程度上发展了一个社会经济学的理论？仅仅从这一术语本身来看，很明显，韦伯是在阅读诸如门格尔（1881）、克尼斯（1883）和迪茨尔（1895）等人的著作时遇到了这个词。1897年，他促成建立了"社会经济学协会"。不过，很明显，如果韦伯想要使用"社会经济学"的术语，那么这个术语就应当出现于他的经济学课程中，但是事情并非如此。韦伯在他的《课程大纲》中用更加一般性的"*Volkswirtschaftslehre*"即"国民经济学"来代替。

一个更加重要的问题是，韦伯是否在早期作品中使用了社会经济学的思想。《课程大纲》中的经济学概念非常广泛，这是社会经济学的特点。例如，韦伯提到了经济的历史演化、经济与自然的关系、经济与社会的关系。但是，社会经济学思想的第二部分，即经济学内部的劳动分工的部分，在这个阶段没有得到很好的发展。韦伯提及"抽象理论"，人们无疑可以在《课程大纲》中找到经济理论与经济史的暗含着的区别。但是，问题在于，区别仍然是含蓄的。同样明显的是，韦伯在1890年代中期并没有对"经济社会学"可以成为经济研究的一个有用的进路着墨过多。

1890年代以来的课程大纲中唯一的社会学参考书是有关"社会"的一般性著作，例如孔德、斯宾塞、滕尼斯等人的著作。这一时期，韦伯引用的所有社会学作品，以及他在《课程大纲》或其他任何地方所说的话，都没有表明韦伯对于直接将社会学应用于经济现象有特别的兴趣。

那么，在韦伯第一个学术阶段中，他对经济理论、经济史和经济社会学领域有什么样具体的贡献呢？在经济理论领域内，韦伯在1890年代中未写过一篇文章。换言之，教授经济理论是他作为经济学教授的职责之一，但是，他并未尝试进一步发展经济理论。不过，从《课程大纲》来判断，他在这一时期的一个出色成就是清晰地阐述了经济人的性质。弗兰克·奈特曾经在《风险、不确定性与利润》（1921）中就这一问题进行了经典的论述，他的论述与韦伯的说法惊人地一致。[73] 奈特与韦伯都认识到，经济人是一个分析性的建构，并不存在于现实之中。至于这一时期韦伯其余的经济理论，特别是在长达三十多页的经济学理论课的笔记中，可以看到一些有趣的思想，尤其是，他努力要调解并超越分析性的经济学和历史的经济学。但是，这些思想并没有得到很好的发展，而只有在进行历史回顾时，它们的重要性才清晰可见。

韦伯在1882—1898年间的经济史著作内容颇为充实，包括他的两篇博士论文（或者更确切地说，是这两篇论文中非法律史的部分），这两篇文章的题目分别是"古代文明衰落的社会原因"和"古代的农业条件"；还包括其他一些题目的著述，比如在曼海姆的名为"经济发展课程"的讲座。所有这些作品都体现出韦伯对资本主义的性质和起源的着迷。例如，在他的第一篇博士论文中有关于康曼达的讨论，终其一生，韦伯都将此列为理性的企业的一种早期形式。他还试图确定"资本主义"可以在多大程度上见于古代，以及它是否与现代世界中的那一类资本主义有关系。最后，韦伯的知识面非常广泛，而且兴趣涵盖了人类整个的经济演化。

尽管韦伯并没有公开将自己在这些年的作品确认为社会学或经济社会学，但是，他关于经济问题的讨论包含了在今天看来多少是社会学的一些观察。有关德国农业和证券交易所的作品大部分都是如此，而所有这些作品构成了韦伯在这一时期的比较松散的意义上的经济社会学作品。上文已经提到了韦伯的一些观察，例如德国与波兰工人之间的斗争，以及世纪之交的德国的经济分析中意识形态的作用。但是，从经济社会学的角度来看，韦伯早期作品令人感兴趣之处不止这些。例如，他的一个富有启发性的思想是，在某些环境下，利息支付可以被视作现代类型的贡赋；还有他关于证券交易所的不同方式可以根据经济力量及其成员的商业经验来调节的讨论。韦伯的早期作品中还散布着一种有关经济理论的知识社会学，不一而足。

如果韦伯死于1890年代初期，时值三十壮年的他将不会被当作一位对社会科学作出富于启发性贡献的年轻天才而留名青史。他已经证明自己具有出色的研究才能，对他在协会的作品的广泛接受便表明了这一点，但是，1890年代的韦伯作品带给人们更多的是希望而非成就。进入20世纪之后不久，韦伯便以磅礴之势推出了今天与他的名字联系在一起的那些作品：《新教伦理与资本主义精神》、《社会科学方法论》、《经济与社会》，等等。这些作品如何与韦伯的社会经济学、经济社会学，以及他结合利益驱动分析与社会分析的努力相联系？这一问题将在此附录的其余部分进行介绍。

IV. 韦伯康复后的经济学作品（1903—1909）

1903年，韦伯身体康复，重新从事经济学工作，一直工作到1920年他写作《经济与社会》时去世，这期间他写作了自己最重要的经济学作品。正是在这一时期，韦伯成功地发展出自己的经济社会学，而他关于社会经济学的观点也初见规模。韦伯在1903—1920年间的工作可以划分为两个阶段：第一阶段始于1903年，终于1910年左右；第二个阶段始于1910年左右，终于1920年。在第一阶段，韦伯的兴趣主要在于经济与其他社会领域，如政治、法律、宗教等的关系。尽管在很多方面他的进路都是社会性的，他仍然没有发展出一种独特的社会学。也正是在这一时期，他发现了将利益驱动分析与社会分析结合起来的一种方式。

在生命中的最后10年间，韦伯为社会学发展出一个普遍的基础，以及一些基本的社会学概念。有两个版本的普通社会学，其中较权威的一种可见于《经济与社会》第1章（"社会学基本概念"）。重要的是，在这段时间里，韦伯还决定不仅将他的新的社会学进路应用于经济与其他社会现象（例如政治、法律和宗教）的联系上，而且应用于经济现象本身。正是由后者诞生了他的经济社会学——而且是在这一词语的较严格意义上来说的。

1898年，韦伯患病，陷入了这样的一种循环：短暂的康复之后，随之而来便是一次危机。有时候，他完全失去能力，既不能读,也不能写;但在某个时期他又会感觉好一些,甚至认为可以重新完全履行自己的学术职责。有时他如饥似渴地读书,不过不是经济学的书("任何非专业领域的书")。在某种程度上,韦伯的疾病使他能够探索他先前有兴趣却没有时间读的作品。他的妻子在韦伯康复期所记的日记中写道,"我们目前被各种各样的书环绕着,在其他情况下,我们不可能有机会读这些书"。她接着说,"马克斯从大量种类繁多的书中吸收营养",包括有关"修道院的组织和经济"之类的书。[74]

但是,韦伯的疾病当然会给他带来极大的不幸,产生了许多问题。其中一个就是要面对他在海德堡大学讲授经济学的责任感问题。从一开始,韦伯便意识到海德堡教员不足,需要再增加一位经济学教授,而当他生病之后,学校当局决定任命第二位教授。与弗莱堡时的情况一样,韦伯想要他的朋友和同事韦尔纳·桑巴特来代替他,但是最终被选中的人是卡尔·拉思詹,一位日本经济专家。[75] 拉思詹从1900年起执教于海德堡,三年后,学校才决定任命一位新的教授代替韦伯担任他的教职。这一次是一位名为埃伯哈德·戈森的经济学家中选。[76] 戈森后来成为韦伯的朋友,但是成就不多。

1903年,学校最终决定接受韦伯本人提前退休的要求,找人代替韦伯任教。在此之前,韦伯一直在休带薪假期,没有任何学术职责在身。没有完成工作,却又接受薪水,这一点令韦伯备受折磨,到1903年时他再也不能忍受了。从此,他和玛丽安娜主要靠他母亲的钱生活,直到1907年,玛丽安娜接受了一笔遗产,这才使他们经济上获得独立。不过,对于像韦伯这种个性的人来说,即使是靠遗产过日子也不是没有问题。正像他后来所说的那样：

> 任何人，哪怕只有一便士直接或间接得自他人的投资收入，只要他拥有不动产或不劳而获的消费，他就脱离了为着生存而进行的残酷无情的斗争，在这样的斗争中，成千上万乃至亿万人都在年复一年地耗费他们的肉体与灵魂。[77]

1903—1909年间，韦伯仍然将自己主要界定为一位经济学家，但是，他也开始从事新领域内的工作，例如社会科学方法论和宗教。成为一位私人学者也更容易追踪政治事件，并且在此领域写一些东西。例如，韦伯写了一些与1905年俄国革命有关的文章，甚至引起了列宁的注意（"这么一个带着怯懦的资产阶级的职业智慧的玩意儿"）[78]。

在1903—1909年间，韦伯继续与经济学家有联系，尽管他的最密切的朋友来自哲学、法学和神学界。他开始逐渐地在仍然由经济学家主导的社会政策协会中复兴自己的兴趣，而且，与一些经济学同事密切合作，编辑《社会科学与社会政策文库》。这个杂志是由埃德加·雅菲创办的，他是韦伯亲密的朋友，也是一位经济学家，而他创办这个刊物的动机之一便是给韦伯找点事情做。最初的三位编辑是雅菲、韦伯和桑巴特，后来，熊彼特也被介绍加入。在1910年代，韦伯与熊彼特之间只是泛泛之交，但保持了友好的关系，他似乎在奥地利经济学家中间没有什么朋友。他的大部分经济学同事都是历史学派的，而韦伯与该学派的强大领袖古斯塔夫·冯·施穆勒的关系既彬彬有礼又保持距离。韦伯自己似乎赞同处于历史学派与奥地利经济学之间的某种立场；他经常在奥地利派经济学家面前捍卫历史学派，反之亦然。例如，当施穆勒庆祝70寿辰时，韦伯恭维他不单单对分析的经济学有兴趣，而且"在最空洞的经济理性主义大行其道的时候，您以一种……不可能见于任何其他国家的方式，为我们的经济科学的历史思想创造了一个家园。"[79]而基本上与此同时，当卢卓·布伦塔诺急躁地将奥地利经济学弃之一旁时，韦伯马上提醒他注意门格尔的"出色的见解"。[80]

1909年，韦伯在社会政策协会的维也纳大会上采取的立场也更接近奥地利人，而不是历史学派经济学家。他坚决拒绝施穆勒等人的观点，即经济学应当是一个伦理科学。他争论说，出于可以理解的原因，历史学派经济学家反对某些早期的经济学家试图将营利描述为道德上的正确，但是，当他们建立自己的道德的经济理论时，他们犯了一个类似的错误。韦伯批评说，正是将价值引入经济科学使采取伦理立场的思想变得无足轻重。下文是韦伯在1909年维也纳大会上的讲话：

> 我之所以抓住每一次机会……以这种非常强调的话语抨击对"应然"与"实然"的混淆，并不意味着我低估了应然的问题。相反，这正是因为我无法忍受具有震惊世界的重要性，并且产生最大的精神后果的问题，在某些方面是那些足以搅动人的灵魂的终极问题，却被转变成为有关"生产"的技术性经济问题，从而成为某个学术科目的讨论对象。[81]

韦伯对客观性问题的论证得到了某些与会者的支持，却遭到另一些人的反对，反对者包括奥斯玛·斯潘（Othmar Spann）、鲁道夫·戈德沙伊德、欧根·冯·菲力波维茨(他有关生产力的发言引发了韦伯的发言)等。有关价值判断在经济学中的作用的争论并没有随着维也纳大会的闭幕而结束，而是一直在其后数年的社会政策协会的大会上持续着，后来，便以所谓价值判断之争为人所知。

韦伯在1903—1909年间的大多数作品都与他对经济学的一般理解有关。他的方法论论文中有一些主要处理经济学的方法论，有一篇严厉批评了罗雪尔与克尼斯，另一篇则介绍了社会经济学的整体规划，第三篇讨论边际效用理论。他的出色研究《新教伦理与资本主义精神》(1904—1905)也与经济学有关，不过，作品本身还应当加上韦伯关于教派的补充论文，以及对批评者的回应。韦伯也写了关于工业劳动者的作品，这主要是在关于"工作劳动的心理物理学"(1908—1909)等一些论文，以及同一时期他为协会整理的方法论论文之中。这一时期韦伯的学术活动最突出的莫过于一本有关古典时期的社会与经济史的书，即《古代文明的农业社会学》，这是他在1907年冬天的几个月里完成的。

韦伯在这个学术活动阶段关于社会经济学的观点的关键可见于他为《社会科学与社会政策文库》第一卷所写的文章，即著名的"社会科学与社会政策中的'客观性'"(1904)一文。此文包含着社会经济学的完整纲领，而且与《社会经济学大纲》一样，构成了韦伯有关这一问题的最重要的论述。这篇文章在韦伯的经济学观点中居核心地位，因此，有必要进一步关注它。

这篇论文包括了两个部分：一是一般性的部分(共14页)，这是三个编辑(雅菲、桑巴特和韦伯)共同负责的部分，另一个是特殊的部分(共50页)，这是由韦伯个人负责的。一般性部分指的是可以与《社会科学与社会政策文库》第一卷上集体署名的声明一起阅读和讨论的部分。在声明中,编辑们说,这个新杂志将主要聚焦于"资本主义发展的重大的一般文化特性",在完成这一使命时,《社会科学与社会政策文库》将借鉴一些"邻近的"科学。[82] 研究编辑们所谓"为生存而进行的经济斗争"意味着不仅必须要考虑经济体系本身,而且要考虑经济与非经济现象的联系。以下是"社会科学与社会政策中的'客观性'"论文第一部分所补充的一些要点:在经济分析中,在任何情况下,事实与价值都不可以混淆,而且必须要有一个"经验的社会现实的分析性排序"。[83] 他们表示遗憾,因为方法论争论的缘故,当时的经济学已经分裂成为"两种科学":一种是"历史的",而另一种是"理论的"。[84]

社会经济学一词直到由韦伯单独负责的第二部分才出现,总共使用了约 12 次。韦伯说,他想要给"作为科学的社会经济学"一个非正式的定义,但却提出了一个相当复杂的定义,或可总结如下:社会经济学处理稀缺现象,这些现象是满足精神和物质利益所必需的,而且只有通过计划、斗争和与他人合作才能够提供。[85] 韦伯说,手段的稀缺是"最基本的社会经济现象",社会经济学是一种"现实的科学"。但是,他还补充了以下重要的限制:

> 一个作为"社会-经济"事件的事件,其性质不是它"客观地"具有的,相反它要受我们的认知的利益指向所限制,因为它产生于我们在给定情况下赋予特定事件的特定文化意义。[86]

在此文的其余部分，韦伯提供了更多关于社会经济学的信息，并且说，它汲取了历史的经济学和理论的经济学两方面的要素。韦伯说，社会经济学的范围"几乎无所不包"，在这一点上他赞同罗雪尔和马克思。[87] 他建议以某种方式将构成经济学主观领域的不同范畴进行概念化，并努力进行理论化。他建议说，社会经济学涵盖了以下三种现象：(1)"经济现象"，(2)"与经济相关的现象"，以及(3)"受经济制约的现象"。[88] 第一种范畴包括经济事件或经济制度，即"它们的经济方面构成了我们所认为的它们的首要的文化意义"的社会现象。第二类，即与经济相关的现象，指的是"其经济意义不是我们主要感兴趣的方面"，但是"会产生从经济角度来看与利益有关的结果"。[89] 宗教便是一例，韦伯在《新教伦理与资本主义精神》中已经说明了这一点。

第三类，即受经济制约的现象，在笔者看来是有些问题的，至少韦伯在这篇文章中界定它的方式成问题。他说，受经济制约的现象是指非经济的以及没有重大的经济后果的现象，但是包括了"部分地受到经济动机影响的非'经济'事件中的行为"[90]。韦伯给出的唯一的例子是，某一时期的艺术趣味部分地依赖于对艺术有兴趣的人的社会阶层。在笔者看来，这只是一个相当微不足道的事例，而且韦伯对受经济制约的现象的定义给出的解释也相当有限。这也许是对马克思在这一方面的压倒一切的宣言的反应，即马克思坚持社会的大多数现象（如果不是全部的话）仅仅由经济因素决定。无论如何，韦伯后来扩展了受经济制约的现象的范畴，在他后期的作品中，大概来说，它指的是直接受经济现象影响的非经济现象（参见图表 A.2）。[91]

```
文化现象                    I. 经济现象
"经济"的文化意义    →         因其在为生存的物质斗争中的作用
是赋予特定现象的              而令人感兴趣的现象

                           II. 与经济相关的现象
                    →         引人兴趣的不在于现象本身在为生存
                              的物质斗争中的作用，而在于现象
                              的结果

                           III. 受经济制约的现象
                    →         引人兴趣的不在于现象本身在为生存
                              的物质斗争中的作用，而是这些现象
                              部分是由经济因素所造成
```

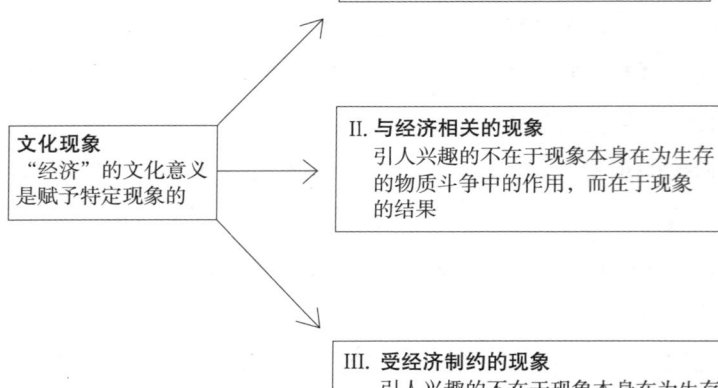

图表 A.2　韦伯在关于"客观性"的文章（1904）中，

关于社会-经济现象的建构与范围

来源：马克斯·韦伯："社会科学与社会政策中的'客观性'"，《社会科学方法论》（纽约：自由出版社，1949），第 64—65 页。

注释：根据韦伯的看法，人们赋予那些他们认为是为生存的物质斗争的核心，而且具有稀缺特征的现象以"经济"的文化意义。在开始分析时，分析者必须将经济现象的文化建构考虑在内。在此论文中，韦伯提出了一个广泛的经济学定义；不仅包括他所谓的"经济现象"，而且包括"与经济相关的现象"和"受经济制约的现象"。

但是，即使韦伯对罗雪尔和克尼斯所说的社会经济学的广泛内容表示赞同，他仍然对历史学派经济学和马克思主义的其他方面持批评态度。他在"客观性"一文中指出，历史学派经济学对于经济学中的概念形成采取了一种天真的进路,不断地混淆事实与价值。至于马克思主义,它赋予"经济因素以超越一切的重要性",但却没能认识到,社会也会影响到经济。[92] 简言之,韦伯发现历史学派经济学和马克思主义的用处在于它们关于经济的无所不包的概念,对于其余的大部分则持批评态度。

从韦伯对理论经济学的清晰的阐述中可以看出,他想要"作为科学的社会经济学"包括一种分析性的进路。经济理论往往开始于抽象,韦伯写道:"〔经济理论〕为我们提供了一幅各种事件的理想图景,这些事件发生于按照交换经济、自由竞争和严格的理性行为原则组织起来的社会条件下的商品市场。"[93] 韦伯知道,这意味着"一个没有矛盾的宇宙",但是他仍然为"抽象经济理论"意识到历史学派没有理解的东西而喝彩,即没有科学概念就不能进行任何经济学分析,而科学概念总是需要对现实的某些方面进行选择与抽象。

韦伯将这些科学概念称为"理想型",它们的特点在于"分析性地突出现实的确定要素"。[94] 韦伯强调,所有不同种类的"文化科学",即历史、经济理论等等,都在使用理想型,无论它们意识到这一点与否。换言之,韦伯所指的理想型是所有文化科学共同的某种东西,并且因此而将它们联合在一起。在韦伯笔下,理想型的实用意义在于它是可以克服社会科学彼此间的分裂的工具。

因此,抽象经济理论便由理想型组成,并代表了社会科学中的一个正当的进路,尽管乍看上去,这一点显然不够现实。不过,韦伯也警告不要误解理想型在经济理论中的使用。韦伯指出,经济理论的分析精密度并不意味着我们可以准确预测出经验现实中将要发生的事情,他还补充说,自称有这种能力的人不过

194

是在"空想"。韦伯还说,经济学不能将所有能量都用于精雕细刻抽象经济理论;社会经济学是由好几种学科组成的,每个学科都应当得到发展。事实上,正如他所说的,"'边际效用理论'仍然要受到'边际效用法则'的支配"。[95]

在这一段时期内,韦伯有关经济理论的唯一作品是一篇短小但重要的书评,对卢卓·布伦塔诺有关价值理论的演化的一本书进行评论。布伦塔诺论证说,边际效用理论是以心理学为基础的,更不必说其他的问题了。而韦伯认为他的这一立场完全错误。韦伯在这篇书评中写道,与其他的社会科学一样,经济理论始于日常经验,假如这样的话,它来自三种一般性经验:(1)人们受到需求的驱动,而需求能够通过稀缺的物质手段得到满足;(2)消费越多,需求越容易满足;以及(3)人们根据他们赋予不同需求的重要性来分配稀缺物品。但是,韦伯指出,经济学家使用这些日常经验的要素的方式不同于心理学的使用方式。对于心理学家来说,仅这些经验就可以构成有效的研究主题,而经济学家仅仅将它们用作建筑经济行为理论的垫脚石。当人们想要对经济如何运行的问题进行概念化时,这些理论是有益的工具;而尽管从心理学的角度来看,它们并不真实,但却坚实地扎根于日常现实。[96]韦伯说,恰恰通过减少被心理学家视为其研究核心的图景的某些部分,经济学家才能够使某个情势具有完美明晰、内在一致的经济逻辑。

韦伯还补充了对他关于边际效用理论的非心理学基础的一个有趣的改变。韦伯说,某些经济学家宣称理性行为通常都是存在的,但是,事实是,当经济现实自身变得更理性的时候,理性的经济行动观念在分析此现实时便越发有所帮助。他说,庞巴维克的价格形成理论如此适合发生于柏林证券交易所中的行为,并不是一种巧合。总的来说,"资本主义时代的历史特殊性"恰好是,"经济学的理论假设中(存在着日渐增长的)对现实的接近……边际效用理论的启发意义在于这一文化-历史事实,而不是它所谓的(心理学)基础"。[97]

在康复以后的岁月里,韦伯继续从事经济史的工作,并写出了他的重要研究《古代文明的农业社会学》(1909),至今仍然被视为同类作品的典范之作。标题中的"社会学"是英译者加上去的,按照字面意义的翻译应当是"古代农业社会的状况"。此前在韦伯作品中只有所暗示的好几个主题在这部书中得到了充分的发展,例如,古代文明的沿海方位,世界某些部分的控制水供应的政治重要性,以及古代资本主义的特殊性质。在《古代文明的农业社会学》中,韦伯将分析的范围放得很开,特别是,他一方面关注了各个经济体系之间的关系,另一方面关注地理、自然和政治之间的关系。韦伯说,可以从经济与政治的密切关系来探求古代资本主义的关键所在:

> 古代资本主义是政治势力塑造出来的。可以说,它只间接地具有经济性质,因为关键的因素是城邦的政治财富,以及它通过包税合同、争夺人力以及(特别在罗马)掠夺领土的战争所提供的利润。[98]

《古代文明的农业社会学》开篇便是一个著名的讨论,即经济理论是否能够被用来分析古代经济,在这里,韦伯坚决反对那种认为可以把诸如"工厂"、"工厂工人"之类的词用于前资本主义社会的观点。他说,"再没有比用现代(经济)术语来描述古代的经济制度更令人误解的了"。[99] 在另一个地方,韦伯还说,不能用"需求与供给",而只能用罗马帝国的"社会构造"来解释某些现象。[100] 如何解释韦伯的这两个说法?这是个可以讨论的问题:某些评论者认为,韦伯的意思是说,经济理论不能用于解释前资本主义的社会,而其他人则说,韦伯对一般意义上的经济理论持批评态度。在笔者看来,后一种观点是完全错误的,前一种则比较接近事实。在《古代文明的农业社会学》以及其他所有韦伯作品中,他从来没有明确地表示经济理论不能被用于分析前资本主义社会的经济。至少在现代经济理论方面,他的看法是这样的。在私人笔记(确切地说,是对门格尔某个作品的眉批)中,韦伯提出,在不同的历史阶段,原则上应当有可能建构不同类型的经济理论。[101]

在1903—1909年这一阶段,有两组韦伯作品通常被认为具有社会学的,而非经济史或经济理论的性质:《新教伦理与资本主义精神》(1904—1905)(包括在其后的辩论中韦伯的应战文章),以及1908—1909年间关于工业劳动者的作品。后者包括一篇关于工人的"心理物理学"的长文和一篇方法论文章,是为协会发起的一项研究劳动力和现代工业的研究项目写的,韦伯与他的弟弟艾尔弗雷德及经济学家海因里希·赫克纳一起参加了这个项目。韦伯在这些文章里提出的问题是,对遗传、疲劳等劳动经验和生产力等的研究是否对分析工业劳动有所帮助。原则上他对这一问题作了肯定的回答,但是,他也强调指出,能够引起实证取向的社会科学家的兴趣的有关研究寥寥无几。韦伯讨论的另一个问题也是协会非常感兴趣的,即大型工业企业对工人的选择与适应。韦伯写道，这一问题系（problematique）的核心必定是，现代工业所产生的工人的类型与现代工业如何适应现有的工人之间的关系。韦伯对这两方面都很悲观。他说，对个人来说，现代工厂构成了一种"巨大的牢笼"，而大规模工业威胁要"将人类的精神面貌（变得）几乎认不出来了"。[102]

本书第5章已经详细讨论了《新教伦理与资本主义精神》，在此，只对此作品在韦伯的普通经济学概念中的位置稍作评论。《新教伦理与资本主义精神》的构思和写作与1904年的"社会科学与社会政策中的'客观性'"论文基本同时，而且在很多地方都很相似：经济现象不仅必须用稀缺性的术语来分析，而且还必须用它的文化意义来分析；这一意义是在社会中形成的；因此，理性的经济行动（如现代资本主义中的理性经济行动）既是社会的也是历史的产物。为了阐述经济理性与社会现实之间的联系，韦伯举例说明，"贵格会教徒〔对经济事务的态度〕"如何成为"一部活着的边际效用法则"。[103]

《新教伦理与资本主义精神》所研究的问题毋宁说是要评价某一种宗教心理影响人们对经济事务的态度。换言之，用关于"客观性"的那篇文章的术语来说，韦伯选择了考察一种"与经济相关的现象"。无疑，韦伯的研究中隐含着对马克思主义的某种批评，因为他选择研究的是与马克思为之着迷的因果关系相反方向的因果关系。与社会经济学的纲领相一致，韦伯在这项研究中要表明的另一个重要问题是，只有将非经济力量考虑进去时，特定时期所发生的经济事件才能够被理解。

作为总结，可以说，韦伯关于社会经济学的作品占据了他在1903—1909年各种活动的相当重要的部分。社会经济学的术语首次出现于他的作品中,而韦伯也给这一类型的经济学专门写了一篇纲领性的文章,即1904年的"社会科学与社会政策中的'客观性'"论文。这篇文章的一个重要方面是,韦伯在社会科学的全面的哲学中对社会经济学的定位:经济现象必须以行动者本人所秉持的意义来理解;所有用来分析经济的概念必然伴随着分析性抽象,无论它们来自哪一种社会科学;经济理论代表了一种分析理性经济行动的正当的方法。

韦伯进一步地在有关"客观性"的那篇文章中论证说,社会经济学主要是有关现代资本主义的,它研究经济现象以及以某种方式与经济相关的现象。正如他在1890年代所说的那样,韦伯宣称经济学是一个广泛的主观领域,但是,他现在也试图将其结构概念化,并将它的不同部分进行理论化(经济现象、与经济相关的现象和受经济制约的现象)。最后,在这一思考阶段,韦伯很清楚,要使用不同的社会科学来研究经济现象,特别要包括经济理论、经济史和社会学的进路。[104] 上一句中,使用"社会学的进路"而不是"社会学"或"经济社会学"之类的表达方式,原因在于韦伯还没有决定将他的全部注意力转向社会学,并将它直接应用于经济现象(更严格地说,是创造一种经济社会学)。但是,后者却正是他在生命的最后时期将要做的事情。

V. 韦伯最后阶段的经济学作品(1910—1920)

在生命的最后10年中,韦伯继续表示自己是一位经济学家,但是,他还发展出了其他许多专业兴趣。例如,他帮助组织了德国社会学学会,并首次写出了被他自己标以"社会学"的作品。一段时间以后,韦伯与德国社会学学会的关系变糟了,并在1912年决定离开这个学会,除了其他原因以外,主要是因为他的价值中立的呼吁没有得到注意。对韦伯来说,科学分析中将价值与事实分离开来仍然很重要,而且,他不遗余力地投入了所谓的价值判断之争当中去。这一争论爆发于1909年,在1910年达到高潮,然后就逐渐消歇了。韦伯的主要作品是一篇名为"'伦理中立'在社会学与经济学中的意义"。[105]

在最后的岁月中,韦伯主要从事两个宏大的项目:《社会经济学大纲》和《世界诸宗教之经济伦理》。他从1908年起编辑《社会经济学大纲》,一战期间他几乎没有再做这方面的工作,从战后直至去世,他都忙于这个项目。著名的《经济与社会》的第一版写作于1910—1914年间,第二版(的某些部分)则作于1918—1920年间。写作《经济与社会》的复杂故事将在下文中详加论述。

韦伯独自写成了《世界诸宗教之经济伦理》。他雄心勃勃地要写出一部可以与《经济与社会》相提并论的作品,特别要补充宗教社会学的章节。关键的理念在于,要扩展关于宗教与经济的关系的研究,这是韦伯在《新教伦理与资本主义精神》(1904—1905)中开创的工作。但是,这次韦伯想要研究宗教,而非基督教,例如伊斯兰教、印度教、佛教和犹太教。他既要分析宗教影响经济的方式,又要分析经济如何影响宗教。韦伯说,在《新教伦理与资本主义精神》中,他只着眼于"因果关系的一面",而新的经济伦理研究则想要"探究双向的因果关系"。[106]《世界诸宗教之经济伦理》对经济社会学的贡献主要是讨论了宗教与经济之间的关系,本书第5章已经有所讨论。

在第一次世界大战接近尾声的时候，韦伯觉得自己的健康状况已经好转到足以重新开始执教了。当维也纳大学邀请他接替1917年去世的菲力波维茨教授时，他最终接受了。[107] 尽管韦伯得到了维也纳的经济学教席，但他仍然更愿意讲授他自己版本的社会经济学。因此，他在1918年夏季学期的课程标题为"经济与社会（对历史的唯物主义概念的积极批评）"，其大部分内容都是有关经济、宗教和国家的。[108] 韦伯很喜欢重返学术圈，而且，除了其他人以外，他还与路德维希·冯·米塞斯交好。[109] 韦伯的课程获得了巨大的成功，弗里德里克·冯·哈耶克后来回忆说，"马克斯·韦伯在维也纳上课的那一年，我还在意大利战斗，而当我次年返回时，大学里到处都在谈论这个大人物。"[110]

尽管在维也纳得到了肯定和接纳，韦伯很快便决定，他想要留在德国，而不是奥地利。这倒不难安排，因为一旦大家得知他又可以重新上课，很快便有不少大学的邀请信寄来。其中一份来自柏林商业学校，另一份来自法兰克福的公共福利学院，第三份来自波恩大学。但是，出于个人原因，韦伯希望待在慕尼黑，在解决了某些问题之后，他在1919年接任了在慕尼黑大学声望很高的卢卓·布伦塔诺（甫退休）的教席。韦伯是慕尼黑大学的第二选择（与舒尔策-格维尼兹并列，位居莫里茨·朱利叶斯·波恩之后），但是，巴伐利亚当局没有理睬学校的推荐，任命了韦伯。[111] 当地的革命者宣布，他们希望任命一位对社会主义较少敌意的经济学教授，而不是韦伯，但是，当局同样没有理睬他们。[112] 最后，韦伯并不想按照人们认为经济学教授应当讲授的标准课程来上课。按照韦伯夫人的说法，"韦伯〔尤其〕不想再一次让自己负责讲政治经济学和财政学，对于这两门课他已经不再有兴趣了。"[113] 学校当局愿意顺从韦伯的意愿,他可以多多少少按照自己的方式来讲课。尽管布伦塔诺曾经是"经济学、财政学和经济史"教授,韦伯的教席却被改成了"社会科学、经济史和经济学"。[114] 在1920年6月14日去世之前,韦伯只来得及讲几次课了,其中一次是讲经济通史的。[115] 这最后的课程后来变得很有名,因为他的讲义被辑录成书,即《经济通史》(1923)。

《经济与社会》有一个长长的、复杂的故事。一开始,韦伯在1908年末决定接受他的出版商的建议,主编一本书来代替古斯塔夫·舍恩伯格的著名的《政治经济学手册》(1882年初版,1896—1898年第四版)。[116] 出版商相信,舍恩伯格的书已经过时了,而韦伯尽管心存疑虑,仍然受聘为新的主编。他很快列出了一大堆合作者,并草拟了新手册的主要规划,认为要以当代资本主义的性质为核心,从而与舍恩伯格的传统做法相对,后者将作品划分为经济学、财政学和公共管理等部分。在韦伯看来,计划中的五部"书"里的第一本尤其重要,因为它要介绍其他作品,并且说明如何接近并分析社会-经济现象。韦伯让卡尔·布歇写经济史,约瑟夫·熊彼特写经济思想史,作为第一本书的内容。他还需要人来介绍经济理论,特别要表明经济理论如何与经验现实相联系。韦伯写道,"关键问题在于,理论如何被引入","而一旦这一点做好,其他所有事情便都到位了。"[117] 奥地利经济学的顶尖人物之一,弗里德里克·冯·维塞尔被要求撰写经济理论部分。他接受了,这让韦伯大松了一口气(有关《社会经济学大纲》的结构与内容的详细介绍,参见本书第6章)。

在几年间,韦伯自己给新手册所写的稿子经历了好几个阶段。一开始就很清楚,韦伯想要为第一本也是核心的一本书《经济的基础》写作；玛丽安娜·韦伯说，"他把最重要的部分留给了自己"。[118] 按照1909—1910年拟就的内容目录，韦伯将单独写作第一部书中名为《经济与社会》的一个章节。应当注意到，韦伯并不是要讲经济自身，而是存在于经济这一方面与另一方面的法律、社会群体和文化之间的关系。这些章节的准确的标题应当是，"经济与法律（1.基本关系；2.当前环境的发展阶段）"，"经济与社会群体（家庭与共同体，身份群体和阶级、国家）"，以及"经济与文化（历史唯物主义批判）"。韦伯还为自己分配了一些其他文章，通常是为了增补阙漏。[119] 这些文章中有两篇是给第一本书写的，即"经济与种族"和"〔经济学〕核心问题的目标和逻辑性质"。

1910年，韦伯开始为新的大纲写稿，几年后，他差不多已经完成了分给自己的名为《经济与社会》的部分。但是，第一本书的其他作者却迟迟未能完成任务，而且，当稿子终于交给韦伯时，有些并不令人满意。韦伯对布歇和冯·维塞尔的作品特别失望，而且，他还不得不修改自己的稿子，以便弥补他们的缺陷，这当然令他恼火。1913年12月8日，韦伯在给其他作者写信时不得不"提供一个关于经济与社会的章节的相当全面的社会学阐述"。[120] 韦伯指的是针对布歇的文章所作的修改。几个星期以后，他比较详细地向出版商解释了他所提议的改动：

> 由于布歇对"发展阶段"处理得非常不充分，我已经设计出一套完整的关于主要社会群体与经济的关系的理论和说明：从家庭、家族到企业、亲属群体、种族共同体、宗教（由世界上所有宗教组成，简单来看就如特勒尔奇所说的，

救赎教义和宗教伦理的社会学，不过要适应于所有的宗教）。我可以宣称，没有哪一种社会群体曾经被写过，在这方面没有什么先驱者。[121]

由于这些拖延，以及其他编辑上的困难，使韦伯最初所希望的一次性地出版整个大纲变得不可能，因此，他决定分别出版全书。第一部在1914年面世，而整个的标题换成了《社会经济学大纲》。将标题从"政治经济学"换成"社会经济学"的原因主要是出版商希望避免与舍恩伯格的继承人之间的法律诉讼。至于如何替代"政治经济学"一词，韦伯在1909年8月写信给出版商时说，他比较中意"社会经济学"，认为它是"〔经济〕学科的最好的名字"，同时又清楚地表明，他并没有赋予该词语的使用以多少重要性。[122] 在1914年的第一部分中已经指出，大纲将作教学之用，而由于"财政学"或"济贫法"等在德国构成了独立的领域，因此不包括在大纲之内。

到了1914年，与几年前的最初的计划相比，韦伯自己要给《大纲》写的稿子已经改变颇多了。韦伯为自己的重要文章取了一个略有不同的总标题，"经济、诸社会秩序及权力"，不过它们仍然是一个更大的名为《经济与社会》的一部分。[123] 他的文稿增加到大约相当于最初计划的四倍。最初的三个部分，即"经济与法律"、"经济与社会群体"、"经济与文化"，现在变成了八个。[124] 有关经济与法律的部分仍然存在，但是已经变了，而经济与文化的部分则消失了。"经济与社会群体"则膨胀了许多，而韦伯给增加的部分取的标题分别是"支配"、"政治联合体"和"市场关系"。

尽管要重新写这么多东西，不过，在1914年8月第一次世界大战爆发之时，韦伯差不多已经写完了自己的那一部分。战争给韦伯带来了新的职责，他多少停止了《大纲》的工作，这令他的出版商非常恼火。可能直到1918年，韦伯才又重新开始写作自己的文稿，而在那时，他对需要做什么样的工作已经有了一个全新的概念。例如，他在给出版商的信中说，希望《大纲》变得"更短些"，也"更像教科书一些"。[125]他也想要包括一个从社会学的角度分析经济的部分。尽管之前他曾经聚焦于经济对社会，以及社会对经济的影响，他仍然提议在自己的文稿中增加对关键的经济制度的社会学分析——简言之，便是经济社会学。

在韦伯1920年6月去世之前，他已经将他给《经济与社会》的稿子的第一部分重新写过，并寄给了出版商。这一部分由分别讨论以下题目的四章组成：普通社会学（第1章），经济社会学（第2章），支配（第3章），身份群体与阶级（第4章）。第2章的完整的标题是"经济行动的社会学范畴"。最后一章仅有寥寥数页，可以清楚地看出韦伯面临着压力，并且在努力加快工作。如果他有时间的话，《经济与社会》的其余文稿会是什么样子就完全不清楚了，尽管大多数评论者都同意，也许会包括关于法律、宗教、国家等所有与经济有关的部分。玛丽安娜·韦伯和另一位编辑者让事情变得更加混沌不明，他们后来出版了韦伯为《经济与社会》所写的第一部分文稿，准确地说，是《经济、诸社会秩序与权力》的第一部分，列入了韦伯在1914年的文稿（加上一些其他同类的作品），然后变成了1914年前的标题。因此，今天为人所知的《经济与社会》只是文稿的汇集，而不是内在一致的作品，其中有些已经由韦伯作了修改，另外一些还没有改过，而且标题本身就可能是错误的。[126]

在韦伯生命中的最后10年间,社会经济学一词只是间或出现在他的作品中,尽管在这一时期,作为《社会经济学大纲》的标题的一部分,它的曝光率相当高。[127] 我们现在知道,韦伯认为社会经济学是经济科学最为现代和"最好"的名称,但是,他也强调,对他来说,这一词语有什么样的用处并不那么有趣。更重要的问题是经济学的内容,从《大纲》可以看出,社会经济学涵盖了相当广泛的领域:这一作品包括对经济与社会的关系,以及经济与自然、技术、人口、种族的关系的彻底讨论。在这一时期中,韦伯重复了早先在有关"客观性"的那篇论文(1904)中的观点,即经济科学不仅必须包括经济,而且必须包括经济对社会、社会对经济的影响。但是,韦伯更加明确地指出,在分析经济现象的事业中,要涉及不同的科学。他提到了"经济理论"和"经济史",但是更重要的是,他增加了一种新奇的进路,即"经济社会学"。[128]

韦伯在这一时期最伟大的创新当然是建立并发展了一种独立的经济社会学的概念。自然,韦伯研究这一题目与他要建立一个发育充分的社会学的决策有关。最初,韦伯对于在《大纲》中包括有关普通社会学的部分是否合适心存疑虑,他关于这一题目的讨论的初稿在1913年发表于一个哲学刊物上,第二稿被收入《经济与社会》,即第1章。[129] 从1914年版本还可以清楚地看到,韦伯为《大纲》所写的作品的主要焦点是经济与社会的关联,而后来还包括经济自身。因此,狭义的经济社会学指的是对核心的经济制度和行为的社会学分析,它直到1919—1920年,才出现于韦伯的作品中,这时,他为《经济与社会》写了题为"经济行动的社会学范畴"一章。[130] 至于"社会社会学"、"关于经济的社会学"等词语也是到了1910年代末期才出现于韦伯的作品中的。[131]

从篇幅上看,《经济与社会》中有关经济社会学的那一章相当于一本小书。这一章的文字非常凝练,要想洞悉其含义往往很困难,有关内容已经在本书的第2章进行了讨论。而且,这一时期韦伯关于经济与社会的思考非常丰富,也在本书的其他部分得到了分析(第3章讨论经济与政治的关系,第4章讨论经济与法律的关系,第5章讨论经济与宗教的关系)。

在这10年间,经济史仍然是韦伯兴趣的核心所在。例如,在《经济与社会》中,韦伯论证说,社会学大多研究类型与同一性(uniformities),而经济史考察单个事件和个人,从而廓清了在分析经济某些确定方面时经济史的确切作用。不过,在韦伯看来,经济社会学和经济史是紧密相连的,而且常常使用相同的概念。后一种倾向的一个例子是韦伯1919—1920年教授的普通经济史,由于学生们非常认真地做笔记,才能够在韦伯去世后汇集成书。在《经济通史》中,韦伯所使用的概念也在他的经济社会学中起到关键的作用,参见《经济与社会》第2章。

尽管在最后10年中韦伯没有写出任何经济理论的独立著作,但是,他仍然对经济理论持肯定态度。例如,在他参与德国社会学学会时,他建议创立一个理论经济学的分部,以便在经济学与社会学之间建立更为密切的联系。[132] 而当埃德加·雅菲在1917年发表一篇批评韦伯和桑巴特忽视经济理论,以及对经济理论在未来发展的潜力持消极态度的文章时,很快得到二人的回应,认为他完全弄错了,韦伯和桑巴特都赋予了经济理论以"最大的重要性"。[133]

韦伯意识到，自己在职业生涯中并没有为经济理论作出什么贡献，对于这一事实他曾向罗伯特·利夫曼表示过遗憾。[134]除了路德维希·冯·米塞斯以外，利夫曼看来是韦伯在最后的岁月中与之讨论经济理论的人之一。在去世前几个月所写的一封信中，韦伯以这样的方式总结了他对经济理论的态度：

> 人们认为，我宣称理论的认识论价值"微不足道"。这话从何而来？理论建构了理想型，在我看来，这是最不可或缺的一个贡献。我的最基本的信念之一，便是社会学和历史从来都不可能代替理论。〔据说〕我更感兴趣的是"特殊"关系（存在于经济与社会各部分之间的关系）？没错，如果你把"为什么基于可计算性之上的理性的资本主义只出现于西方"这样的问题看作"特殊"关系的话！但是，必须要有些人来研究这个问题！[135]

VI. 韦伯的经济学作品：经济学家、经济史学家和社会学家的看法

只要关注一下二手文献如何看待韦伯的经济学作品的问题，就会感到震惊：没有人，无论是经济学家还是社会学家，对韦伯在这个领域中的作品感兴趣；相反，分析者只挑出某些特别的方面，然后忽略其他。造成这一现象的有好几个原因，例如，事实上韦伯的整体的经济学概念，即社会科学的理念被忽视了。少数几个偶然发现社会经济学一词的当代社会科学家通常也不知道它

究竟是什么；他们将它与经济社会学混淆在一起，认为它代表了韦伯作品从经济学转向社会学的一个转变阶段，诸如此类。[136] 韦伯的一些同时代人当然熟悉他关于社会经济学的思想，但却都没有兴趣对此进行更密切的关注，在他们中间，只有一个引人注目的例外。[137]

这个例外便是约瑟夫·熊彼特，他是韦伯编辑《社会科学与社会政策文库》时（1916—1920）的同事，而且也是《大纲》的一名撰稿人。熊彼特和韦伯以非常类似的术语来看待经济学，而且都使用社会经济学一词。熊彼特的社会经济学观点，以及这种观点根源于韦伯作品等问题，已经在本书第6章得到了更详细的讨论。不过，在熊彼特1950年去世之后，韦伯的社会经济学的思想再一次被人遗忘了。

经济理论家、经济史学家和社会学家忽视了社会经济学，却选择了韦伯经济学作品中出于某些原因令他们感到有趣的部分。在经济思想史中，韦伯很少被提到，即使提及了，通常也是与历史学派有关。[138] 而且即使提到历史学派，也是用更多的篇幅在讨论施穆勒和罗雪尔，在我们今天看来，这两个人就其创造性而言还不如韦伯。通常，韦伯作品中被挑出来的是他的客观性的思想、理想型的概念、《新教伦理与资本主义精神》，有时还说说他对社会主义经济之困难的思想。一般的观点通常是，韦伯是一位社会学家或制度主义者，但不是一位真正的经济学家。

德国经济学家对韦伯的经济学作品没有表现出来什么兴趣，那些活跃在1920年代里的经济学家也是如此。例如，直到1925年，一位知名的德国经济学家还提到了韦伯"对德国经济学的相当微小的作用"。但是，他既没有试图说明这种说法的原因，也没有对其进行改正。[139]但是，只要阅读一下1920年代以自我为中心的德国经济学家的作品，就很容易猜出原因：这些经济学家的兴趣在于发展自己的理论，而不是进一步发展其他人（无论是门格尔、施穆勒还是韦伯）已经完成的理论。熊彼特在1920年代末期作了一个小型调查，结论也很类似：德国经济学处于一种"长期危机"之中，因为所有的经济学家都试图为经济学建立一个新的基础，而将比他们更高明的头脑已经完成的工作弃之一旁。[140]

在提到德国经济学以及它在一战以后的低水平的时候，不能不提到通常被视为奥地利经济学的分支的一个例外。奥地利经济学的几个年轻成员被韦伯的作品所吸引，而守护奥地利经济学的元老们，门格尔、庞巴维克和冯·维塞尔对此则没有表现出什么兴趣。[141]上文已经提到，路德维希·冯·米塞斯非常喜欢韦伯这个人，而且对他的作品的某些方面印象深刻。韦伯的方法论著作构成了著名的米塞斯论坛（1920—1934）的"受人欢迎的题目"之一，通过这一论坛，韦伯的作品被传播到年轻一代的天才经济学家那里，例如弗里茨·马克卢普、弗里德里克·冯·哈耶克、奥斯卡·摩根斯坦、戈特弗里德·哈伯勒（Gottfried Haberler）和保罗·罗森斯坦-罗丹（Paul Rosenstein-Rodan），等等。[142]哈耶克后来发起将《经济与社会》译成英文；马克卢普最终成为普林斯顿的国际经济学知名专家，他在整个1970年代都被韦伯的理想型概念所吸引。[143]艾尔弗雷德·舒茨也是米塞斯论坛的成员，1930年，他曾作过一次演讲，其思想后来成为他那部受韦伯启发的重要作品《社会世界的现象学》（1932）的一部分。[144]舒茨在这部作品中所讨论的问题之一是，韦伯的理想型概念在多大程度上与边际效用思想是一致的。这似乎是一个模糊不清的问题，但是却给经济学理论提出了某些重要问题。[145] 在总结韦伯和奥地利经济学时，可以说，年轻一代的奥地利经济学家对韦伯的社会科学方法论（尤其是理想型）非常感兴趣，但是，他们对他有关社会经济学和经济社会学的思想却没什么兴趣。[146]

讲到韦伯的经济理论作品，可以说说以下几点。在米塞斯看来，"（韦伯）对经济学很陌生"，而熊彼特认为，"韦伯真的完全不是一个经济学家"。[147] 其他经济学家也对韦伯发表了同样的评论。[148] 这种观点也许可以说明为什么艾尔弗里德·马歇尔、克努特·威克塞尔、维尔弗雷多·帕累托、约翰·梅纳德·凯恩斯等经济学家不知道或者忽视韦伯的作品。[149] 不过，著名的经济学家们有时会认为韦伯至少在一点上对经济理论作出了贡献，那就是他在1908年写的关于边际效用理论的文章。我们还记得，韦伯在这篇文章中的论点是，经济理论并不基于心理学之上，它有自己的理论基础。乔治·斯蒂格勒曾经赞许地提到"马克斯·韦伯的著名论文"，包括莱昂纳尔·罗宾斯、弗里德雷克·冯·哈耶克和保罗·罗森斯坦－罗丹在内的其他经济学家也表示了肯定。[150] 不过，韦伯的另一个类似的论证，即为什么经济理论（而不是社会学）中要排斥法则，则没有被人注意到。[151] 最后，莱昂内尔·罗宾斯等人还指出，韦伯将人们的注意力转到经济推理的抽象性质上，因此，从一个分析的方向上帮助现代经济学实现了转变。[152]

最后，经济学家们如何看待韦伯的历史和社会学作品？在人们的印象中，许多经济学家都浏览过《新教伦理与资本主义精神》，但是很少有人研究过《经济与社会》或《经济通史》。[153] 有趣的是，《经济通史》是由20世纪前期最出色的经济理论家之一的弗兰克·奈特译成英文的。奈特对韦伯的评价很高。据说，奈特从芝加哥大学退休一年以后，有人问他，如果他的生命可以重新来过，作为一个经济学家他会有何不同。奈特毫不犹豫地说："我衷心地仰慕一个人的作品。如果我可以重新开始的话，我会建基于他的思想之上。我所说的当然是马克斯·韦伯。"[154]

经济史学家们通常对韦伯的以下三部作品有兴趣，即《新教伦理与资本主义精神》、《古代文明的农业社会学》和《经济通史》。[155] 本书已在别处讨论了围绕着《新教伦理与资本主义精神》的争论，在这里只需指出一点就够了，即当前有关工业主义（industrialism）的讨论已经完全掩盖了有关资本主义诞生的讨论。韦伯的作品使用了诸如"资本主义精神"之类的老套术语，而且还以熟悉宗教史和社会科学哲学为前提，但是，当今已经很少有这样的经济史学家了。例证之一是近来朗多·卡梅伦的经济史著作，其中甚至没有提到韦伯的作品，或者还有费尔南·布罗代尔的轻蔑的看法，"所有的历史学家都反对〔韦伯的〕浅薄的理论"，认为资本主义"是……新教……的产物……是明显错误的"。[156]

《古代文明的农业社会学》不及《新教伦理与资本主义精神》的引用率高，不过，似乎还在经济史学家那里保留了作为次要经典的地位。在1930年代，雷蒙·阿隆说，"每一位历史学家都知道他的《古代文明的农业社会学》"。而后，这部作品也受到了卓越的历史学家阿纳尔多·莫米利亚诺和M.I.芬利等人的赞誉。[157]《经济通史》在历史学家那里的地位要更稳定一些，如果偶然被提到的话通常也是最高等级的赞誉。对于最后这一点，可以参考之前已经提到过的第一流的经济史学家，例如伊莱·赫克舍、A.

P. 厄舍等人的定论,"《经济通史》由于其异常丰富的思想所以价值不可限量"(赫克舍),而且,"(这本书是)半个多世纪里最重要的一部经济史作品"(厄舍)。[158]

最后,与经济学家和经济史学家一样,社会学家也只是挑出了韦伯作品中适合自己目标的那些部分。尤其令社会学家感兴趣的是《新教伦理与资本主义精神》、韦伯的方法论作品和《经济与社会》中的非经济的部分。社会学家们照例忽视了韦伯的经济社会学,尤其是可见于《经济与社会》和《世界诸宗教之经济伦理》中的经济社会学。[159] 尽管对韦伯的普通社会学、政治社会学和宗教社会学已经有很多研究了,但是,实际上还没有关于他的经济社会学的研究。正如本书第 2 章已经提到过的,这一领域现有的研究还很不充分,深入研究尚有待后来者。

注 释

导言

[1] 阿马蒂亚·森(Amartya Sen):"理性的白痴:对经济理论的行为基础的批评"("Rational Fools: A Critique of the Behavioral Foundation of Economic Theory"),参见《选择、福利和测量》(*Choice, Welfare and Measurement*)(剑桥,马萨诸塞:麻省理工学院出版社,1982)。

[2] 拉尔夫·达伦道夫(Ralf Dahrendorf):"社会人"("Homo Sociologicus"),《社会理论文集》(*Essays in the Theory of Society*)(斯坦福,加利福尼亚:斯坦福大学出版社,1968),第19—87页;彼得·贝格尔(Peter Berger)和托马斯·勒克曼(Thomas Luckmann):《实在的社会建构:知识社会学论文》(*The Social Construction of Reality: A Treatise in the Sociology of Knowledge*)(纽约:企鹅出版社,〔1966〕1991)。尽管贝格尔和勒克曼的作品包括了对制度出现的精密复杂的分析,但它仍在很大程度上避开了利益或个人的驱动力的问题。

[3] 参见特赖恩·埃格特松(Thráinn Eggertsson):《经济行为与制度》(*Economic Behavior and Institutions*)(剑桥:剑桥大学出版社,1990);埃里克·菲吕博顿(Eric Furubotn)和鲁道夫·里希特(Rudolf Richter)(编):《新制度经济学》(*The New Institutional*

Economics)(图宾根：J. C. B. 摩尔出版社，1991)；斯蒂芬·N. S. 张(张五常)："论新制度经济学(附加里·贝克尔和 R. H. 科斯的评论)"，见拉尔斯·韦林(Lars Werin)和汉斯·维坎德(Hans Wijkander)(编)：《契约经济学》(*Contract Economics*)(剑桥：布莱克威尔出版社，1992)，第48—75页。关于诺思，参见加里·利贝凯普(Gary Libecap)："道格拉斯·诺思"("Douglass North")，沃伦·J. 萨缪尔斯(Warren J. Samuels)(编)：《经济思想的新视阈》(*New Horizons in Economic Thought*)(奥尔德肖特，英格兰：爱德华·埃尔加出版社，1992)。亦可见理查德·斯威德伯格对贝克尔(Becker)、赫希曼(Hirschman)、谢林(Schelling)、威廉姆森(Williamson)等人的访谈，见《经济学与社会学：重新界定其边界》(*Economics and Sociology: Redefining Their Boundaries*)(普林斯顿，新泽西：普林斯顿大学出版社，1990)。关于新制度经济学的社会学视角，参见马克·格拉诺维特(Mark Granovetter)："经济行动与社会结构：嵌入性问题"("Economic Action and Social Structure: The Problem of Embeddedness")，载《美国社会学杂志》(*American Journal of Sociology*) 91 (1985)，第481—510页；安东尼·奥伯绍(Anthony Oberschall)和埃里克·利弗(Eric Leifer)："效率与社会制度"("Efficiency and Social Institutions")，《社会学年刊》(*Annual Review of Sociology*) 12 (1986)，第233—255页；保罗·迪马乔(Paul DiMaggio)和沃尔特·W. 鲍威尔(Walter W. Powell)："导言"，见迪马乔与鲍威尔(编)：《组织分析中的新制度主义》(*New Institutionism in Organizational Analysis*)(芝加哥：芝加哥大学出版社，1991)，第1—40页。

[4] 有关当代经济社会学的讨论，参见本书第6章第Ⅲ节。

同时需要提及以下作品：尼尔·弗利格斯坦(Neil Flgstein)，《公司控制的转变》(The Transformation of Corporate Control)（剑桥，马萨诸塞：哈佛大学出版社，1990）；马克·格拉诺维特：《找工作：对契约与职业的研究》(Getting a Job: A Study of Contracts and Careers)（芝加哥：芝加哥大学出版社，1995）；阿瑟·斯廷奇库姆(Arthur Stinchcombe)：《经济社会学》(Economic Sociology)（纽约：学术出版社，1983）；阿瑟·斯廷奇库姆：《分层与组织》(Stratification and Organization)（剑桥：剑桥大学出版社，1986）；哈里森·怀特(Harrison White)："市场从何而来？"("Where Do Markets Come From？")，《美国社会学杂志》87（1981），第514—547页；维维安娜·泽利泽(Viviana Zelizer)：《道德与市场：人寿保险在美国的发展》(Morals and Markets: The Development of Life Insurance in the United States)（新不伦瑞克，新泽西：交流出版社，1983）；维维安娜·泽利泽：《货币的社会意义》(The Social Meaning of Money)（纽约：基本图书公司，1994）。

[5] 在西方思想中尚无关于利益取向分析之历史的标准作品。同时，可参见斯蒂芬·霍姆斯(Stephen Holmes)："自利秘史"("The Secret History of Self-Interest")，载简·曼斯布里奇(Jane Mansbrdge)（编）：《超越自利》(Beyond Self-Interest)（芝加哥：芝加哥大学出版社，1990），第267—282页；亦可见艾伯特·O.赫希曼(Albert O. Hirschman)：《激情与利益》(The Passions and the Interests)（普林斯顿，新泽西：普林斯顿大学出版社，1977）；以及艾伯特·O.赫希曼："利益的概念"("The Concept of Interests")，载《市场社会的对立观点及其他》(Rival Views of Market Society and Other Essays)（纽约：维京，1988），第35—55页。社会学中较强

调利益理论者，参见古德蒙·赫内斯（Gudmund Hernes）：《权利和无能》（*Makt og Avmakt*）（奥斯陆：大学出版社，1977），以及詹姆斯·S.科尔曼（James S. Coleman），《社会理论的基础》（*Foundations of Social Theory*）（剑桥：马萨诸塞：哈佛大学出版社，1990）；而较灵活的（而且较持怀疑态度的）进路，参见保罗·迪马乔："制度理论中的利益和能动性"（"Interest and Agency in Institutional Theory"），载林恩·朱克（Lynne Zucker）（编）：《制度模式与组织》（*Institutional Patterns and Organizations*）（剑桥，马萨诸塞：巴林格，1988），第3—21页。

[6] 冈瑟·罗思（Guther Roth）："德国和美国的'价值中立'"（"'Value-Neutrality' in Germany and the United States"），载莱因哈德·本迪克斯（Reinhard Bendix）与冈瑟·罗思：《学术与党派：马克斯·韦伯研究文集》（*Scholarship and Partisanship: Essays on Max Weber*）（伯克利：加利福尼亚大学出版社，1971），第37页。

[7] 马克斯·韦伯：《经济与社会：解释社会学大纲》（*Economy and Society: An Outline of Interpretive Sociology*）（伯克利：加利福尼亚大学出版社，1978），第4页；或德文版《经济与社会：理解社会学大纲》（*Wirtschaft und Gesellschaft. Grundrissder Verstehenden Sociologie*）（图宾根：J. C. B.摩尔出版社，1972），第1页。着重号为本书作者所加。

第1章 西方资本主义的兴起

[1] 此书的英文名称是由译者经济学家弗兰克·奈特（Frank

Knight)选定的。德文本最初的名字为"*Wirtschaftsgeschichte*"(经济史)系由两位编者(梅尔基奥尔·帕里与西格蒙德·赫尔曼)确定,并得到韦伯遗孀的认可。关于韦伯经济社会学的作品编年,参见理查德·斯威德伯格:"马克斯·韦伯的经济社会学著作目录"("Max Weber's Economic Sociology: A Bibliography"),载《劳动-组织-经济工作论文》(*Working Papers Work-Organization-Economy*),斯德哥尔摩大学社会学系,1998。

[2] 在《经济与社会》中,韦伯声称,社会学的目标是发展用以解释社会现实的"类型概念"和"普遍统一性",而历史学有不同的目标,即解释"个体的"结构、行动和特性。社会学是普遍性的科学,而历史学是个别的科学,因此,社会学可以发展出更加抽象但也更加精确的概念。参见马克斯·韦伯:《经济与社会:解释社会学大纲》(*Economy and Society: An Outline of Interpretive Sociology*)(伯克利:加利福尼亚大学出版社,1978),第19页,或德文版《经济与社会:理解社会学大纲》(*Wirtschaft und Gesellschaft. Grundriss der verstehenden Sociologie*)(图宾根:J. C. B. 摩尔,1972),第9页。在此前数年致冯·贝洛的一封著名的信中,韦伯说,较之于历史学,社会学在进行"非常朴素的准备工作"。参见韦伯1914年6月21日致冯·贝洛信,载格奥尔格·冯·贝洛(Georg Von Below):《中世纪的德意志国家》(*Der deutsche Staat des Mittelalters*)(莱比锡:奎尔与迈耶出版社,1925),第xxiv-xxv页。还应当指出的是,在《经济通史》的概念导论部分(弗兰克·奈特的英译本省略了这一部分)中,韦伯提出了经济史与经济理论的相似性与差异性的问题。

[3] 关于《经济与社会》及经济学手册(《社会经济学大纲》)的

形成问题，参见附录部分的韦伯经济学思想的演变。第 6 章讨论了大纲的内容及其被接受的情况。

[4] 塔尔科特·帕森斯（Talcot Parsons）说，"所谓'韦伯的经济社会学'，指的就是《经济与社会》的第 2 章"；奥托·冯·欣策（Otto Von Hintze）认为，"简言之，《经济与社会》〔第 1 部分〕第 2 章可以被总结为'经济社会学'"。艾伦·西卡（Alan Sica）提到第 2 章时说它"全是层层堆积的定义，难以卒读"；赫伯特·马尔库塞（Herbert Marcuse）在谈论《经济与社会》的早期章节时说到它是"正式定义、分类和类型的真正无节制的展现"；而冈瑟·罗思认为，第 2 章完全是"白费力气"，"（除了极少数例外）经济学家和社会学家都已经忽略它了"。参见塔尔科特·帕森斯："职业与经济"（"Occupation and Economy"），载《社会理论》（Theories of Society）第 1 卷（格伦柯，伊利诺斯：自由出版社，1961），第 407 页；奥托·冯·欣策："马克斯·韦伯的宗教社会学（1922）"（"Max Webers Religionssoziologie（1922）"），载《社会学与历史学》（Soziologie und Geschichte）（哥廷根：凡登赫克和鲁布莱希特出版社，1982），第 126 页；艾伦·西卡：《韦伯，非理性与社会秩序》（Weber, Irrationality and Social Order）（伯克利：加利福尼亚大学出版社，1988），第 146、208 页；赫伯特·马尔库塞："工业主义与资本主义"（"Industrialism and Capitalism"），载奥托·斯坦默（Otto Stammer）（编）：《马克斯·韦伯与今日社会学》（Max Weber and Sociology Today）（纽约：哈珀·托尔拜尔斯出版社，1971），第 134 页；冈瑟·罗思："韦伯的政治失败"（"Weber's Political Failure"），载《目标》（Telos）78（1988—1989 冬季卷），第 149 页。

[5] 第 2 章导言部分使用的术语是"Wirtschaft"，译作"经济领

域";马克斯·韦伯:《经济与社会》,英文版第63页,德文版第31页。

[6] 马克斯·韦伯:《经济史:社会史及经济史概论》(*Wirtschaftsgeschichte. Abriss der universalen Sozial-und Wirtschaftsgeschicthte*)(柏林:敦刻尔及洪堡出版社,1991),第16页。注意韦伯所说的经济是以营利为目的的经济(*Erwerbswirtschaft*)。还要注意,在韦伯看来,现代社会中的经济与政治领域之间存在着有机的联系(相关讨论见本书下一章)。在韦伯的作品中,他在不同地方,在几种不同含义上使用"领域"一词,最著名的例子是"政治作为一种志业"("Politics as a Vocation")和"宗教拒世及其方向"("Religious Rejections of the World and Their Directions"),见汉斯·格斯(Hans Gerth)与 C. 赖特·米尔斯(C. Wright Mills)(编):《马克斯·韦伯文选》(*From Max Weber*)(纽约:牛津大学出版社,1946),第 123 页及第 323 页以下;德文版见马克斯·韦伯:"政治作为一种志业"("*Politk als Beruf*"),载《政治文集》(*Gesammelte Politische Schriften*)(图宾根:J. C. B. 摩尔出版社,1988);"中间考察"(*Zwischenbetrachtung*),载《宗教社会学论文集》(*Gesammelte Aufsätze zur Religionssoziologie*)第 1 卷(图宾根:J. C. B. 摩尔出版社,1988),第 536 页以下。例如,在以上作品中,韦伯提到了"经济领域"、"政治领域"、"性爱领域"和"审美领域",而且,他指出这些领域都有其确定的自主性和内在逻辑(*Eigengesetzlichkeit*)。需要注意的是,领域概念(*Lebensordnungen, Wertsphären*)不同于制度范围(institutional arena),而是某种实际存在的场所,也许是一种独特的、有意义的生活部门。不过,韦伯偶尔也使用"领域"来指"制度范围"(*Gebiet, Sphäre, Ordnung*),尽管这不是他在《经济与社会》

中强调的那些概念之一。罗伯特·K. 默顿（Robert K. Merton）举例阐明了作者在正文中所使用的"制度意义上的领域"。在1970年为《17世纪英格兰的科学、技术与社会》（纽约：哈珀与罗出版社，〔1938〕1970）所写的导言（第 ix—x 页）中，默顿谈到的"领域"是指"制度领域"或"制度版图"，并且说，在"看上去自治的各个生活部门"之间，存在着"各种各样的……相互依赖"。他还说，基于个体有"多重身份与角色"的事实，这些领域之间实际上"只是部分地自治"，并且，由于某一领域对另一领域总是存在"社会的、智力的和价值的后果"的事实，这些领域之间相互联结。关于社会领域的其他具有启发意义的不同概念，参见弗雷德里克·巴思（Fredrik Barth）："达尔富尔的经济领域"（"Economic Spheres in Darfur"），载雷蒙德·弗思（Raymond Firth）（编）：《经济人类学的主题》（Themes in Economic Anthropology）（伦敦：塔维斯托克出版社，1967），第149—174页；迈克尔·沃尔泽（Michael Waltzer）：《正义的领域：捍卫多元化和平等》（Spheres of Justice: A Defense of Pluralism and Equality）（纽约：基本图书公司，1983）。

[7] 韦伯致米娜·托布勒信，邮寄日期是1920年1月15日，沃尔夫冈·J. 莫姆森与沃尔夫冈·施路赫特："序言"（"Einleitung"），马克斯·韦伯：《学术作为一种志业，1917/1919；政治作为一种志业，1919；马克斯·韦伯全集 I/17》（Wissenschaft als Beruf. 1917/1919. Politik als Beruf. 1919. Max Weber Gesamtausgabe I/17）（图宾根：J. C. B. 摩尔出版社，1992），第21页注解82。

[8] 韦伯没有时间做课程的准备，这一点是由著名的历史学家格奥尔格·冯·贝洛在这本基于韦伯的课程讲义的书所做的评论中指出来的。冯·贝洛说，韦伯近几年的其他研究计划阻碍了

他继续此项研究；参见冯·贝洛："评马克斯·韦伯《经济通史》"("Review of Max Weber, *Wirtschaftsgeschichte*")，载《世界经济史文库》(*Weltwirtschaftliches Archiv*) 20（1924），第 487 页。

[9] 西格蒙德·赫尔曼（Sigmund Hellmann）与梅尔基奥尔·帕里（Melchior Palyi）："出版者前言"("*Vorbemerkung der Herausgeber*")，载韦伯：《经济通史》，第 xviii 页。《经济通史》所依据的课堂笔记目前仅存一份，而最初编写这本书的编辑手中似乎有 5 份至 8 份之多。参见约翰尼斯·温克尔曼（Johannes Winkelmann）："第三版前言"("*Vorwort zur dritten Auflage*")，《经济通史》。有关这些笔记内容的细节已经无从得知了，而且，也不知道编辑们决定增补的是哪些部分。由于韦伯自己的课程笔记全是些极为浓缩的符号，显然在编辑过程中起不到什么作用。人们希望随着《全集》的出版，会有助于增加对《经济通史》的成书过程的了解。

[10] 在韦伯所犯的事实性错误之中，可以举出几项，一是韦伯声称将煤转化为焦炭的技术是在 1735 年被发现的（第 305 页），另一项是，他认为是西蒙·史蒂文在 1698 年最早在会计中推行用平衡结算技术的（第 275 页）。今天，人们普遍认为焦炭的发明还要再早上几十年，尽管对确切的年份还存在着一些问题。例如，大卫·兰德斯（David Landes）：《冲破束缚的普罗米修斯》(*The Unbound Prometheus*)（纽约：剑桥大学出版社，1969），第 89 页。至于究竟是什么人最早推行使用平衡结算技术，当前对于这一事件所发生的时间的看法，远比韦伯所认为的要早得多。有好几个资料显示，卢卡斯·帕西奥里（Lucas Pacioli）在 15 世纪就提出了这样的意见。例如，布鲁斯·卡拉瑟斯（Bruce Carruthers）及温迪·纳尔逊·埃斯皮兰（Wendy Nelson Espeland）："理性的结算：

复式簿记和经济理性的修辞"("Accounting for Rationality: Double-Entry Bookkeeping and the Rhetoric of Economic Rationality"),载《美国社会学杂志》97(1991),第36页以下;艾尔弗雷德·普卢默(Alfred Plummer):"评马克斯·韦伯《经济通史》"("Review of Max Weber, *General Economic History*"),载《经济学杂志》(*Economic Journal*) 38 (1928),第465页。还有人认为更早些,例如,雷蒙德·德·卢弗(Raymond de Roover):《商业、银行与经济思想》(*Business, Banking and Economic Thought*)(芝加哥:芝加哥大学出版社,1974),第120页。在此背景下,一个更加困难的但又同样相关的问题是,韦伯对特定历史现象的看法从整体上说是否正确。例如,雷蒙德·德·卢弗宣称,韦伯在《经济通史》中展现的是行会的"田园诗一般的风景",对此他应当感到内疚。卢弗的意思是,韦伯"〔将行会〕表述为一种福利机构,阻止不公平竞争,保护消费者免受欺诈与剥削,为行会成员创造平等的机会,并保障他们能够过上按照传统标准来看虽然朴素但却体面的生活",参见雷蒙德·德·卢弗:"公平价格的概念:理论与经济政策"("The Concept of Just Price: Theory and Economic Policy"),载《经济史杂志》(*Journal of Economic History*) 18 (1958),第418—419页。应当看到,诸如赫克舍(Heckscher)、厄舍(Usher)和贝洛等伟大的历史学家们,他们在评价《经济通史》的时候,从未指出或提及文中的错误。至于他们不同意韦伯将重点放在某些现象上,认为他忽视了某些主题,则是另一回事了。我只注意到了两处抄写上的错误。按照罗伯特·K.默顿的看法,《经济通史》中可能存在的抄写错误是关于新教与科学的;按照恩斯特·莫里茨·梅纳西(Ernst Moritz Manasse)的看法,关于种族问题的论述中存在一处抄写错误。参见罗伯特·K.默顿:"清教、虔诚派与科学(1936)"("Puritanism, Pietism and Science"),载《社会理论与社会结构》(Social Theory and Social Structure)(纽约:自由出版社,1968),第634页;恩斯特·莫里茨·梅纳西:"马克斯·韦伯论种族"("Max Weber on Race"),载《社会研究》(Social Research) 14 (1947),第210页,注解41。正像默顿在某处指出的那样,总的来说,像《经济通史》这样重新构造出来的文本都"经不起这样那样的批评",参见默顿:"知识的口头传送"("On the Oral Transmission of Knowledge"),载罗伯特·K.默顿与马蒂尔德·怀特·赖利(Matilde White Riley)(编):《社会学传统的传承》(Sociological Traditions From Generation to Generation)(诺伍德,纽约:埃布莱克斯出版公司,1980)。塔尔科特·帕森斯称《经济通史》"仅仅是个概要",认为它"不能被认为是〔韦伯〕经济史或制度史研究结果的充分总结,更不必说是其社会学理论和社会科学方法论方面的研究总结了",见塔尔科特·帕森斯:"导言"("Introduction"),载马克斯·韦伯:《社会组织与经济组织的理论》(The Theory of Social and Economic Organization)(纽约:牛津大学出版社,1947)。帕森斯对这本书的批评立场也许是由于在重构韦伯课堂讲义的过程中,韦伯的许多定义事实上都被断章取义。伊莱·赫克舍(Eli Heckscher)在概念定义上不像帕森斯那么敏感,但却比他具备更多的经济史知识,他认为,"看上去,学生们的笔记能够抓住他〔韦伯〕的思想,没有什么严重的错误"。参见伊莱·赫克舍:"经济历史因素"("Den ekonomiska historiens aspekter"),载《历史学报》[Historisk tidskrift] 15 (1930),第20页。

[11] 关于这门课的更多信息,参见附录部分关于韦伯经济学

思想的演变的论述。

[12] 伊莱·赫克舍：《工业主义：自1750年的经济发展》（*Industrialismen. Den ekonomiska utvecklingen sedan 1750*）（斯德哥尔摩：联合基金图书公司，1938），第346页；A. P. 厄舍："评马克斯·韦伯《经济通史》"（"Review of Max Weber, *General Economic History*"），《美国社会学评论》（*American Sociological Review*）18（1928），第105页。

[13] 按照厄舍的看法，《经济通史》首先可以被看作"经济史的社会学解释"的一个例子，参见厄舍："评马克斯·韦伯的《经济通史》"，第104—105页。1930年，伊莱·赫克舍认为，韦伯的《经济通史》"非常接近"于"经济社会学"，参见赫克舍："经济历史因素"，第28页。几年后，赫克舍要为一些英语读者准备同一篇文章的节略版本时，他说，由于韦伯放弃了按照年代编排顺序的做法，"《经济通史》……准确点说根本不是经济史，而是经济社会学"，参见赫克舍："经济发展诸方面"（"The Aspects of Economic Development"），载（轶名编）《古斯塔夫·卡斯尔经济学纪念文集》（*Economic Essays in Honor of Gustav Cassel*）（伦敦：乔治·艾伦与安文出版社，1933）。按照托尔斯滕·戈德隆德（Torsten Gårdlund）的看法，本质上赫克舍对韦伯的社会学或经济毫无兴趣（托尔斯滕·戈德隆德在1995年12月5日与作者的电话交流中的看法）。最后，乔治·布罗德尼茨（George Brodnitz）认为，"从韦伯社会学中产生的定义图式构成了〔《经济通史》的〕基础"；埃德加·萨林认为，《经济通史》部头很小，但却是"他〔韦伯〕的社会学的入门书"。参见乔治·布罗德尼茨："德国经济史的新作品"（"Recent Work in German Economic History"），载《经

济史评论》(*Economic History Review*) 1 (1928)，第 345 页；埃德加·萨林(Edgar Salin)："赫拉斯的'社会主义'"(*Der 'Sozialismus' in Hellas'*)，载乔治·卡罗(George Karo)等编：《三千年的图画及学说：埃贝哈德·高特海恩的七十生日献礼》(*Bilder und Studien aus drei Jahrtausenden. Eberhard Gothein zum siebzigsten Geburtstag als Festgabe*)（慕尼黑：邓克尔与亨布洛特出版社，1923），第 171 页。

[14] 参见附录部分的韦伯经济学思想的演变。

[15] 马克斯·韦伯：《经济通史》(*General Economic History*)（新不伦瑞克，新泽西：交流出版社，1981），第 24 页，或德文版《经济史》(*Wirtschaftsgeschichte*)（柏林：邓克尔与亨布洛特出版社，1991），第 39 页。今天我们对于这一问题的了解当然要比韦伯时代要多，例如可参见"书目注释：古代的经济发展"("Annotated Bibliography: Economic Development in Anciant Times")中引用的文献，参见朗多·卡梅伦(Rondo Cameron)：《世界经济简史》(*A Concise Economic History of the World*)（纽约：牛津大学出版社，1993），第 410 页。

[16] 韦伯：《经济通史》，第 7、14 页，或德文版第 23、29 页。译文稍有更改。

[17] 本书全文都将德文字"*Sippe*"简单译作"clan"（氏族），但是韦伯曾经公开对"clan"表示批评态度。在《印度的宗教》（成书早于《经济通史》）中，韦伯说，"'clan'是个模棱两可的爱尔兰词语"，遂使这部作品的译者们使用了"sib"（血亲）一词。参见韦伯：《印度的宗教》(*The Religion of India*)（纽约：自由出版社，1958），第 53 页；或德文版《印度教与佛教》(*Hinduismus und Buddhismus*)，第 56 页注解 1，载《宗教社会学论文集》第二卷（图

宾根：J. C. B. 摩尔出版社，1988）。在《经济通史》中，韦伯还曾简要地讨论了"Sippe"一词，参见该书第43页，德文版第54页。

[18] 韦伯：《经济通史》，第116页，德文版第111页。

[19] 德文词为"*Herreigentum*"，参见韦伯：《经济通史》，第51页以下，德文版第59页以下。

[20] 韦伯：《经济通史》，第95页，德文版第95—96页。

[21] 韦伯：《经济通史》，第115页，德文版第110页。

[22] 格奥尔格·冯·贝洛：" 评马克斯·韦伯《经济通史》"，载《世界经济史文库》（*Weltwirtschaftliches Archiv*）20（1924），第488页；厄舍："评马克斯·韦伯《经济通史》"，第104页。另外，雷蒙德·德·卢弗的批评可参见注释[10]中的引文。

[23] 韦伯：《经济通史》，第122页，德文版第116页。

[24] 韦伯：《经济通史》，第174页，德文版第158页。

[25] 出处同上。在我看来这当然是错误的。

[26] 厄舍："评马克斯·韦伯《经济通史》"，第104页。

[27] 韦伯：《经济通史》，第195、202—220页，德文版第174、180—195页。

[28] 韦伯：《经济通史》，第206—207页，德文版第184页。译文稍有改动，以便更契合当前的《经济与社会》英译本。

[29] 韦伯：《经济通史》，第228页，德文版第202页。

[30] 韦伯：《经济通史》，第248页，德文版第219页。

[31] 韦伯：《经济通史》，第239页，德文版第211页。

[32] 韦伯：《经济通史》，第268页，德文版第234页。

[33] 赫克舍："经济历史因素"，第20页；厄舍："评马克斯·韦伯《经济通史》"，第104页；冯·贝洛："评马克斯·韦伯

《经济通史》",第487—488页。

[34] 兰德尔·柯林斯(Randall Collins):"韦伯关于资本主义的最后的理论:一个系统总结"(Weber's Last Theory of Capitalism: A Systematization),载《美国社会学评论》45(1980),第925页。

[35] 首先,柯林斯论证说,在《经济通史》中,韦伯总结了他较晚近的、对资本主义历史的研究;而冯·贝洛的观点或许更能击中要害,他说,韦伯如果不是在生命中的最后几年里全身心地投入到其他研究项目,就能够为经济史课程进行充分的准备。参见冯·贝洛:"评马克斯·韦伯《经济通史》",第487页。笔者也认为,在《新教伦理与资本主义精神》中,韦伯的确已经有一种"制度的"分析了;我进而还认为,柯林斯的"因果链"是把韦伯的因果关系的观念过于简单化了(柯林斯:"韦伯关于资本主义的最后的理论",第931页)。

[36] 韦伯使用了"理性资本主义"(*rationaler Kapitalismus, moderner rationaler Kapitalismus*)和"西方资本主义"(*okzidentaler Kapitalismus*),可参见韦伯:《经济通史》,第335、350、360、312页,德文版第286、307、299、269页。

[37] 韦伯:《经济通史》,第360页,德文版第307页。

[38] 参见韦尔纳·桑巴特(Werner Sombart):《犹太人与资本主义》(*The Jews and Capitalism*)(新不伦瑞克,新泽西:交流出版社,〔1913〕1982)。

[39] 韦伯:《经济通史》,第312—313、356、366页,德文版第269、304、312页。

第 2 章　韦伯经济社会学的基本概念

[1] 马克斯·韦伯:"解释社会学的范畴"("Some Categories of Interpretive Sociology"),《社会学季刊》(*Sociological Quarterly*) 22（1981 年春季号）,第 151—180 页,德文版"理解社会学的范畴"(*"Uber einige Kategorien der verstehenden Soziologie"*),《科学学论文集》(*Gesammelte Aufsätze zur Wissenscha ftslehre*)（图宾根: J. C. B. 摩尔出版社, 1988）。更确切地说,根据这篇文章附录的一个注释的内容,这篇文章仅后半部分与韦伯写作《经济与社会》的材料有关。韦伯也说过,此文后半部分只是早期资料的很小一部分。韦伯提到的他为《经济与社会》所写的文章时,指的要么是《社会经济学大纲》初版（1910）中论及的"〔经济学〕研究的对象和逻辑性质",要么是《社会经济学大纲》第 1 章的早期版本。早期手稿的下落已无人知晓。

[2] 马克斯·韦伯:《经济与社会: 解释社会学大纲》(*Economy and Society: An Outline of Interpretive Sociology*)（伯克利: 加利福尼亚大学出版社, 1978）,第 4 页; 或德文版《经济与社会: 理解社会学大纲》(*Wirtschaft und Gesellschaft: Grundriss der verstehenden Soziologie*)（图宾根: J. C. B. 摩尔出版社, 1972）,第 1 页。

[3] 根据韦伯的看法,经济理论与社会学都在其分析中使用了理解（*Verstehen*）,更确切地说,这两者都使用了意义的理想型（参见韦伯:《经济与社会》,第 4 页,或德文版第 1—2 页）。正如希拉·莱温（Shira Lewin）所说的那样,显示性偏好（revealed

preferences)是一种行为主义的观念,而并不与韦伯的理解的观念相协调。但是,这是否剥夺了显示性偏好被使用在经济学上的资格,则是另一个问题,而且仍然是一个开放性的问题。参见希拉·莱温:"经济学与心理学:来自20世纪早期的经验教训"("Economics and Psychology: Lessons for Our Own Day from the Early Twentieth Century"),载《经济学文献》(*Journal of Economic Literature*) 34(1996),第1293—1323页。

[4] 为了在更一般的水平上阐明"意义"(meaning)的作用,可以引用韦伯1907年的一篇论文中的一部分:

> 我们可以设想两个没有"社会关系"的人,例如,不同部落的两个奴隶,或者一个欧洲人在黑非洲遇到一个奴隶,双方遇见并"交换"两样物品。我们倾向于认为,仅仅描述在这个交换中可以观察到的身体的移动以及"说话"的声音(如果他们"说话"了)这类可以说是构成行为的"物质"或"材料"的话,并不能使我们理解所发生的事件的"本质"。这一点非常正确。事件的"本质"是由双方赋予可观察的行为的"意义"构成的,其"意义"将"规范"他们未来的行动。没有这一"意义",我们倾向于认为,"交换"既不是经验上可能的,也不是概念上可以想象的。

[韦伯:《施塔姆勒批判》(*Critique of Stammler*)(纽约:自由出版社,1977),第109页;或德文版"R. 施塔姆勒'克服'唯物史观"("*R. Stammlers 'Uberwindung' der materialistichen Geschichtsauffassung*"),载《科学学论文集》,第331—332页。] 以上译文略有修改。有

关意义的决定性作用的更确切的一个例子来自《经济与社会》第2章：

> "财产"的预算管理和营利经营从表面上看可能类似到被视为一体的地步。事实上，二者只有在经济行动之相应的"意义"指向上才有所区分：一方是在于维护与提高企业的收益性和在市场上的地位，另一方则在于确保并增加财产与收入。（韦伯：《经济与社会》，第98页，或德文版第52页）

[5] 方法论个人主义的思想的早期表述可见于约翰·斯图亚特·穆勒和卡尔·门格尔（Carl Menger）的作品。1908年，约瑟夫·熊彼特（Joseph Schumpeter）杜撰了这个词语。参见约瑟夫·A. 熊彼特：《国民经济学理论的实质与主要内容》（*Das Wesen und der Hauptinhalt der theoretischen Nationalökonomie*）（莱比锡：邓克尔与亨布洛特出版社，1908），第88—98页；拉尔斯·乌德恩（Lars Udehn）：《方法论个人主义：批评性评价》（*Methodological Individualism: A Critical Appraisal*）（乌普萨拉：社会学系博士论文，1987）。韦伯在1913年有关解释社会学的文章中将个人及行动作为其"原子"；在一封著名的致罗伯特·利夫曼（Robert Liefmann）的信中，他对于方法论个人主义的重要性进行了解释："如果我是一个社会学家（按照我〔从慕尼黑〕得到的委任书来看），那也主要是为了驱逐至今仍然徘徊在我们中间的集体主义概念的幽灵。换言之，社会学自身只能从一个或更多个体的人的行动出发，因此必须采纳严格的个人主义方法"。韦伯："解释社会学的范畴"，《科学学论文集》，第439页；致罗伯特·利夫曼信，日

期是 1920 年 3 月 9 日，转引自沃尔夫冈·莫姆森："马克斯·韦伯的政治社会学及其世界历史的哲学"（"Max Weber's Political Sociology and His Philosophy of World History"），载《国际社会科学杂志》（*International Social Science Journal*）17（1965），第 44 页。

[6] 韦伯：《经济与社会》，第 4 页，或德文版第 1 页；着重号为本书作者所加。在 1913 年后《经济与社会》第 1 章的早期版本中，韦伯以这样的方式表述了同样的思想："对于解释社会学而言特别重要的行动是如下行为：(1) 行动者在主观上预期的意义，是与他人的行为有关的，(2) 通过这种相关性而在其过程中共同起作用，(3) 能够用这种（主观上）预期的意义对其进行清楚的说明"，见韦伯："解释社会学的范畴"，第 152 页，德文版见《科学学论文集》，第 429—430 页。还可以看到，在一定程度上，韦伯的社会（经济）行动观念与约翰·R. 康芒斯（John R. Commons）的"交易"（transaction）概念的相似性。在康芒斯看来，"经济学家们从一件商品或者一个人对此商品的感受出发进行其分析，而法庭是从一桩交易开始的。它最终的调查单元不是一个人，而是两个或更多的个人，即处于一个或多个交易两端的原告与被告"。参见约翰·R. 康芒斯：《资本主义的法律基础》（*Legal Foundations of Capitalism*）（新布伦瑞克，纽约：交流出版社，〔1924〕1995），第 7 页。

[7] 两部关于韦伯的基本的社会学概念，包括他的社会行动的类型学的作品是，雷蒙·阿隆（Raymond Aron）："马克斯·韦伯"，见《社会学主要思潮》（*Main Currents in Sociology*）（纽约：道布尔戴出版社，1970），以及亚历山大·冯·谢尔廷（Alexander von Schelting）：《马克斯·韦伯的科学学》（*Max Webers Wissenschaftslehre*）

(图宾根：J. C. B. 摩尔出版社，1934）。其他优秀作品还包括：马丁·奥尔布罗（Martin Albrow）：《马克斯·韦伯的社会理论建构》(*Max Weber's Construction of Social Theory*)（伦敦：麦克米兰出版社，1992）；莱因哈德·本迪克斯：《马克斯·韦伯：思想肖像》(*Max Weber: An Intellectual Portrait*)（纽约：道布戴尔出版社，1960）；朱利恩·弗罗因德（Julient Freund）：《马克斯·韦伯的社会学》（哈蒙兹斯沃斯，英格兰：企鹅出版社，〔1966〕1972）；迪尔克·卡斯勒(Dirk Käsler)：《马克斯·韦伯：生平及作品导论》(*Max Weber: An Introduction to His Life and Work*)（剑桥：政体出版社，1988）。

[8] 韦伯：《经济与社会》，第 31 页，或德文版第 16 页。

[9] 论证韦伯试图"补充"经济理论的人，首先是塔尔科特·帕森斯，但还包括阿瑟·斯廷奇库姆。参见塔尔科特·帕森斯："导言"，马克斯·韦伯：《社会组织与经济组织的理论》，第 31 页；阿瑟·斯廷奇库姆："评马克斯·韦伯《经济与社会》"，《分层与组织》(*Stratification and Organization*)（剑桥：剑桥大学出版社，1986），第 286 页。认为韦伯是在边际主义经济学基础之上建构其社会学的，尤其见于西蒙·克拉克（Simon Clarke）：《马克思、边际主义与当代社会学：从亚当·斯密到马克斯·韦伯》(*Marx, Marginalism and Modern Sociology: From Adam Smith to Max Weber*)，第 204—212 页；亦可见约兰·泰博恩（Göran Therborn）：《科学、阶级和社会学：社会学及历史唯物主义的形成》(*Science, Class and Society: On the Formation of Sociology and Historical Materialism*)（伦敦：NLB 出版社，1976），第 293 页。路德维希·朗奇曼（Ludwig Lachmann）批评帕森斯认为韦伯在试图补充经济理论的观点时指出，帕森斯脑海中的经济理论肯定不是韦伯所指的那些经济学

家的理论（尤其是马歇尔与帕累托），因此，当帕森斯与韦伯都在说，需要对经济学进行补充时，所包含的意义是不同的。朗奇曼还说，"有意将〔韦伯的〕经济社会学与当今正统的新古典主义经济学搭上任何关系当然很怪异"，参见朗奇曼："社会主义与市场：韦伯式视角下的一个经济社会学主题"（"Socialism and the Market: A Theme of Economic Sociology from a Weberian Perspective"），《南非经济学杂志》（*South African Journal of Economics*）60（1992），第43页，注解12。不过，建立这种联系却正是罗伯特·霍尔顿（Robert Holton）与布赖恩·特纳（Bryan Turner）试图要做的事情，他们强调说，"韦伯接受了基本的新古典经济学概念"，参见罗伯特·霍尔顿与布赖恩·S. 特纳：《韦伯论经济与社会》（*Max Weber on Economy and Society*）（伦敦：罗德里奇出版社，1989），第47页。类似地，史蒂文·卡尔伯格（Stephen Kallberg）说，"韦伯勾勒出了一个在资本主义制度下的、以经济为取向的行动的新古典的世界"，参见史蒂文·卡尔伯格："马克斯·韦伯的以经济为取向的行动的世界历史知识系统结构：初步的重构"（"Max Weber's Universal-Historical Architectonic of Economic-Oriented Action: A Preliminary Reconstruction"），《社会理论的当前的视角》（*Current Perspectives in Social Theory*）4（1983），第265页。对经济学知识掌握较多的斯廷奇库姆明确地说，韦伯想要完成的是"关于经济的新古典模型"。这当然是他的一个独到之处，但是需要指出的是，斯廷奇库姆避开了一个棘手的问题，即奥地利经济学的什么方面契合了这一观点。即使在当时，韦伯的经济理论观点都不是标准观点，不能被标注为"经典"。最后，卡尔·波拉尼（Karl Polanyi）将韦伯称为"市场主义者"，因为韦伯试图将马克思的"社会的进路"与门格尔的"经济学进路"综合起来，而这导致他忽视生产过程。参见卡尔·波拉尼："附录"，《原始经济、古代经济与现代经济》(*Primitive, Archaic and Modern Economies*)（波士顿：灯塔出版社，1971），第 123、136 页。

[10] 泰博恩：《科学、阶级和社会》，第 293 页。

[11] 韦伯仅仅是说，工具理性行动的一个例子是，某个行动者根据迫切性的排序来安排他（或她）的行动，以便使需求能够按照边际效用原则得到满足。韦伯在 1908 年关于边际效用理论的论文中要说明的是，边际效用思想并不是经济理论家虚构的某种东西，而是从每个人的"共同经验"产生出来的。参见韦伯：《经济与社会》，第 26 页，或德文版第 13 页；马克斯·韦伯："边际效用理论与'心理–物理学的基本法则'"("Marginal Utility Theory and 'The Fundamental Law of Psycho-Physics'")，《社会科学季刊》(*Social Science Quarterly*) 56 (1975)，第 28—29 页，或德文版，《科学学论文集》，第 390 页。尽管在《经济与社会》有关经济社会学的部分中不时可以见到对"边际效用"的零星引用，但是，边际效用理论的关键思想，即能够用来解决经济理论中一系列难题的递减效用 (declining utilities) 的思想，却没有在韦伯的经济社会学中产生任何作用。《经济与社会》第 2 章中，两处较详尽地引用了边际效用的地方，都在质疑它在特定情形下是否可以用于经济社会学。在其中一处，韦伯提出，权力关系比边际效用理论更能解释利率；在另一处，韦伯说，通常是生产者决定要生产什么，而边际效用的理论恰恰相反，认为决定权在消费者这一方。参见韦伯：《经济与社会》，第 92、97 页，或德文版第 49、52 页。

[12] 韦伯：《经济与社会》，第 9 页，或德文版第 4 页；另一

个相似的说法，见韦伯：《经济与社会》，第21页，或德文版第10页。韦伯补充说，只有在"不寻常的情况"下，这类严格的理性经济行动才可以在这个时代的现实中找到，例如，在证券交易所。应当注意到，在这个说法中，韦伯并没有引入价值理性行动和工具理性行动的区别。

[13] 韦伯：《经济与社会》，第63页，或德文版第31页。

[14] 韦伯：《经济与社会》，第22页，或德文版第11页。其中，"他人会尊重自己〔对经济物品的〕实际支配权"包括"法律规则"，这一点从同书第33页（德文版第17页）就可以清楚地知道。在评论这一说法时，埃密尔·莱德勒（Emil Lederer）说，韦伯的经济（社会）行动只应用于市场经济之中，而且将消费行动排除在外。在我看来，这一范畴形式之下，莱德勒的说法是错误的。消费，即日常购物，包括了其他方向上的重要元素。一般说来，正如韦伯指出的那样，身份地位是与消费相联系的。人们共同劳动于非市场经济之中，在这种情况下，他们的行动都是类似地指向他人的行动的。埃密尔·莱德勒对《经济与社会》第2章的评论，参见《经济学理论框架》（*Aufriss der ökonomischen Theorie*）（图宾根：J. C. B. 摩尔出版社，1931），第11—13页。

[15] 韦伯：《经济与社会》，第6页，或德文版第2页。类似说法还可见该书第21页（德文版第10页）。在举出证券交易所的例子之后，韦伯马上就写道，同样可以用政治或军事斗争作为例子。韦伯说得非常清楚，使用理性的方法并不意味着假设在现实中是理性占优势地位。同上书，第6—7页，或德文版第3页。他还清楚地解释了，只有当理性的理想型在某些方面"在非常显著的程度上"（着重号为本书作者所加）接近于经验现实时，才

能够应用于社会学。(确切的表述是:"对主观上可理解的行动的理性过程的建构,只有在非常显著的程度上趋近现实并可观察时,才构成经验过程的社会学类型"。)同上书,第12页,或德文版第6页。

[16] 尤其是维埃特·米歇埃尔·巴德(Veit Michael Bader)、约翰纳斯·贝格尔(Johannes Berger)、海奈·加斯曼(Heiner Ganssmann)、约斯特·v. d. 克内泽内克(Jost v. d. Knesesbeck):"马克斯·韦伯:经济学的基本社会概念"(*Max Weber: Soziologische Grundgegriffe des Wirtschaftens*),载《社会理论导论:马克思与韦伯理论中的社会、经济和国家》(*Einführung in die Gesellschaftstheorie. Gesellschaft, Wirtschaft und Staat bei Marx und Weber*)(法兰克福:大学出版社,〔1976〕1987),第193—320页;朱利恩·弗罗因德:"经济学的社会学"("The Sociology of Economics"),《马克斯·韦伯的社会学》,第149—175页;布赖恩·琼斯(Bryn Jones):"韦伯社会学中的经济行动与理性组织"("Economic Action and Rational Organization in the Sociology of Weber"),巴里·海因兹(Barry Hindess)(编):《经济的社会学理论》(*Sociological Theories of the Economy*),第28—65页;卡尔伯格:"马克斯·韦伯的世界历史的知识系统结构",第253—288页;塔尔科特·帕森斯:"韦伯的'经济社会学'",见韦伯:《社会组织与经济组织的理论》之"导言"部分,第30—55页;贾恩佛朗哥·波齐(Gianfranco Poggi):"概念背景"(The Conceptual Context),《加尔文教与资本主义精神:马克斯·韦伯的新教伦理》(*Calvinism and the Capitalist Spirit: Max Weber's Protestant Ethic*)(阿默斯特:马萨诸塞大学出版社,1983);约翰尼斯·温克尔曼:《经济与社会:注释本》(*Wirtschaft und*

Gesellschaft. Erläuterungsband)（图宾根：J. C. B. 摩尔出版社，1976），第35—43页。不过，这些解释中有许多都没有有意识地从经济社会学的立场上看待第2章：卡尔伯格对第2章的兴趣主要是能够发展出一个文明分析的普遍的-历史的类型学；波齐认为，通过对资本主义的运行方式而非其起源的关注，第2章对《新教伦理与资本主义精神》中的分析进行了补充，等等。当然，在不同的大学里，也很难说《经济与社会》第2章在什么程度上应用于课堂教学与讲座中。不过，在美国，以下三个事例饶有趣味。据爱德华·希尔斯讲，"在1930年代中期，弗兰克·奈特〔在芝加哥大学〕主持了一个讨论《经济与社会》前几章的论坛，我们逐字逐句地研究了那些文字"。丹尼尔·贝尔说，1939年，亚历山大·冯·谢尔廷在哥伦比亚大学讲授的一门课全部是有关《经济与社会》的前两章的（"整个学期我们……都集中于讨论经济行动和理性行动的定义"）。最后，1947年，卡·波拉尼（1947—1953年任教于哥伦比亚大学）在发给学生的标有"附录"两字的油印笔记中讨论了《经济与社会》的第2章，参见波拉尼：《原始经济、古代经济与现代经济》，第120—138页。亦可见爱德华·希尔斯（Edward Shils）："社会学历史中的传统、生态和制度"（"Tradition, Ecology, and Institution in the History of Sociology"），《代达罗斯》（*Daedalus*）99（1970年秋季号），第823页，注解21。关于贝尔，参见理查德·斯威德伯格：《经济学与社会学》（普林斯顿，纽约：普林斯顿大学出版社，1990），第217页。

[17] 塔尔科特·帕森斯："导言"，载韦伯：《社会组织与经济组织的理论》，第1—86页。这部作品译自出版于1921年的《经济与社会》的第1部分。对于第2章（"韦伯的经济社会学"）的分

析可见于第 30—55 页，而且被正确地看作对这一章的最重要的评论。关于这一点，参见爱德华·鲍姆加登（Edward Baumgarten）：《马克斯·韦伯：作品及生平》（*Max Weber: Werk und Person*）（图宾根：J. C. B. 摩尔出版社，1964），第 563—565 页；阿诺德·琴格勒（Arnold Zingerle）：《马克斯·韦伯的历史社会学》（*Max Webers historische Soziologie*）（达姆施塔特：科学出版社，1981），第 94 页以下。帕森斯自己所用的德文版《经济与社会》（题有"海德堡 1925"字样）现藏于哈佛大学的普西档案馆（HUG[FP] 42.55，第 2 盒），通过查阅就可以得到有关帕森斯对韦伯这本书的第 2 章的研究的一些印象。从帕森斯的划线强调的部分可以清楚地看到，他对第 1 章（普通社会学）和第 3 章（支配社会学）的研究要比第 2 章（经济社会学）彻底。在研究韦伯时，帕森斯通常会划出重要的段落，而他对第 2 章看来只是蜻蜓点水地看了看，因为在第 12—30 节和第 32—38 节中，只是偶尔有几处划线，甚至根本没有。

[18] 韦伯使用的词是"*Wirtschaften*"，《经济与社会》的编者沿用帕森斯的译法，译作"economic action"（经济行动）。波齐建议译作"economizing"（经济化），但这个词在日常生活中的含义与韦伯心目中所指的意思相去甚远，因此不大合用，参见波齐：《加尔文教与资本主义精神》，第 15 页。雷蒙·阿隆写道，"'*Wirtschaft*'的意思是经济；多亏德语的灵活性，因此不难创造出一个表示经济行动的词，即指向经济的某种能力的实践"，参见阿隆：《社会学主要思潮》，第 2 卷，第 283 页。上一章已经指出，韦伯在 1890 年代他的经济学讲座中就使用了"*Wirtschaften*"的概念。根据当时的《1898 年普通（理论）国民经济学讲座大纲》，

他的普通理论经济学讲课笔记是这样的：

> 通过"经济行动"我们可以理解一种"外在的和有目的的渴望"，即将自然和他人考虑在内的、有意识的精心计划的行为，也就是说，处在某些需求的迫使之下，这些需求要求通过外在的手段来得到满足——无论这手段是"物质的"还是"精神的"，并服务于未来的目标。

参见韦伯：《1898年普通（理论）国民经济学讲座大纲》（*Grundrss zu den Vorlesungen über Allgemeine ["theoretische"] Nationalökonomie 1898*）（图宾根：J. C. B. 摩尔出版社，〔1898〕1990），第29页，译文引自劳伦斯·斯卡夫（Lawrence Scaff）：《逃离铁笼》（*Fleeting the Iron Cage*）（伯克利：加利福尼亚大学出版社，1989），第32页。

[19] 韦伯：《经济与社会》，第63页，或德文版第31页。在说到效用（*Nutzleistung*）的这一定义是相当常规的定义的时候，我指的是论述效用（"对'效用'的需求的满足"）的那一部分。不过，韦伯这样阐述他的定义，是为了通过强调"主观意义"的要素而使它更适合于社会学，这一点可以看得很清楚。韦伯在上面引用的定义中讨论的是"以经济为指向的行动"，而"经济行动"与"以经济为指向的行动"之间的区别将在本章后面的部分中进行讨论。在这里只需要说明这一点就够了，即经济行动是以经济为指向的行动的次范畴。[经济行动的正式定义列在以经济为指向的行动的定义之后的句子里，表述如下："经济行动（*Wirtschaften*）则意谓行动者和平地运用其控制资源的能力，其主要的推动力指向经济目的。"]可以将韦伯在《经济与社会》中的经济行动的定义同前一注解中提到的他在1890年代的经济学课堂上提出的定义

进行对比。

[20] 韦伯使用的是"*Nutzleistung*",而不是惯常的"*Nutzen*"或"*Nützlichkeit*"。韦伯关于效用的论述,见《经济与社会》,第68—69页,或德文版第34—35页。德文辞典中不常见"*Nutzleistung*"一词,即使有的话,其定义也与韦伯的不同。例如,参见埃尔温·迪希特尔(Erwin Dichtl)与奥特马尔·伊辛(Otmar Issing)(编):《瓦伦经济学大词典》(*Vahlens Grosses Wirtschaftslexikon*)第2卷(慕尼黑:C. H. 贝克出版社,1993),其中未列入这个词;伦加萨米·塔尔马林加姆·穆鲁加(Rengasamy Tharmalingam Murugiah)(编):《德英经济学词典》(*Wirtschaftswörterbuch Deutsch-Englisch*)(慕尼黑:经济出版社,1993),其中把这个词译作"有效的能力〔产出〕"(第355页);安德烈亚斯·舒勒(Andereas Schüler)(编):《英德经济学词典》(*Wörterbuch Wirtschaft Englisch-Deutsch*)(法兰克福:哈里·多伊奇出版社,1980),其中,这个词未被列入解释"效用"的诸条中(第727页);阿瑟·沃尔(Arthur Woll)(编):《经济学词典》(*Wirtschafts Lexikon*)(慕尼黑:R. 奥尔登伯格出版社,1988),甚至根本没有提到这个字。雷蒙·阿隆将"*Nutzleistung*"译作法语的"*prestation d'utilité*"(英文可译作"enactment of utility",即"效用的发生"),并且补充说,"*Nutz*"是"效用"一词的词根;参见阿隆:《社会学主要思潮》,第2卷,第282页。卡尔·波拉尼对韦伯效用概念持批评态度,因为他说,韦伯暗示人与物是平等的(而效用既包括物品,又包括服务),而且,韦伯并没有抓住这一点,即人不能将某个物体(例如一匹马)分割成为一束效用。参见波拉尼:"附录",《原始经济、古代经济与现代经济》,第136—137页。

[21] 在当前英文版与德文版的《经济与社会》中，可以看到经济行动的两个定义：其一在第 1 部分的第 2 章，并且经过了韦伯自己的检查；其二在韦伯留下的手稿中，后来被汇入德文版《经济与社会》。韦伯在后一种定义中强调经济行动既包含需求的满足，也包括谋取利润。可比较韦伯：《经济与社会》，第 339—340 页，及德文版第 199 页。关于经济行动的讨论，亦可见韦伯：《经济通史》（柏林：敦刻尔及洪堡出版社，1991），第 1—2 页。

[22] 自从弗兰克·奈特关于风险与不确定性的著名论文问世以来，通常都会区别风险（或"可测量的不确定性"）与不确定性（或"不可测量的不确定性"），参见弗兰克·H.奈特：《风险、不确定性与利润》（*Risk, Uncertainty and Profit*）（芝加哥：芝加哥大学出版社，〔1921〕1985），第 19 页以下。在韦伯这里，没有进行这样的区分，在整个《经济与社会》中，他在好几个不同的意义上使用了"机会"（Chance）一词（包括"可能性"）。帕森斯，以及随后的《经济与社会》的编者们通常将"机会"译作"优势"（advantage），而它真实的含义是"机遇"（opportunity）。例如，在第 2 节中，"经济机遇"（ökonomische Chancen）被译作"经济优势"；参见韦伯：《经济与社会》，第 68—69 页，或德文版第 34 页。比尔格·普瑞达特（Birger Priddat）曾试图在其作品中关注韦伯的"ökonomische Chancen"概念，特别见于比尔格·普瑞达特：《偶然，命运，愚昧：18 世纪至 20 世纪早期德国经济学理论中的风险》（*Zufall, Schicksal, Irrtum. Über Unsicherheit und Risiko in der deutschen ökonomischen Theorie vom 18. bis ins frühe 20. Jahrhundert*）（马尔堡：大都会出版社，1993）。对于这个词的更一般且非常有趣的

讨论可见于拉尔夫·达伦道夫的作品。达伦道夫特别感兴趣的是"生活机会"（life chances）概念，不过，他也对"*Chance*"如何应用于韦伯的经济社会学进行了评论。他曾在某处指出，"韦伯清楚地表达出，经济机会自身是稀缺的，因而必须通过竞争才能得到。韦伯富于想象力地为这些机会找到了名字，我们已经提到了其中的一些：市场机会、获取的机会、交换的机会、价格机会、利益机会、工作利用机会、资本形成机会"，见拉尔夫·达伦道夫："马克斯·韦伯的'机会'概念"（"Max Weber's Concept of 'Chance'"），载《生活机会》（*Life Chances*）（芝加哥：芝加哥大学出版社，1979）。关于生活机会与"机遇结构"之间有何密切关系，参见罗伯特·K. 默顿："机遇结构"（"Opportunity Structure"），F. 阿德勒（F. Adler）与 W. S. 劳弗（W. S. Laufer）（编）：《失范理论的遗产》（*The Legacy of Anomie Theory*）（新不伦瑞克，新泽西：交流出版社，1995）。最后，亦可见约翰尼斯·温克尔曼："机会"（"Chance"），约阿希姆·里特尔（Joachim Ritter）（编）：《哲学历史辞典》（*Historisches Wörterbuch der Philosophie*）（巴塞尔：施瓦贝出版社，1971），第 1 卷，第 980 页。

[23] 费利克斯·考夫曼（Felix Kaufmann）持有类似立场，他深受韦伯的影响，并且是艾尔弗雷德·舒茨的朋友。在 1933 年文章中，考夫曼写道："当某人得到某件东西的所有权时，问题就出来了，即经济主体所获得的到底是什么呢？很清楚，他得到的是应用该事物的机会或时机，因此，一件商品必须被定义为这些机会的总体，这些机会可以部分地一起实现，部分地作为彼此的替代选择而实现。如果某件我所期望的事情有发生的可能性，我就有这样的一个机会；如果我创造了这样的一种可能性，例如我

以某种行为方式促使可能性产生，则我获得了这个机会；如果我的行为方式使我在得到它之前就取消了这个可能性，则我放弃了这个机会"。参见费利克斯·考夫曼："论主观事物与经济科学的方法"（"On the Subject-Matter and Method of Economic Science"），《经济学》（*Economica*）42（1933），第384页。

[24] 在德文版《经济与社会》中，韦伯使用"*Chance*"一词超过了50次。按照先后顺序，两个最常见的用法是营利机会（*Erwerbschance*）和市场机会（*Marktchance*）。

[25] 帕森斯当然意识到韦伯的出发点是基于同经济理论一样的基础，比如，他在为韦伯的《社会组织与经济组织的理论》所写的导言中（第53—54页）指出了这一点。但是，他没有能够讲清楚的是，在宏观层次上这会引起什么样的效果。可以补充的是，韦伯的同事熊彼特以类似于帕森斯的方式进行了论证，他纲领性地宣布，经济理论，而不是经济社会学，"处理〔发生于〕社会框架之内的行为"。对于将经济理论与经济社会学视为相互补充的倾向的批评，参见理查德·斯威德伯格："约瑟夫·A. 熊彼特及经济社会学传统"（"Joseph A. Schumpeter and the Tradition of Economic Sociology"），《制度经济学与理论经济学杂志》（*Journal of Institutional and Theoretical Economics*）145（1989），第513页以下。

[26] 韦伯：《经济与社会》，第116页；或德文版第63页。

[27] "家计"（Housholding）的德文原文是"*Haushalt*"；"营利"（profit-making）的德文原文是"*Erwerben*"。帕森斯及目前的《经济与社会》的编者（他们在第2章基本上沿用了帕森斯的译法）将"*Haushalt*"译作"预算管理"（budgetary management）。史蒂文·卡尔伯格建议，译为"需求的供应"也许胜于"预算管理"，见史蒂

文·卡尔伯格:"马克斯·韦伯的世界历史的知识系统结构",第283—284页。

[28] 根据芬利（Finley）的介绍，"'经济学'（economics）一词，源自希腊文，由'*oikos*'（庄宅）和语义非常复杂的词根'*nem-*'组成，它在这个词里的意思是'规范，管理，组织'"。参见 M. I. 芬利:《古代的经济》（*The Ancient Economy*）（伦敦：贺加斯出版社，〔1973〕1985），第 17 页。亚里士多德对经济的论述，尤其可见 M. I. 芬利:"亚里士多德与经济分析"（"Aristotle and Economic Analysis"），《昔与今》（*Past and Present*）47（1970），第3—25页。家计与营利之间的区别在其他概念中得以复制，例如使用价值与交换价值的区别（例如马克思，他采纳了亚里士多德的区别），实质经济与形式经济的区别（波拉尼，他将这一区别转移到了理论层次）。很清楚，在韦伯时代的德国经济学中，家计与营利经济之间的区别仍然存在，例如，对这一区别的讨论可见于弗里德里克·冯·戈特尔－奥特里林弗得（Friedrich von Gottl-Ottlilienfeld）和卡尔·布歇（Karl Bücher）的作品；参见约翰尼斯·温克尔曼:《经济与社会：注释本》（*Wirtschaft und Gesellschaft. Erläuterungsband*），第37—38页。在当代的人类学中，通过讨论"屋舍"（house）与"法人"（corporation），这种区别又重新获得了人们的注意，见史蒂文·古德曼（Stephen Gudeman）与艾伯托·里韦拉（Alberto Rivera）:《哥伦比亚谈话》（*Conversations in Colombia*）（剑桥：剑桥大学出版社，1990）。

[29] 关于"庄宅"（*oikos*），参见韦伯:《经济与社会》，第100、381页，或德文版第54页、381页以下。"庄宅"一词最早是由卡尔·罗伯图斯（Karl Robertus）在 1865 年引入的，韦伯挑

战了罗伯图斯对这个词的用法。在 1909 年对于古代社会的研究中，韦伯最充分地表达了他对"庄宅"的观点；参见《古代文明的农业社会学》(*The Agrarian Sociology of Ancient Civilizations*)（伦敦：NLB 出版社，1978），第 42—43 页；或德文版，"古代农业社会的状况"("*Agrarverhältnisse im Altertum*")，《社会史与经济史论文集》(*Gesammelte Aufsätze zur Sozia- und Wirtschaftsgeschichte*)（图宾根：J. C. B. 摩尔出版社，1988），第 7 页。围绕着这个概念的争论的历史记述，可见约翰·洛夫(John Love)："古代农庄的经济性质：庄宅抑或企业？"("On the Economic Characteristic of the Ancient Agricultural Estate: *Oikos* or Enterprise?")，《古代社会与资本主义：马克斯·韦伯与罗马文明的社会学基础》(*Antiquity and Capitalism: Max Weber and the Sociological Foundations of Roman Civilization*)（伦敦：罗德里奇出版社，1991），第 59—109 页。

[30] 关于"营利企业"(Unternehmen)，见韦伯：《经济与社会》，第 91 页，或德文版第 48 页。

[31] 关于"财富"(*Vermögen*)、"资本"(*Kapital*)、"收入"(*Einkommen*)和"利润"(*Gewinn*)的定义，参见韦伯：《经济与社会》，第 87、91、87 页，或德文版第 46、48、46、48 页。

[32] "传统的"德文原文为"*traditional*"，而"理性的"德文原文是"*zweckrational*"（目的理性的），参见韦伯：《经济与社会》，第 69 页以下，或德文版第 35 页以下。韦伯提到了经济行动的第三种形式，即"情感式经济行动"，当然它比较不重要一些，但是也存在一些相关的例子。例如，忠诚会激起某种类型的经济行动。下面很快将要讨论，为什么理性的经济行动通常是"目的理性式"，而非"价值理性式"。

[33] 韦伯:《古代文明的农业社会学》,第210页,或德文版("古代农业社会的状况")《社会史与经济史论文集》,第146页。

[34] 韦伯有时会使用"经济传统主义"一词;参见韦伯:《新教伦理与资本主义精神》(伦敦:艾伦与安文出版社,1930),第36、64页,或德文版"新教伦理与资本主义精神",《宗教社会学论文集》(图宾根:J. C. B. 摩尔出版社,1988),第1卷,第48、76页。

[35] "经济行动"的德文词是"*Wirtschaften*","以经济为指向的行动"的德文词是"*wirtschaftlich orientiertes Handeln*",参见韦伯:《经济与社会》,第63页以下,或德文版第31页以下。

[36] 韦伯:《经济与社会》,第64页,或德文版第32页。译文略有改动。

[37] 马克斯·韦伯:"两种法律之间"("Between Two Laws"),《政论集》(*Political Writings*)(剑桥:剑桥大学出版社,1994),第78页;德文版见《政治论文集》(*Gesammelte Politische Schriften*)(图宾根:J. C. B. 摩尔出版社,1988),第144页。

[38] "控制与处置权"或者说"*Verfügungsgewalt*"(处分权)的引入及讨论,见韦伯:《经济与社会》,第63、67—68页,或德文版第31、33—34页。韦伯偶尔会使用"经济权力"(*ökonomische Macht*)一词,《经济与社会》的早期版本中将其定义为"对经济物品的控制(*Verfügung*)";见韦伯:《经济与社会》,第942页,或德文版第541页。在韦伯1890年代开始的经济理论课堂上也可以见到这个词,见韦伯:《1898年普通(理论)国民经济学讲座大纲》,第58页,亦可见于第33、41、43页。

[39] 韦伯:《经济与社会》,第67页,或德文版第33页。

[40] 韦伯说得很清楚，法律并非控制与处置权概念的实质，但是，帕森斯断言，"处分权（Verfügungsgewalt）一词〔暗示了〕获得合法认可的控制与处置权力"。韦伯：《经济与社会》，第67—68、206页（帕森斯注），或德文版第33—34页。

[41] 德语是"Brauch...bedingt durch Interessenlage（'interessenbedingt'）"，帕森斯及罗思与威蒂克（Wittich）在《经济与社会》中译作"'由自利所决定的'……一致性"；见韦伯：《经济与社会》，第29—31页，或德文版第15—16页。在1913年关于解释社会学的论文中，韦伯称这一类型的行动为"一致的同意"（Einverständnis），见韦伯："解释社会学的范畴"，第167—173页，或德文版，载《科学学论文集》，第452—464页。

[42] 韦伯：《经济与社会》，第40—43页，或德文版第21—23页。在此，韦伯沿用了滕尼斯的说法。

[43] 韦伯：《经济与社会》，第41页，或德文版第22页。

[44] 马克·格拉诺维特："经济行动与社会结构：嵌入性问题"，载《美国社会学杂志》91（1985），第481—510页。在这篇文章中，格拉诺维特同在与本书作者交谈时一样，肯定韦伯的经济社会学与他自己对嵌入性分析之间的亲和性。还要补充一句，卡尔·波拉尼是以不同的方式来看待"嵌入性"的；他认为，前资本主义的经济嵌入到宗教与传统之中，而资本主义经济则没有以这种方式嵌入；参见卡尔·波拉尼、康拉德·M.阿伦茨伯格（Conrad M. Arensberg）、哈里·皮尔逊（Harry Pearson）（编）：《早期帝国的贸易与市场》（*Trade and Market in the Early Empires*）（芝加哥：亨利·瑞格纳里，〔1957〕1971）。

[45] 帕森斯和《经济与社会》的编辑们更倾向于将"*Kampf*"

译作"冲突"。见韦伯:《经济与社会》,第38页,或德文版第20页。

[46] 即"*Preiskampf*"与"*Konkurrenzkampf*"。这两种斗争类型构成了韦伯所谓"交易的斗争"("*Tauschkampf*")。见韦伯:《经济与社会》,第72、82、93页,或德文版第36、43、49页。

[47] 即"*Kampf des Menschen mit dem Menschen*"(人与人的斗争)。这一表述在《经济与社会》的第2章中使用了三次,每次都指的是市场与交易。见韦伯:《经济与社会》,第92页(两次),第108页,或德文版第49页(两次),第58页。

[48]《经济与社会》,第38页,或德文版第20页。译文略有改动。"竞争"的德文字是"*Konkurrenz*"。

[49] 关于"选择"或者说"*Auslese*"的定义及讨论,参见韦伯:《经济与社会》,第38—40页,或德文版第20—21页。

[50] 韦伯:《经济与社会》,第53页,或德文版第28页。"*Herrschaft*"一词除了被译成"支配"(domination)以外,还可译作统治(rulership)、领导(leadership)和权威(authority)。对于不同译法的两个权威讨论,参见冈瑟·罗思与克劳斯·威蒂克:《经济与社会》第61—62页,注解31;沃尔夫冈·莫姆森(Wolfgang Mommsen):《官僚制的时代》(*The Age of Bureaucracy*)(牛津:巴兹尔·布莱克威尔,1974),第72页,注解1。

[51] 在第2章中,韦伯只有在涉及资本核算时使用"*Herrschaft*"一词。例如,他说,"只有当工人们服从于企业家的支配(*Herrschaft*)时,才可能达到资本核算的最大程度的形式理性"。见韦伯:《经济与社会》,第138页(亦可见第108页),或德文版第78页(亦可见第58页)。

[52] 参见韦伯对"货币经济中形式理性的实质性条件"的讨论,《经济与社会》,第 108 页,或德文版第 58 页。需要指出的是,韦伯在这一段中所指的只是工厂工人,而不包括白领。不管在这一点上他人如何解释,韦伯都在其他地方论述过关于白领中的支配(下一章将就此进行讨论)。进而需要指出的是,所有的经济组织都不是以对其成员的支配为特征的。关于无支配的组织(韦伯所谓"社团"),即佐林根地方的金属贸易的自愿联合会的讨论,见韦伯:《经济与社会》,第 123 页(参考第 52—53 页关于"社团"的讨论),或德文版第 68—69 页(参考第 28 页)。

[53] 韦伯:《经济与社会》,第 943—944 页,或德文版第 542—543 页。

[54] 韦伯:《经济与社会》,第 214 页,或德文版第 123 页。

[55] 韦伯:《经济与社会》,第 341—343 页,或德文版第 201—203 页。

[56] 韦伯:《经济与社会》,第 341—342 页,或德文版第 201 页。

[57] 与此表述非常类似的,见韦伯:《经济与社会》,第 43 页,或德文版第 23 页。

[58] 对此批评性的评论,见雷蒙德·墨菲(Raymond Murphy):"韦伯式封闭理论:参与当前对韦伯的评价"("Weberian Closure Theory: A Contribution to the Ongoing Assessment"),《英国社会学杂志》(*British Journal of Sociology*) 37 (1986),第 21—41 页;雷蒙德·墨菲:《社会封闭:垄断与排斥的理论》(*Social Closure: The Theory of Monopolization and Exclusion*)(牛津:克拉伦登出版社,1988)。

[59] 参见弗兰克·帕金（Frank Parkin）："阶级形成中的社会封闭策略"（"Strategies of Social Closure in Class Formation"），弗兰克·帕金（编）：《阶级结构的社会分析》（*The Social Analysis of Class Structure*）（伦敦：塔维斯托克出版社，1974）；弗兰克·帕金（编）：《马克思主义与阶级理论：资产阶级的批评》（*Marxism and Class Theory: A Bourgeois Critique*）（纽约：哥伦比亚大学出版社，1979）。亦可见阿吉·索伦森（Aage Sørensen）："社会结构中的开放位置与封闭位置的分配过程"（"Process of Allocation to Open and Closed Positions in Social Structure"），《社会学杂志》12（1983），第203—224页。

[60] 韦伯：《经济与社会》，第342页，或德文版第201页。

[61] 韦伯："序言"，见K. 布歇（K. Bücher）等（编）：《社会经济学大纲　第一部　经济与经济学》（*Wirtschaft und Wirtschaftswissenschaft. Grundriss der Sozialökonomik. I. Abteilung*）（图宾根：J. C. B. 摩尔出版社，1914），第vii页。值得怀疑的是，《社会经济学大纲》的其他撰稿人是否会同意这一说法。

[62] 韦伯偶尔会使用"经济理性"（"ökonomischer Rationalismus"，"Wirtschaftsrationalismus"）这个词。例如，韦伯：《经济与社会》，第435、436、480页，或德文版第266（两次）、293页；《新教伦理与资本主义精神》，第75页，或德文版，载《宗教社会学论文集》第1卷，第60页。

[63] 此处源自阿瑟·斯廷奇库姆的论点，他说，"对理性的讨论的核心的麻烦在于，经济学家与决策理论家告诉我们，要把理性当作一个假设来处理……但是，在真实世界中，理性是一个需要解释的变量"。参见：《分层与组织》的"理性与社会结

构",第 5 页;亦可见阿瑟·斯廷奇库姆:《创造有效率的工业管理》(*Creating Efficient Industrial Administrations*)(纽约:学术出版社,1974),第 33 页。

[64]"形式理性"的德文原词是"*formale Rationalität*";"实质理性"的德文原词是"*materiale Rationalität*"。见韦伯:《经济与社会》,第 85—86 页,或德文版第 44—45 页。

[65] 这些词语的德文词更好记一些:"*Naturalrechnung*","*Geldrechnung*"及"*Kapitalrechnung*"。见韦伯:《经济与社会》第 86 页以下、第 90 页以下,或德文版第 45 页以下、第 48 页以下。

[66] 韦伯:《经济与社会》,第 85 页,或德文版第 45 页。译文略有改动。

[67] 韦伯:《经济与社会》,第 108—109 页,或德文版第 59 页。

[68] 韦伯使用的词是"*Technik*",帕森斯有如下评注:"韦伯此处用的这个德文词'*Technik*'包含了英文词'technique'(技术、技能)和'technology'(技术、工艺)的意思。"帕森斯补充说,"由于在韦伯的术语学中并没有进行明确的区分,因此在翻译时要根据上下文来使用"。见韦伯:《经济与社会》,第 206 页,注解 4。

[69] 根据阿道夫·洛(Adolf Löwe)的看法,"回溯到韦伯,他已经试图要在技术活动与经济的有关人的事务的核心之间建立一个基本的区别了";洛在文中还引用了莱昂内尔·罗宾斯(Lionel Robbins)和奥斯卡·兰格(Oscar Lange)的作品。参见阿道夫·洛:《经济学知识:迈向一种政治的经济学的科学》(*On Economic Knowledge: Toward a Science of Political Economics*)(纽约:哈珀与罗出版社,1965),第 18 页。这个问题的进一步讨论,参见本书第

6章。*

[70] 韦伯:《经济与社会》，第65页，或德文版第32页。着重号为原作所有。韦伯说，稀缺性必须被感知到，这样才能表明稀缺只有与经济行动者（们）有关时才存在。见韦伯:《经济与社会》，第339页，或德文版第199页。

[71] 韦伯:《经济与社会》，第65页，或德文版第32页。着重号为本书作者所加。

[72] 韦伯:"社会政策协会1909年维也纳会议上关于国民经济生产力的辩论"（"*Debattereden auf der Tagung des Vereins für Sozialplitik in Wein 1909 zu den Verhandlungen über die Produktvität der Volkswirtschaf*"），《社会学与社会政策论文集》（*Gesammelte Aufsätze zur Soziologie und Sozialpolitik*）（图宾根：J. C. B. 摩尔出版社，1988），第422—423页。

[73] 尼科拉斯·卢曼（Niklas Luhmann）有类似的看法，即构成经济的本质的就是推迟消费；或者就如他自己表述的，"经济生活看来并非依赖特定的无限制的需求。相反，它恰恰在于推迟有关满足需求的可能性，而提供一个保证，即这些需求将会被满足，从而利用由此获得的时间"。参见《社会的差别化》（*The Differentiation of Society*）（纽约：哥伦比亚大学出版社，1982），第194页。着重号为原作所有。

[74] 韦伯:《经济与社会》，第73页，或德文版第37页。

[75] 韦伯:《经济与社会》，第86页，或德文版第45页。

---

* "political economics"中译为"政治的经济学"，基本上是以经济学的方法研究一些社会政治现象，在研究内容和方法上，都不同于传统的"political economy"，即"政治经济学"。——译者

[76] 韦伯:《经济与社会》,第86—90页,或德文版第45—48页。

[77] 韦伯:《经济与社会》,第91页,或德文版第48页。

[78] 韦伯:《经济与社会》,第107—109页、第161—164,或德文版第58—59页、第94—95页。

[79] 韦伯在其政治论文中捍卫资本主义,但却是以另外的方式。在赫伯特·马尔库塞的一篇文章中,对韦伯进行了机敏的抨击,认为他把对资本主义的捍卫夹带进了科学论文之中,马尔库塞认为,"在韦伯的社会学中,他把形式理性转变成了资本主义的理性"。马尔库塞的论证中存在的一个问题是,韦伯并没有赋予经济中的形式理性以任何积极的价值。马尔库塞:"马克斯·韦伯作品中的工业主义与资本主义"("Industrialism and Capitalism in the Work of Max Weber"),《否定:批判理论论文选》(*Negations: Essays in Critical Theory*)(波士顿:灯塔出版社,〔1965〕1974)。

[80] 韦伯:《经济与社会》,第93、73页,或德文版第49、37页。

[81] 韦伯:《经济通史》,第277页,或德文版第240页。

[82] 韦伯:《经济与社会》,第108页,或德文版第59页。亚当·斯密在《国富论》中提到了"有效需求"和"绝对需求",见亚当·斯密:《国民财富的性质和原因的研究》(*An Inquiry into the Nature and Cause of the Wealth of Nations*)(牛津:牛津大学出版社,1979),第1卷,第73页。

[83] 例如,参见韦伯:《经济与社会》,第108—109页、第188—189页,或德文版第59、111页;德文版《经济通史》,第

10页(注解2)。在1890年代的经济学课程中,韦伯还提到了收入分配的作用,见韦伯:《1898年普通(理论)国民经济学讲座大纲》,第49—50页、第53页。

[84] 韦伯偶尔会在作品中使用"制度"或"经济制度"这样的字眼。见韦伯:"社会科学与社会政策中的客观性"("'Objectivity' in Social Science and Social Policy"),《社会科学方法论》(The Methodology of the Social Science)(纽约:自由出版社,1949),第64页;韦伯:《罗雪尔与克尼斯:历史学派经济学的逻辑问题》(Roscher and Knies: The Logical Problems of Historical Economics)(纽约:自由出版社,〔1903—1906〕1975),第79页,或韦伯:《科学学论文集》,第28、162页。路德维希·朗奇曼认为,"韦伯作品中没有讲到关于制度的一般性理论"是个缺憾,但是,更有可能的是,韦伯只不过认为这样的理论没有什么用处。参见路德维希·朗奇曼:《马克斯·韦伯的遗产》(The Legacy of Max Weber)(伦敦:海尼曼出版社,1970),第49—91页,尤其可见第52页。

[85]《经济与社会》中关于财产的准确定义如下:"个人经由继承或继承团体(无论是共同体还是结合体)而享受到的占有的权利,是该团体或个人的'财产';而且,只要是可让渡的,便称为'自由的财产'。"见韦伯:《经济与社会》,第44页,或德文版第23页。

[86] 出处同上。占有概念引起对经济的联想之处在于,通过它便有可能在分析时强调这样一种事实,即某些行动者被以一种特殊方式排除了接近特定事物或个人的可能性,而另一些人却有这种权利。占有与产权(property rights)的思想很相似,不同之处在于,它还加上了一个互动的或社会的维度。少数几个

对占有概念表示出兴趣的社会学家之一便是阿瑟·斯廷奇库姆。参见阿瑟·斯廷奇库姆:"作为机制的垄断竞争:竞争领域的公司、大学和民族国家"("Monopolistic Competition as a Mechanism: Corporations, Universities, and Nation States in Competitive Fields"),载彼得·赫德斯特罗姆(Peter Hedström)和理查德·斯威德伯格(编):《社会机制》(Social Mechanism)(剑桥:剑桥大学出版社,1998)。

[87] 帕森斯:"产业与职业"("Industry and Occupation"),塔尔科特·帕森斯等(编):《社会理论》第1卷(格伦柯,伊利诺斯:自由出版社,1961),第408页。某些关于财产的后-帕森斯的社会学讨论,参见阿尔文·古尔德纳(Alvin Gouldner):"走向一种关于财产的社会学"("Toward a Sociology of Property"),《降临西方社会学的危机》(The Coming Crisis of Western Sociology)(纽约:阿隆图书公司,1971),第304—313页;帕金:《马克思主义与阶级理论》,第47—54页;约翰·康佩尔(John Campbell)与利昂·林德伯格(Leon Lindberg):"产权与国家的经济活动组织"("Property rights and the Organization of Economic Activity by the State"),《美国社会学评论》55(1990),第634—647页。在近年来的经济社会学领域中,有几位作者采用了产权的进路,但是尚未看到完全或主要是讨论财产的重要论文。

[88] 韦伯:《经济与社会》,第125—150页,或德文版第69—86页。这一类型的材料在《经济通史》中比比皆是(不过,可参见"财产制度与社会团体",《经济通史》,第26—50页,或德文版第40—59页)。

[89] 关于组织(Verband)和经济组织(wirtschaftlich orientierter

Verband)的正式定义,见韦伯:《经济与社会》,第48—50页,或德文版第26—27、37—38页。帕森斯倾向于将"Verband"译作"corporate group"(法人团体),马丁·奥尔布罗(Martin Albrow)对此的反应是,"听起来太拘泥于法规了,'Verband'在德文中很平常,就像英文中的'organization'(组织)一样"。见马丁·奥尔布罗:《官僚制》(Bureaucracy)(伦敦:麦克米兰出版社,1970),第130页,注解25。需要补充的是,韦伯实际上在《经济与社会》的第1部分里区分了"Verband"与"organization",理由是前者的规章只由其首领来执行,不必有管理干部;参见韦伯:《经济与社会》,第264页,或德文版第154页。不过,在帕森斯看来,韦伯在使用"Verband"一词时,"几乎都"指的是包括管理干部的组织;见韦伯:《经济与社会》,第301页,注解12。事实上,韦伯的组织概念与今天所用的这个概念不完全是重合的,从而造成了这种混乱,在此需要补充的是,韦伯在早期版本的《经济与社会》中使用的是不同的术语。例如,韦伯提及了"经济群体"(Wirtschaftsgemeinschaften)或以经济利益为主的群体,"经济利益为次要的群体"(wirtschaftende Gemeinschaften),以及"经济规制群体"(wirtschaftsregulierende Gemeinschaften);参见韦伯:《经济与社会》,第340—341页,或德文版第200页。还可见《经济与社会》第61页注解27的编者评注,他们指出,还有关于"Verband"和"Verbandshandeln"的较早的定义。

[90] 韦伯说的是"人的服务的分割与结合"(Verteilung und Verbindung menschlicher Leistung),见韦伯:《经济与社会》,第114页,或德文版第62页。译文略有修改。最初,是弗里德里希·李斯特(Friedrich List)在1840年代提出,劳动不仅会被分割,

而且也会结合("Teilung der Arbeit"及"Vereinigung der Arbeit")。见弗里德里希·李斯特:《政治经济的国民体系》(The National System of Political System)(纽约:朗曼,格林出版社,1916),第121页。李斯特的思想接下来通过布歇(Karl Bücher)非常有影响力的"国民经济的产生"("Die Entstehung der Volkswirtschaft")(1893)而得以流传开来。见卡尔·布歇:《工业演化》(Industrial Evolution)(纽约:奥古斯都·M.凯利出版社,〔1901〕1968),第244—281页。

[91] 韦伯:《经济与社会》,第114—140页,或德文版第62—78页。

[92] 韦伯:《经济与社会》,第49—50页,或德文版第26—27页。

[93] 韦伯:《经济与社会》,第202页,或德文版第119页。着重号为原文所有。

[94] 在韦伯术语学中,资本主义公司(Unternehmung)是一般性的企业(Betrieb)的一种形式;后一术语亦指组成一个公司的技术单元。参见韦伯:《经济与社会》,第52、91、116—117页(亦可见第208页帕森斯所作注解27),或德文版第28、48、63—64页。

[95] 韦伯:《经济与社会》,第202页,或德文版第119页。

[96] 韦伯:《经济与社会》,第69、110、217—226页,或德文版第35、60、124—130页。

[97] 出处同上。韦伯还提到,对工人的另一个可能的激励来源,是他们将生产工作视为"生活的一种模式"。与这一事实以及资本主义企业中的工厂纪律等有关的文献,参见韦伯:《经济与社会》,第53、114、1155—1156页,或德文版第28、60、62、

686 页。

[98] 斯廷奇库姆认为,其行为并不特别理性的个人,当他们代表某一商业组织的利益时,则被迫理性地行动。参见对斯廷奇库姆的访谈,理查德·斯威德伯格:《经济学与社会学》。关于詹姆斯·科尔曼,参见其《社会理论的基础》(剑桥:哈佛大学出版社,1990),第 422—425 页。科尔曼论证说,由于韦伯没有能够认识到工人们在公司中也是有利可求的,从而影响了他的官僚制理论的完善。科尔曼称之为"韦伯式缺陷"。在我看来,科尔曼的论点是正确的,尽管应当指出,韦伯在第 2 章的某处说,市场经济的所有行动者都受到他们的"精神或物质利益"的驱动;参见韦伯:《经济与社会》,第 202 页,或德文版第 119 页。

[99] 卡尔·波拉尼写道,"〔按照韦伯的分析,〕工人唯一的经济活动就是出卖自己的劳动力,以及在其家居范围内的活动……工厂工人(并没有)涉入'经济活动'(尽管他在自己的家内也许是'经济上活跃的'!)";卡尔·波拉尼:"附录",《原始经济、古代经济与现代经济》(波士顿:灯塔出版社,1971),第 137—138 页。拉尔斯·乌德恩的观点也与此类似,认为工人只是服从命令,而非从事自己的理性的社会行动,因为他们是被支配与受纪律约束的。参见拉尔斯·乌德恩:"马克斯·韦伯作品中的方法论与理性化的冲突"("The Conflict between Methodology and Rationalization in the Work of Max Weber"),《社会学学报》24(*Acta Sociologica* 24)(1981),第 131—147 页。我的观点是,波拉尼和乌德恩各自的论点是对的,但应当补充的是,在韦伯看来,经济运行中的多数并非经济行动、理性的社会行动,或是支配。

[100] 例如,韦伯有削减个人在组织中的作用,而夸大官僚

制在未来的发展，并断言官僚制的所有组成部分都相配的倾向。针对韦伯的官僚制分析的很多批评都是有价值的，但是，多数批评者都没有注意到，在韦伯看来，一个典型的资本主义组织是由传统的、卡理斯玛的和官僚制的要素所组成的一个混合体。由社会学家（彼得·布劳、罗伯特·K.默顿、菲利普·塞尔兹尼克、莱因哈德·本迪克斯、阿尔文·古尔德纳等人）掀起的第一轮批评的浪潮，尤其可见马丁·奥尔布罗的出色作品：《官僚制》(*Bureaucracy*)（伦敦：麦克米兰出版社，1970），第50—66页。晚近的批评，例如，保罗·迪马乔和沃尔特·鲍威尔："重新审视铁笼：组织领域的制度同构性和集体理性"("The Iron Cage Revisited: Institutional Isomorphism and Collective Rationality in Organization Fields")，见沃尔特·鲍威尔与保罗·迪马乔（编）：《组织分析中的新制度主义》（芝加哥：芝加哥大学出版社，1991）；W.理查德·斯科特（W. Richard Scott）：《组织：理性、自然与开放的系统》(*Organizations: Rational, Natural, and Open Systems*)（英格伍德·克利夫斯，纽约：普伦蒂斯·霍尔出版社，1992），第38—45页；斯图尔特·克莱格（Steward Clegg）："马克斯·韦伯与当代组织社会学"("Max Weber and Contemporary Sociology of Organizations")，见拉里·J.雷（Larry J. Ray）与迈克尔·利兹（Michael Leeds）编：《组织现代性》(*Organizing Modernity*)（伦敦：罗德里奇出版社，1994），第46—80页。某位评论家说，近年来针对韦伯批评是如此强烈，以至于人们说"韦伯几乎从组织研究中消失了"，参见马歇尔·迈耶（Marshall Meyer）："组织研究中的韦伯传统"("The Weberian Tradition in Organization Research")，克雷格·卡尔霍恩（Craig Calhoun）等（编）：《权力与约束的结构》(*Structures of Power* and Constraint)（剑桥：剑桥大学出版社，1990），第 191 页。

[101] 韦伯："解释社会学的范畴"，第 166 页，或德文版，见《科学学论文集》，第 452 页。

[102]《经济与社会》第 2 章中并无市场的定义，尽管这一章有一整段都在讨论这个问题。不过，《经济与社会》的编者后来将以下定义汇编进正文中："凡有竞争之处均可说存在一个市场，即使这竞争是单方面的，为了在潜在的当事诸方之间进行交换的机会而进行的。市场的在某地的具体的集合，例如，局地的市或墟，集市（'远距离市场'），或交易所（商人的市场），只构成了市场形成的最一致的种类。不过，只有这种具体的集合才使市场的最独特的特征（即讲价钱）得以完全出现"；韦伯：《经济与社会》，第 635 页，或德文版第 382 页。亦可见《经济与社会》，第 82—85 页，"第 8 节：市场"，或德文版第 43—44 页。

[103] 韦伯：《经济与社会》，第 638 页，或德文版第 384 页。

[104] 韦伯：《经济与社会》，第 638—639 页，或德文版第 384 页。

[105] 韦伯：《经济与社会》，第 936 页，或德文版第 538 页。译文略有改动。韦伯用类似的术语来描述货币："货币是人类生活中最抽象与最'非人格化的'存在"；参见韦伯："宗教拒世及其方向"，第 331 页，或"中间考察"，《宗教社会学论文集》第 1 卷，第 554 页。

[106] 韦伯：《经济与社会》，第 637 页，或德文版第 383 页。

[107] 韦伯主要是用"Versachlichung"来表示这一现象，但他也使用"Unpersönlichkeit"。他的思想是，这一"非人格化"使得很难"沿着伦理的路线"来"转变"与"穿透"资本主义。例如，参见汉

斯·格斯与 C. 赖特·米尔斯（编）：《马克斯·韦伯文选》，第 371 页；韦伯：《经济通史》，第 357 页，或德文版第 305 页。非人格化的概念将在本书第 5 章得到更充分的讨论。

[108] 韦伯：《经济与社会》，第 108 页；或德文版第 58 页。

[109] 1920 年 3 月 9 日，韦伯致罗伯特·利夫曼信。在这封信里，韦伯并没有进行完全的论证，而只是暗示他的思想方向。

[110] 关于这一点，读者还可参考韦伯在《施塔姆勒批评》(1907)中关于法学和"遵循规则"的观点。与边际效用理论相类似，法学只涉及规则自身的逻辑，比如，禁止偷窃；但是，研究者们可以正当地发问，实际上究竟发生了什么（某些人偷窃，但是多数人多数时候都不偷窃）。参见马克斯·韦伯：《施塔姆勒批评》（纽约：自由出版社，1977），第 98—143 页，或德文版："R. 施塔姆勒'克服'唯物史观"，第 322—359 页。

[111] 韦伯：《经济与社会》，第 68 页，或德文版第 34 页。译文有改动。正如阿蒙(Amonn)所说，如果这一点不是真实的话，那么，《经济与社会》中发展出来的经济学概念的"目标"就与理论经济学概念的目标非常不同了。不过，莱德勒注意到，在《经济与社会》第 2 章里，通常很难区分经济理论与经济社会学。见艾尔弗雷德·阿蒙：《理论国民经济学的目标与基础》(*Objikt und Grundbegriffe der Theoretischen Nationalökonomie*)（莱比锡：弗兰茨·多伊蒂克，1911），第 161 页，注解 9；莱德勒：《经济理论概要》(*Aufriss der ökonomischen Theorie*)，第 12—13 页。

[112] 韦伯：《经济与社会》，第 79—82 页，或德文版第 41—43 页。

[113] 韦伯关于"货币经济"(*Geldwirtschaft*)与"自然经济"

(*Naturalwirschaft*)的定义,参见《经济与社会》,第 100 页,或德文版第 53 页。

[114] 韦伯:《经济与社会》,第 108 页,或德文版第 58 页。译文略有改动。

[115] "笔者认为,货币金融理论中最能被接受的便是冯·米塞斯的理论";见韦伯:《经济与社会》,第 78 页,或德文版第 40 页。

[116] 韦伯写道,"我们应当将经济秩序(*Wirtschaftsordnung*)的术语应用于对商品和服务的实际控制(*Verfügungsgewalt*)的分配上,每一次的这种分配都来自各方同意的利益均衡;而且,这一术语应当适用于商品与服务因这一处置权而实际被使用的方式,这种方式是基于实际的认可的"。见韦伯:《经济与社会》,第 312 页,或德文版第 181 页。

[117] 韦伯:《经济与社会》,第 67 页,或德文版第 33—34 页。

[118] 韦伯:《经济与社会》,第 312 页,或德文版第 181 页。

[119] 韦伯:《经济与社会》,第 100 页,或德文版第 53—54 页。

[120] 布鲁诺·希尔德布兰德(Bruno Hilderbrand):"自然经济、货币经济与信用经济"("Naturalwirthschaft, Geldwirthschaft und Creditwirthschaft"),《国民经济学与统计学年鉴》(*Jahrbücher für Nationalökonomie und Statiktik*)(1864)2,第 1—24 页。关于希尔德布兰德对经济史的此点贡献的积极评价,参见伊莱·赫克舍:"从 16 世纪的瑞典历史所看到的自然经济与货币经济"("Natural and Money Economy as Illustrated from Swedish History in the Sixteenth

Century"），弗雷德里克·莱恩（Frederic Lane）与杰利·里摩斯玛（Jelle Riemersma）（编）：《企业与世俗变迁》（*Enterprise and Secular Change*）（伦敦：乔治·艾伦与安文出版社，1953）。

[121] 韦伯：《经济与社会》，第109页，或德文版第59页。

[122] 韦伯关于社会主义及社会主义经济的观点，参见下一章。

[123] 伯特·霍斯利兹："经济发展的阶段理论"（"Theories of Stages of Economic Growth"），载伯特·霍斯利兹等（编）：《经济发展理论》（*Theories of Economic Growth*）（格伦柯，伊利诺斯：自由出版社，1960）。韦伯更属意布歇的观点，即经济经历了以下三个阶段：家计经济、城镇经济与国民经济。在《经济与社会》中，韦伯几乎没有谈论经济阶段，只是说到，不能像施穆勒和舍恩伯格那样，将经济政策与经济阶段混淆起来。参见韦伯：《经济与社会》，第117—118页、208—209页注解30、1218—1219页，或德文版第64—65、731页。

[124] 韦伯在这一问题上的一般性立场，可参见韦伯：《社会科学方法论》，第101页以下、第130页以下，或德文版，见《科学学论文集》，第203页以下、第232页以下；韦伯：《古代文明的农业社会学》，第385页，或德文版"古代农业社会的状况"，《社会史与经济史论文集》，第288页；以及韦伯：《经济与社会》，第201页，或德文版第118页。从一开始，《社会经济学大纲》的第一卷就计划要包括布歇的一篇关于历史上的经济发展的不同阶段的论文，这表明韦伯毕竟发现这一进路还是有效的。不过，布歇对于所分配的题目的最终处理方式使韦伯大大失望了（"〔处理得〕极不充分"）。参见卡尔·布歇："国民经济发展研究"

("*Volkswirtschaftliche Entwicklungsstufen*"),载《社会经济学大纲第一部经济与经济学》(*Grundriss der Sozialökonomik. I. Abteilung. Wirtschaft und Wirtschaftswissenschaft*),第1—18页。关于德国经济学中阶段理论的使用,参见温克尔曼:德文《经济与社会·注释本》,第39—40页。最后,还可参见奥托·欣策对桑巴特在《现代资本主义》(*Der moderne Kapitalismus*)中的演化纲领的出色批评,欣策认为,桑巴特将每一个经济阶段都视为仅仅是经济力量的结果,这是错误的。欣策表明,桑巴特的错误源于他在分析中排除了政治力量,例如,欧洲的国家是如何有助于统一国民市场的。奥托·欣策:"现代资本主义时代的经济学与政治学"("Economics and Politics in the Age of Modern Capitalism (1929)"),《奥托·欣策历史学论文集》(*The Historical Essays of Otto Hintze*)(纽约:牛津大学出版社,1975)。

[125] 冈瑟·罗思:"马克斯·韦伯的发展历史学中的理性化问题"("Rationalization in Max Weber's Developmental History"),萨姆·惠斯特(Sam Whimster)与斯科特·拉希(Scott Lash)(编):《马克斯·韦伯:理性与现代性》(*Max Weber, Rationality and Modernity*)(伦敦:艾伦与安文出版社,1987)。

[126] 韦伯:《经济通史》,第286页,或德文版第250页;韦伯:"社会主义",《政论集》第291页,或德文版,《社会学与社会政策论文集》,第507页。韦伯在《经济与社会》第2章里没有讨论商业周期问题。应当补充一点,韦伯大概受到了朱格拉(Juglar)的假设的影响,认为商业周期平均是十年。

[127] 韦伯:《经济与社会》,第164—166页,或德文版第95—97页。在生命将走向终结之际,韦伯还在宗教社会学的导

言中，用一种更通行的形式总结了他是如何看待资本主义的。参见："导言"，《新教伦理与资本主义精神》，第 17—27 页，或德文版，《宗教社会学论文集》第 1 卷，第 4—9 页。

[128] 德文原文为："*Typische Richtungen 'kapitalistischer' Orientierung des Erwerbs.*"参见韦伯：《经济与社会》，第 ix、164—166 页，或德文版第 vi、95—97 页。

[129] 无论在《经济与社会》第 2 章还是其他章节中，都没有关于资本主义的正式定义。不过，韦伯作品中有几处对资本主义进行了一般性的讨论。例如，《古代文明的农业社会学》，第 51 页，德文版（"古代农业社会的状况"），《社会史与经济史论文集》，第 50—51 页；《经济通史》，第 275 页（此处译文有误，应为"以营利为目的的"而非"工业的"），德文版第 238 页。对资本主义最充分的一般性讨论或许可见于韦伯的《宗教社会学论文集》的第 1 卷的导言部分，他写道，"资本主义等同于靠持续的、理性的、资本主义方式的经营来追求利润，并且是不断再生的利润"。韦伯还强调了计算（calculation）的作用："在任何时候都具有重要意义的事实是，要以货币的形式进行资本核算，无论是用现代的簿记方式，还是用其他不管多么原始或粗糙的方式……真正精确的核算或估价也许并不存在，整个过程纯粹凭推测进行，或者只是沿袭传统的或常规的方式进行——即使在今天，当环境并不要求严格的精确性时，这一切也会发生在每一形式的资本主义企业中。而受到影响的只不过是资本主义获利的理性的程度罢了。"参见韦伯：《新教伦理与资本主义精神》，第 17—19 页（亦可见第 19—27 页），德文版见《宗教社会学论文集》第 1 卷，第 4—5 页（亦可见第 5—12 页）。韦伯在其他地方强调，如果是理性的

资本主义的话，就会进行资本核算。

[130] 作为社会思想中的一个范畴的资本主义起源于马克思的作品。不过，与韦伯不同的是，马克思将资本主义等同于以工人与资本家为核心的一种特殊的生产方式。马克思的"商业资本"（merchant capital）与韦伯在第 31 节的主题 2（笔者称之为"传统的商业资本主义"）有某些类似之处。不过，韦伯所谓在古典时期发展壮大的、"以政治为取向的资本主义"在马克思的作品中并无对应物。确实，在马克思看来，所谓资本主义存在于古典时期的说法完全是"胡说"。[参见卡尔·马克思：《资本论》(*Das Kapital*)（柏林：迪茨出版社，1977），第 1 卷，第 182 页注解 39。] 对资本主义概念的讨论，参见费尔南·布罗代尔："资本、资本家及资本主义"("Capital, Capitalist, Capitalism")，《商业之轮》(*The Wheels of Commerce*)（伦敦：丰塔纳出版社，1985），第 232—249 页；R. H. 希尔顿："资本主义——耐人寻味的名字"("Capitalism—What's in a Name?")，《昔与今》1（1952），第 32—43 页；亨利·皮雷尼（Herri Pirenne）："资本主义社会史的诸阶段"("Stages in the Socail History of Capitalism")，《美国历史学评论》(*American Historical Review*) 19（1914），第 494—514 页。在辑录《社会科学百科全书》(*Encyclopaedia of the Social Sciences*) 的"资本主义"条目时，桑巴特指出，在包括马歇尔、卡塞尔和菲力波维茨等人的许多经济理论的重要作品中，找不到资本主义的概念。参见韦尔纳·桑巴特："资本主义"，爱德温·R. A. 塞利格曼与阿尔文·约翰逊（编）：《社会科学百科全书》（纽约：麦克米兰出版社），第 3 卷，第 195 页。

[131] 在第 31 节中，韦伯并未使用"西方理性资本主义"或

"理性资本主义"等术语,但是,他说了两次,即这一类型的资本主义只存在于"西方世界"。不过,在《经济与社会》第 2 章的其他地方,他提到了"理性的市场取向的资本主义"。参见韦伯:《经济与社会》,第 165、199、200 页,或德文版第 96、117、118 页。

[132] 迄今为止对韦伯作品中的政治资本主义概念的最彻底的分析可见于洛夫:《古代社会与资本主义》。韦伯在《经济与社会》第 2 章的第 41 节讲到的收入与获利的类型是由第 31 节的政治资本主义的补充信息衍生出来的。韦伯对古代社会的观点,亦可见于"古代的文化意义:对韦伯的注解"("*Die Kulturbedeutung der Antike. Marginalien zu Weber*"),于尔根·柯卡(Jürgen Kocka)(编):《历史学家马克斯·韦伯》(*Max Weber, der Historiker*)(哥廷根:范登霍伊特与鲁普雷希特出版社,1986),第 112—118 页。

[133] 韦伯并未正式界定政治资本主义,而是在某处提到,"以政治为取向的事件与过程,为政治资本主义开启了供其盘剥的利润机会"。参见韦伯:《经济与社会》,第 166 页,或德文版第 96 页。

[134] 韦伯:《经济与社会》,第 165 页,或德文版第 96 页。韦伯将它差不多当成某种形式的独特机制:"在所有地方,政治活动的资本主义财政事务都是国家彼此间力量竞争的产物,也是相应的国家之间自由流动的资本竞争的产物。所有这些都只能以统一帝国的建立告终。"

[135] 举例可见,韦伯:《新教伦理与资本主义精神》,第 186 页注解 6,德文版见《宗教社会学论文集》第 1 卷第 8 页注解 1。

[136] 通常人们还会注意到,在现代资本主义社会里,了解如何操纵国家权威,以便理解市场的运作,这对于一家公司来

说同样是重要的。参见古德蒙·赫内斯（Gudmund Hernes）（编）：《探讨经济及混杂管理》（*Forhandlingskonomi og blandingsadministrasjon*）（奥斯陆：大学出版社，1978）。

[137]"'冒险家的'资本主义"一词可见于修订版的《新教伦理与资本主义精神》。在其中，韦伯将它描述为这样一种类型的资本主义，即"以政治机会的剥夺和非理性的投机为目的"的资本主义。参见韦伯：《新教伦理与资本主义精神》，第76页（亦可见第20—21页），德文版见《宗教社会学论文集》第1卷，第61页（亦可见第7页）。在宗教社会学论文全集的导言中，韦伯也提到了"政治取向的冒险家的资本主义"。参见韦伯：《新教伦理与资本主义精神》，第186页，注解6，德文版见《宗教社会学论文集》第1卷，第8页注解1。这一类型的资本主义与禁欲的新教教派成员中发展起来的，而且构成了《新教伦理与资本主义精神》之焦点的那一类道德类型的有条理的资本主义形成了尖锐的对立。

[138]"经济超人"这一尼采式术语接近于韦伯的"'冒险家的'资本主义"的范畴。韦伯说，经济超人存在于所有时代，并将自己视为"超越善恶"。参见韦伯：《新教伦理与资本主义精神》，第258页，德文版见《宗教社会学论文集》第1卷，第160页。

[139]韦伯使用的术语是"古代的资本主义"（"*antiker Kapitalismus*"）。关于古代社会是否存在资本主义的争论，参见洛夫：《古代社会与资本主义》，第2部分。

[140]韦伯：《古代文明的农业社会学》，第358页，德文版（"古代农业社会的状况"）见《社会史与经济史论文集》，第271页。

[141] 韦伯:《经济与社会》，第 165—166 页，或德文版第 96—97 页。不过，应当注意在第 31 节中并没有理性资本主义的正式定义。正如杜尔赤(Durtschi)所说，"韦伯在其作品中从未给出'现代资本主义'的精确定义"；参见乔治·杜尔赤(Georges Durtschi):《马克斯·韦伯的资本主义概念》(*Der Begriff des Kapitalismus bei Max Weber*)（苏黎世：苏黎世大学，1966），第 28 页。关于韦伯在《经济通史》中列出的理性资本主义的特色、前提条件及其成因等，见该书第 18 页。

[142] 韦伯在第 31 节中的第 2 条的措辞上有些含糊不清，乍看上去，"交易"(Handel)似乎指的是使用货币而非实物的贸易。不过，这便意味着韦伯在这一节中多少"遗忘"了实物贸易，而笔者认为这不大可能，因此，笔者选择将贸易解释为实物贸易。从记载来看，还可注意到，在《经济与社会》第 2 章的某处，韦伯公开提到了"投机的贸易资本主义"，很明显指的是实物贸易；对"投机的贸易资本主义"的讨论，参见韦伯:《经济与社会》，第 200 页，或德文版第 118 页。亦可见韦伯:《经济通史》，第 334 页，或德文版第 286 页）。在《经济与社会》的其他部分中，韦伯重新回到同样的主题，一般性地提及"贸易资本主义"，而他所指的仍然是实物贸易（参见韦伯:《经济与社会》，第 240、1095 页，或德文版第 139、643 页）。亦可见本书第 5 章，第 141—142 页。

[143] 韦伯使用"贱民资本主义"来总结由犹太人创造出来的那一类型的资本主义。其典型活动是借贷与商业，而不是资本主义农业和工业企业。"贱民"指的是犹太人在宗教仪式上的隔离状态，以及在其周围民族眼中的消极反面的地位。参见韦伯:

《经济通史》，第 196、358—360 页，或德文版第 305—308 页。

[144] 韦伯在其他地方也曾指出，"理性的计算"与"投机性的计算"之间不是截然分开的，因为前者总是包含着一个不可计算的要素。换言之，正因为如此，现代西方资本主义中总是有一个不可计算的要素。韦伯对投机的看法，参见《经济与社会》，第 159 页，或德文版第 92 页。有关此论点的某些方面可见莫姆森："替代马克斯：活力充沛的资本主义而非官僚制的社会主义"，《官僚制时代》，第 47—71 页。

[145] 韦伯：《新教伦理与资本主义精神》，第 186 页注解 6，德文版见《宗教社会学论文集》第 1 卷，"前言"，第 8 页注解 1。

[146] 韦伯：《经济与社会》，第 1118 页，或德文版第 659 页；着重号为笔者所加。韦伯说，"所谓'资本主义精神'的双重本质，以及具有职业化官僚制的已经例行化的现代资本主义的特点，只有这两种完全不同却处处都纠缠在一起的结构性要素〔即卡理斯玛的和理性的要素〕从概念上被区分开来，才能够得到理解"。冈瑟·罗思是少数注意到这一段的学者。参见冈瑟·罗思："马克斯·韦伯：世界主义的资产阶段的幼芽"（"Max Weber as Scion of the Cosmopolitan Bourgeoisie"），1995 年伦敦韦伯研讨会未发表论文。在《宗教社会学论文集》的导言中，韦伯也提到了当代资本主义的两个方面；参见韦伯：《新教伦理与资本主义精神》，第 21 页，或《宗教社会学论文集》第 1 卷第 7 页。最后，韦伯关于理性的计算的说法（见上文注解 [144] 的讨论）也包含着某种不可计算的要素。

[147] 亨利·维拉德（Henry Villard，1835—1900）生于德国，19 世纪末期成为美国铁路与电器工业巨子。冈瑟·罗思提供了

此人的某些非常有趣的信息，参见罗思："马克斯·韦伯：世界主义的资产阶段的幼芽"。在后来的一篇文章中，罗思论证说，韦伯并不认为现代资本主义是在沿着一个更理性的方向前进，而毋宁说它是在"沿着政治的、冒险的和掠夺的资本主义的方向"；参见冈瑟·罗思："全球资本主义与多民族：马克斯·韦伯的现在与过去"（"Global Capitalism and Multiethnicity: Max Weber Now and Then"）（1996，未发表论文），第 6 页。

[148] 关于企业家的希望，见韦伯：《经济与社会》，第 97 页，或德文版第 52 页；关于"经营想象力"（*kaufmännische Phantasie*），见韦伯："学术作为一种志业"，格斯与米尔斯（编）：《马克斯·韦伯文选》，德文版载《科学学论文集》，第 590 页。韦伯对"希望"的强调很有趣，而且在企业家研究中几乎没有人发掘过这一要素。唯一的例外是艾伯特·O.赫希曼，特别是他对"隐藏着的手的原则"的讨论，即除非知道困难的程度，否则许多企业家不会开始其经营。参见艾伯特·O.赫希曼："隐藏着的手的原则"（"The Principle of the Hiding Hand"），《发展计划观察》（*Development Projects Oberserved*）（华盛顿：布鲁克林研究所，1967）。

[149] 有必要研究一下第一次世界大战期间韦伯是如何看待资本主义的。关于一战期间的政治资本主义，可见韦伯："德国的选举与民主"，《政论集》，第 89—91 页，德文版（"*Wahlrecht und Demokratie im Deutschland*"）见《政治论文集》，第 253—255 页；韦伯：《经济与社会》，第 918—921 页，或德文版第 525—527 页。韦伯对战时经济的评论，见《经济与社会》，第 106 页，或德文版第 57 页。

[150] 关于寻租的一般性引论，见戈登·塔洛克（Gordon

Tullock):《寻租》(*Rent Seeking*)(奥尔德肖特，英格兰：爱德华·埃尔加出版社，1993)。在提出这一概念的文章中，寻租是以这样的方式描写的："政府对经济活动的限制……增加了不同形式的租，人们通常会为租而竞争"。参见安妮·克鲁格(Anne Krueger)："寻租社会的政治经济学"("The Political Economy of the Rent-Seeking Society")，《美国经济评论》64 (1974)，第 291 页。杰格迪什·巴格瓦蒂(Jagdish Bhagwati)的 DUP 概念(直接的非生产性的营利活动)也与此类似。参见杰格迪什·巴格瓦蒂："直接的非生产性营利(DUP)活动"[Directly Unproductive Profit-seeking (DUP) Activities]，《政治经济杂志》(*Journal of Political Economy*) 13 (1982)，第 988—1002 页。社会学中很少使用寻租概念，阿吉·索伦森的文章可能是个例外："社会不平等的结构性基础"("The Structual Basis of Social Inequality")，《美国社会学杂志》101 (1996)，第 1333—1365 页。

[151] 一般都认为，德文"*Stand*"很难被译出来，它的意思介于"身份"与"地位群体"之间。在帕森斯看来，"'*Stand*'也许是韦伯文本(即《经济与社会》第 1 部分)中最麻烦的单词了"；见韦伯：《经济与社会》，第 300 页注解 4。作为围绕着"*Stand*"的争论的引论，参见默顿·温格："韦伯的'*Stand*'在美国社会学中的变形及其社会根源"，《社会理论的当前视角》(*Current Perspectives in Social Theory*) 1 (1987)，第 357—378 页。

[152] 所有的租以及类似的先定的收入形式都是"经济上保守的"，而利润(以及计件工资率等)则是"经济上激进的"。尤其可见韦伯：《经济与社会》，第 204—205 页、303—304 页，或德文版第 120—121 页、178—179 页；亦可见格斯与米尔斯(编)：《马

克斯·韦伯文选》，第369页。1909—1910年间，在规划《社会经济学大纲》时，韦伯计划纳入由他的弟弟艾尔弗雷德（也许再加上他本人一起）写作的一个部分，名为"资本主义的内部重组的趋势（垄断性的、集体主义的和官僚制的发展趋势及其社会影响；租；社会重组的趋势）"。帕累托在"企业家"与"储蓄者"之间作出的区别（或者更一般地，是"投机者"与"寻租者"之间的区别）与韦伯的"租"与"利润"之间作出的区别类似。参见维尔弗雷多·帕累托：《心智与社会》（*The Mind and Society*）（纽约：多佛出版社，1935），第2卷，第1558页以下。

第3章 经济与政治

[1] 斯廷奇库姆论证说，"这本书（《经济与社会》）是关于经济学古典模型的作用条件的详细论述"；参见阿瑟·斯廷奇库姆："评马克斯·韦伯的《经济与社会》"，《分层与组织》（剑桥：剑桥出版社，1986），第286页。

[2] 马克斯·韦伯，"针对W.桑巴特关于科技和文化讲座的讨论：1910年法兰克福第一届社会学大会"（"*Diskussionsredz zu W. Sombarts Vortag über Technik und Kultur. Erste Soziologentagung Frankfurt 1910*"），《社会学与社会政策论文集》（图宾根：J. C. B. 摩尔出版社，1988），第456页。译文引自莱因哈德·本迪克斯与冈瑟·罗思：《学术与党派：马克斯·韦伯研究文集》（*Scholarship and Partisanship: Essays on Max Weber*）（伯克利：加利福尼亚大学出版社，1971），第242页。1904年，韦伯写到了同样一点，"要强烈反对

用所谓'唯物主义的历史概念'……作为历史现实的因果分析的公式"。参见韦伯:"社会科学与社会政策中的'客观性'",《社会科学方法论》(纽约:自由出版社,1949),第68页,德文版见《科学学论文集》(图宾根:J.C.B.摩尔出版社,1988)第166页。

[3] 塔尔科特·帕森斯以如下方式恰当总结了韦伯的立场:

> 与功利主义传统形成对立,首先可以注意到韦伯从来都是要在仔细关注其政治背景的情况下才会去研究经济问题。当然,在许多组织的背景下,一方面是受条件限制的散布的集体结构,一方面是政治权威,经济过程与经济利益的独立程度则较低。不过,韦伯尤其感兴趣的是这一独立性产生的形势和条件,对他而言这是现代资本主义的一个首要的方面。[塔尔科特·帕森斯:"'价值无涉'与客观性",奥托·施塔姆勒(编):《马克斯·韦伯与今日社会学》(纽约:哈珀·托尔齐拜克斯公司,1972)]

还需要补充一点,对于韦伯个人而言,政治是先于经济的。这可以从他的许多作品看出来,尤其是其弗莱堡就职演讲和关于证券交易所的小册子。

[4] 马克斯·韦伯致米娜·托布勒信,日期为1919年1月17日,引自韦伯:《针对德国的新秩序,文字和言论1918—1920,马克斯·韦伯全集1/16》(*zur Neuordnung Deutschlands. Schriften und Reden 1918—1920. Max Weber Gesamtausgabe I/16*)(图宾根:J.C.B.摩尔出版社,1988),第19页,注解53。韦伯参与政治的简要情况,参见沃尔夫冈·莫姆森:《马克斯·韦伯的政治与社会理

论》(*The Political and Social Theory of Max Weber*)（剑桥：政体出版社，1989），第7页。

[5] 马克斯·韦伯：《经济与社会：解释社会学大纲》（伯克利：加利福尼亚大学出版社，1978），第1450页，德文版见《政治论文集》(*Gesammelte Politische Schriften*)（图宾根：J. C. B. 摩尔出版社，1988）。韦伯作品中最接近于"政治"的正式定义的也许是这一句："那么，以我们的术语来说，'政治'的意思是，在国家之间，或单个国家内部的不同人群组织之间，为着分享权力或为着影响权力的分配而进行的争斗"。参见韦伯："政治作为一种志业"，《政论集》（剑桥：剑桥大学出版社，1994），第311页，德文版见《政治论文集》，第506页。

[6] 例如，韦伯：《经济通史》（柏林：邓克尔与亨布洛特出版社，1991），第1—2页。

[7] 用《经济与社会》第1部分的术语来说，"政治组织"是"支配性组织"，而用同一本书较早版本的第2部分第9章的术语来说，又是"政治共同体"。参见韦伯：《经济与社会》，第54页、第901页以下，或德文版第29页、第514页以下。以《经济与社会》的术语来讲，人们在日常生活中提到的政治组织通常是"社团（自愿组织）"。参见《经济与社会》第52页，或德文版第28页。

[8] 韦伯：《经济与社会》，第902页，或德文版第514—515页。由于韦伯在这一点上的论点很少被提及，在此应当全文引用："作为单独的结构，政治共同体仅仅只在这种情况下存在，即它不仅仅是'经济团体'。换言之，它所拥有的价值体系除了与物品和服务的经济分配直接相关以外，还规定了其他事物的秩

序";"构成一个单独的'政治'共同体的是这样一种情况,即在一个共同体经济的框架下,社会行动不仅限于满足共同的经济需求,而且更普遍地规范了该领土内的居住者的相互关系"。

[9] 韦伯:《经济与社会》,第908—909页,或德文版第519页。

[10] 即"法定"(Gesetzlichkeit),参见韦伯:《经济通史》(Wirtschaftsgeschichte),第1页。

[11] 韦伯在第37节中提到了以下七个题目:(1)国家的货币制度;(2)占据支配地位的政治组织倾向于把它们的属下当作提供效用的来源;(3)支配性政治组织会执行对外贸易政策;(4)支配性政治组织会规范经济活动;(5)支配与管理结构具有经济后果;(6)支配性政治组织为了使自己获得更大的权力,以及使自己的属下获得更多的经济利益,会彼此竞争;(7)支配性政治组织会以不同的方式满足自己的需求。参见韦伯:《经济与社会》,第193—194页,或德文版第114页。

[12] 戈德沙伊德曾经在自己1917年的作品《国家社会主义与国家资本主义》(Staatssozialismus und Staatskapitalismus)中引出了"财政社会学"(Finanzsoziologie)的计划,而熊彼特的作品发表于1918年;韦伯在1919—1920年间写出了其支配社会学的部分。参见斯蒂芬·布鲁尔(Stefan Breuer):《马克斯·韦伯的支配社会学》(Max Webers Herrschaftssoziologie)(法兰克福:大学出版社,1991);鲁道夫·戈德沙伊德(Rudolf Goldscheid):《国家社会主义与国家资本主义》(维也纳:安岑格鲁贝尔兄弟出版社,1917);约瑟夫·A. 熊彼特:"税务国的危机"("The Crisis of the Tax State"),《资本主义的经济学与社会学》(*The Economics and Sociology*

of Capitalism)（普林斯顿，纽约：普林斯顿大学出版社，1991）。

[13]"经济与支配"，马克斯·韦伯1919年12月15日致出版社信，转引自约翰尼斯·温克尔曼：《马克斯·韦伯的遗作》(*Max Webers hiterlassenes Hauptwerk*)（图宾根：J. C. B. 摩尔出版社，1988），第82页。

[14] 韦伯：《古代文明的农业社会学》（伦敦：NLB出版社，1976），第131页，德文版（"古代农业社会的状况"）见《社会史与经济史论文集》（图宾根：J. C. B. 摩尔出版社，1988），第82页。

[15] 韦伯：《经济通史》（新布伦瑞克，纽约：交流出版社，1981），第283页，或德文版第244页。

[16] 韦伯：《经济与社会》，第194—201页，或德文版第114—119页。这两段最初的标题是："第38节政治实体的财政"和"第39节公共财政对私人经济活动的影响"。

[17] 韦伯将"财政"（financing, *Finanzierung*）表述为："（非经济组织）保证使其社团活动得以如期进行的方式；也就是说，保障行政干部本身的活动及由其指挥进行的活动"。应当补充的是，在《经济与社会》中，有两个德文字都被翻译成了"financing"，即"*Finanzierung*"和"*Finanzierungsgeschäfte*"。前者被用于韦伯的财政社会学，指的是某个组织或团体的财政，而后者指的是为着谋取利润及其他类似的活动而提供资本。关于"*Finanzierung*"，参见韦伯：《经济与社会》，第194页，或德文版第114页；关于"*Finanzierungsgeschäfte*"，参见韦伯：《经济与社会》，第161页，或德文版第93页。

[18] 保罗·维尼（Paul Veyne）：《面包与竞技场》(*Bread and Circuses*)（伦敦：企鹅出版社，1990），第75页。维尼广为人知的

注释

作品主要是关于"*euergetism*",即他所界定的古代的"私人赠礼(献金)"。韦伯也区分了"阶级赋役"(附着于财产)与"身份赋役"(包括集体责任)。参见韦伯:《经济与社会》,第 350 页,或德文版第 208—209 页。

[19] 韦伯:《经济与社会》,第 199 页,或德文版第 117 页。

[20] 总之,韦伯提到了以下因素:国家的经济政策可以有非经济的目标;宗教及其他伦理体系会阻止理性资本主义;科学与技术作用于经济的理性化;公司及其他的组织形式必须"创造"出来。参见韦伯:《经济与社会》,第 200 页,或德文版第 118 页。

[21] 以下论述是基于《经济与社会》中的有关支配概念的主要章节的;参见韦伯:《经济与社会》,第 53—54、212—215、262—266、941—948 页,或德文版第 28—29、122—124、153—155、541—545 页。

[22]《经济与社会》中有两个"支配"的定义。(出版前由韦伯亲自进行检查的)第 1 部分中有一个,另一个则在他身后留下的手稿中,后来被编入《经济与社会》的第 2 部分。前一个定义认为,"'支配'是指一项特定内容的命令会得到特定人群服从的机会";而后一定义认为,"按照我们的术语学,支配是与权威的命令权一致的"。参见韦伯:《经济与社会》,第 53、946 页,或德文版第 28、544 页。

[23] 韦伯:"正当支配的三种类型",阿米台·埃兹奥尼(Amitai Etzioni)(编):《复杂组织的社会学解读》(*A Sociological Reader on Complex Organizations*)(纽约:霍尔特、莱因哈特与温斯顿出版社,1969),第 6 页;德文版见《科学学论文集》,第 475 页。与此类似,韦伯还说,当仅仅用"纯粹的物质利益"来联合干部

及其首领时，情况会变得"相对较不稳定"；参见韦伯：《经济与社会》，第 213 页，或德文版第 122 页。

[24] 韦伯的支配社会学的三个主要版本可见于其作品的以下部分：《经济与社会》第 1 部分；《经济与社会》第 2 部分；韦伯遗产中的一份手稿。而在韦伯为他的宗教社会学论文集所写的导言部分的最后几页里，还有第四处关于支配非常简短的讨论。参见韦伯：《经济与社会》，第 212—301、941—1211 页，或德文版第 122—176、541—868 页；"正当性支配的三种类型"（"The Three Types of Legitimate Rule"），见埃兹奥尼（编）：《复杂组织的社会学解读》，第 6—15 页，德文版见《科学学论文集》，第 475—488 页；"世界诸宗教的社会心理学"（"The Social Psychology of the World Religions"），汉斯·格斯与 C. 赖特·米尔斯（编）：《马克斯·韦伯文选》（纽约：牛津大学出版社，1946），第 295—301 页；德文版见韦伯："导言"（"*Einleitung*"），《宗教社会学论文集》第 1 卷（图宾根：J. C. B. 摩尔出版社，1988），第 268—275 页。对于各个不同版本的差异及相似之处的出色讨论，参见布鲁尔：《马克斯·韦伯的支配社会学》。

[25] "行政工具"的德文词是"*Verwaltungsmittel*"。例如，参见韦伯：《经济与社会》，第 218—219、980—983 页，或德文版第 126、566—567 页；亦可见韦伯："政治的职业与天职"（"The Profession and Vocation of Politics"），《政论集》，第 315—316 页，或德文版"政治作为一种志业"，《政治论文集》，第 510—511 页。将战士从战争工具中分离出来，亦有其经济维度，参见韦伯：《经济与社会》，第 1154—1155 页，或德文版第 683—684 页。

[26] 韦伯：《经济与社会》，第 223、973 页，或德文版第

128、561—562 页。对韦伯的官僚制理论持批判态度的文献，参见第 2 章，注解 [100]。

[27] 韦伯：《经济与社会》，第 967—968 页，或德文版第 558 页。

[28] 其中最重要的是公司（本书第 2 章已进行了讨论）。韦伯注意到，所有大型的资本主义的公司都是官僚制的例子，但是，他对它们的内部结构却语焉不详；关于这一点，可参见于尔根·柯卡："现代工业企业在德国的兴起"（"The Rise of the Modern Industrial Enterprise in Germany"），艾尔弗雷德·钱德勒与赫尔曼·戴姆斯（Herman Daems）（编）：《管理等级制》（*Managerial Hierachies*）（剑桥，马萨诸塞：哈佛大学出版社，1980）；有关德国的部分，参见艾尔弗雷德·钱德勒：《天平与范围：工业资本主义的动力学》（*Scale and Scope: The Dynamics of Industrial Capitalism*）（剑桥，马萨诸塞：哈佛大学出版社，1990）。在韦伯看来，公司的管理遵循着"与政治管理领域中得出的规律……截然不同的规律"，不过，他仍然没有说明白这些规律是什么；参见韦伯："政治的职业与天职"，《政论集》，第 316 页，或德文版"政治作为一种志业"，《政治论文集》，第 511 页。韦伯作品中有关资本主义公司中纪律的兴起的有趣分析，参见韦伯：《经济与社会》，第 1155—1156 页，或德文版第 686—687 页。本书附录部分亦有提及韦伯对工业社会学的贡献。

[29] 于尔根·柯卡："1914 年之前德国工业化中的资本主义与官僚制"（"Capitalism and Bureaucracy in German Industrialization before 1914"），《经济史评论》（*Economic History Review*）34（1981），第 453—468 页。

[30] 韦伯:《经济与社会》,第112页,或德文版第94页。

[31] 韦伯:《经济与社会》,第975页,或德文版第563页。

[32] 例如,韦伯:《经济与社会》,第963页,或德文版第556页。韦伯说,也存在这样的情况,即通过强调服从规则,官僚制造成了在每一个别情况下选择最佳解决方案的问题;参见韦伯:《经济与社会》,第974—975页,或德文版第562页。

[33] 韦伯:《经济与社会》,第1108—1109页,或德文版第653页。

[34] 韦伯:《经济与社会》,第243、1115页,或德文版第141、657页。

[35] 韦伯:《经济与社会》,第245、1113页,或德文版第142、656页;着重号为笔者所加。在德文中,"反经济的力量"是"*die Macht der Unwirtschaftlichkeit*"。试举一例,即对耶稣的评论:"他没有任何目的,因为他既没有硬币,也没有挣到什么钱";詹姆斯·M.罗宾逊:"前言",约翰·J.鲁索与拉米·阿拉夫:《耶稣及其世界》(*Jesus and His World*)(明尼阿波利斯:堡垒出版社,1995),第xiv页。

[36] 韦伯:《经济与社会》,第244页,或德文版第142页;着重号为笔者所加。在《经济与社会》的另一处,韦伯重复了同样的意思,不过使用的词是"不体面的"。参见韦伯:《经济与社会》,第1113页,或德文版第655页。

[37] 韦伯用来总结卡理斯玛特征的词是"不同寻常的"(*ausseralltäglich*)。参见韦伯:《经济与社会》,第241页,或德文版第140页。引用的句子参见韦伯:"世界诸宗教的社会心理学",格斯与米尔斯(编):《马克斯·韦伯文选》,第289页,或"导言"

("Einleitung"),《宗教社会学论文集》第 1 卷，第 261 页。译文有改动。注意，对于卡理斯玛与经济，涂尔干与韦伯的态度是相似的。涂尔干对比了短暂的"集体欢腾"（collective effervescence）时期与经济的关注占支配地位的、有节制的日常生活时期。参见爱弥尔·涂尔干:《宗教生活的基本形式》(*The Elementary Forms of Religious Life*)（纽约：自由出版社，1965），第 245 页以下。

[38] 韦伯:《经济与社会》，第 1120 页，或德文版第 661 页。译文略有改动。有关以下说法，即适应日常生活中的经济力量是比继承问题更强大的例行化的力量，参见韦伯:《经济与社会》，第 253 页，或德文版第 147 页。

[39] 参见韦伯:《经济与社会》，第 251、253 页，或德文版第 146、147 页。关于韦伯对于在纯粹卡理斯玛背景下使用"行政"或"管理"一词的疑虑，参见"正当性支配的三种类型"，第 12 页，或德文版，《科学学论文集》，第 482 页。

[40] 韦伯:《经济与社会》，第 1118 页，或德文版第 659 页。在《经济通史》关于投机危机的章节中，韦伯描述了类似的事件，包括涉及约翰·劳的事件等。参见韦伯:《经济通史》，第 286 页以下，或德文版第 246 页以下。读者应当还记得，本书第 2 章所引用的韦伯说法，即"'资本主义精神'的……双重性质"。

[41] 一部受韦伯启发的关于直销组织（DSOs）的作品使用了"卡理斯玛资本主义"一词，这部作品的作者尼科尔·比加特说，"直销组织的网络最好被理解为卡理斯玛型的组织，这一产业的实践及特殊安排（诸如安利、塔珀家用塑料制品、玫琳凯化妆品等）都源于此"；参见尼科尔·伍尔西·比加特（Nicole Woolsey Biggart):《卡理斯玛资本主义：美国的直销组织》(*Charismatic*

Capitalism: Directing Selling Organizations in America)（芝加哥：芝加哥大学出版社，1990），第127页，及该书第6章。为了完善韦伯思想中卡理斯玛与经济活动的关系，需要补充的是：所有具体的支配形式都是三种主要类型的混合；官僚制的首脑（包括经济上的官僚制）可以是卡理斯玛的人物；卡理斯玛沿着民主方向的改变会对经济有理性的影响；早在人类历史之初，狩猎冒险往往都是由卡理斯玛人物领导的。参见韦伯：《经济与社会》，第241、262—263、269—270、1134页，或德文版第140、153—154、157—158、670页。

[42] 韦伯：《经济与社会》，第1099页，或德文版第646页。

[43] 最重要的一个例外情况便是身份制支配（ständische Herrschaft），其中，管理者控制了行政工具。韦伯说，当采邑和特权使行政管理-政治结构变得失去弹性时，就产生了身份制（Ständestaat）；他还补充了其他几个对经济社会学而言有趣的观察。参见韦伯：《经济与社会》，第1085—1088页，或德文版第636—638页；韦伯："德国的选举与民主"，《政论集》，第100—101页，德文版见《政治论文集》，第263—264页。欣策认为，韦伯对身份制的分析是不完全的，见奥托·欣策："代议制政府的前提"（"The Preconditions of Representative Government"），《奥托·欣策历史论文集》（*The Historical Essays of Otto Hintze*）（纽约：牛津大学出版社，1975），第306页。一种接近于身份支配的支配形式是西方封建制（本章稍后将讨论）。

[44] 韦伯更明确地说，批发贸易可以适用于所有条件，而贸易资本的形成"几乎在所有"支配条件下都是可能的。参见韦伯：《经济与社会》，第1095页，或德文版第643页。与此类似，韦

伯在同书第 2 章还谈到了"投机性贸易资本主义"。不过，韦伯所说的前一种活动，即所谓"贸易资本主义"，与"投机性贸易资本主义"之间的划分并不清楚。见韦伯：《经济与社会》，第 200、240 页，或德文版第 119、139 页。

[45] 韦伯对比了西方封建制，即采邑封建制(Lehens-Feudalismus)和其他不同形式的封建制，其中最重要的是俸禄封建制(Pfründen-Feudalismus)。参见韦伯：《经济与社会》，第 255 页以下、259 页以下，或德文版第 148 页以下、第 151 页以下。俸禄封建制缺少效忠的要素，而且其经济来自采邑俸禄。

[46] 韦伯：《经济与社会》，第 255 页，或德文版第 148 页。在奥托·欣策看来，"马克斯·韦伯试图将封建制解释为所谓卡理斯玛型支配的例行化的一般结果"；参见奥托·欣策："封建主义的实质和传播"(Wesen und Verbreitung des Feudalismus)，《论文集》(Gesammelte Abhandlungen)第 1 卷（哥廷根：范登霍伊特与鲁普雷希特出版社，1970），第 87 页。对韦伯的西方封建制概念的出色讨论，可见于斯蒂芬·布鲁尔："马克斯·韦伯的社会历史学中的欧洲封建主义"(Der okzidentale Feudalismus in Max Webers Gesellschaftsgeschiche)，沃尔夫冈·施路赫特（编）：《马克斯·韦伯关于欧洲基督教的观点》(Max Webers Sicht des okzidentalen Christentums)（美因河畔的法兰克福：苏尔卡姆普出版社，1988）。同样可见贾恩佛朗哥·波齐(Gianfranco Poggi)："马克斯·韦伯的欧洲封建主义概念"(Max Webers Begriff des okzidentalen Feudalismus)，上引书，第 476—497 页；瓦特罗·墨瓦(Vatro Murvar)："反思韦伯关于支配的类型学"("Some Reflections on Weber's Typology of Herrschaft")，《社会学季刊》(Sociological Quarterly) 5 (1964)，第 374—384 页。

[47] 韦伯：《经济与社会》，第1106页，或德文版第651页。译文略有改动。

[48] 参见韦伯：《经济与社会》，第233—234、236、259—261、1015—1021、1077—1078、1104—1105页，或德文版第134—136、151—153、586—590、630—631、650—651页。

[49] 韦伯：《经济与社会》，第1107页，或德文版第651—652页。

[50] 参见韦伯：《1898年普通（理论）国民经济学讲座大纲》[*Grundrss zu den Vorlesungen über Allgemeine ("theoretische") Nationalökonomie 1898*]，第12—13、15—16页。韦伯关于城市的授课是一个内容更全面的"经济的历史基础"的一部分。还可以提到一点，1897年秋季，韦伯在曼海姆的以"经济发展的过程"为主题的四次演讲中，有一次是直接与城市有关的，即"中世纪城市的封建制与经济"。根据现存的演讲记录，韦伯论及了诸如中世纪的行会、贸易和工匠等主题。参见韦伯："经济发展的过程"("*Der Gang der wirtschaftlichen Entwicklung*")，《手工业者问题，民族国家和国民经济政治马克斯·韦伯全集》(*Landarbeiterfrage, Nationalstaat und Volkswirtschaftspolitik. Max Weber Gesamtausgabe* I/4) 第2卷（图宾根：J.C.B.摩尔出版社，1993），第842—852页。

[51] 韦伯：《经济与社会》，第1323页，或德文版第788页。译文略有改动。

[52] 韦伯的批评见：《经济与社会》，第1212—1236页，或德文版第727—741页。

[53] 韦伯：《经济与社会》，第1220页，或德文版第732页。着重号为笔者所加。

[54] 韦伯:《经济与社会》，第1219页，或德文版第731页。根据冈瑟·罗思与克劳斯·威蒂克的看法，这一批评只是针对古斯塔夫·施穆勒的，而非针对卡尔·布歇；参见韦伯:《经济与社会》，第208—209页，注解30。正如我在本书第2章中提到的，我相信韦伯的批评是更为一般性的，而且恰恰也包括了阶段理论。例如，在1909年的古代社会与经济史的文章中，韦伯批评了"当前人们汲汲以求建立普遍性的发展规划的流行做法"；参见韦伯:《古代文明的农业社会学》，第385页，德文版（"古代农业社会的状况"）见《社会史与经济史论文集》，第288页。

[55] 韦伯:《经济与社会》，第1295页，或德文版第774页。其中，第1293—1296页（德文版第772—775页）关于贵族对企业家的态度的部分尤其出色。

[56] 在古代，另一群表现出与理性资本主义有亲和性的人是罗马的骑士阶层（equites）。如韦伯:《经济与社会》，第1358—1359页，或德文版第808页。芬利批评韦伯将骑士阶层总结为纯粹的民族资本家阶级。参见 M. I. 芬利 (M. I. Finley):"古代的城市：从甫斯特尔·德·库朗日到马克斯·韦伯及其他"("The Ancient City: From Fustel de Coulanges to Max Weber and Beyond")，《社会与历史比较研究》(Comparative Studies in Society and History) 19 (1977)，第321页。

[57] 韦伯:《经济与社会》，第1354页，或德文版第805页。

[58] 参见"马克斯·韦伯关于国家社会学问题的讲座"(Ein Vortrag Max Webers über die Probleme der Staatssoziologie)，维也纳《新自由报》(Neue Freie Presse)，Nr. 19102（1917年10月26日），第10页。这位记者很好地总结了韦伯的思想。

[59] 韦伯:《经济与社会》，第 1262 页，或德文版第 757 页。

[60] 韦伯:《经济通史》，第 337 页，或德文版第 289 页。

[61] 关于"政治竞争"或类似该词的表述，可见于韦伯:《经济与社会》，第 354、1103 页，或德文版第 211、649 页；马克斯·韦伯:《中国的宗教》（纽约：自由出版社，1951），第 61—62 页，或德文版"儒教与道教"，《宗教社会学论文集》第 1 卷，第 348—349 页。使用政治竞争的逻辑（但不一定使用该词）的论证，参见韦伯:《经济与社会》，第 165、1259 页，或德文版第 96、755 页；韦伯:《经济通史》，第 337 页，或德文版第 288—289 页；韦伯:《中国的宗教》，第 84、103 页，或德文版"儒教与道教"，《宗教社会学论文集》第 1 卷，第 373、394 页。

[62] 关于重商主义，参见韦伯:《经济通史》，第 347—351 页，或德文版第 296—300 页；亦可见:《经济与社会》，第 351—354 页，或德文版第 209—211 页。关于帝国主义，参见韦伯:《经济与社会》，第 913—921 页，或德文版第 521—527 页。

[63] 在 1884—1887 年间，施穆勒写了一些以重商主义为主题的文章。其中之一的译文可见古斯塔夫·施穆勒:《重商主义的体系及其历史意义》(*The Mercantile System and Its Historical Significance*)（纽约：麦克米兰出版社，1902）。

[64] 沃尔夫冈·莫姆森强调了韦伯的帝国主义理论的未完成性质："他（韦伯）并没有发展出一套始终如一的帝国主义理论，（但是）他的确从社会学的角度集合了这么一个理论的重要的因素。"参见沃尔夫冈·莫姆森:《帝国主义理论》(*Theories of Imperialism*)（纽约：兰登书屋，1980），第 19 页。

[65] 参见韦伯:《经济与社会》，第 910—912 页，或德文版

第 520—521 页。韦伯对帝国主义的讨论（"'帝国主义'的经济基础"）包括了远比其后的段落中加以重复的论点更为复杂的论点。例如，韦伯讨论了帝国的存在是否意味着该地区贸易的增加；地区贸易是否会导致该地区的政治统一；以及最后，帝国的政治结构如何反映到它处理被占领地区的经济策略。参见韦伯：《经济与社会》，第 913—921 页，或德文版第 521—527 页。

[66] 韦伯：《经济与社会》，第 912 页，或德文版第 521 页。

[67] 韦伯：《经济与社会》，第 918 页，或德文版第 525 页。韦伯指的或许是阿里斯托芬的《和平》；参见"和平"，载《和平、鸟与蛙》（*The Peace, The Birds, The Frogs*）（剑桥，马萨诸塞：哈佛大学出版社，1961），第 43 页（第 445 行以下）。

[68] 关于列宁，参见其《帝国主义：资本主义的最高阶段》（*Imperialism, The Highest Stage of Capitalsim*）（北京：外文出版社，1970）；以及熊彼特："帝国主义的社会学"，《资本主义的经济学与社会学》，第 141—219 页。韦伯可能是在 1910 年代初期写作了关于帝国主义的作品，列宁的作品则出版于 1917 年（并在 1921 年译成德文），熊彼特的作品发表于 1918—1919 年间。

[69] 韦伯：《经济与社会》，第 162、166 页，或德文版第 94、97 页。

[70] G. F. 克纳普：《国家货币理论》（*Staatlich Theorie des Gelds*）（莱比锡：邓克尔与亨布洛特出版社，1905），第 1、33 页。"货币是法制的产物（*Das Geld ist ein Geschoepf der Rechtsordnung*）"；"……货币是国家法制建设的产物（*Ein Geschoepf der rechtsbildenden Taetigkeit des Staates*）……"亦可见英文版《国家货币理论》（伦敦：麦克米兰出版社，1924），第 1、40 页。

[71] 韦伯:《经济与社会》，第179页，或德文版第105页。米塞斯在1910年代晚期写道，在德国、奥地利和俄国，国家货币理论已经成为"普遍接受的教条"；参见路德维希·冯·米塞斯:"论货币理论的分类"("On The Classification of Monetary Theories")，《货币与信用理论》(The Theory of Money and Credit)（印第安那波利斯:自由基金会，〔1924〕1981），第511页。贝特伦·谢福特(Betram Schefold)解释说，克纳普之所以在德国经济学家中被广泛接受，是由于他们将货币视作国家的创造，而金本位是与伦敦黄金市场的优势地位相关的；参见贝特伦·谢福特:"乔治·弗里德里克·克纳普(1842—1926)"，约翰·伊特威(John Eatwell)、默里·米尔格(Murray Milgate)、彼得·纽曼(Peter Newman)（编）:《新帕尔格雷夫经济学词典》(The New Palgrave: A Dictionary of Economics)（伦敦:麦克米兰出版社，1987），第3卷，第54页。

[72] 克努特·威克塞尔:"凯纳普理论"("Knapps penningteori")，《经济学报》(Ekonomisk tidskrift) 9 (1907)，第52页。

[73] 威克塞尔说，克纳普的许多新词乍看上去令人迷惑，但他接着补充说，"从整体上，〔这些词〕代表了一个重大的进步，因为一旦通过精心选择的技术术语确定下来，它们便构成了真正的概念特征，并且很难被取消了"；参见威克塞尔:"凯纳普理论"，《经济学报》9 (1907)，第42页。韦伯评论了克纳普提出新术语以减少对经常容易引起误解的日常语言的依赖性的"勇气"；参见韦伯:"关于资本主义'精神'的反批评"("Antikritisches zum 'Geist' des Kapitalismus")，载韦伯:《马克斯·韦伯: 新教伦理 II : 批评与反批评》(Max Weber, Die protestantische Ethik, II. Kritiken und

Antikritiken）（居特斯洛：居特斯洛莫恩出版社，1978），第 155 页、第 176 页注解 5。韦伯还评价克纳普"将术语和概念系统化的能干且宝贵的努力"；参见韦伯：《经济与社会》，第 78 页，或德文版第 40 页。最后，熊彼特的结论如下：克纳普"是创造新概念并为之确定恰当名称的大师"。接着，他语带讥讽地补充了几句，说："为此目的而借用的希腊词帮了他很大的忙，因为那时的德国经济学家虽然一般说来是蹩脚的理论家，但他们大都受过古典教育，懂点希腊语。"参见约瑟夫·A. 熊彼特：《经济分析史》（伦敦：艾伦与安文出版社，1954），第 1091 页注解 14。

[74] 克纳普是天主教社会主义的主要成员，米塞斯不遗余力地对他表示不屑。米塞斯认为，国家货币理论是无用的教条，因为它忽视了市场和价格形成的作用；所有事情都被解释为国家活动的结果。参见路德维希·冯·米塞斯：《货币与信用理论》，第 83—94、275—276、503—524 页。韦伯应该很熟悉米塞斯对克纳普的批评，因为它是出现在发表于 1917—1918 年的一份相当好的评论文章中；参见米塞斯："货币理论的分类"，《货币与信用理论》，第 503—524 页。最后，熊彼特这样总结克纳普的货币理论的影响："不可否认的是，在处理经济理论的基本问题时，〔克纳普的理论〕是错误的，而它对德国的货币金融科学也主要是一种很不幸的影响。"参见约瑟夫·A. 熊彼特："G. F. 克纳普"，《经济学杂志》（Economic Journal）36（1926），第 514 页。

[75] 韦伯：《经济与社会》，第 78 页，或德文版第 40 页。韦伯说，"笔者认为最能接受的货币金融理论，便是冯·米塞斯的理论"。尽管韦伯说，他不在《经济与社会》中讨论货币金融理论，但还是用了好几页来谈克纳普（包括专门讨论《国家货币理

论》的一节），却没有任何有关米塞斯思想的内容。

[76] 韦伯:《经济与社会》，第 184 页，或德文版第 109 页。类似地，在其作品的另一处，韦伯也谈到了"没有产生资本主义经济心态的经济政策"；参见韦伯:《中国的宗教》，第 237—238 页，或德文版"儒教与道教"，《宗教社会学论文集》第 1 卷，第 524 页（译文略有改动）。总的来说，韦伯觉得，国家通过不同的干预来影响经济将会有"难以预测的"和"意料之外的后果"；参见韦伯:《经济与社会》，第 994 页，或德文版第 574 页。

[77] 克纳普将货币界定为"法定的支付手段"；韦伯则这样界定:"'货币'既是所谓的法定支付手段，也是交易手段。"参见克纳普:《国家货币理论》，第 38 页；韦伯:《经济与社会》，第 76 页，或德文版第 39 页。库尔特·辛格（Kurt Singer）写道，韦伯看上去并不知道，克纳普作品的第二版（1918 年出版）包括了如何在现实中确定货币价格的讨论；参见 G. F. 克纳普与弗里德里克·本迪克森（Friedrich Bendixen）:《论国家货币理论》（*Zur staatlichen Theorie des Geldes*）（图宾根：J. C. B. 摩尔出版社，1958），第 235 页。韦伯可能没有读到的克纳普作品的第二版的标题加上了"增补本"（"*Nachträge und Ergänzungen*"）字样；参见克纳普:《国家货币理论》（第二版）（慕尼黑：邓克尔与亨布洛特出版社，1918)，第 395—445 页。

[78] 读者可以再度参考有关经济力量与价格的争论。争论的问题是，国家设定价格抑或市场决定价格？参见欧根·冯·庞巴维克（Eugen von Böhm-Bawerk）:"控制还是经济法则？"（"Control or Economic Law?"），《欧根·冯·庞巴维克经典短篇文集》（*Shorter Classics of Eugen von Böhm-Bawerk*）（南霍兰德，伊利诺斯：自由论者

出版社,〔1914〕1962),第139—200页;约瑟夫·A. 熊彼特:"分配理论的基本原则"("Das Grundprinzip der Verteilungstheorie"),《社会科学与社会政策文库》(Archiv für Soziawissenschaft und Sozialpolitick) 41(1916—1917),第1—88页。

[79] 在此背景下,其他有趣的题目包括:与分权有关的经济学(《经济与社会》,第283—284页,或德文版第166—167页);经济学与政治代表制(《经济与社会》,第296—297页,或德文版第174页);政党的经济方面,例如其财政经济问题(《经济与社会》,第286页,或德文版第168页);以及国会有必要控制预算["新政治秩序下德国的国会与政府",《政论集》(Political Writings)(剑桥:剑桥大学出版社,1994),第142、165、226—227页,德文版见《政治论文集》(Gesammelte Politische Schriften)(图宾根:J. C. B. 摩尔出版社,1988),第317、339、400页]。我还没有发现韦伯与公共选择理论之间有任何天然的联系,除了这一事实,即韦伯将现代民主制视为领袖们为着选票而竞争的一种制度,而他偶尔会用诸如"政治企业家"(political entrepreneur)这样的词,其典型是美国的控制相当数量选票的政治大佬。例如,韦伯:"新政治秩序下德国的国会与政府",《政论集》,第216页,德文版见《政治论文集》,第389页;"政治的职业与天职",《政论集》,第344—348页,德文版见《政治论文集》,第534—541页。

[80] 韦伯:"俄国议会民主制的局面",《政论集》,第68—70页,德文版见《政治论文集》,第63页。

[81] 韦伯:"新政治秩序下德国的国会与政府",《政论集》,第175—176、194页,德文版见《政治论文集》,第349、367页;韦伯:《经济与社会》,第283—284页,或德文版第166—167页。

[82] 韦伯:"俄国议会民主制的局面",《政论集》, 第 68 页, 德文版见《政治论文集》, 第 63 页。

[83] 德文词分别是"*ökonomisch abkömmlich*"、"*leben 'für' die Politik*"、"*leben von der Politik (im ökonomischen Sinn des Wortes)*"。关于"经济有余裕",参见韦伯:"德国的选举与民主",《政论集》,第 109—112 页,德文版见《政治论文集》,第 272—275 页;《经济与社会》,第 290—291 页,或德文版第 170 页。关于"(在经济意义上的)依赖政治而活",参见韦伯:"政治的职业与天职",《政论集》,第 318 页,德文版("政治作为一种志业")见《政治论文集》,第 513—514 页;韦伯:《新政治秩序下德国的国会与政府》,《政论集》,第 216 页,或德文版,《政治论文集》,第 389 页。

[84] 韦伯:"社会主义"("Socialism"),《政论集》,第 276 页,德文版见《社会学与社会政策论文集》,第 497 页。

[85] 韦伯说,"政治家必须有必不可少的财富,或者说是在经济上必须'有余裕',意思是说,他的收入,并不靠他持续地把自己的精力和思考,全都或至少是大部分,投注于经济方面的经营上",他说这句话时最接近"经济有余裕"的定义。参见韦伯:"政治的职业与天职",《政论集》,第 318—319 页,德文版("政治作为一种志业")见《政治论文集》,第 514 页。

[86] 韦伯:"德国的选举与民主",《政论集》,第 111 页,德文版见《政治论文集》,第 273—274 页。韦伯所用术语是"*innerliche Abkoemmlichkeit*"。着重号为笔者所加,译文有改动。

[87] 斯廷奇库姆顺便提到了"韦伯对社会主义之下的价格的老套处理";参见斯廷奇库姆:"马克斯·韦伯的《经济与社会》",《分层与组织》,第 287 页。帕森斯很恰当地为韦伯的说法作了一

个注解，即理性的资本核算预先假定，货币是以一种不可能在社会主义之下出现的有效方式运行的，即"目前（1940年代末期）技术性观点的首要侧重点看来是与韦伯捍卫的立场相对立的"；而《经济与社会》目前的编辑们保留了帕森斯的这个注解，很明显是同意他的这种看法。参见韦伯：《经济与社会》，第93页、第207页注解17。奥斯卡·兰格（Oscar Langer）在1936—1937年的一篇著名文章中宣称，社会主义经济的问题可以通过经济的某些分散化的措施（在企业的层次作出生产决策）、结合一个中央计划委员会（负责设立"价格的正确均衡"）来予以解决。参见奥斯卡·兰格："社会主义的经济理论"（"On the Economic Theory of Socialism"），B. E. 利平科特（B. E. Lippincott）（编）：《社会主义的经济理论》（纽约：麦格劳-希尔出版社，1964）。

[88] 韦伯：《经济与社会》，第1402页，德文版（"新政治秩序下德国的国会与政府"）见《政治论文集》，第332页。韦伯关于社会主义的观点很好的总结，参见大卫·毕瑟姆："社会主义、停滞与奴隶制"（"Socialism, Stagnation and Slavery"），《马克斯·韦伯与现代政治理论》（*Max Weber and Modern Political Theory*）（剑桥：政体出版社，1985），第82—89页。韦伯在作品中讨论了好几种不同的社会主义，并认为它们有以下几点共同之处：与资本主义的"生产的无政府状态"相对立；想要创造一个无利润的经济，即所谓的共同体经济（*Gemeinwirtschaft*）。参见韦伯："社会主义"，《政论集》，第281—282、284—285页，德文版见《政治论文集》，第500、502页。在韦伯谈到"社会主义"时，他所指称的大概就是我们今天所说的"国家社会主义"。按照他的观点，共产主义是指向消费的；共产主义没有利害计算；共产主义是基于工作安

排中的相互团结的同情之心。他批评"工团主义"太过天真，没有认识到工人们不会自行接管工厂的运转，没有认识到一种新的官僚制很快就会出现。韦伯最赞同的社会主义看来是某种形式的消费者合作社["消费者社会主义"（Konsumentensozialismus）]，而另一方面，这种形式的社会主义从来都不会是权力争夺的重要一方。韦伯关于社会主义的观点，参见：《经济与社会》，第112、153—154页，或德文版第61、88—89页。韦伯关于工团主义和消费者社会主义的观点，参见："社会主义"，《政论集》，第296—297、287页，或德文版，《社会学与社会政策论文集》，第512—513、504页。

[89] 韦伯：《古代文明的农业社会学》，第365页，德文版（"古代农业社会的状况"）见《社会史与经济史论文集》，第277页。译文有改动。而且，出现于"每一种官僚制"之中"官僚制"一词韦伯最初是加了着重号的。

[90] 强大的社会主义国家会通过诸如强加不利的贸易条件等手段来剥削较弱小的社会主义国家。见韦伯：《经济与社会》，第919—920页，或德文版第526—527页。当韦伯讨论到社会主义之下的工人们必须面对一个统一的精英时，他脑海里通常会以普鲁士矿工的社会主义为例子。参见韦伯："新政治秩序下德国的国会与政府"，《政论集》，第157页，德文版见《政治论文集》，第332页（对韦伯这一点的批评，参见毕瑟姆：《马克斯·韦伯与现代政治理论》，第84—85页）。对于管理者，韦伯谈论的是长期的趋势；在短期内，社会主义者可能补充或使用以前的管理者来运行自己的工厂，就像布尔什维克们所做的那样。韦伯对苏联的分析，参见韦伯："社会主义"，《政论集》，第299页，德文

版见《社会学与社会政策论文集》，第514页；"政治的职业与天职"，第335页，德文版（"政治作为一种志业"）见《政论集》，第529页。关于这些亦可见斯蒂芬·布鲁尔："国家共产主义与韦伯式社会学"，《历史社会学杂志》5（1992），第267—290页。

[91] 韦伯：《经济与社会》，第202页，或德文版第119页。

[92] 哈耶克说，俄国经济学家鲍里斯·布鲁茨科（Boris Brutzkus）也是如此。哈耶克对韦伯的较友好的评论，参见弗里德里克·冯·哈耶克的"社会主义者的计算I：问题的性质与历史"（"Socialist Calculation, I: The Nature and History of the Problem"），《个人主义与经济秩序》（*Individualsim and Economic Order*）（芝加哥：芝加哥大学出版社，1948），第143页以下。基思·特赖布（Keith Tribe）同意哈耶克的意见，认为韦伯和米塞斯独立地作出了关于社会主义经济的类似但绝不相同的批评。参见基思·特赖布：《经济秩序的策略》（*Strategies of Economic Order*）（剑桥：剑桥大学出版社，1995），第142页以下。米塞斯的论文以"社会主义的经济法"（"*Die Wirtschaftsrechnung im sozialistischen Gemeinwesen*"）为题，发表于1920年春天的《社会科学与社会政策文库》，并以"社会主义国家的经济计算"（"Economic Calculation in Socialist Commonwealth"）的译名，载于弗里德里克·冯·哈耶克（编）：《集体主义经济计划》（伦敦：乔治·罗德里奇父子出版社，1948）。有关社会主义经济的整个辩论都由拉尔斯·乌德恩（Lars Udehn）进行了简要总结，参见拉尔斯·乌德恩："中央计划：辩论之后的附记"（"Central Planning: Post-script to a Debate"），乌尔夫·希默尔斯特兰德（Ulf Himmelstrand）（编）：《社会发展中的自发与计划》（*Spontaneity and Planning in Socail Development*）（伦敦：圣

贤出版社，1981）。在《经济与社会》中，韦伯写道，在《经济与社会》第1部分已经出版之后，他才知道米塞斯的论文；参见韦伯：《经济与社会》，第107页，或德文版第58页。尽管韦伯与米塞斯的文章之间有相似之处（而且，韦伯也当得起米塞斯对他作为社会主义经济的首位发难者所赋予的赞誉），但是，双方的路向还是存在相当多的差异。例如，韦伯明确地从形式理性的视角来进行对社会主义计算的批评；而在米塞斯这边，没有区分形式理性与实质理性。

[93] 韦伯：《经济与社会》，第104页，或德文版第56页。

[94] 韦伯：《经济与社会》，第103页，或德文版第55页。译文有改动。与基思·特赖布一样，我把"*Kontrolliert*"译作"规制"（policed）。参见基思·特赖布："经济世界的逻辑结构"，《经济秩序的策略》，第159页。

[95] 韦伯：《经济与社会》，第107页，或德文版第58页。标点有改动。

第4章 经济与法律

[1] 马克斯·韦伯：《经济与社会：解释社会学大纲》，第905页，或德文版《经济与社会：理解社会学大纲》，第516页。现代国家的另外两个"基本功能"是"有组织地反击外来攻击（军事管理）"和"卫生、教育、社会福利及其他文化利益的培养（不同分支的管理）"。今天人们可能还要加上直接的经济功能，即保持经济增长和低失业率。

[2] 韦伯:《经济与社会》,第 336、329 页,或德文版第 198、193 页。

[3] 韦伯:《经济通史》(新不伦瑞克,新泽西:交流出版社,1981),第 277 页,或德文版(*Wirtschaftsgeschichte*)(柏林:邓克尔与亨布洛特出版社,1991),第 240 页。译文有改动。本章稍后的部分将对理性资本主义对可计算的法律的需求进行更进一步的讨论。

[4] 莱文·戈德施密特(Levin Goldschmidt)(1829—1897)从 1875 年起担任柏林大学的商法教授,直到 1890 年代初期患病为止。在其职业生涯的后期,戈德施密特想要韦伯接替他的工作[冈瑟·罗思:"世界主义与种族中心主义:90 年代的韦伯"("Between Cosmopolitaninsm and Ethnocentrism: Weber in Nineties"),《目标》(*Telos*)96(1993),第 161 页注解 31]。在戈德施密特之前,很少有人将商法当作一个特殊领域加以关注。戈德施密特强调,中世纪意大利商人的特殊作用在于,他们为现代商业立法奠定了基础;他经常说到,这一领域的许多最重要的革新都应归功于这些意大利商人的天才。1858 年,戈德施密特创立了《商法杂志》(*Zeitschrift für das gasammte Handelsrecht*);1864—1868 年,他的主要作品汇集出版,即《商法手册》(*Handbuch des Handelsrechts*)。戈德施密特作品的核心主题是,商法的研究既应当利用法律科学,也应当利用经济学。为了说明戈德施密特的社会科学论著的总的价值,可以引用经济史学家迈克尔·波斯坦(Michael Postan)1930 年代有关"中世纪商业研究的形式与方法"的论述:"其成就在很大程度上归功于围绕着后期的 L. 戈德施密特及其《商法杂志》的那些法律史学家。"波斯坦接着补充说,"戈德施密特的经典之

作《商法通史》(Universalgeschichte des Handelsrechts, 1891)至今仍然是关于中世纪商业技术的最好的综合性论著"。参见迈克尔·波斯坦："研究书目：I. 中世纪的资本主义"("Studies of Bibibliography: I. Medieval Capitalism")，《经济史评论》(Economic History Review) 4 (1933)，第220页。戈德施密特作品的概要介绍，参见其"商法（发展史）"["Handelsrecht (Geschtliche Entwickelung)"]，J. 康拉德(J. Conrad)（等编）：《国家学手册》(Handwoerterbuch der Stattswissenschaften)第5卷（耶拿：古斯塔夫·费舍出版社，1910)，第316—327页；戈德施密特的生平介绍，参见马克斯·帕朋海姆(Max Pappenheim)："莱文·戈德施密特"("Levin Goldschmidt")，《商法杂志》47 (1898)，第1—49页。韦伯与戈德施密特的关系并不总是很好。例如，戈德施密特在《商法手册》中直接针对韦伯的第一篇博士候选论文的批评就令韦伯很是烦恼，并曾经不那么认真地考虑过要写一份答辞。

[5] 韦伯在他的两篇博士论文、关于证券交易所的多篇文章，以及一些其他题目[包括他对鲁道夫·施塔姆勒的《唯物史观下的经济与法律》(Wirtschaft und Recht nach der Materialistischen Gestchichtsauffassung)（莱比锡：冯·维特出版公司，1896，第2版，1906)的批评]中，都研究了法律问题。而《社会经济学大纲》中包括法律与经济的内容，则在一开始就很明确。1910年，韦伯在提交的内容目录中，将自己列为"经济与法律"部分的作者，这一篇文章将是《经济与社会》的一个部分，韦伯对它的表述是："经济与法律（1. 基本关系，2. 当前条件下的发展阶段）"。他还规划了一个题目为"现代资本主义的法律基础"的部分，其中一篇文章的名字是"现代私有制与资本主义"[拟由亚历山大·莱斯特

（Alexander Leist）撰写］，另一篇"现代国家与资本主义"（拟由韦伯自己撰写）。1914年修订后的内容目录中有一些改动，但是，整体面貌保持不变。韦伯拟由自己写作一篇名为"经济与法律的基本关系"的文章，同时还有一篇"现代私有制与资本主义"（拟由莱斯特撰写）和"现代国家秩序与资本主义"（作者未知，很可能会是韦伯）。参见约翰尼斯·温克尔曼：《马克斯·韦伯的遗作》，第151—152页。

[6] 韦伯参与了这场争论，他在一篇短文中写道，日耳曼法与罗马法的对立被过分简单化了，罗马法成了德国的一些经济痼疾的替罪羊。参见韦伯："'罗马法'与'日耳曼法'"("'Roman' and 'Gemanic' Law")，《国际法社会学杂志》13（1985），第237—246页；亦可见阿里·布兰德（Arie Brand）："反对浪漫主义：马克斯·韦伯与历史法学派"("Against Romanticism: Max Weber and the History School of Law")，《澳大利亚法律与社会杂志》(*Australian Journal of Law and Society*) 1（1982），第87—100页。

[7] 韦伯：《经济与社会》，第858页，或德文版第495页。

[8] 塔尔科特·帕森斯："价值中立与客观性"，奥托·斯坦默（编）：《马克斯·韦伯与今日社会学》（纽约：哈珀·托尔齐拜克斯公司，1972），第40页。

[9] 斯蒂芬·P. 特纳（Stephen P. Turner）与里吉斯·A. 法克特（Regis A. Factor）：《马克斯·韦伯：作为社会思想家的律师》(*Max Weber: The Lawyer as Social Thinker*)（伦敦：罗德里奇出版社，1994）。

[10] 参见朱利恩·弗罗因德："法律社会学"("The Sociology of Law")，《马克斯·韦伯的社会学》；沃尔夫冈·施路赫特："法律的类型与支配的类型"(Types of Law and Types of Domination)，

《西方理性主义的兴起：马克斯·韦伯的发展历史学》(*The Rise of Western Rationalism: Max Weber's Developmental History*)（伯克利：加利福尼亚大学出版社，1981），第82—138页。

[11] 马克斯·莱因斯坦(Max Rheinstein)："导论"，马克斯·韦伯：《经济与社会中的法律》(*On Law in Economy and Society*)（剑桥，马萨诸塞：哈佛大学出版社，1954），第 xvii-lxiv 页；大卫·特鲁贝克(David Trubeck)："马克斯·韦伯论法律与资本主义的兴起"("Max Weber on Law and the Rise of Capitalism")，《威斯康星法律评论》(*Wisconsin Law Review*)（1972），第720—753页；安东尼·克朗曼(Anthony Kronman)：《马克斯·韦伯》（斯坦福，加利福尼亚：斯坦福大学出版社,1983）；曼弗雷德·雷宾德(Manfred Rehbinder)与克劳斯-彼德·蒂科(Klanus-Peter Tieck)（编）：《马克斯·韦伯的法律社会学》(*Max Weber als Rechtssoziologie*)（柏林：邓克尔与亨布洛特出版社，1987）。

[12] 帕森斯："价值中立与客观性"，第42页。关键之处大概在于这一论点，即法律是规范秩序的核心，不仅在整个社会如此，而且在经济领域尤其如此。克朗曼：《马克斯·韦伯》，第118页。约翰尼斯·温克尔曼："马克斯·韦伯的'法律社会学'"，马克斯·韦伯：《法律社会学》(*Rechtssoziologie*)（纽韦德：赫尔曼·卢特兰出版社，1960），第18—19页。

[13] 今天，法与经济学领域几乎垄断了对法律与经济学之间关系的分析。例如，在美国，共有六份法与经济学的杂志，但却没有一份法律社会学的杂志。某些理论视角激发了法与经济学的运动，特别是理查德·波斯纳(Richard Posner)和R.H.科斯，也包括弗里德里克·哈耶克。科斯的著名论文指出，无论权利如何

分配，市场都会导致一个在全社会有效率的结果。与之形成对比的是，波斯纳则认识到了法官的更为积极的作用：在普通法的传统中，法官试图通过自己的行动带来全社会有效率的结果。最后，哈耶克从一个演化的视角来看待法律，警告那种将理性的模型加诸所有事物（包括法律在内）的倾向。科斯对韦伯关于法律与经济的观点有何看法尚不得而知，但是，哈耶克尖锐地批评了韦伯，认为他忽视了一个事实，即法律是自发产生的，绝对不能简化为某种可以有意识地创造和强迫接受的东西："（在《经济与社会》中）'秩序'被彻底当作某种'有效'或'有约束力'的事物，包含在法律原理之中，并通过它来实施。换言之，对韦伯而言，秩序仅仅作为组织而存在，自发性秩序的存在则从来都不成问题"[F. A. 哈耶克：《法律、立场与自由》（*Law, Legislation and Liberty*）第 2 卷（伦敦：罗德里奇与基根·保罗出版社，1982），第 170 页注解 50]。最后，波斯纳严厉批评韦伯的"无用的方法论"，指的是韦伯沉浸到太过广泛的历史预言中。波斯纳认为，"这对大多数经济学家而言，是一种截然不同的预言风格"，他解释了经济学与韦伯的进路之间的差异：

> 尽管"理想型"在他（韦伯）的方法论中起着主导作用，但是，他的做法并不是通过分离因果关系来控制或预测社会或自然环境。经济学家利用"经济人"的简单化的心理学，预测香烟加税将减少香烟的产量，这是要努力确认某种能够强迫改变我们的社会环境的因果关系，例如，以减少吸烟为目标。韦伯的目标则与之不同。他努力确认并描述历史上的宏大主题，例如，世界日渐发展的除魅，社会组织的理性

方法代替非理性的方法。他的理想型是塑造宏大主题的思想的实践、制度和模式的程式化的版本。[理查德·波斯纳, "法律社会学的社会学:来自经济学的观点"("The Sociology of the Sociology of Law: A View from Economics"),《欧洲法与经济学杂志》(*European Jounal of Law and Economics*) 2 (1995), 第267—268页]

毫无疑问, 在理论经济学的问题上, 韦伯会同意波斯纳的观点, 他以征收香烟税为例子所谈论的类型的模型建立是恰当的。但是, 涉及复杂的经验现象, 韦伯与波斯纳就分道扬镳了。波斯纳在这些问题上的视角产生于他的看法, 即普通法传统下的法官的行动是要带来有益于全社会的结果; 而韦伯在试图接近有关法律与经济学的经验问题时, 是从行动受利益的驱动, 并且指向其他人的行为的视角出发的。

[14] 1922 年, 玛丽安娜·韦伯(Marianne Weber)与梅尔基奥尔·帕尔尼(Melchior Palyi)将这一章包括在《经济与社会》之中, 最初的标题是"经济与秩序"。在后来的版本中, 约翰尼斯·温克尔曼将标题改为"基本关系中的经济与社会秩序"(*Die Wirtschaft und die gesellschaftlichen Ordnungen in ihrer prinzipiellen Beziehung*)(1956年第 4 版)和"经济与社会秩序"(*Die Wirtschaft und die gesellschaftlichen Ordnungen*)(1972 年第 5 版)。温克尔曼认为, 韦伯在手稿的开头写的是: "I. 经济与秩序"。参见约翰尼斯·温克尔曼:《经济与社会(注释本)》(图宾根: J. C. B. 摩尔出版社, 1976), 第 55 页。

[15] 关于这一点, 参见韦伯:《经济与社会》, 第 29—31、33—36 页, 或德文版第 14—16、17—19 页。"如果它的外在保证

是透过以下机会，即靠着一群执行人员为了达到使人顺从或对违规加以惩戒的目的，而对个人进行身体或心理的强制……这种秩序便称为'法律'"（英文版第34页，德文版第17页）。

[16] 参见韦伯："关于A.福吉特的'经济与法律'演讲的讨论"（"*Diskussionsrede zu dem Vortrag von A. Voigt ueber 'Wirtschaft und Recht'*"），《社会学与社会政策论文集》（图宾根：J. C. B. 摩尔出版社，1988），第475页；韦伯：《施塔姆勒批评》（*Critique of Stammler*）（纽约：自由出版社，1977），第101—103页，德文版（"*R. Stammlers 'Ueberwindung' der materialistichen Geschichtsauffassung*"）见《科学学论文集》，第325—327页。

[17] 韦伯：《经济与社会》，第33页，或德文版第17页；着重号为原作所有。

[18] "对于某物或某人实际握有处分权力者，便得以透过法律的保障而使其处分权持续获得特殊的确定性。而得到某种承诺的人，法律保障亦会给予他上述的承诺被履行的确定性。其实，这就是法律与经济生活之间最基本的关系"。韦伯：《经济与社会》，第667页，或德文版第398页。

[19] 韦伯：《经济与社会》，第67页，或德文版第33页。

[20] 韦伯：《经济与社会》，第162页，或德文版第94—95页。

[21] 韦伯：《经济与社会》，第315页，或德文版第184页。读者也许还记得韦伯的上述说法："对于某物或某人实际握有处分权力者，便得以透过法律的保障而使其处分权持续获得特殊的确定性。而受到某种承诺的人，法律保障亦会给予他上述的承诺被履行的确定性。其实，这就是法律与经济生活之间最基本的关

系"。韦伯:《经济与社会》，第667页，或德文版第398页。

[22] 韦伯:《经济与社会》，第328页，或德文版第193页。在一定程度上，韦伯预见到了数十年后斯图尔特·麦考利（Stuart Macaulay）的发现，他说，"在大多数商业交易中，人们根本不会想到要采取法律行动"。参见斯图尔特·麦考利:"商业中的非契约关系初探"（"Non-Contractual Relations in Business: A Preliminary Study"），《美国社会学评论》28（1963），第55—67页。紧随着麦考利的这篇著名文章，出现了大量的研究文献；参见彼得-文森特·琼斯（Peter-Vincent Jones）:"契约与商业交易的社会-法律研究"（"Contract and Business Transactions: A Socio-Legal Analysis"），《法律与社会杂志》（*Journal of Law and Society*）16（1989），第166—186页；关于经济学家的视角，参见本杰明·克莱因:"自我实施的契约"（"Self-Enforcing Contracts"），埃里克·菲吕博顿（Eric Furubotn）和鲁道夫·里希特（Rudolf Richter）（编）:《新制度经济学》（*The New Institutional Economics*）（图宾根: J. C. B. 摩尔出版社, 1991）。

[23] 韦伯:《经济与社会》，第331页，或德文版第194页。在韦伯看来，人们可以出于很多原因而遵守法律，并不仅仅因为法律的存在；他特别提到了功利主义的和伦理的动机，以及对有可能遭到反对的担心。参见韦伯:《经济与社会》，第314页，或德文版第184页。

[24] 韦伯:《经济与社会》，第327页，或德文版第192页。在这一点上，韦伯的观点类似于他的这一观念，即经济理论不需要将心理学考虑在内，因为它并不是建立在心理学基础之上的。需要补充的是，当代经济理论在某些情况下已经走得比忽视法律

体系还要远了。

[25] 韦伯经常与施塔姆勒争论，而且大体上是很严肃地看待其论点。除了 1907 年在《社会科学与社会政策文库》上的批评（即《施塔姆勒批评》）和"经济与社会规范"中的部分（英译本加上了"附录：回应鲁道夫·施塔姆勒"的标题）之外，还包括《经济与社会》第 1 部分对施塔姆勒的重要参考，以及在韦伯遗稿中发现的一篇有关施塔姆勒的未完成的文章（参见《施塔姆勒批评》第 145—182 页）。施塔姆勒在《经济与法律》的第三版中回应了韦伯的批评；参见施塔姆勒：《唯物史观下的经济与法律》（*Wirtschaft und Recht nach der materialistischen Geschichtsauffassung*）（耶拿：古斯塔夫·费舍出版社，1914），第 670—673 页注解 232。关于韦伯思想及对施塔姆勒的答辩，参见卡尔·迪尔（Karl Diehl）："对社会法律理论的异议，尤其是马克斯·韦伯的批判"（*Einwendungen gegen die sozialrechtliche Theorie, besonders die Kritik von Max Weber*），《国民经济学中的社会法律方向》（*Die sozialrechtliche Richtung in der Nationaloekonomie*）（耶拿：古斯塔夫·费舍出版社，1941），第 122—139 页。

[26] 韦伯：《经济与社会》，第 333—337 页，或德文版第 196—198 页。

[27] 施塔姆勒的观点构成了后来所谓的德国社会法学派的基础，这一学派坚持认为，社会是根据法律秩序构成的，法律优先于经济。经济学家卡尔·迪尔（1864—1943）是这一学派的著名成员，韦伯非常欣赏他的作品，这一点可以从 1918 年维也纳大学延请一名经济学教授时他的陈述就可以判断出来。但是，韦伯也认为迪尔与施塔姆勒一样，没有把法学的和经济学的视角

正确地区分开来。参见韦伯：马克斯·韦伯致维也纳大学教学能力鉴定（*Gutachten Max Weber an die Wiener Fakultaet*）（摩瑟伯格：德国中央档案馆，未出版文件，1918）。关于社会法学派，参见迪尔：《国民经济学中的社会法学派》（*Die sozialrechtliche Richtung in der Nationaloekonomie*）；哈拉尔德·温克尔（Harald Winkel）："社会法学派"，《19 世纪德国的国民经济学》（*Die deutsche Nationaloekonomie im 19. Jahrhundert*）（达姆施塔特：科学图书公司，1977），第 181—187 页。

[28] 韦伯：《经济与社会》，第 882 页，或德文版第 504—505 页。

[29] 引文参见韦伯：《经济与社会》，第 883 页，或德文版第 505 页。在《经济与社会》中，有好几处韦伯都用"非直接的"来表述经济条件对法律演化的影响。在其中一处，他说，"总的经济与社会条件"只会"非直接地"影响到法律的理性化。他还指出，"在法律的不同领域中，当前的基本概念模式之间是彼此有差异的，其区别主要在于法律技术和政治组织等因素。因此，经济因素只能说具有非直接的影响"。参见韦伯：《经济与社会》，第 776、654—655 页，或德文版第 456、395 页。

[30] 参见韦伯：《经济与社会》，第 883 页，或德文版第 505 页；更有力的陈述参见韦伯：《中国的宗教》，第 149 页，德文版（"儒教与道教"）见《宗教社会学论文集》第 1 卷，第 437—438 页。本章稍后的部分将讨论韦伯"可计算的法律"概念。

[31] 韦伯：《经济与社会》，第 687 页，或德文版第 411—412 页。韦伯在《经济与社会》的另外一处提到了"法律创造"，他同样论证说，工业和企业型的组织必须被创制出来；参见韦伯：《经

济与社会》，第 200、775 页，或德文版第 118、455 页。

[32] 韦伯：《经济与社会》，第 656—658 页，或德文版第 396—397 页。

[33] 关于美索不达米亚法律，韦伯写道，"在现存诸法典中，最古老的、在某种程度上完整留传下来的且可说是绝无仅有的一部法典，亦即《汉谟拉比法典》，让我们可以妥当地作出这样的结论：当时存在着一个相对而言较强的财货交易利害关系者阶层，并且，国王在其本身的政治与财政的考量下，也愿意加强财货交易之法律的安定性"。参见韦伯：《经济与社会》，第 851—852 页，或德文版第 490 页；亦可见韦伯：《古代文明的农业社会学》（伦敦：新左派图书公司，1976），第 99 页，或德文版（"古代农业社会的状况"），《社会史与经济史论文集》，第 58 页。

[34] 下文关于印度法律的部分引自韦伯著作的下列章节：《经济与社会》，第 678、790—792、816—818 页，或德文版第 405、459—461、472—473 页；《印度的宗教》（纽约：自由出版社，1958），第 4、52—53、111—112 页及 143 页以下，德文版（"印度教与佛教"）见《宗教社会学论文集》第 2 卷，第 4、54—55、109—111 页及第 141 页以下。本书只讨论了印度教，而韦伯在《印度的宗教》中还包括了耆那教与佛教。

[35] 韦伯在这里谈论的是印度教，而他所说的"规则"指的是"礼仪规则"（"ritual law"，"*Ritualgesetz*"）。参见韦伯：《印度的宗教》，第 112 页，或德文版（"印度教与佛教"）第 111 页。

[36] 韦伯用"*Kastenrecht*"来指"种姓律法"。参见韦伯：《印度的宗教》，第 111 页，或德文版（"印度教与佛教"）第 110 页。亦可见韦伯：《经济与社会》，第 435 页，或德文版第 266 页。

[37] 下文关于中国法律的部分主要选自韦伯著作的以下章节:《经济与社会》，第380、726—727、818页，或德文版第229—230、437、473—474页;《经济通史》，第342—343页，或德文版第293页;《中国的宗教》，第80—81、101—102、169页，或德文版("儒教与道教")，《宗教社会学论文集》第1卷，第368—370、391—393、457页。关于韦伯对中国法律，包括法律与经济的关系的分析的批评性评价，参见卡尔·邦杰(Karl Buenger):"中国的法律系统与法治国家的原则"(*Das Chenesiche Rechtssystem und das Prinzip der Rechtsstaatlichkeit*)，沃尔夫冈·施路赫特(编):《马克斯·韦伯对儒教与道教的研究》(*Max Webers Studies ueber Konfuzianismus und Taoismus*)(美因河的法兰克福：苏尔坎普出版社，1983)。

[38] 韦伯:《经济通史》，第342—343页，或德文版第293页。

[39] 以下关于伊斯兰法律的部分主要选自韦伯作品的以下章节:《经济与社会》，第790—792、799—800、818—822、976、1115页，或德文版第459—461、466、474—476、563、657页。对韦伯的伊斯兰教法律，包括法律与经济关系的研究的有趣分析，参见帕特里夏·克龙(Patricia Crone):"马克斯·韦伯，伊斯兰教法律和资本主义的责任"(*Max Weber, das islamiche Recht und die Eintstehung des Kapitalismus*)，沃尔夫冈·施路赫特(编):《马克斯·韦伯关于伊斯兰教的观点》(*Max Webers Sicht des Islams*)(法兰克福：苏尔坎普出版社，1987)，第294—333页。亦可见布赖恩·特纳(Bryan Turner):"韦伯、法律与伊斯兰教"，《韦伯与伊斯兰教》(*Weber and Islam*)(伦敦：罗德里奇与基根·保罗出版社，

1974），第107—121页。

[40] 韦伯作品中谈及"用具体的伦理或其他的实践价值进行的非正式判决"的时候，就有关于"卡地司法"的最正式的定义；韦伯还补充说，卡地司法"没有任何理性的决策规则"。参见韦伯：《经济与社会》，第976页，或德文版第563页。韦伯作品中对伊斯兰法律进行最彻底的分析时，卡地司法概念却并没有产生任何实际的作用；韦伯亦区分了作为历史图景的和作为一般性概念的卡地司法。韦伯说，总而言之，卡地司法中的卡地一词，他是在"通常欧洲意义上"使用的。参见韦伯：《经济与社会》，第493、818—822、1115页，或德文版第300、474—476、657页；《印度的宗教》，第9页；德文版（"印度教与佛教"）见《宗教社会学论文集》第2卷，第12页。最近对卡地的描述，参见诺埃尔·库尔德森（Noel Couldson）：《伊斯兰法学中的冲突与张力》（芝加哥：芝加哥大学出版社，1969）。尽管库尔德森是从一个不同于韦伯的视角来分析卡地的，但是，却与韦伯的解释完全一致。

[41] 韦伯："新政治秩序下德国的国会与政府"，《政论集》(Political Writings)（剑桥：剑桥大学出版社，1994），第148页，德文版见《政治论文集》，第323页。应当指出的是，韦伯并未将伊斯兰法视为由卡地司法支配的法律体系。正如他所认为的那样，伊斯兰法阻碍了理性资本主义的出现，但是，这更主要地是由社会上层的非理性，而不是地方层次的非理性造成的。在地方层次上，卡地或宗教的判决更为活跃。

[42] 关于犹太教的部分主要节选自韦伯作品中的如下章节：《经济与社会》，第412—413、615—623、823—828、1203页，或德文版第253、370—374、477—480、721页；《古代犹太教》(Ancient

Judaism)（纽约：自由出版社，1952），第61—89页，或德文版("Das antike Judentum")，《宗教社会学论文集》第3卷，第76—99页。

[43] 韦伯：《经济与社会》，第827页，或德文版第429页。关于这一点的更明确的陈述，见同书第613页，德文版第368页。韦伯对桑巴特的分析，参见：《经济与社会》，第826、1203页，或德文版第479、721页。尤其可见关于法律制度的讨论，韦尔纳·桑巴特：《犹太人与现代资本主义》(The Jews and Modern Capitalism)（新不伦瑞克，新泽西：交流出版社，〔1911〕1982），第6章。

[44] 以下关于教会法的部分主要节选自：《经济与社会》，第828—831、1186页，或德文版第480—482、708页。

[45] 韦伯：《经济与社会》，第583—589页，或德文版第352—355页。"（教会）正式的解禁令固然从未颁布过，但在19世纪期间，教会的证言却一再承认了索取利息在特定的情况下是合法的"；见韦伯：《经济通史》，第270—271页，或德文版第237页。

[46] 以下关于罗马法的部分主要节选自韦伯：《经济与社会》，第682、686—688、792—802、849—855、977—978页，或德文版第408、411—412、461—467、489—493、563—564页。

[47] 韦伯：《经济与社会》，第683页（引文出处）、709页，或德文版第409页（引文出处）、426页。引文的译文有改动。

[48] 以下关于中世纪法的部分主要节选自韦伯作品的以下章节：《经济与社会》，第379、688、853—855、1237—1245、1325页，或德文版第229、412、491—493、741—746、789—790页；《经济

通史》，第 204—206、341—342 页，或德文版第 182—184、292 页。

[49] 韦伯：《经济与社会》，第 855 页，或德文版第 493 页。

[50] 韦伯："新政治秩序下德国的国会与政府"，《政论集》，第 149 页注解 A，或德文版《政治论文集》，第 323 页。此外，韦伯关于中世纪法的陈述是散见于其作品中的，包括《经济与社会》。韦伯在"国会与政府"中的陈述可以与《经济通史》中的下述陈述相比较：

> 事实上，近代资本主义所特有的制度，多半都不是来自罗马法。例如有息证券（个人债务或战时公债）乃源自受日耳曼思想所影响的中世纪法律。类似地，股票也源自中世纪及近代的法律，古代并无此种事物。汇票也是这样，阿拉伯、意大利、日耳曼及英国的法律都有助于其发展。商业公司也是中世纪的产物，古代只盛行委托企业。利用土地登记或典质证书的不动产抵押权及信托，同为中世纪产物，而非来自古代。（韦伯：《经济通史》，第 341—342 页，或德文版第 292 页）

关于中世纪商法，参见哈罗德·伯尔曼（Harold Berman）："商法"（"Mercantile Law"），《法律与革命》（*Law and Revolution*）（剑桥，马萨诸塞：哈佛大学出版社，1983），第 332—356 页。

[51] 以下关于自然法的部分主要节选自韦伯作品中的如下章节：《经济与社会》，第 597—601、865—880、883、1209—1210 页，或德文版第 360—362、496—503、505、725—726 页；"1910 年法兰克福第一届社会学大会：针对 E. 特罗埃尔施关于'平和的基督

教自然法则'讲座的讨论"("*Rede auf dem ersten Deutschen Soziologentage in Frankfurt 1910. Diskussionsrede zu E. Troeltschs Vortrag ueber 'Das stoisch-christliche Naturrecht'*"),《社会学与社会政策论文集》，第462—470页；《印度的宗教》，第143—146页，德文版（"印度教与佛教"）第141—146页；《中国的宗教》，第147—150页，德文版（"儒教与道教"）第435—439页；"俄国议会民主制的局面"，《政论集》，第69—70页，德文版（"*Zur Lage der bürgerlichen Demokratie in Russland*"），《政治论文集》，第63—64页。保罗·霍尼希斯海姆（Paul Honigsheim）认为，韦伯深为自然法的历史所吸引；他还说，"韦伯的法律社会学与他的经济社会学相互是有接触的"。参见保罗·霍尼希斯海姆：《马克斯·韦伯》（*On Max Weber*）（纽约：自由出版社，1968），第53、112、117页。

[52] 格奥尔格·耶利内克（Georg Jellinek）（1851—1911）是一位优秀的法学家，他关于人权起源的小册子激发韦伯写作了《新教伦理与资本主义精神》。无论是在这本《人权与公民权的宣言》（*The Declaration of the Rights of Man and Citizens*）（1895）中，还是关于耶利内克作品的二手文献中，耶利内克或其他人并没有谈论多少关于经济与法律的内容。但是，在这里来看，耶利内克的论点颇为有趣，他认为，英国传统的人权以一种异常激进的方式授权并点选了个人。查尔斯·比尔德（Charles Beard）的《美国宪法的经济学解释》（*An Economic Interpretation of the Constitution of the United States*）（1913）则从一个不同的角度触及人权中经济与法律的关系问题。

[53] 韦伯：《经济与社会》，第1209页，或德文版第726页。

[54] 韦伯：《经济与社会》，第872页，或德文版第500页。

[55] 韦伯：《印度的宗教》，第4页，或德文版（《印度教与

佛教》）第 4 页；《经济与社会》，第 872—873 页，或德文版第 501 页。

[56] "法律的支配性之为宗教所定型化，构成了法秩序之理性化，以及由此而来的经济理性化的最重要的限制之一"。参见韦伯：《经济与社会》，第 577 页，或德文版第 349 页。关于等级制与法律的关系，亦可见同书第 1185 页或第 708 页。

[57] 在某种程度上，这三个法律先决条件已经在《经济与社会》第 1 部分公开提出了。例如，如前所述，韦伯在第 31 节中论证说，在资本核算中，为了达到最大程度的形式理性，必须要有"实质的经济契约自由"、"法律秩序的完全的可计算性"及"公共权威对所有契约的可靠的、纯粹形式化的保障"（参见韦伯：《经济与社会》，第 162 页，或德文版第 94 页）。不过，韦伯在此处没有明确这三个先决条件，而在其作品的其他地方进行了讨论。

[58] 韦伯："权利创制的形式"，《经济与社会》，第 666—752 页，或德文版第 397—440 页。亦可见自然法部分对契约的讨论，见韦伯：《经济与社会》，第 865—880 页，或德文版第 496—503 页。韦伯对劳动合同的研究，参见 1902 年他对发表于《社会科学与社会政策文库》上的菲利普·诺特玛（Philipp Lotmar）的"劳动问题报告"（"*Der Arbeitsvertrag*"）的评论。

[59] 韦伯：《经济与社会》，第 671、677 页，或德文版第 401、404 页。

[60] 韦伯：《经济与社会》，第 668、683 页，或德文版第 398、409 页。第 668 页的重要段落很难被理解，但是，如果参考"控制与处置权"（"处分权"）的概念的话，译文就会有所改进。

读者应当还记得，从《经济与社会》第 2 章的概要总结来看，这一概念在韦伯经济社会学中起着重要的作用。

[61] 韦伯：《经济与社会》，第 673 页，或德文版第 402 页。

[62] "Kontraktgesellschaft"，参见韦伯：《经济与社会》，第 669、691 页，或德文版第 399、414 页。亨利·梅因爵士（Henry Maine）是这样表示这一事实的一个后果的："政治经济学……会和生活的事实不相符合，如果"强行法"对它一度占据的领域的绝大部分不肯加以放弃，并且人们不能具有直到最近才允许他们有的决定其自己行为规律的一种自由。"亨利·梅因：《古代法》（Ancient Law）（伦敦：人人书库，〔1861〕1977），第 179 页。

[63] 韦伯对契约的分析与爱弥尔·涂尔干的分析截然不同。差异之一是，他关注的是如何再现契约的历史。在我看来，阿兰·亨特（Alan Hunt）的看法是正确的，他写道，"他〔韦伯〕对契约的演化进行非常突出的经济学的研究，而涂尔干没有能够将他的讨论置于经济学的背景之下"；阿兰·亨特：《法律中的社会学运动》（The Sociological Movement in Law）（伦敦：麦克米兰出版社，1978），第 128 页。批评将韦伯的契约分析简化为契约与资本主义关系的作品，参见让-居伊·贝莱（Jean-Guy Belley）："马克斯·韦伯与合同法理论"（"Max Weber et la théorie du droit des contrats"），《法律与社会》（Driot et Société）9（1988），第 281—299 页。涂尔干对契约的分析主要可见：《社会的劳动分工》（The Division of Labor in Society）（纽约：自由出版社，〔1893〕1984），第 79—80、158—164 页；《职业伦理与公民道德》（Professional Ethics and Civic Morals）（韦斯特波特，康涅狄格：格林伍德出版社，1983），第 171—220 页。

[64] 韦伯:《经济与社会》，第 674 页，或德文版第 403 页。

[65] 韦伯:《经济与社会》，第 680 页，或德文版第 406—407 页。保罗·维尼讲了公元 2 世纪的一个罗马法的例子：假设某人闯入另一人的宅院，杀死其奴隶，抢夺其财产，为了得到补偿，被害人必须首先自己抓住侵犯者，将他带至法庭，然后得到肯定的判决。但是，被害人不能通过法庭要回自己的财产，而要自己去攫取犯人的财产，然后将其拍卖，并且可以得到与宅院损失价值相当的金钱。参见保罗·维尼："罗马帝国"("The Roman Empire")，保罗·维尼(编):《私人生活的历史》(*A History of Private Life*)（剑桥，马萨诸塞：哈佛大学出版社，1987）。

[66] 这一部分的作者是法学家亚历山大·莱斯特(Alexander Leist)（1862—1918），他尚未完成给《社会经济学大纲》的稿子便去世了（不过该文仍以修订本形式得以出版）。在重新撰写新版的《经济与社会》时，韦伯大概因此而对他的法律社会学作了调整。参见亚历山大·莱斯特（汉斯·尼珀迪编辑）："现代私有制与资本主义"(*Die moderne Privatretsordnung und der Kapitalismus*)，卡尔·布林克曼(Karl Brinkmann)等(编):《现代资本主义经济的特有元素：社会经济学基础》(*Spezifische Elemente der modernen kapitalistischen Wirtschaft. Grundriss der Sozialoekonomik. Abt. I. Teil*)（图宾根：J.C.B. 摩尔出版社，1925）。

[67] 参见卡尔·马克思:《资本论: 政治经济学批评》（纽约：现代书库，〔1867〕1906），第 195—196 页。马克思将契约与流通领域联系起来（"仅此便统治了自由、平等、财产及边沁"），从而与生产领域形成对比，剩余价值便产生于该领域。马克思与韦伯在这一点上的相似性并没有被研究法律与资本主义的马克思主

义学者注意到，例如，迈克尔·蒂格尔（Michael Tigar）：《法律与资本主义的兴起》（*Law and the Rise of Capitalism*）（纽约：每月评论出版社，1977）。

[68] 韦伯：《经济与社会》，第730—731页，或德文版第440页。

[69] 韦伯：《经济与社会》，第730页，或德文版第440页。

[70] 韦伯：《经济与社会》，第707页，或德文版第424—425页。

[71] 前者参见标题为"联会契约-法律人格""Associational Contracts—Juristic Personality"的部分，《经济与社会》，第705—729页，或德文版第423—439页。韦伯对公司这种更特殊的经济组织的演化的讨论可见于作品中的许多地方，尤其是以下部分："家户的解体：计算精神的增长与近代商业公司"，《经济与社会》，第375—380页，或德文版第226—230页；"商业经济的经营形式"和"资本主义演化中的外在事实"，《经济通史》，第223—229、279—285页，或德文版第198—203、240—246页。

[72] 韦伯：《印度的宗教》，第52页，或德文版（"印度教与佛教"）第54页。

[73] 韦伯：《经济与社会》，第380、726—727页，或德文版第229—230、437—438页。

[74] 韦伯在某处曾将这些团体称为"国家资本主义社团"；参见韦伯：《经济与社会》，第380、687页，或德文版第230、411页。

[75] 詹姆斯·科尔曼（James Coleman）将1243年设为组织或"虚拟人"（"*persona ficta*"）概念的象征性诞生日期；他还补充说，"通过有限责任的法律，（虚拟人的思想）成为创造现代法

人的工具"。参见詹姆斯·科尔曼:"社会的理性重构",《美国社会学评论》58（1993），第 2 页。"虚拟人"或"法律人"（juristic personality）的概念的创制者是一位意大利法学家西尼巴尔德·菲耶斯基（Sinibald Fieschi），他生于 11 世纪末，卒于 1254 年，即历史上的教皇英诺森四世。科尔曼的文章源于吉尔科对"虚拟人"概念的发现的讨论，参见奥托·冯·吉尔科（Otto von Gierke）:《中世纪政治理论》（*Political Theories of the Middle Age*）（波士顿:灯塔出版社，1958），第 xvii—xix 页。

[76] 韦伯:《经济与社会》，第 379 页，或德文版第 229 页。在《经济通史》中，独立的法人财产的诞生被追溯到 14 世纪的佛罗伦萨和"公司法人"（corpo della compagnia）观念。参见韦伯:《经济通史》，第 229 页，或德文版第 228 页。

[77] 即"*Berchenbares Recht*"；参见韦伯:《经济与社会》，第 847、855 页，或德文版第 487、493 页；韦伯:《经济通史》，第 277 页，或德文版第 240 页。

[78] 韦伯:《经济与社会》，第 847 页，或德文版第 487 页。德文版中有着重号，但是英译本中没有。韦伯还说道，商人通常会发展"一种更具实用性的理性主义"。参见韦伯:"世界诸宗教的社会心理学"，格斯（H. H. Gerth）与米尔斯（C. Wright Mills）（编）:《马克斯·韦伯文选》（*From Max Weber*）（纽约:牛津大学出版社，1946），第 279、284 页，或德文版"导言"（"*Einleitung*"），《宗教社会学论文集》第 1 卷，第 251、256 页。

[79] 韦伯使用"法律利益"（Rechtsinteresse）一词，可见《经济与社会》，第 814 页，或德文版第 471 页。

[80] 韦伯:《经济与社会》，第 855 页，或德文版第 493 页。

译文略有改动。

[81] 特鲁贝克引用了同年一位研究生强调"英格兰问题"的工作论文，该论文的主题是："简言之，假设在缺少系统的法律法规时，理性资本主义只会在那些法律秩序已经结构化或制度化地区别于社会中的传统或反现代要素的法律制度之中发展。进而，这种有区别的和自治的法律制度就能够被发展中的国民的资本家阶层所获得并控制。"杰罗尔德·古本（Jerold Guben）："'英格兰问题'与经济发展的理论"（耶鲁法学院，法律与现代化研究项目，工作论文第9号，1972），第1、14页。还可补充一点，马克斯·莱因斯坦在特鲁贝克与古本之前很多年就指出，韦伯明确地认识到，英国的法律并没有沿着与其他国家一致的路线发展，但是，英国仍然发展出了理性形式的资本主义。参见莱因斯坦："导论"，韦伯：《经济与社会中的法律》，第 lviii 页。

[82] 特鲁贝克："马克斯·韦伯论法律与资本主义的兴起"，第 746 页。

[83] 特鲁贝克认为，韦伯说，"英格兰的独特之处在于，它发展出了资本主义，'并非因为其法律体系，而恰恰是挣脱了其法律体系的影响'"。而韦伯实际上说的是，"英格兰之所以在各国中达至资本主义顶端，并非因为其法律体系，而是因为它在某种程度上挣脱了其法律体系的影响"；参见韦伯：《经济与社会》，第 814 页，或德文版第 471 页。特鲁贝克认为，韦伯的第三个论点，即资本主义何以可能进入英格兰，是在于其法律体系是"可以计算的，足以支持资本主义，因为法官们偏爱资本主义，并且遵从先例"；参见特鲁贝克："马克斯·韦伯论法律与资本主义的兴起"，第 747、748 页。

[84] 亨特:《法律中的社会学运动》,第122—128页;莫林·凯恩(Maureen Cain):"唯心主义的限制:马克斯·韦伯与法律社会学"("The Limits of Idealism: Max Weber and the Sociology of Law"),《法律与社会学研究》(Research in Law and Sociology) 3 (1980),第70—76页;克朗曼:《马克斯·韦伯》,第120—124页;布赖恩·特纳:《关于韦伯》(For Weber)(伦敦:罗德里奇与基根·保罗出版社,1981),第319—351页;休伯特·特雷伯(Hubert Treiber):"韦伯的宗教社会学与法律社会学的'选择性亲和'"("'Elective Affinities' between Weber's Sociology of Religion and Sociology of Law"),《理论与社会》(Theory and Society) 14 (1985),第839—847页;米歇尔·科图(Michel Coutu):"法律的变迁与资本主义的出现:以英国为例"("Les transformations du droit et l'emergence du capitalisme: Le problème anglais"),《法律杂志》33 (1992),第71—113页;萨莉·尤因(Sally Ewing):"形式正义与资本主义的精神:马克斯·韦伯的法律社会学"(Formal Justice and the Spirit of Capitalism: Max Weber's Sociology of Law),《法律与社会评论》(Law and Society Review) 21 (1987),第487—512页。

[85] 这是布赖恩·特纳的观点,从整体上看,他遵循着特鲁贝克的立场。特纳也论证说,在引入资本主义时,英国法律的滞后实际上是一个优势。参见特纳:《关于韦伯》,第329—330、250—251页。

[86] 例如,米歇尔·科图:"法律的演变",第71—73页。在此还可参考尤因的有趣观点,即在韦伯看来,现代资本主义对"法律管理形式正义"的需求要超过逻辑上的形式正义;尤因:"形式正义与资本主义精神",第487页。

[87] 韦伯：《中国的宗教》，第102页；或德文版（"儒教与道教"）第393页；德文原文有着重号，但是英译本没有加上。韦伯还在其他地方提到过，英国的普通法是可以计算的。例如，韦伯："新政治秩序下德国的国会与政府"，《政论集》，第148页，德文版（"Parlament und Regierung im neugeordneten Deutschland"）见《政治论文集》，第323页；《经济与社会》，第787页，或德文版第457页。韦伯关于形式的法律理性创造出最高程度的可计算性的说法通常可见于他对形式和实质的理性化的讨论之中。而且很明确的是，韦伯所赞同的是接近于历史哲学的西方理性，而与他的关于法律与经济的中程讨论不大相关。

[88] 韦伯本人清楚地意识到了这一点，这从他参考曼斯菲尔德爵士（Lord Mansfield，此人是将商法引入英国普通法的关键人物），并引用莱文·戈德施密特在《商法手册》（Handbuch des Handelsrechts）中关于这一问题的讨论就可以看出来。参见莱文·戈德施密特：《商法手册》（埃尔兰根：费迪南德·恩克出版社，1874），第1卷，第265—269页。当代关于《商法手册》被引入英国法律的讨论，参见 J. H. 贝克（J. H. Baker）："1700年之前的商人法与普通法"（The Law Merchant and the Common Law before 1700），《剑桥法律杂志》（Cambridge Law Journal）38（1979年11月），第295—322页；布鲁斯·卡拉瑟斯（Bruce Carruthers）：《资本城市》（City of Capital）（普林斯顿，纽约：普林斯顿大学出版社，1996），第127—131页；大卫·利伯曼（David Lieberman）："所有权、商务与普通法：对待18世纪法律变革的态度"（"Property, Commerce, and the Common Law: Attitudes to Legal Changes in the Eighteenth Century"），约翰·布鲁尔（John Brewer）与苏珊·斯特

夫斯（Susan Staves）（编）：《现代早期的所有权概念》（*Early Modern Conceptions of Property*）（伦敦：罗德里奇出版社，1995），第144—158页。

[89] 哈罗德·伯尔曼与查尔斯·里德（Charles Reid）立场坚定地持这一观点，参见其"作为法律史学家的马克斯·韦伯"（埃默里大学，未出版论文，1996），第14—15页。亦可见哈罗德·伯尔曼与查尔斯·里德："英国法律科学的转型：从黑尔到布莱克斯通"（"The Transformation of English Legal Science: From Hale to Blackstone"），《埃默里法律杂志》（*Emory Law Journal*）45（1996），第437—522页。

第 5 章　经济与宗教

[1] 玛丽安娜·韦伯（Marianne Weber）：《马克斯·韦伯传》（*Max Weber: A Biography*）（纽约：约翰·威利父子出版社，1975），第335页。补充说一句，尽管韦伯总是对宗教有兴趣，但是却认为自己在宗教事务上比较不合拍。参见韦伯致费迪南德·滕尼斯（Ferdinand Tönnies）的著名信件，日期是1909年2月19日，韦伯：《韦伯全集·信札（1909—1910）》（*Briefe 1909—1910. Max Weber Gesamtausgabe II/6*）（图宾根：J. C. B. 摩尔出版社，1994），第65页。还要指出的是，韦伯对宗教的兴趣很早就扩展到了其经济维度。在这一点上，韦伯可能受到了克尼斯（Knies）的启发，1883年夏季学期，韦伯去听了克尼斯的名为"普通经济学（理论国民经济学）"["*Allegemeine Volkswirtschaftslehre (theoretische Nationaloekonomie)*"]

的课程，讲到了经济与宗教的问题。克尼斯关于宗教与经济的论述，参见卡尔·克尼斯：《政治经济学的历史主义立场》（*Die politische Oekonomie vom geschichtlichen Standpunkte*）（莱比锡：汉斯·布斯克出版社，〔1883〕1930），第 110—126 页。

[2] 尚不清楚韦伯最初是否想要在他为《社会经济学大纲》所写的文稿中包括一个关于宗教的部分，但是，在 1914 年的提纲中，他给自己分配了这么一个题目："宗教共同体：受到阶级条件限制的宗教；不同文化和经济心理下的宗教"。韦伯去世以后，在他的遗物中发现了几百页关于宗教的作品，人们认为这便是他为《社会经济学大纲》所写的内容。这些内容可见于目前的《经济与社会》之中，成了较长的两章："宗教团体（宗教社会学）"（第 2 部分，第 6 章，第 236 页以下）和"政治与等级支配"（第 2 部分，第 15 章，第 54 页以下）。关于《社会经济学大纲》中不同版本的宗教，参见约翰尼斯·温克尔曼：《马克斯·韦伯的遗作》（*Max Webers hinterlassenes Hauptwerk*）（图宾根：J. C. B. 摩尔出版社，1986），第 151、169 页。

[3] 弗里德里克·威廉·格拉夫（Friedrich Wihelm Graf）友好地回答了我关于这个词语的问题，他说，尚不能确定究竟是什么人最早使用了"*Heilsgüter*"（救赎资财）这个词，不过，从 16 世纪晚期到 17 世纪，它主要在路德教神学和加尔文教神学中得到了应用。格拉夫说，"我猜想，韦伯是从马赛尼斯·施奈肯伯格（Matthias Schnechenberger）和卡尔·伯恩哈特（Karl Bernhard）的作品中了解到这个词的，他在写作新教伦理的论文时非常认真地阅读了这两人的作品"（1996 年 10 月 7 日致本书作者信）。在今天的神学论述，至少是新教神学家的论述中，已经不再使用这个

注释 419

词了。关于施奈肯伯格与亨德哈根(Hundeshagen)的资料，参见弗里德里克·威廉·格拉夫："德国神学的源头与新教教会政治"("The German Theological Sources and Protestant Church Politics")，哈特穆特·莱曼与冈瑟·罗思(编)：《韦伯的新教伦理》(*Weber's Protestant Ethic*)(剑桥：剑桥大学出版社，1993)，第27—49页。

[4] 帕森斯与罗思、威蒂克都把"*Heilsgüter*"译成了"religious benefits"，而根据马丁·赖斯布罗特(Martin Risebrodt)的看法，"'religious benefits'的译法似乎恰当地表达了其含义，尽管译成'religious goods'也可以"(1996年11月18日致本文作者信)。"religious benefits"在《经济与社会》第1章(第17节政治组织与神权组织)；参见韦伯：《经济与社会：解释社会学大纲》，第54—56页；或德文版《经济与社会：理解社会学大纲》，第29—30页。读者也许还记得，在韦伯的经济社会学中，财货(goods)被界定为"效用"的一部分，这在《经济与社会》第2章及本书第2章中都有论述。更准确地说，韦伯将"以经济为指向的行动"界定为寻求"效用"的满足，而效用是由"物品(财货)"和"服务"构成的(试比较韦伯：《经济与社会》第68—69页，或德文版第34—35页)。尽管"宗教财"概念是否构成作为整体的韦伯宗教社会学的关键概念仍然是可以讨论的问题，但是，我将提出这样的看法，即这一概念代表着韦伯与其有关经济与宗教之关系分析的有趣的分离之处。

[5] 例如，韦伯在《新教教派与资本主义精神》(1920)中的说法，即"重要的并非宗教的伦理教条，而是要奖赏哪种形式的伦理行动的问题。这样的奖赏是通过相应的救赎资财的形式和条件而起作用的"；韦伯："新教教派与资本主义精神"("The

Protestant Sects and the Spirit of Capitalism"),见汉斯·格斯(Hans Gerth)与 C. 赖特·米尔斯(C. Wright Mills)(编):《马克斯·韦伯文选》(*From Max Weber*)(纽约:牛津大学出版社,1946),第 321 页,或德文版("*Die protestantischen Sekten und der Geist des Kapitalsimus*"),《宗教社会学论文集》第 1 卷,第 234—235 页。

[6] 参见韦伯:《经济与社会》,第 399—400、527 页,或德文版第 245、320 页。亦可见韦伯:"世界诸宗教的社会心理学"("The Social Psychology of the World Religions"),汉斯·格斯与 C. 赖特·米尔斯(编):《马克斯·韦伯文选》(纽约:牛津大学出版社,1946),第 277—278 页,德文版见韦伯:"导言"("*Einleitung*"),《宗教社会学论文集》第 1 卷,第 249 页。韦伯:《古代犹太教》(*Ancient Judaism*)(格伦柯,伊利诺斯:自由出版社,1952),第 197—198、233、370 页,或德文版("*Antike Judenthum*"),《宗教社会学论文集》第 3 卷,第 211、250、385 页。

[7] 韦伯:《古代犹太教》,第 223 页,或德文版《宗教社会学论文集》第 3 卷,第 238 页。

[8] 韦伯:《经济与社会》,第 406 页,或德文版第 249 页。韦伯说,早期的宗教、巫术和神权制通常会导致经济的"定型化"。参见韦伯:《经济与社会》,第 129—130、151、405—406、577—579、1185 页,或德文版第 72—73、87、249、348—349、708 页;韦伯:《经济通史》,第 123、361 页,或德文版(*Wirtschaftsgeschichte*)第 117、308 页。一些其他因素,例如法律、家产制和政治资本主义,也会导致经济的定型化;参见韦伯:《经济与社会》,第 199、254、759、1038 页,或德文版第 117、148、444、602 页。韦伯认为,"定型化"也意味着可以随心所欲地作出不属于这一

范畴的决策；参见韦伯：《经济与社会》，第 1185—1186 页，或德文版第 708 页。

[9] 现代的定型化（stereotype）概念，即对另一个人的先入为主的和过分简单化的看法，源自沃尔特·利普曼（Walter Lippmann）的《公共观点》（*Public Opinion*）（1922）。在这一点上，非常感谢罗伯特·默顿对我的看法的纠正。

[10] 韦伯：《经济与社会》，第 424 页，或德文版第 259 页。韦伯猜测，富有者对来世的资财的需求可能尤其强烈："根据边际效用法则，当此世根本的需求被满足时，一般而言，个人对自己身后命运的某种顾虑就会产生，并且，根本上也因此而只限于上流阶层与富裕者"；韦伯：《经济与社会》，第 520 页，或德文版第 316 页。

[11] 关于"非人格化"，参见格斯与米尔斯（编）：《韦伯选集》，第 371 页；韦伯：《经济与社会》，第 584—585、600、1186—1187 页，或德文版第 353、361、708—709 页。韦伯："宗教拒世及其方向"（"Religious Rejections of the World and Their Directions"），见汉斯·格斯与 C. 赖特·米尔斯（编）：《马克斯·韦伯文选》，第 331 页；或"中间考察"（*Zwischenbetrachtung*），《宗教社会学论文集》第 1 卷，第 544 页；韦伯：《经济通史》，第 357—358 页，或德文版第 305 页。在韦伯的早期作品中，就已经使用了"非人格化"一词，例如，1894—1896 年的关于证券交易所的手册。例如，韦伯："证券交易所"（*Die Boerse*），《社会学与社会政策论文集》，第 267、271 页。韦伯通常使用"*Versachligung*"（具体化）来作为对"非人格化"的补充；例如，韦伯：《经济与社会》，第 585 页，或德文版第 353 页。

[12] 韦伯:《经济与社会》，第581—585页，或德文版第351—353页。关于"慈善"，参见韦伯:《经济与社会》，第579—583页，或德文版第350—352页；亦可见韦伯:《中国的宗教》（格伦柯，伊利诺斯：自由出版社，1951），第209—210页，或德文版（"儒教与道教"），《宗教社会学论文集》第1卷，第495页。

[13] 韦伯:《经济与社会》，第54页，或德文版第29页。神权政治（theocracy）是高级教士担任政治统治者的神权制；认为"国家高于教会"（caesaropapism）者则相信，教士的权力完全是从属于政治权力的。参见韦伯:《经济与社会》，第1159—1163页，或德文版第689—692页。

[14] 韦伯:《经济与社会》，第1186页，或德文版第708页。

[15] 韦伯多次讨论了贷款取息的问题，却没有怎么谈论公平价格的问题。参见韦伯:《经济与社会》，第562—563、583—589、1188—1190页，或德文版第340、352—355、710—711页；韦伯:《经济通史》，第267—271页，或德文版第234—237页；韦伯:《新教伦理与资本主义精神》（伦敦：艾伦与安文出版社，1930），第200—201、203—204页；或德文版，"新教伦理"（*Die protestanische Ethik*），《宗教社会学论文集》第1卷，第56—57页。关于贷款取息，参见本杰明·纳尔逊（Benjamin Nelson）:《贷款取息：从部落兄弟关系到普遍的他者》（*The Idea of Usury: From Tribal Brotherhood to Universal Otherhood*）（芝加哥：芝加哥大学出版社，1969）。中世纪金融史专家雷蒙德·德·卢弗（Raymond de Roover）曾批评韦伯和其他许多经济史学家对公平价格具有理想化的看法；现代学术界的共识是，很明显，中世纪宗教思想比先前的思想更加青睐自由竞争的观念。如，加布里埃尔·勒

布拉斯(Gabriel Le Bras):"经济与社会的概念"("Conceptions of Economy and Society"),《剑桥欧洲经济史》第1卷(*The Cambridge Economic History of Europe*)(剑桥:剑桥大学出版社,1963),第563页。德·卢弗认为,韦伯及其他许多经济史学家采纳了罗雪尔的看法,他在1874年的一篇论述朗格斯坦的亨利长老(Henry of Langenstein the Elder, 1325—1397)的理论的文章中表论了关于公平价格的观点。朗格斯坦认为,当权者不能设立一个公平价格时,生产者就会设定他自己的价格,但是,他一定不能超出供养他自己与其家庭的正常生活所需要的限度。但是,德·卢弗认为朗格斯坦的想法在中世纪不是主流,而且仅仅是例外,许多中世纪的学者仅仅是拿公平价格来平衡市场价格(例外情况只有一个,即当市场失灵时,当权者有义务介入并规范价格)。参见雷蒙德·德·卢弗:"经济思想 I. 古代与中世纪的思想"("Economic Thought, I: Ancient and Medieval Thought"),大卫·L. 希尔斯(编):《社会科学国际百科全书》(*International Encyclopaedia of the Social Sciences*)第4卷(纽约:麦克米兰出版社,1968),第433页。亦可见雷蒙德·德·卢弗:"公平价格的概念:理论与经济政策"("The Concept of the Just Price: Theory and Economic Policy"),《经济史杂志》(*Journal of Economic History*) 18 (1958),第418—438页。

[16] 韦伯:《经济与社会》,第1190页,或德文版第711—712页。

[17] 韦伯作品的几位注释者之一斯蒂芬·A. 肯特(Stephen A. Kent)研究过这一问题,他写道,贵格派的公平价格政策的确是基于他们的以下观点,即上帝的种子存在于每一个和所有人身上,应当同等对待每一位顾客。他还引用了一位贵格派教徒

1655年的公告，公告说，"拒绝与顾客讨价还价，或者当顾客步入商店时没有向顾客脱帽鞠躬致意，以示'礼貌与尊重'，这位商人的生意就会吃亏"。参见斯蒂芬·A. 肯特："贵格派伦理与固定价格政策：马克斯·韦伯及以后"("The Quaker Ethic and the Fixed Price Policy: Max Weber and Beyond")，《没有资本主义的资本家》(Capitalists without Capitalism)（韦斯特波特，康涅狄格：格林伍德出版社，1971），第118—138页。韦伯关于教派的论述，参见"美国的'教会'与'教派'：基督教的社会-政治概况"("'Churches' and 'Sects' in North America: An Ecclesiastical Socio-Political Sketch")，《社会学理论》(Sociological Theory) 3（1985年春季号），第7—13页；或德文版，"美国的'教会'与'教派'"("'Kurchen' und 'Sekten' in Nordamerika")，《基督教世界》(Die christliche Welt) 20（1906）[原载于1906年3月13、15日的《法兰克福通讯》(Frankfurt Zeitung)，有修改]；韦伯："新教教派与资本主义精神"，格斯与米尔斯（编）：《马克斯·韦伯文选》，第302—322页，或德文版，《宗教社会学论文集》第1卷，第207—236页。

[18] 关于修道会，参见韦伯：《经济与社会》，第1166—1170页，或德文版第694—697页。

[19] 韦伯：《经济与社会》，第1169页，或德文版第696页。亦可见韦伯：《经济通史》，第364—365页，或德文版第311页（韦伯在此处强调，推动西藏人的宏大成就的力量并非宗教热情，而是禁欲主义）。

[20] 参见韦伯：《经济与社会》，第483、491—492页，或德文版第294、299—300页。关于"恩宠之神义论"与"不幸之神义论"，参见韦伯："世界诸宗教的社会心理学"，格斯与米尔斯

（编）：《马克斯·韦伯文选》，第271、273页，德文版，"导言"（"Einleitung"），《宗教社会学论文集》第1卷，第242、244页。韦伯对特权群体与非特权群体与宗教的关系的讨论或许可以追溯到尼采的作品，例如《道德的系谱》（The Genealogy of Morals）（1887）。感谢拉尔夫·施罗德向我指出这一点。

[21] 韦伯：《经济与社会》，第491页，或德文版第299页。

[22] 例如，1910年，韦伯在德国社会学协会的争论中说道，"我们不应当向这样的观点让步……即可以将宗教发展当作其他什么事物、当作某种经济状况的反映。在我看来，情况绝对不是这样"。参见韦伯："马克斯·韦伯论教会、教派与神秘主义"，《社会学分析》（Sociological Analysis）34（1973），第143页。

[23] "没有哪一个阶层的宗教态度的性质是单单由经济条件决定的"；参见韦伯：《中国的宗教》，第196页，或德文版（"儒教与道教"），《宗教社会学论文集》第1卷，第255页。

[24] 关于这两个群体的宗教倾向，参见韦伯：《经济与社会》，第476—477、484—486页，或德文版第290—291、295—296页；韦伯："世界诸宗教的社会心理学"，格斯与米尔斯（编）：《马克斯·韦伯文选》，第283页，德文版，"导言"（"Einleitung"），《宗教社会学论文集》第1卷，第255页。

[25] 韦伯：《经济与社会》，第528页，或德文版第321页。

[26] "忏悔的心理作用在任何地方都是为了解脱个人对其行为的责任感，这就是为何要追寻忏悔的缘故，并且它还削弱了禁欲主义要求的强烈的一致性"；韦伯：《新教伦理与资本主义精神》，第250页注解149，或德文版，《宗教社会学论文集》第1卷，第144页注解1。在提出这一论点时，韦伯赞同这样一种心

理学理论，即当没有其他出路时，信徒们就会改变其行为。类似地，他指出埃及宗教允许人们在下葬时在身体上放一只甲虫，从而欺骗神，让神以为他们没有罪过，这样，宗教就无法影响其信徒的行为了。参见韦伯：《古代犹太教》，第 144、199、249 页，或德文版，"古代犹太教"（"*Antike Judenthum*"），《宗教社会学论文集》第 3 卷，第 156、213、265 页。

[27] 人们通常认为，韦伯在新教伦理方面的思想来自韦尔纳·桑巴特的《现代资本主义》(1902)，因此，1898 年，韦伯首次就《新教伦理与资本主义精神》的主题发表演说这一事实就很重要了。韦伯宗教社会学方面的权威认为，"目前还没有任何正当理由可以怀疑这一点〔即 1898 年韦伯有关《新教伦理与资本主义精神》的主题的演讲〕"。参见弗里德里克·威廉·格拉夫："学者间的友谊：关于韦伯与特勒尔奇"（"Friendship between Experts: Notes on Weber and Troeltsch"），W. J. 莫姆森（W. J. Mommsen）与于尔根·奥斯特哈默尔（Juergen Osterhammel）（编）：《马克斯·韦伯及其同时代人》（*Max Weber and His Contemporaries*）（伦敦：安文·海曼出版社，1987），第 223 页。韦伯对于 1898 年演讲《新教伦理与资本主义精神》的主题的确认，参见"资本主义'精神'的最后的反批评"（"*Antikritisches zum 'Geist' des Kapitalismus*"），马克斯·韦伯：《新教伦理 II》（*Die protestantische Ethik II*）（Guetersloh: Guetersloher Verlagshaus Mohn, 1978）。与大部头的《现代资本主义》相比较而言，给予韦伯更多灵感的是他的朋友和同事格奥尔格·耶利内克的一部小书，书中认为，人权源自新教的思想观念，而非来源于政治思想。参见格奥尔格·耶利内克：《人权与公民权的宣言》（*The Declaration of the Rights of Man and Citizens*）（纽

约：亨利·霍尔特出版社，〔1895〕1901)。对在《新教伦理与资本主义精神》问题上韦伯与桑巴特的关系的不同看法，参见迈克尔·阿佩尔(Michael Appel)：《韦尔纳·桑巴特》(Werner Sombart)(马尔堡：大都会出版社，1992)；哈特穆勒·莱曼："资本主义的兴起：韦伯与桑巴特"("The Rise of Capitalism: Weber versus Sombart")，莱曼与罗思(编)：《韦伯的新教伦理》，第195—208页；弗里德里克·伦格(Friedrich Lenger)：《韦尔纳·桑巴特(1863—1941)》(Werner Sombart 1863—1941)(慕尼黑：C. H. 贝克出版社，1994)，第129—135页。

[28] 韦伯在其论证的另一部分讨论了天主教与新教学者的教育成就，库尔特·萨谬尔森(Kurt Samuelson)指出，韦伯在引证数据的过程中数据有错误。韦伯使用了马丁·奥芬巴赫的一个研究，"由于打字或计算时的失误，奥芬巴赫……将实科中学中的新教徒比例计算为69%，而实际上应当是59%；〔在《新教伦理与资本主义精神》第189页的图表中〕韦伯采纳并使用了这一错误数据"。参见库尔特·萨谬尔森：《宗教与经济行动》(Religion and Economic Action)(伦敦：海尼曼出版社，1961)，第140页。

[29] 韦伯：《新教伦理与资本主义精神》，第39—40页注解20，第191页，或德文版，《宗教社会学论文集》第3卷，第22—23、27—28注解3。韦伯认为(1)政治上受排斥的少数族群会通过在经济领域的成就得到补偿(例如，法国的胡格诺派教徒和各国的犹太人)；(2)移民劳动者开始在不同的环境下工作时，通常会打破他们早先的传统主义。

[30] 韦伯：《新教伦理与资本主义精神》，第64页，或德文版，《宗教社会学论文集》第1卷，第49页。德文原文是"(现

代)资本主义精神"["*Geist des (modernen) Kapitalismus*"]。

[31] 引文出自韦伯:《新教伦理与资本主义精神》,第50、49、53页,或德文版,《宗教社会学论文集》,第32、31、36页。感叹号为韦伯所加。关于"办事殷勤的人"的正确引文,参见本杰明·富兰克林:《本杰明·富兰克林自传》(*The Autobiography of Benjamine Franklin*)(纽黑文,康涅狄格:耶鲁大学出版社,1964),第144页。

[32] "获利本能"或"获利冲动"的德文词是"*Erwerbstrieb*",施穆勒曾经在《普通国民经济学大纲》(*Grundriss der Allgemeinen Volkswirtschaftslehre*)(1900—1904)中使用过,桑巴特也曾在《现代资本主义》(1902)中用过。施穆勒与桑巴特都不赞同像某些经济学家那样,仅仅使用这一概念的生物学意义,而是坚持认为,获利冲动是随着社会与历史环境改变的。1910年代中期,韦伯在写作《经济与社会》时认为,"获利冲动"这个概念"根本不精确,最好完全不用";参见韦伯:《经济与社会》,第1190—1191页,或德文版第712页。韦伯也直接批评了这样的思想,即认为获利本能会导致资本主义的创生["在学习文化史的入门课中就应当告诉人们,对资本主义的这种素朴看法必须扔得一干二净";韦伯:《新教伦理与资本主义精神》,第17页,或德文版("前言"),《宗教社会学》第1卷,第4页]。不过,韦伯自己有时也使用这个词,用来粗略地表示一种生物学的冲动或动力,当它遇到内在人格的抵制时就会形成(参见韦伯:《经济与社会》,第617—618页,或德文版第371页;韦伯:《经济通史》,第356页,或德文版第303页)。"*Erwerbstrieb*"概念的历史尚不可考。可能的来源之一是德国的心理学,另一个则是亚当·斯密在其《国

富论》中关于"贩卖、以物易物和交换"的"习性"或"特性"的著名妙语。参见古斯塔夫·冯·施穆勒:"获利本能与经济品德"("*Der Erwerbstrieb und die wirtschaftslichen Tugenden*"),《普通国民经济学大纲》第1卷(*Grundriss der Allgemeinen Volkswirtschaftslehre*)(莱比锡:邓克尔与亨布洛特出版社,1900),第33—41页;韦尔纳·桑巴特:"资本主义精神的获利本能"("*Das Erwachsen des kapitalistischen Geistes*"),《现代资本主义》第1卷,(莱比锡:邓克尔与亨布洛特出版社,1902),第378—390页;亚当·斯密:《国富论》(牛津:牛津大学出版社,1976),第25、30页。

[33] 韦伯:《新教伦理与资本主义精神》,第58页,或德文版,《宗教社会学论文集》第1卷,第43页。亦可见《新教伦理与资本主义精神》,第69、76页,或德文版第53—54、61页。

[34] 1900年代早期出版《新教伦理与资本主义精神》时,韦伯使用了投机者的资本主义这一概念,10—15年之后,当他写作《经济与社会》第2章时又使用了这一概念。参见韦伯:《新教伦理与资本主义精神》,第20、25页,或德文版("前言"),《宗教社会学论文集》第1卷,第7、11页;韦伯:"新政治秩序下德国的国会与政府",《政论集》,第148页,德文版见《政治论文集》,第323页。韦伯的资本主义的类型学,参见《经济与社会》第2章第31节,《经济与社会》,第164—166页,或德文版第95—97页。

[35] 韦伯使用的另一个词是"传统主义"。例如,韦伯:《新教伦理与资本主义精神》,第58—60、65页,或德文版,《宗教社会学论文集》第1卷,第43—44、40页。

[36] 韦伯:《新教伦理与资本主义精神》,第64、67页,或德

文版,《宗教社会学论文集》第 1 卷，第 50、51 页。

[37] 熊彼特在其关于企业家的驱动力的著名论述中提到,"梦想与愿望将找到一个私人的王国……想要征服的愿望,（以及）最后，创造的快乐，完成一件事情的快乐，或者仅仅是发挥某人的精力和天才的快乐"。熊彼特还断言，做一个企业家不可能成为一种"天职"，因为企业家不具有例行化的特征。在此需要补充的是，熊彼特讨论的是一般意义上的现代资本主义制度下的企业家，韦伯则讨论正在向这样的制度体系过渡的企业家。参见约瑟夫·A. 熊彼特：《经济发展理论》(*The Theory of Economic Development*)（剑桥，马萨诸塞：哈佛大学出版社，1934），第 77、92—94 页。熊彼特关于企业家的作品《经济发展理论》(*Theorie der wirtschaftichen Entwicklung*) 出版于《新教伦理与资本主义精神》（1904—1905）之后的 1911 年；韦伯个人的加有圈点注释的一本熊彼特作品至今尚存。

[38] 韦伯：《新教伦理与资本主义精神》，第 91 页，或德文版，《宗教社会学论文集》第 1 卷，第 83 页。"形成"的德文字是"*Praegung*"；着重号为作者所加。

[39] 在《新教伦理与资本主义精神》的初版中，韦伯主要依靠的概念是"心理冲动"(*psychologische Antriebe*, 帕森斯译作"宗教约束"）；在修改版中，他也使用了"心理奖赏"(*psychologische Praemien*) 概念。在修改《新教伦理与资本主义精神》的同时，韦伯在其作品中这样总结了他的进路："真正重要的不在于宗教的伦理教条，而是要奖赏哪种形式的伦理行动的问题。"参见韦伯："新教教派与资本主义精神"，见格斯与米尔斯（编）：《马克斯·韦伯文选》，第 321 页，或德文版，《宗教社会学论文集》第

1卷，第234—235页。还可以补充的一点是，韦伯用诸如"心理冲动"之类的概念设计了自己的术语学，因为他认为当时的心理学中没有足够使用的术语。

[40] 韦伯：《新教伦理与资本主义精神》，第155页，或德文版，《宗教社会学论文集》第1卷，第163页。

[41] 韦伯：《新教伦理与资本主义精神》，第162页，或德文版，《宗教社会学论文集》第1卷，第175—176页。译文有改动。

[42] 韦伯：《新教伦理与资本主义精神》，第176—177页，或德文版，《宗教社会学论文集》第1卷，第198—199页。译文有改动。

[43] 在此可参见韦伯数年后的以下说法：

> 我们想要尽可能清楚地反复强调，只要涉及现代工业劳动力，那么，这样的宗教对他们的影响就与资本主义早期宗教对资产阶级的影响没有什么不同。毋宁说，无论是天主教还是新教，宗教影响的强度都不容小觑。当代天主教的本质与中世纪时有了很大区别，今天，与任何一种"新教禁欲主义"一样，它可以当作教化工具来使用。[马克斯·韦伯："工业劳动的心理物理学"（*Zur Psychophysik der industriellen Arbeit*），《社会学与政策论文集》，第239—240页注解1。译文引自冈瑟·罗思："全球资本主义与多民族性：过去与当前的马克斯·韦伯"（"Global Capitalism and Multiethnicity: Max Weber Then and Now"），未发表稿，第9页。]

[44] 1870年代中期，本杰明·纳尔逊问帕森斯，当他1930

年翻译《新教伦理与资本主义精神》时,为什么选择将"*ein stahlhartes Gehaeuse*"译作后来非常著名的"iron cage"(铁笼)时,帕森斯这样回答:

> 当我35年之前翻译韦伯的《新教伦理与资本主义精神》时,是怎样和为什么决定引入'铁笼'这个短语的,我已经记不太确切了。……我想,毋宁说,'铁笼'是一个意译的例子。我不记得当时是否意识到约翰·布尼安(John Bunyan)曾经使用过这一表达方式。不过,你知道,我成长于地道的清教环境之中,在我看来,我是否有意识地从布尼安那里采纳这个短语,也许只是次要问题。关于我的选择,最有可能的解释是,我认为这是最合适于在新教伦理问题上,韦伯的个人所处的清教背景的。

参见塔尔科特致本杰明·纳尔逊信,日期为1975年1月24日,藏于哈佛大学档案馆[HUG(FP)42.8.8 Box 10];韦伯:《新教伦理与资本主义精神》,第181页,或德文版,《宗教社会学论文集》。关于帕森斯翻译的《新教伦理与资本主义精神》,亦可见彼得·戈什(Peter Ghosh):"塔尔科特·帕森斯翻译的《新教伦理与资本主义精神》中的若干问题",《欧洲社会学文库》(*Archievs Européennes de Sociologie*)30(1994),第104—123页。

[45] 韦伯:《新教伦理与资本主义精神》,第182页,或德文版,《宗教社会学论文集》,第204页。

[46] 在此亦可参考韦伯在德国社会学协会1910年会议上富有启发性的评论:"马克斯·韦伯论教会、教派与神秘主义"

("Max Weber on Church, Sect and Mysticism"),《社会学分析》34(1973),第140—149页。一般来说,美国社会中的禁欲主义新教的影响受到了社会科学的令人惊异的忽视,西摩·马丁·利普塞特(Seymour Martin Lipset)的作品是个例外,比如:"文化行为与经济行为:一则评论"("Culture and Economic Behavior: A Commentary"),《劳动经济学杂志》(Journal Labor Economics) 11(1993),第S330—347页;《美国例外论:双刃之剑》(American Exceptionalism: A Double-Edged Sword)(纽约:W. W.诺顿出版社,1996)。

[47] 另外两个地方分别是,韦伯为围绕着《新教伦理与资本主义精神》的争论所写的应答之作(本章稍后将予以讨论),以及《经济与社会》中被冠之以"经济生活的改革及其影响"的部分。参见韦伯:《经济与社会》,第1196—1200页,或德文版第716—717页。

[48] 在《新教伦理与资本主义精神》中,帕森斯使用"双重伦理"来表示"Aussenmoral"。参见韦伯:《新教伦理与资本主义精神》,第57页,或德文版,《宗教社会学论文集》第1卷,第43页。

[49] 例如,《经济学家》近期的一篇文章称,"(文化与经济的)最古老的学派也许坚持认为,价值与规范都是人们获得经济成功所具备的禀赋,只不过这禀赋或许有利,或许有害。延伸到国家,情况同样如此。这一观点的现代版本的原形是马克斯·韦伯对新教的工作伦理的研究";"文化的解释"("Cultural Explanations"),《经济学家》(Economists),1996年11月9日,第26页。

[50] 小巴林顿·摩尔（Barrington Moore, Jr.）：《不公正：服从与反叛的社会基础》（*Injustice: The Social Bases of Obedience and Revolt*）（怀特普莱恩斯，纽约：M. E. 夏普出版社，1978），第466页注解7。巴林顿·摩尔指的是韦伯关于工作伦理的起源的论文。

[51] 笔者未能找到经济学家对韦伯在《新教伦理与资本主义精神》中的论点的完整分析。其中一个原因可能是，经济理论并没有提出这一类型的问题；或者，引用尼古拉斯·卡尔多（Nocolas Kaldor）的话，"在此，经济学的思考（即经济理论）侵入了社会学与社会史的领域；经济学家最多能够表示，此类经济分析并不怀疑经济史学家与社会学家们如此强调的新教伦理的兴起与资本主义的兴起之间的重要联系"；尼古拉斯·卡尔多："经济增长与周期性波动之间的关系"（"The Relation of Economic Growth and Cyclical Fluctuations"），《经济杂志》（*Economic Journal*）64（1954），第67页。不过，某些著名经济学家的作品中也曾稍稍提及韦伯命题，这些经济学家包括肯尼思·博尔丁（肯定性评价）、艾伯特·O. 赫希曼（肯定性评价）、保罗·萨谬尔森（否定性评价）、约瑟夫·熊彼特（否定性评价）和雅各布·瓦伊纳（否定性评价）。参见肯尼思·博尔丁（Kenneth Boulding）："经济进展的宗教基础"（"Religious Foundations of Economic Progress"），《公共事务》（*Public Affairs*）14（1952），第3页；艾伯特·O. 赫希曼（Albert O. Hirschman）：《激情与利益》（*The Passions and the Interests*）（普林斯顿，纽约：普林斯顿大学出版社，1977），第9—12页；加斯顿·里姆林（Gaston Rimlinger）："评论雅各布·瓦伊纳：《宗教思想与经济社会》"（"Review of Jacob Viner, *Religious Thought and Economic Society*"），《经济史杂志》（*Journal of Economic History*）39

(1979)，第834页；保罗·萨谬尔森：《经济学》(Economics)（纽约：麦格劳-希尔出版社，1970），第747页；雅各布·瓦伊纳：《宗教思想与经济社会：未完成作品中的四章》(Religious Thought and Economic Society: Four Chapters of an Unfinished Work)（达勒姆，北卡罗来纳州：杜克大学出版社，1978）。熊彼特对《新教伦理与资本主义精神》的批评值得引用：

> 某些经济学家觉得，需要有特殊的理论来解释资本主义的兴起，其中必须提及的是马克斯·韦伯。但是，形成这样的理论所要解决的问题完全是想象出来的，这问题之所以存在，是由于习惯性地描绘出完全不现实的一个纯粹的封建社会和一个纯粹的资本主义社会，从而提出这样的问题，即是什么将第一种社会里的受传统约束的个人转变为第二种社会里的机敏的逐利者。韦伯认为，宗教改革改变了人对待生活的态度，制造了一种适宜于资本主义活动的新的精神。我们不能进入对这一理论可能提出的历史学的质疑。应当意识到，更重要的在于，根本就不存在这种问题。[熊彼特："资本主义"(Capitalism)，《论文集》(Essays)（新不伦瑞克，新泽西：交流出版社，1989），第191页。]

熊彼特的类似言论还可见于其《商业周期》(Business Cycles)（纽约：麦格劳-希尔出版社，1939），第1卷，第228页。当代一些经济学家，包括肯尼思·阿罗(Kenneth Arrow)、阿马蒂亚·森、艾伯特·O.赫希曼、罗伯特·索洛也讨论了他们对韦伯的评论，参见理查德·斯威德伯格：《经济学与社会学》(Economics and

Sociology)（普林斯顿，新泽西：普林斯顿大学出版社，1990）。近来，在一些主流经济学的刊物上有一些文章认为，对于当前经济理论中认为财富仅仅只在消费中才是有价值的观念而言，韦伯的资本主义精神的思想是一剂有用的解毒剂。例如，古尔迪普·S.巴克希（Gurdip S. Bakshi）和陈志武（Zhiwu Chen）："资本主义精神与股票市场价格"（"The Spirit of Capitalsim and Stock-Market Prices"），《美国经济评论》（American Economic Review）86（1996），第133—157页；邹恒甫（Heng-fu Zou）："'资本主义精神'与长期发展"（"'The Spirit of Capitalism' and Long-Run Development"），《经济行为与经济组织杂志》（Journal of Economic Behavior and Organization）15（1991），第365—385页。经济学家对待韦伯的一般态度亦可见本书附录的第6部分，标题为"韦伯的经济学作品：经济学家、经济史学家和社会学家的看法"。

[52] 韦伯："对批评文章的批评意见"（"Kritische Bemerkungen zu den vorstehenden 'Kritischen Beitraegen'"），《新教伦理 II》（Die protestantische Ethik II），第29—31页。例如，长期以来，信奉加尔文教的南非白人就没有能够发展出一种欣欣向荣的资本主义。参见弗朗西斯·福山（Francis Fukuyama）：《信任》（Trust）（伦敦：企鹅出版社，1995），第44页。

[53] 韦伯："对批评文章的批评意见"，《新教伦理 II》，第28页。

[54] 韦伯："对批评文章的批评意见"，《新教伦理 II》，第30、32页。雅各布·福格尔二世（Jacob Fugger II），又叫做富有的雅各布，是15世纪至16世纪称霸欧洲的一个银行家与商人家族的最主要的成员。韦伯必定熟悉1896年出版的一部研究福格

尔家庭的优秀作品，参见理查德·埃伦伯格（Richard Ehrenberg）：《文艺复兴时代的资本与金融：福格尔家族及其关系网络研究》（*Capital and Finance in the Age of the Renaissance: A Study of the Fuggers and Their Connections*）（费尔菲尔德，新泽西：A. M. 凯利出版社，1985）

[55] 韦伯："对之前'答复'的评注"（"*Bemerkungen zu den vorstehenden 'Replik'*"），《新教伦理 II》。桑巴特曾经在《现代资本主义》中说，"资本主义精神"构成了"经济理性主义"和"获利本能"的"一个组织的统一体"。参见桑巴特：《现代资本主义》（*Der moderne Kapitalismus*），第 1 卷，第 391 页。

[56] 当前尚没有对围绕着《新教伦理与资本主义精神》的争论的彻底的研究。不过，对于这场争论的很好的介绍作品，参见戈登·马歇尔（Gordon Marshall）：《寻找资本主义精神：论马克斯·韦伯的新教伦理命题》（*In Search of the Spirit of Capitalism: An Essay on Max Weber's Protestant Ethic Thesis*）（伦敦：哈钦森出版社，1982）。要了解《新教伦理与资本主义精神》在社会学及其他社会科学中的遭遇如何，可参见彼得·汉密尔顿（Peter Hamilton）：《现实的社会误构》（*The Social Missconstruction of Reality*）（纽黑文，康涅狄格州：耶鲁大学出版社，1996）中专门论述一问题的章节。还有两个很好的文集（不过并没有包括 1970 年代早期以后的发展），菲利普·贝纳德（Philippe Besnard）（编）：《新教与资本主义：后韦伯时代的争议》（*Protestantism et capitalisme. La controverse post-weberiénne*）（巴黎：柯林出版社，1970）；罗伯特·W. 格林（Robert W. Green）（编）：《新教、资本主义和社会科学：韦伯命题争论》（*Protestantism, Capitalism, and Social Science: The Weber Thesis Controversy*）

(莱克星顿，马萨诸塞：D. C. 希思出版社，1973)。斯蒂芬·卡尔伯格（Stephen Kalberg）近来也考察了《新教伦理与资本主义精神》在美国社会学家的争论中的遭遇，参见斯蒂芬·卡尔伯格："作为理论命题的韦伯的'新教伦理'的被忽视：划分战后美国社会学理论的界限"("On the Negelect of Weber's Prtotestant Ethic as a Theoretical Treatise: Demarcating the Parameters of Postwar American Sociological Theory")，《社会学理论》(Sociological Theory) 14（1996），第49—70页。关于《新教伦理与资本主义精神》的宗教方面的论点，近来有一些有趣的作品，例如，莱曼与罗思主编的《韦伯的新教伦理》中弗里德里克·威廉·格拉夫、卡斯帕·冯格雷耶斯（Kaspar von Greyerz）和马尔科姆·麦金农（Malcolm MacKinon）的文章。理查德·汉密尔顿也在其《社会现实的误构》中讨论了新教神学家是如何看待韦伯的作品的。遗憾的是，本文没有足够的篇幅谈论有关《新教伦理与资本主义精神》的争论的最重要的作品，以及评论被人忽视但却很重要的由韦伯推动的问题系（problematique），即西方国家及非西方国家的工作伦理的结构与性质。二战后围绕着《新教伦理与资本主义精神》的争论的两个最有趣的作品，一是克里斯托弗·希尔（Christopher Hill），"新教与资本主义的兴起"(Protestantism and the Rise of Capitalism)，见 F. J. 费舍（F. J. Fisher）（编）：《都铎与斯图亚特王朝时期的经济史与社会史论文集》(Essays in the Economic and Social History of Tudor and Stuart England)（剑桥：剑桥大学出版社，1961）；一是迈克尔·沃尔泽（Michael Walzer）："作为一种革命性意识形态的清教"("Puritanism as a Revolutionary Ideology")，《历史与理论》(History and Theory) 3（1964），第59—60页。关于工作伦理的争论，参见福山：《信任》，第43—48页；阿德里安·富尔汉姆（Adrian Furnham）："新教工作伦理与对待失业的态度"（"The Protestant Work Ethic and Attitudes Towards Unemployment"），《职业心理学杂志》（Journal of Occupational Psychology）55（1982），第277—285页；罗纳德·英格尔哈特（Ronald Ingelhart）：《文化转变》（Culture Shift）（普林斯顿，纽约：普林斯顿大学出版社，1990）；西摩·马丁·利普塞特："工作伦理在过去与现在"（"The Work Ethic, Then and Now"），《劳动研究杂志》（Journal of Labor Research）13（1992），第45—54页；丹尼尔·扬克洛维奇（Daniel Yankelovich）与约翰·伊默沃尔（John Immerwahr）："工作伦理与经济活力"（The Work Ethic and Economic Vitality），迈克尔·瓦赫特（Michael Wachter）与苏珊·瓦赫特（Susan Wachter）（编）：《除去经济发展的阻碍》（Removing Obstacles to Economic Growth）（费城：费城大学出版社，1984），第144—170页；丹尼尔·扬克洛维奇等（编）：《工作世界》（The World at Work）（纽约：八角丛书，1985）。

[57] 参见詹姆斯·科尔曼："社会理论、社会研究与行动理论"（"Social Theory, Social Research, and a Theory of Action"），《美国社会学杂志》（American Journal of Sociology）91（1986），第1309—1335页；亦可见詹姆斯·科尔曼：《社会理论的基础》（Foundations of Social Theory）（剑桥，马萨诸塞：哈佛大学出版社，1990），第1—23页。

[58] 韦伯明确地使用了"生活方式"（"Lebensstil", "Lebensfuehrung"）。参见韦伯：《新教伦理与资本主义精神》，第52、55、58页，或德文版，《宗教社会学论文集》第1卷，第33、37、43页。本文作者讨论了科尔曼对韦伯的解释，参见：

"分析经济：詹姆斯·科尔曼的贡献"（"Analyzing Economy: On the Contribution of James S. Coleman"），载乔恩·克拉克（Jon Clarke）等（编）：《詹姆斯·S. 科尔曼》（*James S. Coleman*）（伦敦：法尔摩出版社，1996），第313—328页。还需要提到的是，古德蒙·赫内斯（Gudmund Hernes）曾经挑战科尔曼的观点，即对于所谓"转变问题"，韦伯并未提供解答。参见古德蒙·赫内斯的出色论文："《新教伦理》的逻辑"（"The Logic of The Protestant Ethic"），《理性与社会》（*Rationality and Society*）1（1989），第123—162页（同一卷还收录了他与詹姆斯·科尔曼的争论）。赫内斯是这样论证韦伯对第3步骤的说明的：通过一种积极的囚徒困境，禁欲的新教商人帮助引入了一种与传统资本主义竞争的严格的竞争形式。所有的新教商人都觉得，他们必须要胜过其他商人，以便创造高额利润，这是他们是选民的一个标记。科尔曼认为，赫内斯忽视了进入门槛的问题，对此，赫内斯提出，禁欲的新教商人具有一种道德毅力来忍受当经济传统主义受到挑战时所给予他们的那种抵制与敌意。

[59] 戈登·马歇尔："韦伯命题的黑暗的一面：苏格兰个案"（The Dark Side of the Weber Thesis: The Case of Scotland），《英国社会学杂志》（*British Journal of Sociology*）31（1980），第420页。亦可见戈登·马歇尔："韦伯命题与苏格兰资本主义的发展"（"The Weber Thesis and the Development of Capitalism in Scotland"），《苏格兰社会学杂志》（*Scottish Journal of Sociology*）3（1979），第173—211页；戈登·马歇尔："精神有毛病的马克斯说的是真的吗？"（"Mad Max True?"），《社会学》（*Sociology*）17（1983），第569—573页。

[60] 对这一问题的出色讨论参见马歇尔的两部书。戈登·马歇尔：《长老会与利润：加尔文教与苏格兰资本主义的发展（1560—1707）》（*Presbyteries and Profits: Calvinism and the Development of Capitalism in Scotland, 1560—1707*）（牛津：牛津大学出版社，1971），第58—59页；《寻找资本主义精神》，第58—59、64—68、113页。韦伯倾向于同等地使用"经济形式"（"*Form*"，"'*Kapitalistische*' *Form*"）和"经济体系"（"*Wirtschaftssystem*"，例如，"*Kapitalismus als Wirtschaftssystem*"）这两个词。在本文作者看来，在这二者之间作出区分会更好一些，使"经济形式"等同于"经济组织"，而把"经济体系"范围扩大，使其将包括司法体系、劳动力等方面在内。关于韦伯对"作为经济体系的资本主义"及类似表达的使用，参见韦伯：《新教伦理 II》，第28、171页；《新教伦理与资本主义精神》，第64—65、67页，或德文版，《宗教社会学》第1卷，第49—51页。

[61] 马歇尔：《寻找资本主义精神》，第13页。

[62] 用《长老会与利润》的分析来说，马歇尔的总结是，新教伦理与资本主义精神都存在于苏格兰，但是，能够显示前者为因后者为果的证据则稍嫌不足。参见马歇尔：《长老会与利润》，第261页。马歇尔举出的其他实际例子还包括17世纪苏格兰经济学家和资本家佩尼库克的约翰·克拉克爵士（Sir John Clerk of Penicuik, 1649—1722）。参见马歇尔："韦伯命题与苏格兰资本主义的发展"；"韦伯命题的黑暗的一面"，第419—440页。

[63] 1996年4月29日笔者与马歇尔在斯德哥尔摩的谈话。

[64] 韦伯：《新教伦理与资本主义精神》，第183页；或德文版，《宗教社会学论文集》，第205页。译文有改动。

[65] H. 斯图尔特·休斯（H. Stuart Huges）：《意识与社会：1890—1930年间欧洲思想的再定位》（*Consciousness and Society: The Reorientation of European Social Thought, 1890—1930*）（纽约：温塔吉出版社，1958），第322—323页。弗里德里克·滕尼斯认为，把《世界诸宗教的经济伦理》的研究当作《新教伦理与资本主义精神》中的命题的"前提和对照证据"是错误的，韦伯在其后期作品中想要"表明……如何以及通过什么力量，使得世界诸宗教中出现了支配性的经济伦理"。参见弗里德里克·滕布鲁克："马克斯·韦伯作品中的主题统一性"，《英国社会学杂志》31（1980），第327—328页。笔者认为，滕布鲁克虽然言之有理，但是有些矫枉过正了，没有强调韦伯在对世界宗教及其经济伦理的研究中对于理性资本主义的关注。

[66] 前文曾经提到过，韦伯打算进行的经济伦理研究的最可靠的描述就是韦伯的出版商为这套名为《宗教社会学论文集》所发表的告示，由韦伯本人拟定，发表于1919年。译文见沃尔夫冈·施路赫特：《理性主义、宗教与支配》（*Rationalism, Religion, and Domination*）（伯克利：加利福尼亚大学出版社，1989年），第424—425页。这本宗教社会学的论文集原计划分为四卷，包括欧洲古代与中世纪的资产阶级的历史。

[67] "*Wirtschafts-Soziologie*"（经济-社会学）。参见韦伯："世界诸宗教的经济伦理"（"*Die Wirtschaftsethik der Weltreligionen*"），《宗教社会学论文集》第1卷，第237页注解1。[这个注解在英译本中被遗漏了；参见韦伯：世界诸宗教的社会心理学（"The Social Psychology of the World Religions"），格斯与米尔斯（编）：《韦伯选集》，第267页。] 在这篇文章的第一个版本中，韦伯正是用同样

的表达方式谈论经济社会学的同样的内容。

[68] 所有这些概念都应用于《经济与社会》中了，但是没有在第2章的经济社会学部分中进行界定。韦伯1890年代在课堂上已经论及"精神需求"与"物质需求"了；参见韦伯：《1898年普通（理论）国民经济学讲座大纲》[*Grundriss zu den Vorlesungen ueber Allgemeine（"theoretische"）Nationaloekonomie(1898)*]，第29页。

[69] 参见本书第1章和第2章对经济领域概念的讨论，以及韦伯作品中有关这一问题的部分，"世界诸宗教的拒世及其方向"（"Religious Rejections of the World and Their Directions"），见格斯与米尔斯（编）：《马克斯·韦伯文选》，第331—333页，德文版为"中间考察"（*Zwischenbetrachtung*），《宗教社会学论文集》，第544—546页。关于"*Eigengesetzlichkeit*"概念，亦可见"世界诸宗教的拒世"，第339、340页，或德文版，"中间考察"，第552、554页。笔者采纳了罗伯特·K.默顿的做法，将"*Eigengesetzlichkeit*"译作"有限自主性"（limeted autonomy）。参见罗伯特·K.默顿（Robert K. Merton）：《17世纪英格兰的科学、技术与社会》（*Science, Technology and Society in Seventeenth Century England*）（纽约：哈珀与罗出版社，〔1938〕1970），第 ix—x 页。韦伯还进一步地说，每一个领域都有其确定的"内在逻辑"（*Eigenlogik*）。（感谢拉尔夫·施罗德告诉我相关信息。）

[70] 韦伯："世界诸宗教的社会心理学"，格斯与米尔斯（编）：《马克斯·韦伯文选》，第280页；或"导言"，《宗教社会学论文集》第1卷，第252页。二手文献很少关注到韦伯的精神利益和物质利益的概念。斯蒂芬·卡尔伯格的有关论文是例外；此外，沃尔夫冈·施路赫特的作品中也散见一些评论。参见

斯蒂芬·卡尔伯格:"精神利益在马克斯·韦伯的比较历史社会学中的作用"("The Role of Ideal Interests in Max Weber's Comparative Historical Sociology"),罗伯特·J.安东尼奥(Robert J. Antonio)与罗纳德·M.格拉斯曼(Ronald M. Glassman)(编):《关于韦伯与马克思的对话》(A Weber-Marx Dialogue)(劳伦斯:堪萨斯大学出版社,1985);沃尔夫冈·施路赫特:《西方理性主义的兴起》(The Rise of Western Rationalism)(伯克利:加利福尼亚大学出版社,1981),第25—27、34页。

[71] 韦伯:"世界诸宗教的社会心理学",格斯与米尔斯(编):《韦伯选集》,第280页;或德文版,"导言",《宗教社会学论文集》第1卷,第252页。韦伯使用的词是"世界图像"(world picture)。

[72] 在韦伯的时代,"经济伦理"(Wirtschftsethik)看来是很通用的词汇,例如,海因里希·迪茨尔(Heinrich Dietzel)在1890年代就使用了这个词,过了些年,恩斯特·特勒尔奇(Ernst Troeltsch)也使用了这个词。参见海因里希·迪茨尔:《社会经济学理论》(Theoretische Sozialoekonomik)(莱比锡:温特沙出版社,1895),第30—35页;恩斯特·特勒尔奇:《基督教的社会学说》(Die Soziallehren der christlichen Kirchen und Gruppen, Gesammelte Schriften)(图宾根:J. C. B. 摩尔出版社,〔1912〕1923),第955—957页。"道义经济"一词是1970年代由E. P. 汤普森(E. P. Thompson)引入的,通常被用来说明,人们对待其工作和生活的态度并不那么"理性",也并非由于饥饿之类的事情所驱动,而是融合了独特的价值,特别是关于公平的价值。不过,与道义经济相比,韦伯的经济伦理的概念既比较广泛,也有很多不同。因此,笔者认为,韦

伯的这个词更好一些。在韦伯的去个人化（depersonalization）概念与经济伦理观念之间有一个有趣的联系。现代资本主义的经济伦理是非常难以从外界产生影响的。道义经济的概念可参见 E. P. 汤普森："18 世纪英国民众的道义经济"（"The Moral Economy of the English Crowd in the Eighteenth Century"），《昔与今》（*Past and Present*）50（1971），第 76—136 页；亦可见詹姆斯·C. 斯科特（James C. Scott）：《农民的道义经济》（纽黑文，康涅狄格：耶鲁大学出版社，1976）；彼得·斯旺森（Peter Swenson）：《平等份额：瑞典与西德的工会、工资与政治》（*Fair Shares: Unions, Pay and Politics in Sweden and West Germany*）（伦敦：阿德门蒂出版社，1989），第 11 页以下；对道义经济论点的批评，参见塞缪尔·波普金（Sameul Popkin）：《理性的农民》（*The Rational Peasant*）（伯克利：加利福尼亚大学出版社，1979），第 1—82 页。

[73] 前者的观点见查尔斯·卡米克（Charles Camic）："韦伯与犹太经济伦理：试评费伊"（"Weber and the Judaic Economic Ethic: A Comment on Fahey"），《美国社会学杂志》89（1984），第 411 页。后者的观点见 R. H. 托尼（R. H. Tawney）：《宗教与资本主义的兴起》（*Religion and the Rise of Capitalism*）（纽约：门特出版社，〔1926〕1952），第 27 页、29 页以下、第 39、53 页。在关于韦伯作品的争论中，托尼并没有提到韦伯的经济伦理概念，而是根据自己的目的使用了这个词。

[74] 玛丽安娜·韦伯：《马克斯·韦伯传》，第 331—332 页。

[75] 韦伯："世界诸宗教的社会心理学"，格斯与米尔斯（编）：《马克斯·韦伯文选》，第 267 页，或德文版，"导言"，《宗教社会学论文集》第 1 卷，第 238 页。

[76] 韦伯:"世界诸宗教的社会心理学",格斯与米尔斯(编):《马克斯·韦伯文选》,第268页,或德文版,"导言",《宗教社会学论文集》第1卷,第238页。

[77] 韦伯所写的主要是"宗教的'经济伦理'"("'Wirtschaftsethik' einer Religion"),不过,这篇文章的英译者没有注意到韦伯对一般意义的经济伦理与宗教的经济伦理所作的区分。参见韦伯:"世界诸宗教的社会心理学",格斯与米尔斯(编):《马克斯·韦伯文选》,第267页,或德文版,"导言",《宗教社会学论文集》第1卷,第238页。着重号为笔者所加。

[78] 韦伯:"世界诸宗教的社会心理学",格斯与米尔斯(编):《马克斯·韦伯文选》,第269页,或德文版,"导言",《宗教社会学论文集》第1卷,第240页。

[79] 在1904—1905年第1版的《新教伦理与资本主义精神》中,韦伯没有使用"经济伦理"(Wirtschaftsethik),而是在修订版中加上的。

[80] 韦伯:"世界诸宗教的社会心理学",格斯与米尔斯(编):《马克斯·韦伯文选》,第268页,或德文版,"导言",《宗教社会学论文集》第1卷,第238页。

[81] 在正文中,笔者沿用了韦伯在《中国的宗教》中的主要论点。对经济社会学而言,这部书中特别有趣的是以下段落:《中国的宗教》,第3—12页(货币与货币政策)、第50—62页(税收)、第226—249页(儒教与清教,包括经济的人格化与非人格化);或德文版,"儒教与道教",《宗教社会学论文集》第1卷,第276—290、335—349、512—536页。韦伯还提到了合会(rotating credit associations)在中国的作用,参见《中国的宗教》,第209页、

292—293页注解40；或德文版，"儒教与道教"，《宗教社会学论文集》第1卷，第494页注解1。下文将介绍对韦伯的中国分析进行评价的文献。

[82] 韦伯：《中国的宗教》，第100页，或"儒教与道教"，《宗教社会学论文集》第1卷，第100页。译文有改动。在1920年3月9日致罗伯特·利夫曼的一封信中，韦伯写道，"现代经济不仅假设理性的……国家，而且还假设了理性的技术（科学）和某种特定的理性的生活方式。为什么资本主义没有在中国出现？有好几千年的时间来让它出现！"

[83] 韦伯：《中国的宗教》，第249页，或德文版，"儒教与道教"，《宗教社会学论文集》第1卷，第536页。

[84] 在正文中，笔者沿用了韦伯在《印度的宗教：印度教与佛教的社会学》（纽约：自由出版社，1958）中的主要论点。对于经济社会学而言，这部作品中特别有趣的段落是：《印度的宗教》，第111—117页（种姓制度和经济）、第193—204页（耆那教，一个在许多方面都类似于禁欲主义新教的教派）、第216—219页（佛教的经济伦理）、第270—282页（资本主义与日本），或德文版，《宗教社会学论文集》第2卷，第203—217、234—237、295—309页。笔者没有在正文中讨论佛教的经济伦理，是因为韦伯的分析相当概括（亦可见"佛教的彼世性质及其经济后果"，《经济与社会》，第627—630页，或德文版第377—378页）。兰德尔·柯林斯（Randall Collins）宣称，韦伯严重低估了佛教在中国的经济作用，在中国存在一个强大的"佛教资本主义"，特别是在中国中古时代早期和初唐。参见兰德尔·柯林斯：《韦伯式社会学理论》（*Weberian Sociological Theory*）（剑桥：剑桥大学出

版社，1986），第58—73页。下文将引证更多的评论韦伯对印度的分析的二手文献。应当指出的是，《印度的宗教》的英译本质量不佳。

[85] 韦伯：《印度的宗教》，第4页；或德文版，"印度教与佛教"，《宗教社会学论文集》第2卷，第4页。译文有改动。

[86] 韦伯：《印度的宗教》，第112页；或德文版，"印度教与佛教"，《宗教社会学论文集》第2卷，第110、111页。

[87] 在正文中，笔者采纳了韦伯在《古代犹太教》中的主要论点。对于经济社会学而言，这部作品中特别有趣的段落是：《古代犹太教》，第28—57页（早期巴勒斯坦的平民阶层）、第61—89页（犹太教的社会法）、第252—254页（埃及与以色列的经济伦理）、第255—263页（慈善）、第342—345页（双重经济伦理，以及犹太教与禁欲新教的对比）、第400—403页（法利赛派的经济伦理）、第406—411页（艾赛尼派的反经济的心理）；或德文版，《宗教社会学论文集》第3卷，第34—66、66—98、269—271、271—280、419—421、423—429页。亦可见《经济与社会》中对犹太经济伦理的讨论，特别是"犹太教与资本主义"、"犹太理性主义与清教禁欲主义"和"犹太教中的神权制与经济气质"，《经济与社会》第611—615、615—623、1200—1204页，或德文版第367—370、370—374、719—721页。评论韦伯对犹太教的分析的二手文献将在下文引证。

[88] 韦伯在《经济与社会》中对贱民的定义中注意到，它的进一步的特点是"影响深远的特殊经济态度"。整个定义如下：

> 我们所谓的"贱民民族"指的是一个缺少自律性政治组

织的特殊的世袭性的社会团体。这个团体受到内部源自巫术、禁忌与礼仪规则的约束,而不能与外邦人形成餐饮与婚姻共同体。贱民民族的另外两个特征是政治与社会层面的劣势特权,以及影响深远的特殊经济态度。

对于韦伯将犹太人界定为一种贱民,还存在争论;相关介绍可见阿纳尔多·莫米利亚诺(Arnaldo Momigliano):"评韦伯的作为一种贱民宗教的犹太教的定义"("A Note on Max Weber's Definition of Judaism as a Pariah-Religion"),《历史与理论》(History and Theory) 19 (1980),第313—318页。

[89] 韦伯驳斥了桑巴特的关于犹太人创造了现代(理性)资本主义的论点,参见韦伯:《经济与社会》,第611—615,或德文版第367—370页;韦伯:《经济通史》,第358—361页,或德文版第406—411页。"贱民资本主义"是个普遍的范畴,指的不仅仅是犹太民族。例如,加里·汉密尔顿(Gary Hamilton)是这样定义的:"贱民资本主义的要素……是一个不对称的权力结构,这一结构造成精英群体控制并掠夺贱民群体创造的财富"。见汉密尔顿:"贱民资本主义:权力与依赖的吊诡"("Pariah Capitalism: A Paradox of Power and Dependence"),《民族群体》(Ethnic Groups) 2 (1979),第3页。

[90] 笔者正是这样解释韦伯在《世界诸宗教之经济伦理》的导言中的论点的。参见韦伯:"世界诸宗教的社会心理学"("The Socail Psychology of the World Religions"),格斯与米尔斯(编):《马克斯·韦伯文选》,第268—269页;或德文版,"导言",《宗教社会学论文集》第1卷,第239—240页。

[91] 韦伯:"伊斯兰教的此世性质及其经济伦理",《经济与社会》,第 623—627 页,或德文版第 375—376 页。这里还有许多关于基督教的评价,不过讨论其经济伦理的比较少。

[92] 关于伊斯兰国家的家产制结构、城市等类似问题的讨论的可靠介绍,参见沃尔夫冈·施路赫特:"现代性的阻碍:马克斯·韦伯论伊斯兰教"("Hindrances to Modernity: Max Weber on Islam"),《现代性的吊诡》(Paradoxes of Modernity)(斯坦福,加利福尼亚:斯坦福大学出版社,1996),第 105—178 页。

[93] 关于伊斯兰教的预定论的讨论,参见韦伯:《经济与社会》,第 572—576 页,或德文版第 346—348 页。

[94] 埃密尔·莱德勒:"马克斯·韦伯",《社会科学与社会政策文库》48(1920/1921),第 iii 页。

[95] 其中一个研究是将所有非西方国家都放在一起,统一用"传统主义"的术语来分析它们;而另一个研究用社会心理学的术语来说明,为什么这些国家没有遵循与西方相同的社会经济的发展过程。现代化理论家也试图在不同国家中找到与禁欲主义新教类似的伦理。不过,某些受韦伯启发事影响的现代化研究非常出色,特别是罗伯特·贝拉(Robert Bellah):《日本的宗教》(Togugawa Religion)(格伦柯,伊利诺斯:自由出版社,1957);罗伯特·贝拉:"反思新教伦理的亚洲的对应物"("Reflections on the Protestant Ethic Analogy in Asia"),《社会议题杂志》(Journal of Social Issues)19(1963),第 52—60 页;克利福德·格尔茨(Clifford Geertz):"爪哇中部城镇的宗教信仰与经济行为"("Religious Belief and Economic Behavior in a Central Javanese Town"),《经济发展与文化变革》(Economic Development and Cultural Change)4(1956),第

134—158页；S. M. 利普塞特（S. M. Lipset）："美国的价值与企业家身份"（"Values and Entrepreneurship in the Americas"），《革命与反革命》（*Revolution and Counterrevolution*）（新不伦瑞克，新泽西：交流出版社，〔1970〕1988）。亦可见 S. N. 艾森施塔特主编的一部出色的论文集：《新教伦理与现代化》（*The Protestant Ethic and Modernization*）（纽约：基本图书公司，1968）。

[96] 例如，某位论者说，"我好几次都想象这位德国好教授（韦伯）在今天复活了，他站在台北市中心高耸入云的写字楼的顶端，从窗户向外看过去，惊呼，'啊呀，我错了！'"；彼得·贝格尔："一个东亚发展模型？"（"An East Asian Development Model?"），彼得·贝格尔与萧新煌（Hsin-Huang Michael Hsiao）（编）：《寻找东亚发展模型》（*In Search of an East Asian Development Model*）（新不伦瑞克，新泽西：交流出版社，1988）。类似的态度还可见福山：《信任》，第 326 页、350 页、416—417 页注解 1。对于此类论点的批评，参见加里·汉密尔顿与高承恕（Cheng-Shu Kao）："马克斯·韦伯及东亚产业化分析"（"Max Weber and the Analysis of East Asian Industrialization"），《国际社会学》（*International Sociology*）2（1987），第 289—300 页。

[97] 其中一个版本见于帕森斯的《社会行动的结构》，但是，我选择了帕森斯 1940 年代的一篇未发表论文，因为它包含着更有力和清晰的说明。帕森斯说，《世界诸宗教之经济伦理》的论点与《新教伦理与资本主义精神》非常类似：

> 韦伯用一种相当粗糙，但是对于他的最广泛的目标而言已经足够的方法，分离了宗教伦理的影响。他试图要判断，

在所考察的宗教运动出现之前,除了宗教之外的社会结构的一般特征是否或多或'有利于'西方世界所特有的制度模式的发展。两个研究最充分的个案是中国与印度,他的结论是,在相当于欧洲宗教改革的阶段,所有相关方面的情况至少是与西欧一样有利的。[韦伯,巴恩斯论坛讲稿,未发表,第19页;哈佛大学档案馆,HUG(FP)42.42,Box2]

亦可见塔尔科特·帕森斯:《社会行动的结构》(格伦柯,伊利诺斯:自由出版社,1949),第539—542页。对应用到中国的这类推理的批评,参见加里·汉密尔顿:"为什么中国没有资本主义?历史比较研究中的消极问题"("Why No Capitalism in China?Negative Questions in Historical Comprative Research"),《发展中社会杂志》(*Journal of Developing Societies*)Ⅰ(1985),第192—193页。

[98] 韦伯:"导言",《宗教社会学论文集》第1卷,第237页注解1。

[99] 尤其可见马克·埃尔文(Mark Elvin)、加里·汉密尔顿(Gary Hamilton)、兰德尔·柯林斯(Randall Collins)的作品。埃尔文不仅直接面对韦伯的为什么理性资本主义没有自发地在中国出现的论题,而且还评价了韦伯在其他一些题目上的研究。埃尔文宣称,资本主义没有出现在中国,是由于他所谓的高水平的均衡的陷阱,即一些非文化的因素阻止了需求与供给的力量自由地发挥作用。特别是在1800年代早期,这一陷阱变得特别强大。至于韦伯在《中国的宗教》中单独提出的经济论题,例如货币与货币政策、税收制度与河流治理,埃尔文发现韦伯的观

点不是错误的，就是令人迷惑的。加里·汉密尔顿争论说，韦伯错误地理解了中国的父家长制支配的性质，而且，诸如"中国为什么没有资本主义"之类的"消极问题"引出了误导性的答案，因为它们把西方的经验映射于中国之上。汉密尔顿补充说，韦伯没有体会到中国商人的商会的重要作用。此外，兰德尔·柯林斯得益于约瑟夫·尼达姆（Joseph Needham）（即李约瑟。——译者）的作品，说明了韦伯关于中国的科学与技术的观点已经过时。关于中国经济史的总体分析，参见马克·埃尔文：《昨日中国的模式》（*The Pattern of the Chinese Past*）（伦敦：艾尔·梅休因出版公司，1973）；对韦伯的《中国的宗教》的详细批评，参见埃尔文："为什么中国没有成功地创造出内生的工业资本主义：批评马克斯·韦伯的解释"（"Why China Failed to Create an Endogenous Industrial Capitalism: A Critique of Max Weber's Explanation"），《理论与社会》（*Theory and Society*）13（1984），第379—391页。加里·汉密尔顿关于韦伯与中国的作品，特别是，加里·汉密尔顿："为什么中国没有资本主义？历史比较研究中的消极问题"，《发展中社会杂志》Ⅰ（1985），第187—211页；"中华帝国与西欧的父家长制：韦伯支配社会学的修订"（"Patriarchalism in Imperial China and Western Europe: A Revision of Weber's Sociology of Domination"），《理论与社会》13（1984），第393—425页。柯林斯的观点，参见兰德尔·柯林斯：《韦伯式社会学理论》，第58—72页；亦可见N. 西温（N. Sivin）："马克斯·韦伯、李约瑟、本杰明·纳尔逊：中国科学的问题"（"Max Weber, Joseph Needham, Benjamin Nelson: The Question of Chinese Science"），E. V. 沃尔特（E. V. Walter）等（编）：《东方与西方的文明：本杰明·纳尔逊纪念文集》（阿特兰蒂高地，新泽西：人道出版社，1985）。很明显，根据罗伯特·哈特韦尔（Robert Hartwell）在1966—1971年的纪录，韦伯没有意识到11世纪中国的煤炭和炼铁业的成就，这一点由威廉·麦克尼尔（William McNeil）进行了总结，见威廉·麦克尼尔：《权力的追求》（*The Pursuit of Power*）（芝加哥：芝加哥大学出版社，1982）。（不过，可参看韦伯在《经济通史》中的说明，即尽管中国有"庞大的军队"和所需军备，但是，"这一事实并没有引起中国人向着资本主义发展的冲动"；韦伯：《经济通史》，第308—309页，或德文版第265—266页。）

[100] 有关韦伯对伊斯兰社会、印度社会和犹太人"贱民资本主义"的分析的二手文献比较武断，而没有去参考当前经济史的研究。关于《印度的宗教》的二手文献的两个有趣的一般性介绍（以及某些经济问题的相关信息），参见德特勒夫·坎托斯基（Detlef Kantowsky）（编）：《韦伯的印度研究的最新成果》（*Recent Research on Max Weber's Studies of Hinduism*）（慕尼黑：沃尔特弗拉姆出版社，1986）；大卫·盖尔纳（David Gellner）："马克斯·韦伯、资本主义和《印度的宗教》"（"Max Weber, Capitalism and *The Religion of India*"），《社会学》16（1982），第526—543页。对伊斯兰社会的经济与宗教的总体介绍，且没有有使用现存有关伊斯兰经济史的文献的，参见布赖恩·特纳："伊斯兰教、资本主义和韦伯命题"（"Islam, Capitalism and the Weber Theses"），《英国社会学杂志》25（1974），第230—243页；布赖恩·特纳：《韦伯与伊斯兰教》；马克西姆·罗丁逊（Maxime Rodinson）：《伊斯兰教与资本主义》（*Islam and Capitalism*）（伦敦：艾伦·莱恩出版社，1974）；马克西姆·罗丁逊："伊斯兰家产制——现代资本主义发展的绊脚

石？"("*Islamischer Patrimonialismus-ein Hinernis fuer die Entwicklung des modernen Kapitalismus?*"），沃尔夫冈·施路赫特（编）：《马克斯·韦伯论伊斯兰教》（*Max Weber Sicht des Islams*）（法兰克福：祖卡姆普出版社，1987）。从偏好歪曲（preference falsification）的角度来看经济与宗教的关系的创新尝试可见蒂穆尔·库兰（Timur Kuran）："伊斯兰教与不发达：旧谜新探"("Islam and Underdevelopment: An Old Puzzle Revisited")，《制度经济学与理论经济学杂志》（*Journal of Institutional and Theoretical Economics*）153（1997），第41—71页。将韦伯的"贱民资本主义"与经济史的发现相对照的努力，参见汉斯·利贝许茨（Hans Liebeschütz）："马克斯·韦伯对犹太教的历史解释"("Max Weber's Historical Interpretation of Judaism")，利奥·贝克研究所年鉴（*Year Book of the Leo Baeck Institute*）9（1964），第51—52页。

[101] 施路赫特：《理性主义、宗教与支配》，第114—115页。

第6章 结语：韦伯的经济社会学观点

[1] 读者可查阅附录部分对韦伯的社会经济学的含义的全面讨论。

[2] 韦伯也探讨经济与亲属群体、族群及人口的关系。需要补充的是，韦伯关于经济政策的观点本身就值得另外著书研究。关于韦伯的经济与族群的彼此关系的有趣研究，参见冈瑟·罗思："全球资本主义与多民族：马克斯·韦伯的现在与过去"("Global Capitalism and Multiethnicity: Max Weber Now and Then")

(1996，未发表论文）。

[3] 德文原文为"物质与经济的文化社会学"("*Die material oekonomische Kultursoziologie*")；马克斯·韦伯："前言"("*Vorwort*")，《社会经济学大纲第一部经济与经济学》（图宾根：J. C. B. 摩尔出版社，1914）。此外，从韦伯在《经济与社会》较早部分曾提及的"经济与文化的特定领域（文学、艺术、科学，等等）的关系"可以清楚地看出，这一册还将包括对艺术与科学的讨论。参见韦伯：《经济与社会：解释社会学大纲》，第356页；或德文版，《经济与社会：理解社会学大纲》，第212页（译文有改动）。在1910年的《大纲》提纲中，韦伯计划自己写作一个标题为"经济与文化（历史唯物主义批评）"["*Wirtschaft und Kultur (Kritik des historischen Materialismus)*"]，因此，韦伯的这一册也许还将包括对马克思主义的批评。在1912年12月30日的一封致出版社的信中，韦伯也提到了他的"文化社会学"；不过，他在信中说，这一文化社会学将包括"艺术、文学与世界观"。参见约翰尼斯·温克尔曼：《马克斯·韦伯的遗作》(*Max Webers hinterlassenes Hauptwerk*)（图宾根：J. C. B. 摩尔出版社，1986），第36页。

[4] 韦伯："社会科学与社会政策中的'客观性'"，《社会科学方法论》，或德文版，"社会科学与社会政策中的'客观性'"，《科学学论文集》。艺术与经济之间这一相当微弱的关系是这样一种局面的特征，即艺术独自成为社会的一领域（"审美领域"），而在此之前的阶段，它们彼此的关系更加直接和强有力。例如，自然经济通常会发展出一种"非常样式化的文化"，因为经济中的大部分剩余都会被用于艺术目标，而人民的日常需求非常简朴。参见韦伯：《经济与社会》，第89页，或德文版第47

页。审美领域的讨论,参见韦伯:"世界诸宗教的拒世及其方向"("Religious Rejections of the World and Their Directions"),汉斯·格斯(Hans Gerth)与 C. 赖特·米尔斯(C. Wright Mills)(编):《马克斯·韦伯文选》,第 340—434 页;德文版,"中间考察"(Zwischenbetrachtung),《宗教社会学论文集》(Gesammelte Aufsätze zur Religionssoziologie)第 1 卷(图宾根:J. C. B. 摩尔出版社,1988),第 554—556 页。

[5] 韦伯:《新教伦理与资本主义精神》(伦敦:艾伦与安文出版社,1930),第 169 页;或德文版,"新教伦理与资本主义精神",《宗教社会学论文集》第 1 卷,第 187—188 页。

[6] 韦伯:《音乐的理性基础与社会基础》(The Rational and Social Foundations of Music)(卡本代尔,伊利诺斯:南伊利诺斯大学出版社,1958),第 124 页;或德文版,"音乐的理性基础与社会基础"(Die rationalen und soziologischen Grundlagen der Musik),《经济与社会》(Wirtschaft und Gesellschaft)(图宾根:J. C. B. 摩尔出版社,1956)。

[7] 这一句的第一句引文自韦伯:《经济通史》(General Economic History),第 306 页,或德文版,《经济史》(Wirtschaftsgeschichte)(柏林:邓克尔与亨布洛特出版社,1991),第 263 页;第二句引文自韦伯:《经济与社会》,第 1194 页,或德文版第 714 页。

[8] 韦伯:"'资本主义精神'的最后的反批评"("Anticritical Last Word on The Spirit of Capitalism"),《美国社会学杂志》83(1978),第 1129 页;或德文版,《新教伦理 II:批评与反批评》(Die Protestantische Ethik. II. Kritiken und Antikritiken),第 324—325 页;类似地,《经济通史》,第 368 页,或德文版第 314 页。在此,可参考

《昔与今》(*Past and Present*)在1964—1965年间对宗教与科学间关系的讨论，以及罗伯特·K.默顿的作品，例如，"清教、虔诚派与科学"("Puritanism, Pietism and Science")和"17世纪英格兰的科学与经济"("Science and Economy in 17th Century England")，《社会理论与社会结构》(*Social Theory and Social Structure*)（纽约：自由出版社，1968），第620—660页，第661—681页。

[9] 韦伯："社会政策协会1909年维也纳会议上关于国民经济生产力的辩论"(*Debatteren auf der Tagung des Vereins für Sozialpolitik in Wien 1909 zu den Verhandlungen ueber die Productivitaet der Volksw*)，《社会学与社会政策论文集》，第422—423页。

[10] 韦伯：《经济与社会》，第67页，或德文版第33页。

[11] 韦伯：《经济通史》，第305页，或德文版第263页。

[12] 韦伯在德国社会学协会1910年大会上的一个后来经常被引用的公开声明（本书第3章的开头全文引用了这个声明）中已经清楚地表明了这一点。参见韦伯："针对W.桑巴特关于技术与文化讲座的讨论：1910年法兰克福第一届社会学大会"("*Diskussionsrede zu W. Sombart Vortrg ueber Technik und Kultur. Erste Soziologentagung Frankfurt 1910*")，《社会学与社会政策论文集》，第456页。

[13] 韦伯：《经济通史》，第302页，或德文版第259—260页。在《经济与社会》中关于工厂的定义中，韦伯强调了一个社会与技术的混合的标准。参见韦伯：《经济与社会》，第117页，或德文版第64页。

[14] 工业革命一词最初的使用始自1830年代的法国，并通过阿诺德·汤因比（Arnold Toynbee）的《英格兰工业革命讲演录》

(*Lectures on the Industrial Revolution in England*)（1884）而流行开来，韦伯曾经读过这本书，并在 1890 年代教授经济学时推荐给他的学生。参见韦伯：《1898 年普通（理论）国民经济学讲座大纲》，第 15、18 页。围绕着工业革命这个词的争论的历史及其当前的情况，参见 D. C. 科尔曼（D. C. Coleman）：《神话、历史及工业革命》(*Myth, History and Industrial Revolution*)（伦敦：汉布尔登出版社，1992），第 15、18 页；乔尔·莫基尔（Joel Mokyr）（编）：《英格兰工业革命》(*The British Industrial Revolution*)（玻尔得，科罗拉多：西部视野出版社，1993）；S. G. 柴克兰（S. G. Checkland）："工业革命"（"Indusrtial Revolution"），约翰·伊特威（John Eatwell）、默里·米尔格（Murray Milgate）、彼得·纽曼（Peter Newman）（编）：《新帕尔格雷夫经济学词典》(*The New Palgrave: A Dictionary of Economics*)（伦敦：麦克米兰出版社，1987）。

[15] 韦伯："关于'资本主义精神'的最后的反批评"，第 1128 页；或德文版，《新教伦理 II》，第 323 页。

[16] 冈瑟·罗思与沃尔夫冈·施路赫特认为，"最初，韦伯计划自己写这一部分（关于经济与种族的部分），《经济与社会》中有关族群的部分（第 385—398 页）可能就是他心目中的一种样式"。参见冈瑟·罗思与沃尔夫冈·施路赫特：《马克斯·韦伯的历史观》(*Max Weber's Vision of History*)（伯克利：加利福尼亚大学出版社，1979），第 173 页注解 16。沃尔夫冈·莫姆森则泛泛地说韦伯"将他（米歇尔斯）列为《大纲》的作者"是为了有助于米歇尔斯的职业发展。参见沃尔夫冈·莫姆森：《马克斯·韦伯的政治理论与社会理论》(*The Political and Social Theory of Max Weber*)（剑桥：政体出版社，1989），第 89 页。

[17] 关于退化问题（在 1929 年的最后一卷中未被包括在内）的部分的标题是："资本主义与人口质量（与资本主义的单一性有关的现代的退化问题）"。没有提到拟定的作者。"退化问题"还在韦伯关于劳动力的心理物理学的研究中起了一定的作用。参见沃尔夫冈·施路赫特与萨拜因·弗罗默（Sabine Frommer）："引言"，马克斯·韦伯：《工业劳动的心理物理学，论文与演讲 1908—1912，马克斯·韦伯全集 I//II》（*Zur Psychophysik der industriellen Arbeit. Schriften und Reden 1908—1912. Max Weber Gesamtausgabe I//II*）（图宾根：J. C. B. 摩尔出版社，1995）。

[18] 介绍韦伯关于种族（包括种族与经济）的观点的最好作品仍然是恩斯特·莫里茨·梅纳西（Ernst Moritz Manasse）："马克斯·韦伯论种族"（"Max Weber on Race"），《社会研究》（*Social Research*）14（1947），第 191—221 页。或可查阅韦伯在 1910 年德国社会学协会大会上与艾尔弗雷德·普勒茨的争论："针对'种族与经济'的演讲与 A. 普勒茨的讨论"（"*Diskussionsrede dortselbst zu dem Vortrag von A. Ploetz ueber 'Die Begriffe Rasse und Gesellschaft'*"），《社会学与社会政策文集》，第 456—462 页，或"马克斯·韦伯论种族与社会"（"Max Weber on Race and Society"），《社会研究》38（1971），第 30—41 页；"马克斯·韦伯、艾尔弗雷德·普勒茨博士与 W. E. B. 杜波依斯（马克斯·韦伯论种族与社会之二）"[Max Weber, Dr. Alfred Ploetz, and W. E. B. Du Bois（Max Weber on Race and Society II）]，《社会学分析》（*Sociological Analysis*）34（1973），第 308—312 页。韦伯在 1890 年代讲授经济学时准备的提纲中曾经稍稍提到种族对经济的影响（但没有谈到其他方面）；参见韦伯：《1898 年普通（理论）国民经济学讲座大纲》，第 29 页。

[19] 尽管韦伯在就职演说中大谈特谈种族问题，但是，需要指出的是，在进行解释时，他还是制订了限制条件。在某一处他说，"……斯拉夫人，不知是天性如此，还是历史形成〔，对物质生活和精神生活的期望都较低〕"。参见韦伯："民族国家与经济政策"（"The Nation State and Economic Policy"），《政论集》，第 8 页，或德文版，"民族国家与经济政策"（"*Der Nationalstaat und die Volkswirtschaftspolitik*"），《政治论文集》，第 6 页。到了 1904 年，在考虑同一个问题时，韦伯更强调社会因素而非种族因素："土地的物理和化学品质并没有多少天然的差异，种族的经济才能也是如此，历史形成的经济环境才是农民从农业上获得的收成差异的决定性因素"。参见韦伯："资本主义与德国的农业社会"（"Capitalism and Rural Society in Germany"），格斯与米尔斯（编）：《韦伯选集》，第 378—379 页。

[20] 韦伯："社会科学与社会政策中的'客观性'"，《社会科学方法论》，第 69 页；或德文版，《科学学论文集》，第 167—168 页。

[21] 参见韦伯：《新教伦理与资本主义精神》，第 199 页注解 17；或德文版，《宗教社会学论文集》第 1 卷，第 46—47 页。

[22] 一个例外是，在《经济通史》中，韦伯论及美国黑人在很长一段时间里都不适合工厂劳动，并且补充说："这是经济史上种族区别的一个切实的例子"。参见韦伯：《经济通史》，第 379 页注解 2，或德文版第 257 页注解 1。对于这一注解的真实性，恩斯特·莫里茨·梅纳西表示了一定的怀疑，参见梅纳西："马克斯·韦伯论种族"，《社会研究》14（1947），第 210 页注解 41。不过，韦伯还曾经在其他地方提到过美国黑人的工厂劳动的

问题；参见韦伯："工业劳动的心理物理学"("*Zur Psychophysik der industriellen Arbeit*")，《社会学与社会政策论文集》，第 125 页；韦伯："职业与流动模型的研究策略"("Research Strategy for the Study of Occupational Careers and Mobility Patterns")，《社会现实的解释》(*The Interpretation of Social Reality*)（伦敦：纳尔逊出版社，1971），或"对社会政策学会关于选择与适应（职业选择与职业）的调查的方法论序言"["*Methodologische Einleitung für die Erhebungen des Vereins für Soziapolitik ueber Auslese und Anpassung (Berufswahlen und Beruf)*"]，《社会学与社会政策论文集》，第 27 页。

[23] 韦伯：《经济与社会》，第 387、342 页，或德文版第 235—236、201 页。

[24] 韦伯：《经济与社会》，第 38—40 页，或德文版第 20—21 页。

[25] 社会达尔文主义也代表着将价值引入科学的一种尝试。例如，韦伯："文化的'活力'论"("'Energetic' Theories of Culture")，《美国中部社会学评论》(*Mid-American Review of Sociology*) 9 (1984)，第 34 页；或德文版，"文化的'活力论'"("*'Energetische' Kulturtheorien*")，《科学学论文集》，第 401 页。

[26] 即"Aptitude"("*Angepasstheit*")，参见韦伯：《经济与社会》，第 150—153 页，或德文版第 86—88 页。

[27] 韦伯在有关劳动的心理物理学中讨论了这个问题。例如，韦伯："职业与流动模型的研究策略"，《社会现实的解释》，第 133 页，或德文版，"方法论序言"("*Methodologische Einleitung*")，第 35 页；"工业劳动的心理物理学"，《社会学与社会政策论文集》，第 155—157 页。有人认为，是韦伯，而不是 1920 年代末

和 1930 年代的美国社会科学家们发现，对于生产多少产品，工人们往往有一个必定不能打破的规范。有关的文献可参见安东尼·奥伯绍：《德国的实证社会研究（1848—1914）》(Empirical Social Research in Germany 1848—1914)（纽约：基本图书公司，1965），第 120—121 页。韦伯还在其他作品中谈到类似的问题。例如，在《新教伦理与资本主义精神》中，他提到，在 18 世纪的英格兰，工人中的循道宗教派教徒因为情愿努力工作而受到其他工人的歧视；在《经济与社会》中，他提到社会主义社会中，工人们会把"生产限制"作为一种武器，强迫改变工作环境。参见韦伯：《新教伦理与资本主义精神》，第 63 页，或德文版，《宗教社会学论文集》第 1 卷，第 47 页；韦伯：《经济与社会》，第 203 页，或德文版第 119 页。

[28] 韦伯："职业与流动模型的研究策略"，《社会现实的解释》，第 134 页，或德文版，"方法论序言"("Methodologische Einleitung")，第 36—37 页；亦可见玛丽安娜·韦伯：《马克斯·韦伯传》，第 330—331 页。

[29] 韦伯："职业生涯与流动模型的研究策略"，《社会现实的解释》，第 129 页，或德文版，"方法论序言"("Methodologische Einleitung")，第 31 页。着重号为笔者所加。

[30] 韦伯：《经济与社会》，第 149 页，或德文版第 85—86 页。下一句中的信息，见韦伯：《经济通史》，第 354 页，或德文版第 301—302 页。

[31] 他说，气候也会影响人的适应性，而通常用种族来解释的现象中，很多现象不如用气候来解释更合适。参见韦伯：《古代文明的农业社会学》，第 357 页，或德文版，"古代农业社会

的状况",第270页;《经济通史》,第130—131页,或德文版第124—125页;"关于'资本主义精神'的最后的反批评",《美国社会学杂志》83(1978),第1128页。

[32] 例如,参见韦伯:《经济通史》,第353—354页,或德文版第301—302页。

[33] 例如,参见韦伯:《经济与社会》,第971—972、1262页,或德文版第560、756页;亦可见韦伯:《古代文明的农业社会学》,第38、84、157页,或德文版,"古代农业社会的状况",《社会史与经济史论文集》,第2、46、102页;以及韦伯:《经济通史》,第56—57、321页,或德文版第64、275—276页。关于中国的部分,参见韦伯:《中国的宗教》,第16、20—21、31、64、136页,第272—273页注解14,或德文版,"儒教与道教",《宗教社会学论文集》第1卷,第294、298、311—312页、第351页注解1、第425页、第360页注解1。

[34] 斯蒂芬·布鲁尔的一篇文章认真评估了韦伯的关于水利与专制之间关系的思想,这篇文章讨论了当前关于古代美索不达米亚和腓尼基的疆域国家(territorial states)的研究。参见斯蒂芬·布鲁尔:"河流文化与海洋文化:马克斯·韦伯古代世界的经济理论中的地理与经济"("*Stromuferkultur und Kuestenkultur. Geographische und oekologische Faktoren in Max Webers 'ökonomischer Theorie der antiken Staatenwelt'*"),沃尔夫冈·施路赫特(编):《马克斯·韦伯论古代基督教地区》(*Max Webers Sicht des antiken Christentums*)(法兰克福:祖卡姆普出版社,1985)。马克·埃尔文在评论韦伯对中国的水利控制的相关论述时说,韦伯说的不错,但他过分强调了国家的作用,参见埃尔文:"为什么中国没有成功地创造出内生

的工业资本主义：批评马克斯·韦伯的解释"("Why China Failed to Create an Endogenous Industrial Capitalism: A Critique of Max Weber's Explanation")，《理论与社会》(Theory and Society) 13 (1984)，第386页。卡尔·魏特夫(Karl Wittfogel)的"东方专制主义"的论文，与韦伯的论点相比要粗糙和机械得多，人们通常认为他的看法是错误的。参见卡尔·魏特夫：《东方专制主义：对于极权力量的比较研究》(Oriental Despotism: A Comparative Study of Total Power)（纽约：温塔吉出版社，1981）；对魏特夫的思想的批评，可查阅下文所引用的文献，安妮·贝利(Anne Bailey)和何塞普·略韦拉(Josep Llobera)："重新评价卡尔·A.魏特夫与亚细亚生产方式"("Karl A. Wittfogel and the Asiatic Mode of Production: A Reappraisal")，《社会学评论》(Sociological Review) 27 (1979)，第558页注解56。

[35] 第一版的有些书在第二版时一分为二，往往是加重某位作者的分量，例如戈特尔-奥特里林弗得和冯·维塞尔就各自单独出了一册书。

[36] 弗里德里克·冯·哈耶克："哈耶克论维塞尔"，亨利·威廉·施皮格尔(Henry William Spiegel)（编）：《经济思想的发展》(The Development of Economic Thought)（纽约：威利父子出版社，1952）；约瑟夫·A.熊彼特：《经济分析史》（伦敦：艾伦与安文出版社，1954），第891页。

[37] 众所周知，熊彼特是《大纲》的一位撰稿人，而较少为人所知的是，哈耶克也是撰稿人之一。1920年代，哈耶克应邀准备为《大纲》撰写关于货币与信用的部分，可能就是第二部书中的"货币与信用；资本主义市场；发行银行"的部分，即关于资本主义的经济维度。哈耶克在当时还担负有许多其他任务，但

是他写完了四章。这四章是关于 1650 年至 1850 年的货币与货币理论，1991 年才被收入哈耶克全集第三卷首次出版。参见弗里德里克·冯·哈耶克：《经济思想的趋势》(*The Trend of Economic Thinking*)（伦敦：罗德里奇出版社，1991），第 127—244 页。

[38] 莱德勒接手《大纲》主编的相关信息有两个来源：约翰尼斯·温克尔曼，他研究了出版商西贝克家族的通信 [参见温克尔曼：《马克斯·韦伯的遗作》(*Max Webers hinterlassens Hauptwerk*)，第 91 页]；以及 1996 年 10 月 17 日格奥尔格·西贝克（韦伯的出版商保罗·西贝克的曾孙）致本书作者的一封信。不过，笔者仍然无法由二手文献确认莱德勒的有关信息。

[39] 德文名分别是：《社会经济学大纲 第一部 经济与经济学》(*Wirtschaft und Wirtschaftswissenschaft. Grundriss der Sozialoekonomik. I. Abteilung*)（图宾根：J. C. B. 摩尔出版社，1914）；以及《社会经济学大纲 第二部 经济中的自然关系与技术关系》(*Die natuerlichen und technischen Beziehungen der Wirtschaft. Grundriss der Sozialoekonomik. II. Abeilung*)（图宾根：J. C. B. 摩尔出版社，1914）。

[40] 卡尔·布歇："国民经济发展研究"("*Volkswirtschaftliche Entwicklungsstudien*")，第 1—18 页；约瑟夫·熊彼特："新时期学说与方法史"("*Epochen der Dogmen-und Methodengeschichte*")，第 19—124 页；弗里德里克·冯·维塞尔："社会经济理论"("*Theorie der gesellschaftlichen Wirtschaft*")，第 125—443 页。《大纲》中每一部内容大约相当于《不列颠百科全书》的一册，这也就是说，其页数要大大超过一本普通的书。

[41] 艾尔弗雷德·赫特纳（Alfred Hettner）："人类经济的地理条件"("*Die geographischen Bedingungen der menschlichen Wirtschaft*")，

第 1—31 页；保罗·莫博特（Paul Mombert）:"经济与人口 I. 人口学"（"Wirtschaft und Bevoelkerung, I: Bevoelkerungslehre"），第 32—96 页；罗伯特·米歇尔斯:"经济与人口，II. 经济与种族"（"Wirtschaft und Bevoelkerung, II: Wirtschaft und Rasse"），第 97—102 页；卡尔·奥尔登伯格（Karl Oldenberg）:"消费"（"Die Konsumtion"），第 103—164 页；海因里希·赫克纳:"劳动与劳动分工"（"Arbeit und Arbeitsteilung"），第 165—198 页；弗里德里克·冯·戈特尔-奥特里林弗得:"经济与技术"（"Wirtschaft und Technik"），第 199—381 页。

[42] 这三部分的名称分别是"国民经济学"（Volkswirtschaftlehre）、"财政学"（Finanzwissenschaft）与"管理学"（Verwaltungslehre）。第一部分混合了经济理论以及对经济的各分支的说明；第二部分围绕着国家财政展开；第三部分是关于统计学、政策体系和济贫法管理的文章。以上是基于 1882 年出版的《政治经济学手册》第一版的说明。关于舍恩伯格的书的不同版本的讨论，参见马克斯·韦伯:《信件（1909—1910），马克斯·韦伯全集 II/6》（Briefe 1909—1910. Max Weber Gesamtausgabe II/6）（图宾根：J. C. B. 摩尔出版社，1994），第 15—16 页。

[43] 韦伯:"前言"（"Vorwort"），《社会经济学大纲 第一部 经济与经济学》。

[44] 关于《大纲》第 1 版和第 2 版的所有稿件的标题，可查阅理查德·斯威德伯格:"马克斯·韦伯的经济学手册:《社会经济学大纲》"（"Max Weber's Handbook in Economics: Grundriss der Sozialoekonomik"），斯德哥尔摩大学社会学系"劳动-组织-经济"工作论文系列，1997 年。韦伯本人负责监督完成了第一部书的大部分作品，而最终的成果与最初的计划也非常接近。参见《社

会经济学大纲 第一部 经济与经济学·经济的基础》(*Grundriss der Sozialoekonomik. Erstes Buch. Grundlagen der Wirtschaft. I. Abteilung Wirtschaft und Wirtschaftswissenschaft*)（图宾根：J. C. B. 摩尔出版社，1914）；《社会经济学大纲 第二部 经济中的自然关系与技术关系》(*Grundriss der Sozialoekonomik. II. Abteilung. Die Natuerlichen und technischen Beziehungen der Wirtschaft*)（图宾根：J. C. B. 摩尔出版社，1914）；《社会经济学大纲 第三部 经济与社会》(*Grundriss der Sozialoekonomik. III. Abteilung. Wirtschaft und Gesellschaft*)（图宾根：J. C. B. 摩尔出版社，1921—1922）。1921年，《经济与社会》出版了两个部分，即1."生产（第一部分），经济、社会秩序与权利，I-IV章"[*Lieferung (Erster Teil), Die Wirtschaft und dei gesellschaftlichen Ordnungen und Maechte, Kapitel I-IV*]，第1—180页；2."生产（第二部分），公有化的类型，I-IV章"[*Lieferung (Zweiter Teil), Typen der Vergemeinschaftung, Kapitel I-IV*]，第181—356页。1922年又出版了两个部分：3."生产（第二部分 IV章/结语—VIII, 357—600)"[*Lieferung (Zweiter Teil, Kapitel IV/Schluss-VIII, 357—600)*]；4."生产（第三部分，统治的类型，I-IX章，603—817，索引"[*Lieferung (Dritter Teil, Typen der Herrschaft, Kapitel I-IX, 603—817, Register)*]。1922年，这四个部分被编成一册。第二版则包括"第一部"（1924年出版，分为两册），"第二部"（1923年，分为两册），以及"第三部"（韦伯的《经济与社会》，1925年）。

[45] 参见韦尔纳·桑巴特："现代资本主义的基本类型"(*Prinzipielle Eigenart des modernen Kapitalismus*)，第1—26页；亚历山大·莱斯特（修订冯·汉斯·尼派迪）："现代私有制与资本主义"(*Die moderne Privatrechtordnung und der Kapitalismus*)，第27—48

页；卡尔·布林克曼："现代国家制度与资本主义"（*Die moderne Staatsordnung und der Kapitalismus*），第49—67页，以上均载《社会经济学大纲第四部现代资本主义经济的特有元素》（*Grundriss der Sozialoekonomik. Zweites Buch. Spezifische Elemente der modernen kapitalistischen Wirtschaft. IV. Abteilung. I. Teil*）（图宾根：J. C. B. 摩尔出版社，1925）。

关于价格形成的论文是由弗兰茨·奥伊伦贝格（Franz Eulenberg）写的，标题是："现代经济中的价格形成"（"*Die Preisbildung in der modernen Wirtschaft*"）（第258—315页）。第二部出版于韦伯去世五年之后，与韦伯当初的设计非常类似。第二部一直没有再版。

[46] 第五部的两个部分出版于1926—1927年，或多或少包括了韦伯计划的内容：《社会经济学大纲第九部资本主义的社会结构 第Ⅰ章 资本主义的经济分层》（*Grundriss der Sozialoekonomik. Das soziale System des Kapitalismus. IX. Abteilung. I. Teil. Die gesellschaftliche Schichtung im Kapitalismus*）（图宾根：J. C. B. 摩尔出版社，1926）；《社会经济学大纲 第九部 第Ⅱ章资本主义的自主对内政策与国家性对内政策》（*Grundriss der Sozialoekonomik. IX. Abteilung. II. Teil. Die autonome und Staatliche soziale Binnenpolitik im Kapitalismus*）（图宾根：J. C. B. 摩尔出版社，1927）。第五部没有再版。

[47] 韦伯亲自负责了第一版的五部中的三部的出版工作。韦伯的计划与最终出版的书有一些小小的差异。参见《社会经济学大纲 第五部 资本主义经济中的独立竞争区域与现代国家的对内经济政策 第Ⅰ章 1.2 交易》（*Grundriss der Sozialoekonomik. V. Abteilung. Die einzelnen Erwerbsgebiete in der kapitalistichen Wirtschaft und die oekonomische Binnenpolittk im modernen Staate. I. Teil. Handel 1.2*）（图宾根：

J. C. B. 摩尔出版社，1918）；《社会经济学大纲 第五部 资本主义经济中的独立竞争区域与现代国家的对内经济政策第 II 章银行业》(Grundriss der Sozialoekonomik. V. Abteilung. Die einzelnen Erwerbsgebiete in der kapitalistischen Wirtschaft und die oekonomische Binnenpolitik im modernen Staate. II. Teil. Bankwesen)（图宾根：J. C. B. 摩尔出版社，1915）；《社会经济学大纲第五部交易、运输业、银行业第 III 章运输业》(Grundriss der Sozialoekonomik. V. Abteilung. Handel, Transportwesen, Bankwesen. III. Teil. Transportwesen)（图宾根：J. C. B. 摩尔出版社，1930）；《社会经济学大纲 第六部 工业、采矿业、农业》(Grundriss der Sozialoekonomik. VI. Abteilung. Industrie, Bergwesen, Bauwesen)（图宾根：J. C. B. 摩尔出版社，1914）；《社会经济学大纲 第七部 土地与森林的经济生产、保险业第 I 章》(Grundriss der Sozialoekonomik. VII. Abteilung. Land- und forstwirtschaftliche Production. Versicherungswesen. I)（图宾根：J. C. B. 摩尔出版社，1914）。以下几卷是在第二版中出现的：《第五部第 I 章》(V. Abteilung. I. Teil)（1925），《第五部第 II 章》(V. Abteilung. II. Teil)（1925），《第六部》(VI. Abteilung)（1923），《第七部》(VII. Abteilung)（1922）。

[48] 参见艾尔弗雷德·韦伯："工业区位论（一般理论与资本主义理论）" [Industrielle Standortslehre(Allgemeine und kapitalistische Theorie des Standortes)]，第 54—82 页，弗里德里克·莱特纳："资本主义大工业的企业学说"（"Betriebslehre der kapitalistischen Grossindustrie"），第 83—135 页，均可见《社会经济学大纲 第 VI 部 工业、采矿业、农业》(Grundriss der Sozialoekonomik. VI. Abteilung. Industrie, Bergwesen, Bauwesen)（图宾根：J. C. B. 摩尔出版社，1914）。欧根·冯·菲力波维茨在评论《大纲》中的两卷时指出了莱特纳论文的创新

性质。而根据卡尔·弗里德里克(即《工业区位论》的英译者)的看法,艾尔弗雷德·韦伯给《大纲》所写的稿件已经包含了期待已久的现实的区位理论的"框架"。参见欧根·冯·菲力波维茨:"一部新的社会经济学大纲(评第2部及第6部)"["*Ein neuer 'Grundriss der Sozialoekonomik (Review of Abt. 2 and 6)*'"],《社会科学与社会政策文库》39(1914),第829页;卡尔·弗里德里克:"导言",艾尔弗雷德·韦伯:《艾尔弗雷德·韦伯的工业区位论》(*Alfred Weber's Theory of the Location of Industries*)(芝加哥:芝加哥大学出版社,1929),第11页注解9。马克·布劳格认为,"必须要认识到,在激发人们兴趣并继续将区位论作为经济学特有的一个分支来研究的方面,韦伯的书是第一篇成功之作",参见马克·布劳格:"艾尔弗雷德·韦伯(1868—1958)",《凯恩斯之前的伟大的经济学家》(*Great Economists before Keynes*)(阿特兰蒂高地,新泽西:人道出版社,1986),第266页。在完成了关于区位论的著名作品之后,艾尔弗雷德·韦伯从经济学转向社会学。作为经济学家的艾尔弗雷德要比他的兄长马克斯更富于创造性,而他作为社会学家的创造性则大大不如后者。关于艾尔弗雷德·韦伯的生平与著作,参见埃德加·萨林(Edgar Salin):"艾尔弗雷德·韦伯",大卫·L. 希尔斯(David L. Hills)(编):《社会科学国际百科全书》(*International Encyclopaedia of the Social Sciences*)第16卷(纽约:麦克米兰出版社,1968),第491—493页;马丁·格林:"艾尔弗雷德",《冯·李希霍芬姐妹》(*The von Richthofen Sisters*)(纽约:基本图书公司,1974),第225—236页;沃尔夫冈·施路赫特:"马克斯·韦伯与艾尔弗雷德·韦伯:由国民经济学到文化社会学的两种不同道路"("*Max Weber and Alfred Weber.*

Zwei Wege von der Nationaloekonomie zur Kultursoziologie"），汉斯·G. 努琴格（Hans G. Nutzinger）（编）:《国民经济学与世界历史》(*Zwischen Nationaloekonomie und Unviersalgeschichte*)（马尔堡：大都会出版社，1995）。

[49] 韦伯将此书的标题定为"现代国家的资本主义世界经济关系与对外经济及政治政策"(*Kapitalistische Weltwirtschaftsbeziehungen und aeussere Wirtschafts- und Sozialpolitik im modernen Staate*)。 成书后，这一册包括了这个题目下的大部分内容，系由弗兰茨·奥伊伦贝格（Franz Eulenberg）的一篇标题为"外交与外交政策（国际经济关系）"[*Aussenhandel und Aussenhandelspolitik (Die internationalen Wirtschaftsbeziehungen)*] 的长约 300 页的论文构成。参见《社会经济学大纲 第八部 外交与外交政策（国际经济关系）》[*Grundriss der Sozialoekonomik. Aussenhandel und Aussenhandelpolitik. (Die internationalen Wirtschaftsbeziehungen). VIII. Abteilung*]（图宾根：J. C. B. 摩尔出版社，1929）。

[50] 在韦伯的时代情况便是如此，这一点从以下引自韦尔纳·桑巴特的一段话就可以清楚地看到："尽管事实上资本主义已经越来越成为经济学的唯一主题，但是，无论作为术语还是作为概念，它仍然没有被学院派经济学代表人物普遍接受。……在最广为人知的吉德、科韦斯、马歇尔、塞利格曼和卡塞尔等人的作品中，都找不到这个词。"韦尔纳·桑巴特："资本主义"，爱德温·R. A. 塞利格曼与阿尔文·约翰逊（编）:《社会科学百科全书》（纽约：麦克米兰出版社，1930），第 3 卷，第 195 页。

[51] 格奥尔格·冯·贝洛："评《社会经济学大纲》第一、二、六部"["*Review of Grundriss der Sozialoekonomik (Abt. 1, 2 and 6)*"]，《社

会与经济史季刊》(*Vierteljahrschrift fuer Sozial-und Wirtschaftsgeschichte*)第 13 期(1916),第 213—224 页。

[52] 欧根·冯·菲力波维茨:"一部新的《社会经济学大纲》(评第二部及第六部)",《社会科学与社会政策文库》39 (1914),第 819—820 页。

[53] 罗伯特·利夫曼:"评《社会经济学大纲》第一、二、六部",《政治杂志》(*Zeitschrift für Politik*) 第 8 期(1915),第 586—599 页。

[54] 玛格丽特·舒斯特(Margrit Schuster)与赫尔穆特·舒斯特(Helmuth Schuster):"国家社会主义中的工业社会学"(*Industriesoziologie im Nationalsozialismus*),《社会世界》(*Soziale Welt*)第 35 期(1984),第 101 页。此文作者回顾了韦伯与戈特尔之间的通信,指出韦伯非常认真地对待自己身为编辑的责任,向戈特尔提出了好几种建议,以便改进他给《大纲》的稿件的质量。埃密尔·莱德勒和雅各布·马沙克(Jakob Marschak)给《大纲》写的文章"新中产阶级(*Der neue Mittelstand*)"(1926)在 1930 年代末由哥伦比亚大学的社会学家译成了英文,表明这篇文章获得了好评。参见埃密尔·莱德勒与雅各布·马沙克:"新中产阶级"("The New Middle Class")(哥伦比亚大学,未出版手稿,1936)。

[55] 参见格奥尔格·西贝克 1996 年 10 月 17 日致笔者信。格奥尔格·西贝克是说服韦伯担任《大纲》的主编的保罗·西贝克(1855—1920)的曾孙,在《大纲》完成之时,他的祖父奥斯卡·西贝克(1880—1936)正在担任出版社的头儿。《经济与社会》出版后的头 25 年中,共售出不到 2000 本。参见冈瑟·罗思:"德国与美国的'价值中立'"("'Value-Neutrality' in Germany and the United

States"），载莱因哈德·本迪克斯与冈瑟·罗思：《学术与党派：马克斯·韦伯研究文集》（*Scholarship and Partisanship: Essays on Max Weber*）（伯克利：加利福尼亚大学出版社，1971），第 43 页。

[56] 尤其可见艾尔弗雷德·阿蒙（Alfred Amonn）："维塞尔的《社会经济理论》第 I 部分和第 II 部分"（*Wieser's 'Theorie der gesellschaftlichen Wirtschaft', I-II*），《社会科学与社会政策文库》53（1924—1925），第 289—369、653—701 页。关于冯·维塞尔的著作的英译本，参见下一条注解。

[57] 按照字面意思可译作《社会经济理论》（*Theory of Social Economy*）。1927 年，冯·维塞尔的著作被译成英文时，采用了一个较短而且较传神的标题：《社会经济学》（*Social Economics*）。翻译者 A. 福特·欣里克（A. Ford Hinischs）是布朗大学的经济学助理教授。参见弗里德里克·冯·维塞尔：《社会经济学》（伦敦：艾伦与安文出版社，1927）。罗伯特·利夫曼认为，"（冯·维塞尔的作品）的标题或许应当被看作对社会学视角的一种妥协"；参见罗伯特·利夫曼："评《社会经济学大纲》第一、二、六部"，《政治杂志》第 8 期（1915），第 589 页。

[58] 弗里德里克·冯·维塞尔："社会经济理论"（*Theorie der gesellschaftlichen Wirtschaft*），《社会经济学大纲第一部分经济与经济学》。

[59] 弗里德里克·冯·哈耶克："弗里德里克·冯·维塞尔（1851—1926）"，《自由主义的财富》（*The Fortunes of Liberalism*）（伦敦：罗德里奇出版社，1992）；韦斯利·克莱尔·米歇尔（Wesley Clair Mitchell）："前言"，冯·维塞尔：《社会经济学》，第 ix 页；奥斯卡·摩根斯坦（Oskar Morgen-Stern）："弗里德里克·冯·维塞尔，

1851—1926",斯蒂芬·利特尔柴尔德(Oscar Morgenstern):《奥地利经济学》(*Austrian Economics*)第1卷(奥尔德肖特,英格兰:爱德华·埃尔加出版社,1990),第68页;约瑟夫·A.熊彼特:"弗里德里克·冯·维塞尔,1851—1926",《十位伟大的经济学家》(*Ten Great Economists*)(纽约:牛津大学出版社,1951),第162页。

[60] 1914年4月2日马克斯·韦伯致出版商信,转引自温克尔曼:《马克斯·韦伯的遗作》,第38页。

[61] 冯·维塞尔曾经告诉韦伯,他认为这一转变非常重要,但也"非常困难"。参见1909年7月15日,弗里德里克·冯·维塞尔致马克斯·韦伯信,载马克斯·韦伯:《信件(1909—1910),马克斯·韦伯全集II/6》(*Briefe 1909—1910. Max Weber Gesamtausgabe II/6*)(图宾根:J. C. B.摩尔出版社,1994),第183页。关于韦伯所设想的冯·维塞尔给《大纲》的稿件,亦可见其1909—1910年计划(在计划中,韦伯说,这一部分拟议中的作者冯·维塞尔将使用"递减的抽象"原则来接近"经验现实");参见温克尔曼:《马克斯·韦伯的遗作》,第151页。冯·维塞尔从"简单经济"讲到"社会经济"的部分在《社会经济学》的第149—167页。

[62] 在这本书最初的版本中,冯·维塞尔的社会学笔记只有以下几个引用来源:艾伯特·舍夫勒、阿道夫·瓦格纳、古斯塔夫·冯·施穆勒、卡尔·门格尔、欧根·冯·菲力波维茨,以及他本人。不过,在1924出版的(未修改的)第二版中,冯·维塞尔加上了费迪南德·滕尼斯、格奥尔格·齐美尔和马克斯·韦伯。

[63] 熊彼特对"社会学"(*Soziologie*)和"经济社会学"(*oekonomische Soziologie*)的使用,参见约瑟夫·A.熊彼特:"新时期学说与方法史"(*Epochen der Dogmen-und Methodengeschichte*),《社会

经济学大纲 第一部 经济与经济学》，第37、70、72页。对于熊彼特而言，在他的思想的这一阶段，社会学代表了"对社会的更深刻的洞见"，是"关于社会制度和社会组织的原则的令人满意的理论"（第72页）。

[64] 对于熊彼特作品中这一主题的追溯，可参见理查德·斯威德伯格：《熊彼特传》（Schumpteter—A Biography）（普林斯顿，新泽西：普林斯顿大学出版社，1991）。

[65] 熊彼特：《经济分析史》，第12—24页。

[66] 约瑟夫·A.熊彼特：《经济学学说与方法》（Economic Doctrine and Method）（伦敦：艾伦与安文出版社，1954），第173页。

[67] 参见哈维·莱本斯坦（Harvey Leibenstein）："消费者需求理论中的赶时髦、势利眼和凡勃伦效应"（"Bandwagon, Snob and Veblen Effects in the Theory of Consumers' Demand"），《经济学季刊》（Quarterly Journal of Economics）64（1950年5月），第183—207页。

[68] 韦伯在作品中应用了社会机制的思想，但没有用这个词语。参见彼得·赫德斯特罗姆与理查德·斯威德伯格："社会机制"（"Social Mechanisms"），《社会学学报》39（Acta Sociologica 39）（1996），第281—308页。

[69] 关于经济社会学的更详细的历史，参见理查德·斯威德伯格："经济社会学：过去与现在"，《今日社会学》（Current Sociology）35（1987年春季号），第1—221页。

[70] 尤可见哈里森·怀特："市场从何而来"（"Where Do Markets Come From?"），《美国社会学杂志》87（1981），第517—547页；阿瑟·斯廷奇库姆：《经济社会学》（纽约：学术出版社，1983）；詹姆斯·科尔曼："社会结构引入经济分析"（"Introducing

Social Structure into Economic Analysis"),《美国经济评论》74（1985年第2期），第84—88页。

[71] 专著包括马克·格拉诺维特:《找工作》(Getting a Job)（剑桥，马萨诸塞：哈佛大学出版社，1974）；维维安娜·泽利泽:《道德与市场》(Morals and Markets)（纽约：哥伦比亚大学出版社，1979）；尼科尔·伍尔西·比加特(Nicole Woolsey Bigart):《卡理斯玛资本主义》(Charismatic Capitalism)（芝加哥：芝加哥大学出版社，1989）；弗雷德·布洛克(Fred Block):《后工业的可能性》(Postindustrial Possibilities)（伯克利：加利福尼亚大学出版社，1990）；尼尔·弗利格斯坦(Neil Flgstein)，《公司控制的转型》(The Transformation of Corporate Control)（剑桥，马萨诸塞：哈佛大学出版社，1990）；罗纳德·伯特(Ronald Burt):《结构洞：竞争的社会结构》(Structural Holes: The Social Structure of Competetion)（剑桥，马萨诸塞：哈佛大学出版社，1992）；弗兰克·多宾(Frank Dobbin):《制订产业政策》(Forging Industrial Policy)（剑桥：剑桥大学出版社，1994）。经济社会学读物还包括罗杰·弗里德兰(Roger Friedland)与 A. F. 罗伯逊(A. F. Robertson)（编）:《超越市场》(Beyond the Marketplace)（纽约：阿尔丁·德格吕耶出版社，1990）；沙伦·祖钦与保罗·迪马乔（编）:《资本的结构》(Structures of Capital)（剑桥：剑桥大学出版社，1990）；马克·格拉诺维特与理查德·斯威德伯格（编）:《经济生活中的社会学》(The Sociology of Economic Life)（玻尔得，科罗拉多：西方视界出版社，1992）；理查德·斯威德伯格（编）:《经济社会学的探索》(Explorations in Economic Sociology)（纽约：拉塞尔·塞奇基金，1994）。亦可见尼尔·斯梅尔瑟(Neil Smelser)与理查德·斯威德伯格（编）:《经济社会学手册》

(*Handbook of Economic Sociology*)（纽约：普林斯顿大学出版社及拉塞尔·塞奇基金，1994）；理查德·斯威德伯格："新经济社会学的成就与未来"（"New Economic Sociology: What Has Been Accomplished, What Is Ahead?"），《社会学学报》（*Acta Sociologica*）40（1997），第161—182页。

[72] 马克·格拉诺维特："经济行动与社会结构：嵌入性问题"（"Economic Action and Social Structure: The Problem of Embeddedness"），《美国社会学杂志》91（1985），第504页。

[73] 将利益驱动的进路与嵌入性概念结合起来的尝试，参见："导言"，格拉诺维特与斯威德伯格（编）：《经济生活中的社会学》，第1—26页。

[74] 尤可见马克·格拉诺维特："作为社会建构的经济制度：一个分析框架"（"Economic Institutions as Social Constructions: A Framework for Analysis"），《社会学学报》35（1992），第3—11页。

[75] 科尔曼："社会结构引入经济分析"，第84页。

[76] 马克·格拉诺维特："经济决策与社会结构：嵌入性问题"（"Economic Decisions and Social Structure: The Problem of Embeddedness"）（1982，未发表稿），第2页。更集中的论述可见该文的最后版本："经济行动与社会结构：嵌入性问题"，《美国社会学杂志》91（1985），第506页。

[77] 大概来说，新经济社会学一词（格拉诺维特创于1980年代中期）涵盖了本章的当代经济社会学的内容。参见马克·格拉诺维特："新老经济社会学：历史与规划"（"The Old and the New Economic Sociology: A History and an Agenda"），弗里德兰与罗伯逊（编）：《超越市场》，第89—112页。所谓老经济社会学，指的是

包括帕森斯和斯梅尔瑟在内的某些产业社会学家们在1950年代和1960年代所从事的社会学研究。

[78] 类似的论点可见马歇尔·迈耶（Marshall Meyer）："组织研究中的韦伯传统"（"The Weberian Tradition in Organization Research"），克雷格·卡尔霍恩（Craig Calhoun）等（编）：《权力与约束的结构》（*Structures of Power and Constraint*）（剑桥：剑桥大学出版社，1990），第191—215页。

[79] 通常，《经济与社会》的第3章、第11章被主流社会学当作官僚制理论而引用。例如，《韦伯选集》中"官僚制"部分的标题就来自第11章。参见格斯与米尔斯（编）：《马克斯·韦伯文选》，第196—244页；《经济与社会》，第956—1005页，或德文版第551—579页。

[80] 韦伯在其法律社会学中泛泛地讨论了这个问题和组织的产生问题。参见本书第4章。

[81] 参见维维安娜·泽利泽：《道德与市场》；维维安娜·泽利泽：《给无价的孩子定个价》（*Pricing the Priceless Child*）（纽约：基本图书公司，1985）。在另一本书中，泽利泽分析了货币的社会维度，恰恰站在了包括韦伯在内的多数社会学理论家的对立面，反对将货币视为某种"非人格化的"因而是非社会的事物。参见维维安娜·泽利泽：《货币的社会意义》（*The Social Meaning of Money*）（纽约：基本图书公司，1994）。

[82] 韦伯：《新教伦理与资本主义精神》（伦敦：艾伦与安文出版社，1930），第17页；或德文版，"前言"（*Vorbemerkung*），《宗教社会学论文集》第1卷（图宾根：J.C.B.摩尔出版社，1988），第4页。

[83] 对比寻租思想与韦伯的政治社会学概念是一件有趣的事情，通过这一比较可以找出二者差异的程度，也许还有互为补充的方面。然而，寻租主要研究当代和现代的自由资本主义，而韦伯的政治社会学的分析则集中于古代和前工业时代的营利活动。韦伯的资本主义分析进一步考察了历史事例，而有关寻租的文献通常试图构造出一般性的模型。除了韦伯关于政治资本主义的论述以外，"租"的概念还在他的经济社会学中起着重要的作用。根据韦伯的看法，租是与财富、家计经济相关的，而不是与资本和营利相关，而且它通常会对经济的其他部分起到保守的影响（参见图表2.10）。

[84] 韦伯："民族国家与经济政策"，《政论集》，或德文版，"民族国家与经济政策"（1895）["Der Nationalstaat und die Volkswirtschaftspolitik（1895）"]，《政治论文集》，第12—13页。着重号为笔者所加。

附录　韦伯经济学思想的演变

[1] 马克·布劳格（Mark Blaug）（编）：《经济学风云人物》（Who's Who in Economics）（剑桥，马萨诸塞：麻省理工学院出版社，1986），第872页。类似的观点将在本章最后一部分一一列举。笔者同意基思·特赖布关于韦伯和社会学的以下观点："韦伯并不认为他的计划在本质上是社会学的，但是，在他去世之后，他的作品主要被认为是属于这个学科的。这二者并不完全契合，造成人们过分强调韦伯的研究计划的某些方面，而完全

忽视另外一些方面。"参见基思·特赖布（Keith Tribe）："译者引言"（"Translator's Introduction"），威廉·亨尼斯：《马克斯·韦伯》（伦敦：艾伦与安文出版社，1988），第2—3页。关于韦伯的著作目录，参见理查德·斯威德伯格："马克斯·韦伯的经济社会学目录"（"Max Weber's Economic Sociology: A Bibliography"），载《劳动-组织-经济工作论文》（Working Papers Work-Organization-Economy），斯德哥尔摩大学社会学系，1998。

[2]"韦伯开始时就是一位经济学家，而且始终是一位政治经济学家"，引自拉尔夫·达伦道夫："马克斯·韦伯与现代社会科学"（"Max Weber and Modern Social Science"），沃尔夫冈·莫姆森与于尔根·奥斯特哈默尔（编）：《马克斯·韦伯及其同时代人》，第574页。亦可见韦伯："学术作为一种志业"，汉斯·格斯与C.赖特·米尔斯（编）：《马克斯·韦伯文选》，第129页，或德文版，《科学学论文集》。在1908、1909年的论文中，以及在1909年4月13日致布伦塔诺的信中，韦伯都称经济学为"我们的学科"；参见马克斯·韦伯："边际效用理论与'心理-物理学的基本法则'"（"Marginal Utility Theory and 'The Fundamental Law of Psycho-Physics'"），《社会科学季刊》56（1975），第31页，或德文版，《科学学论文集》，第393页；马克斯·韦伯："文化的'活力'论"，《美国中部社会学评论》9（1984），第42页；或德文版，《科学学论文集》，第413页；马克斯·韦伯：《信件（1909—1910），马克斯·韦伯全集 II/6》（Briefe 1909–1910. Max Weber Gesamtausgabe II/6）（图宾根：J. C. B. 摩尔出版社，1994），第93页；在1895年弗莱堡就职演说中，韦伯宣称自己是历史学派的成员，参见马克斯·韦伯："民族国家与经济政策"，《政论集》，第19页，或德文版，

《政治论文集》，第 16 页。

[3] 卡尔·雅斯贝尔斯：《论马克斯·韦伯》(On Max Weber)（纽约：模范图书公司，1989），第 98 页（译文略有改动）；玛丽安娜·韦伯：《马克斯·韦伯传》，第 423 页。

[4] 关于官房学及早期德国经济学的综合研究，参见基思·特赖布：《治理经济：1750—1840 年德国经济学话语的转变》(Governing the Economy: The Reformation of German Economic Discourse, 1750—1840)（剑桥：剑桥大学出版社，1988）。关于 19 世纪德国的经济思想史的介绍，参见哈拉尔德·温克尔(Harald Winkel)："社会法学派"，《19 世纪的德国国民经济学》(Die deutsche Nationaloekonomie im 19. Jahrhundert)（达姆施塔特：学术图书公司，1977）。

[5] 威廉·罗雪尔(Wilhelm Roscher)：《历史方法的国民经济学讲义大纲》(Grundriss zu Vorlesungen ueber die Staatswissenschaft. Nach geschichtlicher Methode)（哥廷根：万能图书出版社，1843），第 v 页。该书序言的英译本（由 W. J. 阿什利翻译），即"罗雪尔的 1843 年纲领"("Roscher's Programme of 1843")，《经济学季刊》(Quarterly Journal of Economics) 9（1894—1895），第 99—105 页。弗里德里克·卡尔·冯·萨维尼(1779—1861)是德国历史法学派的创始人，他的主要思想之一就是，法律不是理性的创造物，而是国家经验的产物。卡尔·弗里德里克·艾希霍恩(1781—1854)是德国历史法学派的主要人物。

[6] 罗雪尔：《政治经济原则》(Principles of Political Economy)（纽约：亨利·霍尔特出版社，1978），第 1 卷，第 111 页。

[7] 罗雪尔：《大纲》，第 iv、3、4 页。

[8] 这一主题在卡尔·克尼斯（Karl Knies）1853年的主要作品中就已经得到讨论，并且在该书1883年修订扩充的第2版中得到了更进一步的讨论。参见卡尔·克尼斯：《历史方法观的国民经济学》(Die politische Oekonomie vom Standpunkte)（莱比锡：汉斯·布斯克出版社〔1883〕1930），第106—141页。

[9] 原文引自："施穆勒论罗雪尔"("Schmoller on Roscher")，亨利·威廉·施皮格尔（Henry William Spiegel）（编）：《经济思想的发展》(The Development of Economic Thought)（纽约：威利父子出版社，1952），第365页。

[10] 古斯塔夫·冯·施穆勒：《社会政策和国民经济学的根本问题》(Ueber einige Grundfragen der Socialpolitik und der Volkswirtschaftslehre)（莱比锡：邓克尔与亨布洛特出版社，1898），第338页。

[11] 熊彼特：《经济分析史》（伦敦：艾伦与安文出版社，1954），第802页。亦可见亚伯拉罕·厄舍（Abraham Asher）："作为宣传家的教授：天主教社会主义的政治学"("Professors as Propagandists: The Politics of Kathedersozialisten")，《中欧事务杂志》(Journal of Central European Affairs) 23（1963），第282—302页。

[12] 这一部分是基于古斯塔夫·冯·施穆勒："国民经济、国民经济学及其方法"("Volkswirtschaft, Volkswirtschaftslehre und -methode")，J.康拉德（J. Conrad）等（编）：《国家学手册》(Handwoerterbuch der Stattswissenschaften) 第6卷（耶拿：古斯塔夫·费舍出版社，1894），第527—563页。

[13] 埃德温·盖伊（Edwin Gay）："经济史的任务"，弗雷德里克·莱恩（Frederic Lane）与杰利·里摩斯玛（Jelle Riemersma）（编）：《企业与世俗变迁》(Enterprise and Secular Change)（伦敦：乔

治·艾伦与安文出版社，1953），第411页。盖伊曾经在柏林与施穆勒一起作研究。引语的原文是："*Aber, meine Herren, es ist alles so unendlich compliziert*。"

[14] 卡尔·门格尔：《德国国民经济学的历史主义的谬误》(*Die Irrthuemer des Historismus in der deutschen Nationaloekonomie*)（维也纳：艾尔弗雷德·霍德尔出版社，1884），第46页。施穆勒所谓的经济学大厦中的一个小房间出自其"国家学与社会科学的方法论"("*Der Methodologie der Staats- und Sozialwissenschaften*")，《立法行政和国民经济年鉴》(*Jahrbuch für Gesetzgebung, Verwaltung und Volkswirtschaft*) 7（1883），第251页。

[15] 卡尔·门格尔：《社会科学方法论探讨——以经济学为参考》(*Investigations into the Method of the Social Sciences with Special Reference to Economics*)（纽约：纽约大学出版社，〔1883〕1985），第139—159页。在我看来，门格尔在这方面对韦伯的影响是很清楚的，这一点可以从韦伯在《罗雪尔与克尼斯》(1903—1906)中关于"经济学的根本性错误"的著名陈述中看到："经济学的根本的实质问题和方法论问题是由以下问题构成的：如何解释经济生活中的制度的起源与持续，这些制度不是通过集体手段有意地创造出来的，但是（在我看来）却有意地发挥其功能？"参见韦伯：《罗雪尔与克尼斯：历史学派经济学的逻辑问题》(*Roscher and Knies: The Logical Problems of Historical Economics*)（纽约：自由出版社，1975），第80页，或德文版，《科学学论文集》，第29页。

[16] 哈耶克写道："门格尔对历史和制度的发生非常有兴趣，而且，他急切地想要强调理论的任务和历史的任务之真正差异的性质，并且防止其方法的混淆。正如他所阐述的那样，其区别

大大地影响了里克特和马克斯·韦伯的后期作品"。参见弗里德里克·冯·哈耶克:《自由主义的财富》(伦敦:罗德里奇出版社,1992),第 78 页注解 49。

[17] 马克斯·韦伯:"社会政策协会 1909 年维也纳会议上关于国民经济生产力的辩论",《社会学与社会政策论文集》,第 419 页。此外,亦可见威廉·亨尼斯:"无情的'判断的清醒':卡尔·门格尔与古斯塔夫·冯·施穆勒之间的马克斯·韦伯——价值无涉的学术政治"("The Pitiless 'Sobriety of Judgement': Max Weber between Carl Menger and Gustav von Schmoller——The Academic Politics of Value Freedom"),《人文科学的历史》4 (1991),第 28—59 页。

[18] 熊彼特:《经济分析史》,第 21、819 页。在第 21 页上,熊彼特使用了"Sozialoekonomie"一词,并将它译作"社会经济学"(social economics)。

[19] 让-巴蒂斯特·萨伊(Jean-Baptiste Say):《实用政治经济学教程》(*Cours complet d'économie politique practique*)(巴黎:拉皮利出版社,1828),第 1 卷,第 2 页。马克西姆·勒罗伊(Maxime Leroy)说,最早使用这个词的是德斯蒂·德特拉西(Destutt de Tracy)(1820 年代早期),接下来是西斯蒙第(Sismondi)使它流行开来;参见马克西姆·勒罗伊:《法国社会思想史》(*Histoire des idées socials en France*)(巴黎:伽利玛出版社,1962),第 2 卷,第 163 页。不过,萨伊的作品在译成德文时,译者把"*économie sociale*"(社会经济学)翻成了"*die gesellschaftliche Staatswirtschaft*"(社会的国家经济),而不是"*Sozialökonomie*"。德文中使用"*Sozialökonomie*"(或类似词语)的最早记录是 1846 年的一本非经济学作品("Social-

Oekonomie")；而经济学作品中首次使用这个词是在1848年[布鲁诺·希尔德布兰德的一本书，标题为《当前和将来的国民经济学》(*Die Nationalökonomie der Gegenwart und Zukunft*)]。关于萨伊的译文的信息，亦可见F.利夫席茨（F. Lifschitz）:"J. B.萨伊的经济学方法论"("J. B. Says Methodologie der Wirtschaftwissenschaft")，《国民经济学与统计学年鉴》(*Jahrbuecher für Nationalökonomie und Statistik*) 28（1904），第614—624页。关于"社会经济学"或类似术语在德国有记录可查的最早的使用信息，参见L. H.阿道夫·格克（L. H. Adolph Geck）：《探究德语中的"Sozial"一词》(*Ueber das Eindringen des Wortes Sozial in die deutsche Sprache*)（格丁根：奥托·施瓦茨出版社，1963），第38、41页。关于这个词的其他一些信息，亦可见理查德·斯威德伯格："熊彼特的社会经济学观点"("Schumpeter's Vision of Socioeonomics")，《社会经济学杂志》(*Journal of Socico-Economics*) 24（1995），第525—544页。

[20] 穆勒本人将"社会经济学"视为研究"人的天性的每一个部分及其对社会中的人的行动或条件的影响"的科学。参见约翰·斯图亚特·穆勒："政治经济学的定义及其合适的研究方法（1838）"["On the Definition of Political Economy；and on the Method of Investigation Proper to It（1838）"]，《论政治经济学尚未解决的问题》(*Essays on Some Unsettled Questions of Politial Economy*)（伦敦：约翰·W.帕克出版社，1844）。

[21] 人们曾经试图追踪使用了"社会经济学"一词的作品的不同版本，因为这个词的每一个版本都可以说呈现出新的面貌。作品及其出版时间胪列如下。布鲁诺·希尔德布兰德：《现在和将来的国民经济学》（1848），引自格克：《探究德语中的

"Sozial"一词》，第48页；威廉·罗雪尔:《国民经济学原理》(*Die Grundlagen der Nationalökonomie*)（斯图加特: J. G. 格特舍尔出版社，1854)，第24页（引用了萨伊及其他人的"*économie sociale*"）；艾伯特·舍夫勒:《人类经济的社会体系》(*Das gesellschaftliche System der menschliche Wirtschaft*)（图宾根: J. C. B. 摩尔出版社，1867），第3页（"Sozialökonomie"）；欧根·杜林:《略论国民经济学与社会经济学: 兼及财政政策要旨》(*Cursus der National- und Sozialökonomie einschliesslich der Hauptpunkte der Finanzpolitik*)（柏林:冯特奥巴尔德·格里本出版社，1973）；欧根·杜林:《略论国民经济学与社会经济学》(*Cursus der National- und Sozialökonomie*)，第2版（修订版）（莱比锡：菲斯出版社，1876)，第3页；卡尔·克尼斯:《政治经济学》(*Die politische Oekonomie*,〔1883〕1930)，第3页（"*sociale Oekonomie*"）。1882、1883年，海因里希·迪茨尔把"*économie sociale*"译作"Socialwirtschaftslehre"，参见海因里希·迪茨尔:《关于国民经济学与社会经济学的情况》(*Ueber das Verhaeltnis der Volkswirtschaftslehre zur Socialwirtschaftslehre*)（柏林：普特卡默和米尔布拉奇特出版社，1882），以及海因里希·迪茨尔:"社会经济学及其基本概念初探"（"*Der Ausgangspunkt der Socialwirtschaftslehre und ihr Grundbegriff*"），《商法杂志》39（1883），第1—80页。卡尔·门格尔在其1883年的著作中使用的是"*sociale Oekonomie*"，以此词明确地指称萨伊的"*économie sociale*"；参见卡尔·门格尔:《关于社会科学和政治经济学方法的研究》(*Untersuchungen ueber die Methode der Socialwissenschaften, und der Politischen Oekonomie*)（莱比锡：邓克尔与亨布洛特出版社，1883)，第251页。亦可见韦尔纳·桑巴特:《罗马的战争: 一个社会经济学的研究》(*Die roemische Campagna.*

Eine sozialökonomische Studie）（莱比锡：邓克尔与亨布洛特出版社，1888）。给出这么多与迪茨尔同时甚至更早使用"社会经济学"一词的经济学家的例子，我们便完全有理由否认亨尼斯与温克尔曼的说法，即韦伯是从迪茨尔那里学到这个词的；参见约翰尼斯·温克尔曼:《马克斯·韦伯的遗作》，第 12 页注解 21；威廉·亨尼斯:"人的科学：马克斯·韦伯与德国历史学派政治经济学"（A Science of Man: Max Weber and the Political Economy of the German Historical School），载莫姆森与奥斯特哈默尔（编）：《马克斯·韦伯及其同时代人》，第 53 页注解 23。亨尼斯确信，韦伯读了 1883 年出版的克尼斯的课本（"sociale Oekonomie"已经出现其中），他还指出，这个课本"正是在韦伯最终认识到他的老师的才能的那个学期"出版的；参见亨尼斯："人的科学"（第 41 页）。韦伯在其 1898 年的经济学阅读指南中也列出了这本书的 1883 年的版本；参见韦伯：《1898 年普通（理论）国民经济学讲座大纲》，第 5 页。克尼斯与萨伊一样，确信经济学意味着一种对社会的分析，"只要我们指出，'政治经济学'一词必须与'社会经济学'含义相仿就够了"（《历史方法观的国民经济学》，第 3 页）。

[22] 不过，对迪茨尔来说，"社会经济学"是集中于那些作为个人行动的结果的现象的科学。参见迪茨尔:《社会经济学理论》（Theoretische Sozialökonomik）（莱比锡：C. F. 温特沙·沙德朗出版社，1895），第 1 卷，第27—28 页。列昂·瓦尔拉斯（Léon Walras）也曾经创造性地将"社会经济学"界定为有关"社会财富分配的科学"；参见列昂·瓦尔拉斯:《纯粹经济学的要素，或社会财富的理论》（Elements of Pure Economics or the Theory of Social Wealth）（伦敦：艾伦与安文出版社，〔1874〕1954），第 79 页。在这一点

上明确追随瓦尔拉斯的人是克努特·威克塞尔，他并且补充说，"*socialekonomi*"（社会经济学）与"经济政策"是一个意思；参见克努特·威克塞尔：《国民经济讲座》(*Föreläsningar i nationalekonomi*)（隆德：格莱鲁普斯出版社，〔1901〕1966），第 1 卷，第 6 页。

[23] 施穆勒特别反对海因里因·迪茨尔的用法，按照这种用法，国家不是"社会经济"的一部分。参见古斯塔夫·冯·施穆勒："国民经济、国民经济学及其方法"，康拉德(J. Conrad)等（编）：《国家学手册》(*Handwörterbuch der Stattswissenschaften*) 第 8 卷（耶拿：古斯塔夫·费舍出版社，1911）。在同年出版的另一本书中，艾尔弗雷德·阿蒙说，"由于'国民经济学'在当前看来似乎不'正确'，可以试试'*Sozialwirtschaftslehre*'，或者'*Sozialökonomie*'或'*Sozialökonomik*'（此三词都具有'社会经济学'的语义。——译者）"。参见艾尔弗雷德·阿蒙：《国民经济学的对象和基本概念》(*Objikt und Grundbegriffe der Theoretischen Nationalökonomie*)（莱比锡：弗朗茨·多伊蒂克，1911），第 440 页。

[24] 熊彼特：《经济分析史》，第 535 页。

[25] 事实上，马歇尔非常关注该用什么词来代替已经过时的"政治经济学"。有意思的是，《经济学原理》中宣称，对经济现象的分析"用较宽泛的'经济学'来要比'政治经济学'表述得更好"，在该书的第 3、4 版中，马歇尔的著名陈述是这样的：对经济现象的分析，"最好是用'社会经济学'，或者仅仅'经济学'来表述，都要比'政治经济学'要好。"参见艾尔弗雷德·马歇尔：《经济学原理》（伦敦：麦克米兰出版社，1961）集注版，第 1 卷第 43 页，第 2 卷第 159 页。感谢帕特里克·阿斯珀斯提醒我注意到马歇尔的这段文字。

[26] 笔者同意让-雅克·吉斯兰(Jean-Jacques Gislain)和菲力普·斯坦纳(Philippe Steiner)的观点，认为有证可考的最早使用"经济社会学"一词的是杰文斯(参见他 1879 年为《经济学原理》第 2 版写的前言)。参见让-雅克·吉斯兰与菲力普·斯坦纳：《1890—1920 年代的经济社会学》(La sociologie économique 1890—1920)(巴黎：法兰西大学出版社，1995)，第 10—11 页。杰文斯以斯宾塞式的眼光来看待社会学，并且将经济社会学定义为关于"经济形式与关系的发展的科学"；W. 斯坦利·杰文斯(W. Stanley Jevons)："第 2 版前言(1879)"，《政治经济学理论》，第 xvi 页(纽约：奥古斯都·M. 凯利出版社，〔1905〕1965)。像门格尔一样，杰文斯想要通过把严格的分工引入经济学来提高经济学的水平，"经济社会学"将与诸如"财政科学"、"商业统计学"、"系统和描述的经济学"、"经济学的数理理论"等区分开来；参见 W. 斯坦利·杰文斯："政治经济学的未来(1876)"〔"The Future of Political Economy (1876)"〕，《经济学原理》(伦敦：麦克米兰出版社，1905)，第 185—206 页；以及杰文斯："第 2 版前言(1879)"，《政治经济学理论》，第 xvii 页。对于杰文斯的经济社会学概念的批评，参见托马斯·爱德华·克利夫·莱斯利(Thomas Edward Cliffe Leslie)对杰文斯 1879 年作品的评论，载 R. D. 科利森·布莱克(R. D. Collison Black)(编)：《威廉·斯坦利·杰文斯的作品与通信》(Papers and Correspondence of William Stanley Jevons)(伦敦：麦克米兰出版社，1981)。在法国，涂尔干在 1890 年代中期提出了"sociologie économique"，参见《社会学年鉴》(1896—1897)第 1 期标题为"Sociologie Economique"的部分。

[27] "经济学属于……社会学的领域"，参见弗朗茨·奥本海

默:"经济学与社会学"(Oekonomie und Soziologie),《社会学月刊》(Monatsschrift für Soziologie) 1 (1909),第 607 页。大约与此同时,奥地利经济学家弗里德里克·冯·维塞尔也对社会学产生了兴趣。关于维塞尔与经济社会学,参见本书第 6 章关于《经济社会学大纲》的部分。

[28] 施穆勒:"国民经济学"(Volkswirtschaft)(1894),第 539 页。

[29] 关于这一点,熊彼特在《经济分析史》中宣称,"施穆勒派的经济学家实际上是最广泛意义上的有历史关怀的社会学家"(第 812 页)。施穆勒在柏林的继承人认为,"施穆勒首先是一位社会学家";参见海因里希·赫克纳:"作为社会学家的古斯塔夫·施穆勒"("Gustav Schmoller als Soziologe"),《国民经济学与统计学年鉴》118 (1922),第 3 页(其他持相同观点的人还包括卡尔·布林克曼、格奥尔格·冯·贝洛等)。法国社会学家爱弥尔·涂尔干、保罗·福科内的看法是,施穆勒的《大纲(1900—1904)》包括了"经济学视角下的社会学",参见爱弥尔·涂尔干与保罗·福科内:"社会学与社会科学"("Sociologie et sciences socials"),《哲学杂志》(Revue philosophique) 55(1903 年 1 月至 6 月),第 496 页。

[30] "经济学与社会学"的两个教席给了弗朗茨·奥本海默(法兰克福大学)和利奥波德·冯·威斯(科隆大学)。在 1919—1933 年间,在德国任命的教授中,头衔中有"社会学"的共有 40 个,而其中 13 个的头衔是"经济学与社会学"。具体的头衔又有些不同。例如,阿道夫·洛伊在 1926 年被委任为基尔大学的"经济理论与社会学"教授;1932 年,还是在基尔大学,弗里茨·卡

尔·曼获得了"国民经济学与社会学"教席。参见迪尔克·克斯勒（Dirk Käsler）：《1909 年至 1934 年早期德国社会学及其产生的社会环境：一个社会学的科学研究》（*Die Fruehe deutsche Soziologie 1909 bis 1934 und ihre Entstehungsmilieus. Eine wissenschaftssoziologische Untersuchung*）（奥普拉登：西德意志人出版社，1984），第 626—628 页。

[31] 根据一项对 1900—1930 年德国出版的经济学杂志的主题的分析，"社会学与哲学"主题的论文，在《施穆勒年鉴》中占 6%—10%；在《社会科学与社会政策文库》中占 15%—20%；在《社会科学杂志》（*Zeit schrift für Sozialwissenschaft*）中约占 5%—10%；在《社会科学杂志总汇》（*Zeit schrift für die gasamte Sozialwissenschaft*）上约占 10%。参见埃哈德·斯托尔汀（Erhard Stölting）：《魏玛共和国时期的社会学学术》（*Akademische Soziologie in der Weimarer Republik*）（柏林：邓克尔与亨布洛特出版社，1986），第 148—159 页。

[32]《货币哲学》中只有部分内容具有社会学的特点。例如，格奥尔格·齐美尔（Georg Simmel）：《货币哲学》（*The Philosophy of Money*）（伦敦：罗德里奇出版社，〔1906〕1978）。施穆勒与 G. F. 克纳普都给予齐美尔这本关于货币的书以好评，门格尔却持批评态度。施穆勒认为，齐美尔的作品具有"社会学与哲学的特点"，克纳普则认为，齐美尔的书与其说研究了经济理论，"毋宁说是研究货币经济的社会学的那一面"。关于施穆勒的观点，参见大卫·弗里斯比（David Frisby）："作品"，大卫·弗里斯比（编）：《格奥尔格·齐美尔：批评与评价》（*Georg Simmel: Critical Assessments*）（伦敦：罗德里奇出版社，1992）第 1 卷，第 197 页；关于克纳普的观点，参见大卫·弗里斯比：《自齐美尔以来》（*Simmel and Since*）（伦敦：罗德里奇出版社，1992），第 84 页。这一时期的其他经济

社会学作品如下：卡尔·瓦塞拉布（Karl Wasserab）：《国民经济的社会学》（Soziologische Nationalökonomie）（慕尼黑：邓克尔与亨布洛特出版社，1917）；鲁道夫·戈德沙伊德：《国家社会主义或国家资本主义：国债问题的财政社会学解决办法》（Staatssozialismus oder Staatskapitalismus. Ein finanzsoziologischer Beitrag zur Loesung des Staatsschulden Problems）（维也纳：安岑格鲁贝尔兄弟出版社，1917）；约瑟夫·A.熊彼特：《税务国的危机》（Die Krise des Steuerstaats）（格拉茨：洛伊施纳和卢本斯基出版社，1918）；约瑟夫·A.熊彼特：《帝国主义的社会学》（Zur Soziologie der Imperialismen）（图宾根：J.C.B.摩尔出版社，1919）；罗伯特·威尔布兰特：《经济学：经济的哲学与社会学思想》（Oekonomie. Ideen zu einer Philosophie und Soziologie der Wirtschaft）（图宾根：J.C.B.摩尔出版社，1920）。桑巴特也考虑，《现代资本主义》的第2版是不是"经济社会学……或其他类似方面"的作品，参见韦尔纳·桑巴特：《现代资本主义》（慕尼黑：多伊舍尔·塔申布什出版社，〔1916〕1987），第xvii页。最后还要提一句，卡尔·门格尔在其生命的最后几十年中（他在1921年去世）试图重铸其经济理论时，令人惊奇的是，据说是沿着经济社会学的方向；参见八木几一郎（Kiichiro Yagi）的论文中的材料和论点，八木几一郎："1871年以后的卡尔·门格尔"（"Carl Menger after 1871"）（1988，未刊稿）。门格尔自己并没有将自己的工作称为"社会学"，但是他的助手费利克斯·萨默里（Felix Somary）是这样认为的。而且，很明显，门格尔在这一段时间里对比较的、民族志的研究表现出某些兴趣。不过，八木带给我们的总体印象是，还需要对门格尔的作品进行更多的研究，才有可能知道门格尔试图要完成的工作，以及这一工作是否可以被合理地认为是经济社会学的组成部分。

[33] 韦伯在1882年5月2日致母亲的信中说,克尼斯的课"让人厌烦";而在1883年2月23日致父亲的信中,韦伯宣称,"即使(克尼斯的课程)受题材所限,不算有趣,但不管怎么说,都是以一种精细周到的方式进行的"。从1883年5月5日韦伯致父亲的信中可以看到他对克尼斯的课程的肯定的看法。参见韦伯:《青年时代的信札》(*Jugendbriefe*)(图宾根:J. C. B. 摩尔出版社,1936),第41、71、74页;亦可见玛丽安娜·韦伯:《马克斯·韦伯传》,第65页。根据海德堡大学档案馆提供的信息,韦伯在1883年夏季学期去听了克尼斯的"普通经济学(理论经济学)"[*Allgemeine Volkswirtschaftslehre (theoretische Nationalökonomie)*]课程。1882年,克尼斯的课他只去听了一次。在此还要感谢威廉·亨尼斯帮助笔者理解了韦伯与克尼斯的关系。

[34] 韦伯:《青年时代的信札》,第74页。1883年秋天,韦伯也读到了《普鲁士年鉴》上的古斯塔夫·冯·施穆勒关于政治经济学的文章。但是,尽管在1883年韦伯已经很认真地在读经济学文献,四年之后他仍然会说,"作为一名政治经济学家,我所知甚少"。参见马克斯·韦伯致父亲的信(1883年11月3日)、致赫尔曼·鲍姆加登(Hermann Baumgarten)的信(1887年9月30日),载《青年时代的信札》,第75、273页。

[35] 参见亨尼斯:"人的科学",莫姆森与奥斯特哈默尔(编):《韦伯和他的同时代人》,第25—58页。

[36] 对亨尼斯的主要挑战来自马丁·赖斯布罗特;参见马丁·赖斯布罗特(Martin Riesebrodt):"从家父长制到资本主义:马克斯·韦伯的农业研究的理论背景(1892—1893)"["From

Patriarchalism to Capitalism: The Theoretical Context of Max Weber's Agrarian Studies（1892—1893）"］，基思·特赖布（编）:《解读韦伯》(*Reading Weber*)（伦敦：罗德里奇出版社，1989），第144页。亨尼斯对赖斯布罗特的回答（即没有证据显示施穆勒对此产生影响），参见亨尼斯："无情的'判断的清醒'",《人文科学的历史》4（1991），第191页注解5。伯特伦·谢福尔德（Betram Schefold）："克尼斯，卡尔·古斯塔夫·阿道夫（1821—1898）"［"Knies, Karl Gustav Adolf（1821—1898）"］，约翰·伊特威（John Eatwell）、默里·米尔格（Murray Milgate）、彼得·纽曼（Peter Newman）（编）:《新帕尔格雷夫经济学词典》(*The New Palgrave: A Dictionary of Economics*)（伦敦：麦克米兰出版社，1987），第3卷，第55页。

[37] 亚历山大·冯·谢尔廷："马克思·韦伯的历史文化科学的逻辑理论，尤其是理想型概念"（"*Die logische Theorie der historischen Kulturwissenschaft von Max Weber und im besonderen sein Begriff des Idealtypus*"）,《社会科学与社会政策文库》49（1922），第705页。

[38] 所谓"三分之一个经济学家"，参见韦伯1891年1月3日致赫尔曼·鲍姆加登的信，载《青年时代的信札》，第327页。

[39] 于尔根·巴克豪斯曾经说，"韦伯小心翼翼地避免就学于施穆勒、瓦格纳这样的柏林的所有大经济学家"。笼统地看，这句话说得对，不过应当注意到，在柏林时，韦伯的确去听过瓦格纳的课，课程也许是政治科学方面的（"国家学课程"）。巴克豪斯上述议论参见哈拉尔德·哈格曼（Harald Hagemann）："韦伯纳·桑巴特的学术在应用领域站得住脚吗？"（"How Well Has Werner Sombart's Scholarship Stood Up in the Applied Fields?"），于尔根·巴克豪斯:《社会科学家韦尔纳·桑巴特（1862—1941）》（马

尔堡：大都会出版社，1996），第1卷，第149页。关于韦伯学生时代的诸位老师，参见韦伯附于其第一篇博士论文之后的生平介绍，刊载于约翰尼斯·温克尔曼："马克斯·韦伯的论文"（"Max Webers Dissertation"），勒内·柯尼希（René König）与约翰尼斯·温克尔曼（编）：《回忆马克斯·韦伯》（*Max Weber zum Gedaechtnis*）（科隆：西德意志人出版社，1963），第12页。

[40] 玛丽安娜·韦伯：《马克斯·韦伯传》，第115页。

[41] 这篇论文成为另一个更大部头的作品的第3部分，即马克斯·韦伯："中世经贸易公司的历史（1889）"["Zur Geschichte der Handelsgesellschaftsgeschichte（1889）"]，《社会史与经济史论文集》，第312—443页。尽管这一部分构成了其论文，但是，技术上来说，韦伯自己从来没有将整本书当作自己的博士论文（"我那本起着博士论文作用的书"）；参见韦伯1889年7月30日致赫尔曼·鲍姆加登的信，载韦伯：《青年时代的信札》，第312页。

[42] 马克斯·韦伯：《罗马农业史对国家法和私法的意义（1891）》，《马克斯·韦伯全集 I/2》（*Die roemische Agrargeschichte in ihre Bedeutung für das Staats-und Privatrecht (1891). Max Weber Gesamtausgabe I/2*）（图宾根：J. C. B. 摩尔出版社，1986）。

[43] 玛丽安娜·韦伯：《马克斯·韦伯传》，第124页；1891年1月3日致赫尔曼·鲍姆加登的信，载韦伯：《青年时代的信札》，第327页。

[44] 马克斯·韦伯：《易北河以东地区农业工人的状况》，《马克斯·韦伯全集 I/3》（*Die Lage der landarbeiter im ostelbischen Deutschland. 1892. Max Weber Gesamtausgabe I/3*）（图宾根：J. C. B. 摩尔出版社，

1984），第 18—1057 页。

[45] G. F. 克纳普：" 评论 "（"*Referat*"），社会政策协会：《社会政策协会1893年3月20—21日柏林全体大会的讨论》（*Verhandlungen der am 20. und 21. Maerz 1893 in Berlin abgehaltenen Generalversammlung des Vereins für Sozialpolitik*）（莱比锡：邓克尔与亨布洛特出版社，1893），第 7 页。

[46] 引自韦伯在弗莱堡的就职演说；参见马克斯·韦伯："民族国家与经济政策"，《政论集》，第 8 页，或德文版，《政治论文集》，第 7 页。

[47] 近年来的韦伯早期作品研究认为，"*Arbeitsverfassung*"概念是这一进路的关键所在。同时，研究者们也指出，这个词语非常难以翻译。例如，劳伦斯·斯卡夫认为，这个词"是历史条件既定的劳动'构成'或劳动'组织'，或者劳动关系的一种简化的总结"；基思·特赖布指出，"韦伯经常会用到'*Arbeitsverfassung*'这个词，而这个词比较难以理解……问题在于，从字面意义上来说，'*Arbeitsverfassung*'指的是像英国议会那样的'政体'，韦伯等人使用这个词是要表明，法律、经济和政治条件制约着劳动雇佣和劳动者与特殊个体的劳动关系"。参见劳伦斯·斯卡夫："马克斯·韦伯作品的主题统一性问题"，特赖布（编）：《解读韦伯》，第 44 页；特赖布："译者按语"，《解读韦伯》，第 185 页。

[48] 韦伯：《易北河以东地区农业工人的状况》，《马克斯·韦伯全集 I/3》，第 920—921 页。

[49] 韦伯："德国的农业工人（1894）"["*Die deutschen Landarbeiter (1894)*"]，转引自斯卡夫："韦伯式社会学之前的韦伯"，特赖布（编）：《解读韦伯》，第 27—28 页。

[50] 起初，菲力波维茨首先推荐的是弗里德里克·冯·维塞尔，其次是马克斯·塞林。这个名单后来发生改变的原因不详，但无论如何，在菲力波维茨的第二份名单上，韦伯是首选，其次是卡尔·约翰内斯·富克斯（Carl Johannes Fuchs，他后来接替了韦伯在弗莱堡的教职）和沃尔特·洛茨（Walter Lotz）；参见基思·特赖布：《经济秩序的策略：1750—1950年德国的经济学话语》（剑桥：剑桥大学出版社，1995），第82页。根据1893年《政治经济学杂志》上的一则启事，菲力波维茨的离开使弗莱堡大学很受损失，因为这所大学"已经损失了霍尔斯特教授"，参见《政治经济学杂志》（Journal of Political Economy）1（1893），第264页。要了解弗莱堡大学在1890年代的课程与研讨会的情况，参见该校1889—1990学年度冬季学期和1890年夏季学期的课程表（轶名）："德国大学的公法与政治经济学指南"，《美国政治与社会科学学术年鉴》（Annals of the American Academiy in Political and Social Science）1（1890—1891），第81、87、274、277页。

[51] 玛丽安娜·韦伯：《马克斯·韦伯传》，第200页。译文有改动。韦伯认为，经济学直接通向三个领域，即"文化史与思想史、哲学史的问题"["Kultur- und Ideengeschichte (und) philosophische Probleme"]。路德维希·冯·米塞斯非常厌恶历史学派经济学，他对弗莱堡大学对韦伯的任命是这样评价的："在从事经济科学的研究之前，他就被任命为经济学教授了，这是那个时代人们习以为常的程序"。参见路德维希·冯·米塞斯：《干涉主义批评》（A Critique of Interventionism）（新罗谢尔，纽约：阿林顿出版社，〔1929〕1977），第103页。

[52] 关于韦伯在弗莱堡的情况，亦可见基思·特赖布：《经

济秩序的策略》，第84页。在韦伯的时代，德国大学的两门基本的经济学课程是"普通理论经济学"和"应用经济学"。在弗莱堡，韦伯与格哈特·冯·舒尔策-格维尼兹（Gerhart von Schultze-Gaevernitz）共同负责讲授这两门课。总而言之，韦伯在弗莱堡时讲授以下课程：1894—1895年冬季学期，"普通理论经济学"与"财政学"；1895年夏季学期，"应用经济学（经济政策）"、"德国城市与乡村的劳动问题"及"农业政策"研讨会或课程；1895—1896年冬季学期，"普通理论经济学"和"货币、银行与证券交易"；1896年夏季学期，"普通理论经济学"和"经济学史"；1896—1897年冬季学期，"财政学"和"证券市场及其法律约束"。韦伯还与同事舒尔策-格维尼兹一起，每学期主持"官房学研讨会"。参见沃尔夫冈·J. 莫姆森与丽塔·奥尔登霍夫："前言"，《农业工人调查，民族国家与经济政策》，《马克斯·韦伯全集I/4》("*Einleitung*", *Landarbeiterfrage, Nationalstaat und Volkswirtschaftspolitik. Max Weber Gesamtausgabe I/4*)（图宾根：J. C. B. 摩尔出版社，1993），第1卷，第41页。需要补充说明的是，冬季学期通常是从10月中旬开始，直到次年3月中旬，夏季学期始于4月中旬，持续到8月中旬。参见H. R. 西格（H. R. Seager）："柏林与维也纳的经济学"（"Economics at Berlin and Vienna"），《政治经济学杂志》1（1893），第239页。[这是官方的时间安排，"实际上，每学期开学要晚一个星期到10天左右，放假则要早一个星期或10天"；"德国大学的公法与政治经济学指南II"（轶名），《美国政治与社会科学学术年鉴》1（1890—1891），第272页]。韦伯的经济学笔记将在其《全集》中出版，有助于人们更加全面地了解韦伯的经济学观点。

[53] 玛丽安娜·韦伯:《马克斯·韦伯传》，第 202 页，并比较第 228 页。笔者只能查到另外两个关于韦伯在弗莱堡作者的论述：罗伯特·利夫曼认为韦伯讲的课"很不系统"，赫尔曼·舒马赫认为他的课程"未完成的"。参见罗伯特·利夫曼："罗伯特·利夫曼"，费利克斯·迈纳（Felix Meiner）（编）：《当代国民经济学自述》(*Die Volkswirtschaftlehre der Gegenwart in Selbstdarstellungen*)（莱比锡：费利克斯·迈纳出版社，1924），第 157—158 页；赫尔曼·舒马赫："马克斯·韦伯"，《德国人物传记年鉴》(*Deutsches Biographisches Jahrbuch*)（柏林：德意志安斯塔特·斯图特加特出版社，1928），第 598 页。

[54] 玛丽安娜·韦伯:《马克斯·韦伯传》，第 216 页。

[55] "民族国家与经济政策"，第 12 页，或德文版第 10 页。后期的韦伯将不再"认同"他在 1895 年就"好几个重要问题"所发表的意见。参见韦伯："对社会政策协会的价值判断之争的评价"("*Gutachten zur Werturteilsdiskussion im Auschuss des Verein für Sozialpolitik*")，爱德华·鲍姆加登:《马克斯·韦伯：作品及生平》（图宾根：J. C. B. 摩尔出版社，1964），第 127 页。

[56] 马克斯·韦伯："民族国家与经济政策"，《政论集》，第 17、21、18 页，或德文版第 15、18、16 页。

[57] 马克斯·韦伯："古代文明衰落的社会原因"("The Social Causes of the Decay of Ancient Civilization")，《普通教育杂志》(*Journal of General Education*) 5（1949—1951），第 75—88 页。另一个稍逊色一些的翻译作品见韦伯:《古代文明的农业社会学》（伦敦：新左派图书公司，1976），第 387—411 页。

[58] 马克斯·韦伯："交易所"("*Die Boerse*")，《社会学与社会

政策论文集》，第 322、321 页。

[59] 海德堡大学哲学系首先是把 G. F. 克纳普，其次是卡尔·布歇排在韦伯之前；参见基思·特赖布：《经济秩序的策略》，第 85 页。根据笔者从海德堡大学的档案馆得到的信息，记录着韦伯在海德堡的任命的文件没有保存多长时间。（感谢沃尔加斯特教授在这一件事情上的帮助。）参见特赖布在书中引用的哲学系 1896 年 11 月的备忘录：《经济秩序的策略》，第 85 页。

[60] 在研讨会上，学生们在教授的监督之下写论文。研讨会通常在图书馆一间专门对学生开放的房间里进行。关于研讨会在德国经济学中的作用，参见 S. M. 威克特（S. M. Wickett）："政治经济学在德国大学"（"Political Economy in German Universities"），《经济杂志》（Economic Journal）8（1898），第 148—150 页；亦可见西格："柏林与维也纳的经济学"，《政治经济学杂志》1（1893），第 245—248 页。

[61] 关于此类广为人知的细节，参见莫姆森与奥尔登霍夫："前言"，《农业工人调查，民族国家与经济政策》，《马克斯·韦伯全集 I/4》，第 45—46 页。

[62] 在海德堡，韦伯与伊曼纽尔·莱塞（Emanuel Leser）一起讲授普通理论经济学与应用经济学。此外，韦伯还教了以下课程及系列讲座：1897 年夏季学期，"普通（理论）经济学"和"经济学研讨会"；1897—1898 年冬季学期，"应用经济学：贸易政策、产业政策和基础政策"，以及"农业政策"；1898 年夏季学期，"普通（理论）经济学，不含经济学史"，"社会问题与劳工运动"；1898—1899 年冬季学期，"经济学研讨会"和"应用经济学（不含货币与银行学）综合部分：人口政策、贸易政策、产业政策、基

础政策、农业政策";1899—1900年冬季学期:"农业政策"(未完成)。由于韦伯的疾病,还有很多课程已经发出通知了,却没能开讲。参见莫姆森与奥尔登霍夫:"前言",《农业工人调查,民族国家与经济政策》,《马克斯·韦伯全集I/4》,第1卷,第42页。

[63] 玛丽安娜·韦伯:《马克斯·韦伯传》,第228页。

[64] 莫姆森与奥尔登霍夫:"前言",《农业工人调查,民族国家与经济政策》,《马克斯·韦伯全集I/4》,第1卷,第45页注解171。

[65] 1897年第1版共有18页;1898年的第2版有29页;1909年,该研究集结成书。参见韦伯:"古代农业社会的状况"("*Agrarverhaeltnisse im Altertum*", J. 康拉德等(编):《国家学手册》(*Handwoerterbuch der Stattswissenschaften*)第2卷(耶拿:古斯塔夫·费舍出版社,1897),第1页—附录;以及"农业史,I.古代农业社会的状况"("*Agrargeschichte. I. Agrarverhaeltnisse im Altertum*"), J.康拉德等(编):《国家学手册》第1卷第2版(耶拿:古斯塔夫·费舍出版社,1898),第57—85页;《古代文明的农业社会学》,R. I. 弗兰克译(伦敦:新左派图书公司,〔1909〕1976)。

[66] 该课程的标题是"经济发展的过程"("*Der Gang der wirtschaftlichen Entwicklung*"),并被分成四个部分讲授(1897年11月19、26日,12月3、10日)。各个部分的标题分别是:"私人产权的出现与欧洲经济的农业基础"、"中世纪的封建主义与城市经济"、"国民经济的发展与重商主义体系"和"现代资本主义的社会情况"。更详细的情况可见韦伯:《农业工人调查,民族国家与经济政策》,《马克斯·韦伯全集I/4》(*Landarbeiterfrage, Nationalstaat*

und Volkswirtschaftspolitik. Max Weber Gesamtausgabe I/4），第 2 卷，第 842—852 页。

[67] 关于这本书人们所知甚少。玛丽安娜·韦伯写道："至于他（在海德堡）上的大课——政治经济学理论，他给学生印发了一份大纲，并打算把这份大纲扩充为一本教科书"。玛丽安娜·韦伯：《马克斯·韦伯传》，第 228 页。根据劳伦斯·斯卡夫的研究，韦伯在 1899 年 7 月 23 日致母亲的一封未发表的信中说，"在未来一年中，他想要让'教学大纲'仍然保持为手稿状态，再过一年再整理成一本书"，阻止这个计划的就是韦伯的疾病。参见劳伦斯·斯卡夫：《逃离铁笼：马克斯·韦伯关于文化、政治和现代性的思想》（伯克利：加利福尼亚大学出版社，1989），第 33 页注解 33。人们通常认为，韦伯的教科书将保持与他的阅读指南同样的篇章结构。

[68] 韦伯：《1898 年普通（理论）国民经济学讲座大纲》。这个书单的标题与阅读指南的标题是一样的，而课堂笔记的标题是"第一部：国民经济学的概念基础"（"*Erstes Buch. Die begrifflichen Grundlagen der Volkswirtschaftslehre*"）。根据《全集》的编者所写的导言，这份阅读指南很有可能是为韦伯 1898 年夏季学期的普通经济理论课准备的。笔记的日期尚不可知，但是，编者指出了阅读指南与笔记之间的某些差异，这使读者认为，这份课堂笔记必定是韦伯为在其他时间讲授这门课时准备的，有可能是海德堡大学的 1897 年夏季学期（但也有可能是 1894—1895、1895—1896 年冬季学期或 1896 年夏季学期）。尽管人们普遍认为，这份大纲是理解作为经济学家，以及普遍意义上的社会科学家的韦伯的重要文件，但是，尚未有关于该大纲的彻底分析。关于它的一些有趣的

评论，参见斯卡夫：《逃离铁笼》，第 32—33、43、134—135 页；特赖布："导言"，《解读韦伯》，第 4 页及以下。

[69] 人们会合乎情理地认为，韦伯在弗莱堡讲课时也会讨论马克思。韦伯开始研究马克思作品的确切时间尚不可知。根据笔者了解，韦伯第一次提到马克思是在 1892 年的一封信里。参见特赖布（编）：《解读韦伯》，第 155 页注解 10。韦伯在准备 1898 年《课程大纲》时读马克思作品的读书笔记仍然保存在慕尼黑的马克斯·韦伯工作室之中；根据劳伦斯·斯卡夫的看法，这些笔记表明，韦伯"在讲到社会主义思想时"，试图把"对马克思的价值理论的综合批评"包括在内。参见斯卡夫：《逃离铁笼》，第 43 页注解 19。

[70] 韦伯：《课程大纲》，第 29、30 页。第二处引文由特赖布译出，引自特赖布："导言"，《解读韦伯》，第 6 页。

[71] "经济行动"（"*Wirtschaften*"）、"控制与处置权（处分权）"（"*Verfuegungsgewalt*"）、"机会"（"*Chance*"）及"斗争"（"价格斗争"、"竞争者之间的斗争"等）（"*Kampf*"，"*Preiskampf*"，"*Konkurrenzkampf*"）。在这份《课程大纲》中，可以看到许多后来成为《经济与社会》中韦伯的经济社会学部分的内容的其他术语和概念，包括"效用"（"*Nutzleistungen*"）、"市场情况"（"*Marktlage*"）和"（经济中的）支配"（"*Herrschaft*"）。

[72] 韦伯：《1898 年普通（理论）国民经济学讲座大纲》，第 47、51—52、53 页。在关于价格形成的理论观点上，韦伯采纳了奥地利经济学派的立场。关于奥地利经济学派关于价格形成理论的确切表述，参见熊彼特：《经济分析史》，第 912—917、920—924 页。

[73] 弗兰克·H. 奈特:《风险、不确定性与利润》(芝加哥: 芝加哥大学出版社, 〔1921〕1985), 第76—79页。亦可见约瑟夫·珀斯基(Joseph Persky): "视角: 经济人的生态学"("Perspectives: The Ethology of *Homo Economics*"),《经济视角杂志》9 (1995), 第221—231页。

[74] 玛丽安娜·韦伯:《马克斯·韦伯传》, 第251、253页。

[75] 韦伯极力推荐, 想让桑巴特代替他在弗莱堡以及后来在海德堡的教职。参见特赖布:《经济秩序的策略》, 第87页; 玛丽安娜·韦伯:《马克斯·韦伯传》, 第242页。卡尔·拉思詹(Karl Rathgen) (1856—1921)一直待在海德堡, 1907年才前往汉堡的德国殖民研究所。

[76] 埃伯哈德·戈森(Eberhard Gothein, 1853—1923)专门研究19世纪经济史, 也进行文化史方面的研究。

[77] 韦伯: "两种法律之间",《政论集》, 第78页; 或德文版("Zwischen zwei Gestezen"),《政治论文集》, 第144页。这篇文章发表于1916年。

[78] V. I. 列宁(V. I. Lenin): "论1905年革命"("Lectures on the 1905 Revolution"),《选集》(*Collected Woks*)第23卷(莫斯科: 进步出版社, 1964), 第251页。列宁在1917年就写了这篇文章, 不过直到1925年才出版。

[79] 1908年6月23日韦伯致施穆勒信,《信札(1906—1908)韦伯全集 II/5》(*Briefe 1906-1908. Max Weber Gesamtausgabe II/5*) (图宾根: J. C. B. 摩尔出版社, 1994), 第595页。

[80] 韦伯: "边际效用理论与'心理-物理学的基本法则'"("Marginal Utility Theory and 'The Fundamental Law of Psycho-

Physics'"),《社会科学季刊》(Social Science Quarterly) 56 (1975),第 33 页,或德文版,《科学学论文集》,第 396 页。韦伯在回应布伦塔诺时显示的对门格尔的积极态度,亦可见 1908 年 10 月 30 日韦伯致布伦塔诺信,《信札(1906—1908)》,第 688—689 页。韦伯在这封信中说,在方法论之争的"关键问题的最重要的几点上"门格尔是正确的。毫无疑问,韦伯所说的"关键问题"指的是,用经济史代替经济理论是否正确,而这正是施穆勒出于一切实际目的想要做的事情。

[81] 韦伯:"社会政策协会 1909 年维也纳会议上关于国民经济生产力的辩论"("*Debattereden auf der Tagung des Vereins für Sozialpolitik in Wien 1909 zu den Verhandlungen ueber die Produkivitaet der Volkswirtschaft*"),《社会学与社会政策论文集》,第 419 页。着重号为笔者所加。

[82] 埃德加·雅菲、韦尔纳·桑巴特及马克斯·韦伯:"编者前言"("*Geleiwort*"),《社会科学与社会政策文库》19 (1904),第 v 页。着重号为原文所有。

[83] 韦伯:"社会科学与社会政策中的'客观性'",《社会科学方法论》(纽约:自由出版社,1949),第 63 页(比较第 58 页);或德文版,《科学学论文集》,第 160 页(比较第 155 页)。

[84] 韦伯:"社会科学与社会政策中的'客观性'",第 63 页;或德文版第 161 页。

[85] 韦伯:"社会科学与社会政策中的'客观性'",第 63—67 页;或德文版第 161—166 页。原本的定义如下:"粗略地说,所有那些我们广义地称为'社会-经济'现象的基本要素是由这样一个事实构成的:即我们的肉体存在以及对我们大多数理想需求的

满足,在任何地方都必然会遇到外部手段的数量限制和质量不佳的影响。因此,对它们的满足就要求有计划的供给和劳动,要求与自然作斗争以及人类的联合"(第63—64页,或161页)。

[86] 韦伯:"社会科学与社会政策中的'客观性'",第64页;或德文版第161页。关于韦伯认为社会经济学是"现实的科学"的说法,参见第72页,或德文版第170页。

[87] 韦伯:"社会科学与社会政策中的'客观性'",第65—66页;或德文版第163—164页。

[88] 韦伯:"社会科学与社会政策中的'客观性'",第64—65页;或德文版第162页。

[89] 韦伯:"社会科学与社会政策中的'客观性'",第64页;或德文版第162页。

[90] 韦伯:"社会科学与社会政策中的'客观性'",第65页;或德文版第162页。

[91] 这一点的例证可参见本书第3章中关于"财政"对政治组织的影响的分析。在后期作品中,韦伯似乎不太使用"经济现象"、"与经济相关的现象"和"受经济制约的现象"之类的术语。

[92] 韦伯:"社会科学与社会政策中的'客观性'",第69—71页;或德文版第168—170页。熊彼特有一个说法经常被人引用,即"(在《新教伦理与资本主义精神》中,)马克斯·韦伯列举的事实与论点完全与马克思的体系相吻合"。但是,熊彼特没有考虑到,在韦伯的思想中,因果关系是双向的。参见熊彼特:《资本主义、社会主义和民主》(纽约:哈珀与罗出版社,1975),第11页。

[93] 韦伯:"社会科学与社会政策中的'客观性'",第89—

90页；或德文版第190页。在几年后的一篇论文中，韦伯补充说，"边际效用的法则使用了完全量化的需求的假定……这在方法论上是完全正当的"；韦伯："文化的'活力'论"（"'Energetic' Theories of Culture"），《美国中部社会学评论》9（1984），第53页注解2，或德文版，《科学学论文集》，第403页注解1。

[94] 韦伯："社会科学与社会政策中的'客观性'"，第90页；或德文版第190页。

[95] 韦伯："社会科学与社会政策中的'客观性'"，第90、88页；或德文版第190、188页。译文稍有改动。韦伯的表述当然很机智。不过，从今天的后见之明来看，韦伯在1904年就断言边际效用经济学已经耗尽其潜力，很明显是错误的。

[96] 韦伯："边际效用理论与'心理-物理学的基本法则'"，《社会科学季刊》56（1975），第32页，或德文版，《科学学论文集》，第394页。

[97] 韦伯："边际效用理论"，第33页，或德文版第395页。

[98] 韦伯：《古代文明的农业社会学》，第358页，或德文版，"古代农业社会的状况"（"*Agrarverhältnisse im Albertum*"），《社会史与经济史论文集》，第271页。译文略有改动。

[99] 韦伯：《古代文明的农业社会学》，第45页，或德文版，"古代农业社会的状况"，《社会史与经济史论文集》，第10页。

[100] 例如，必须说明较低阶级出租土地时日渐增长的困难和与之相伴的他们的人口数量的减少。韦伯：《古代文明的农业社会学》，第253页，或德文版第185页。

[101] 在韦伯所阅读的那本《关于社会科学方法的研究》

("Untersuchungen ueber die Methode der Socialwissenschaften")上,当门格尔讲到不应试图为经济发展的每一个阶段建立一种经济理论时,韦伯写道:"为什么不呢?"参见卡尔·布林克曼:《古斯塔夫·施穆勒与国民经济学》(斯图加特:W. 科尔哈默出版社,1937),第135—136页。

[102] 韦伯:"对社会政策协会关于主要工业企业中的工人的选择与适应(选择与职业道路)的调查的方法论指导",马克斯·韦伯:《社会现实的解释》(纽约:肖肯出版社,1980),第155页;或德文版,《社会学与社会政策论文集》,第60页。

[103] 马克斯·韦伯:《新教伦理与资本主义精神》(伦敦:艾伦与安文出版社,1930),第277页;或德文版,《宗教社会学论文集》第1卷(图宾根:J. C. B. 摩尔出版社,1988),第191页。

[104] 在这一时期的一篇论文中,韦伯写道,"就其研究对象而言,各个不同学科是彼此面对和交叉的,这当然是一个不证自明的事实。例如,当经济学(国民经济学)由'纯粹'理论中浮现出来时,情况就是这样"。参见韦伯:"文化的'活力'论",第41页;或德文版,《科学学论文集》,第413页。译文有改动。

[105] 1913年协会的非正式版本经过部分改动后于1917年公开出版。马克斯·韦伯:"马克斯·韦伯",海诺·亨里希·瑙(Heino Henrich Nau):《价值判断之争》(Der Werturteilsstreit)(马尔堡:大都会出版社,1996),第147—186页。韦伯:"'道德中立'在社会学与经济学中的意义",《社会科学方法论》,第1—47页;或德文版,《科学学论文集》,第489—540页。瑙的著作还包括了在1913年为次年的维也纳大会准备的其他文章。

[106] 韦伯:《新教伦理与资本主义》,第27页,或德文版,

"前言"(Vorbemerkung),《宗教社会学论文集》第 1 卷,第 12 页。

[107] 古斯塔夫·斯特普勒认为,弗里德里克·冯·维塞尔成功地使韦伯到了维也纳;参见古斯塔夫·斯特普勒(Gustav Stopler):"马克斯·韦伯"(1920),柯尼希与温克尔曼(编):《回忆马克斯·韦伯》,第 58 页。最后,韦伯并不想得到菲力波维茨以前的教职。接下来,当他被问及这份教职的申请者的资格时,他把熊彼特放在首位,并列第二位的是约翰·普伦格(Johann Plenge)、拉迪斯劳斯·冯·波特凯维克斯(Ladislaus von Bortkiewics),奥斯玛·斯潘与卡尔·迪尔(Karl Diehl)并列第三位。尽管韦伯尽其最大力量对斯潘进行客观评价,不过,他对阿图尔·斯皮托夫(Arthur Spiethoff)的态度很粗暴,他认为斯皮托夫代表了施穆勒那种类型的学者,即过多卷入了国家政治。参见韦伯:"致维也纳大学教学能力鉴定",相关评论见亨尼斯:"无情的'判断的清醒'",第 49 页及以下。

[108] 该课程的德文标题为"经济与社会(对唯物史观的积极批评)"["*Wirtschaft und Gesellschaft (Positive Kritik der materialistischen Geschichtsauffassung)*"];在维也纳,韦伯还要主持一个"社会学讨论会"。以上信息由维也纳大学档案馆提供。同样根据该机构提供的信息,韦伯在维也纳大学的其他材料及法律系的多数文件都在第二次世界大战期间被毁掉了。玛丽安娜·韦伯说,"在'对历史的唯物主义概念的积极批评'的标题之下,他(韦伯)阐述了他的宗教社会学和国家社会学的研究";参见玛丽安娜·韦伯:《马克斯·韦伯传》,第 604 页。莫姆森与施路赫特认为,韦伯在讲课时直接使用了他为《社会经济学大纲》撰写的文章;参见沃尔夫冈·J.莫姆森与沃尔夫冈·施路赫特:"序言"("Einleitung"),载

《学术作为一种志业，1917/1919》、《政治作为一种志业，1919》，《马克斯·韦伯全集 I/17》（图宾根：J. C. B. 摩尔出版社，1992），第 20—21 页。

[109] 例如，哈耶克：《自由主义的财富》，第 144 页。

[110] 哈耶克继续说道，"我实际上已经获得父亲的一定的保证，在获得维也纳大学的学位之后，可以去慕尼黑（跟从韦伯学习）一年"；弗里德里克·冯·哈耶克：《哈耶克论哈耶克》（伦敦：罗德里奇出版社，1994），第 64 页。哈耶克的话源自 1984—1988 年间对他的一系列访谈。在《自由主义的财富》中，哈耶克也提到了韦伯在维也纳的事情，参见该书第 186 页。

[111] 见弗朗茨·J. 鲍尔（Franz J. Bauer）（编）：《埃斯纳政府 1918/1919，部长会议备忘录和文件》（*Die Regierung Eisner 1918/1919. Ministerratsprotokolle und Dokumente*）（杜塞尔多夫：德罗斯特出版社），第 309—313 页。舒尔策-格维尼兹（1864—1943）既是一位经济学家，又是一位活跃的政治家，在经济问题方面，他特别对英格兰经济有兴趣。莫里茨·朱利叶斯·波恩（Moritz Julius Bonn, 1873—1965）则是一位小有名气的经济学家，后来移民至美国，并在几所大学任教。

[112] 乌尔里希·林斯（Ulrich Linse）："大学革命：德国 1918—1919 年革命期间社会主义学生团体的意识形态与实践"（"*Hochschulrevolution. Zur Ideologie und Praxis sozialistischer Studentengruppen waehrend der deutschen Revolutionszeit 1918/19*"），《社会史文库》（*Archiv für Sozialgeschichte*）14（1974），第 11 页及以下。

[113] 玛丽安娜·韦伯：《马克斯·韦伯传》，第 646 页。

[114] 威廉·亨尼斯："判决的全部客观性"（"*Die Volle*

Nüchternheit des Urteils"),格哈特·瓦格纳(Gerhard Wagner)与海因茨·齐普兰恩(Heinz Zipprian)（编）:《马克斯·韦伯的科学学》(Max Webers Wissenschaftslehre)（法兰克福：祖卡姆普，1994），第107页注解4。

[115] 即"社会与经济通史大纲"(1919—1920年冬季学期)。韦伯还教了"社会科学的一般范畴"(1919年夏季学期)、"社会主义"(1920年夏季学期)及"国家与政治的普通理论(国家社会学)"(1920年夏季学期)；参见莫姆森与施路赫特:"序言"("Einleitung"),《学术作为一种志业，1917/1919》、《政治作为一种志业，1919》，马克斯·韦伯全集I/17》，第21页注解82。1920年夏季学期没有上完；参见S.赫尔曼(S. Hellmann)与梅尔基奥尔·帕里(Melchior Palyi):《经济通史》(柏林：邓克尔与亨布洛特出版社，1991)，第xviii页。最后，M.赖纳·莱普修斯(M. Rainer Lepsius):"马克斯·韦伯在慕尼黑：追思录"("Max Weber in Muenchen. Rede anlaesslich einer Gedanktafel"),《社会学杂志》(Zeitschrift für Soziologie) 6 (1977)，第91—118页。

[116] 关于韦伯如何写作《经济与社会》的故事，参见沃尔夫冈·施路赫特:"经济与社会：一个神话的终结",《理性主义、宗教与支配：韦伯式的视角》(Rationalism, Religion, and Domination: A Weberian Perspective)（伯克利：加利福尼亚大学出版社，1989），第433—463页；温克尔曼:《马克斯·韦伯的遗作》；沃尔夫冈·莫姆森:"西贝克家族与马克斯·韦伯",《历史与社会》(Geschichte und Gesellschaft) 22 (1996)，第19—30页。

[117] 1908年12月26日韦伯致西贝克信，引自韦伯:《信札·1906—1908》(Briefe 1906—1908)，第705页。1909年4月

中旬韦伯致西贝克的另一封信里几乎一字不差地重复了这个说法，参见韦伯：《信札·1909—1910》(Briefe 1909—1910)，第106页。按照1910年拟定的《大纲》的规划，理论部分是要通过"直接指向经验现实而逐步减少其抽象"，参见韦伯：《信札·1909—1910》，第767页。

[118] 玛丽安娜·韦伯：《马克斯·韦伯传》，第331、418页。玛丽安娜两次谈到这一点，连措辞都一样。

[119] 这些文章分别是："经济与种族"、"(经济学)中心问题的目标和逻辑性质"、"现代国家与资本主义"、"运输线路与通讯服务对资本主义经济的重要性总论"、"农业经济中的资本主义的限制"、"资本主义经济的约束、反作用力和退步的类型与范围"、"农业资本主义与人口群体"（与施维德兰德合作）、"保护中产阶级的政策举措（最广泛意义上的工业社团政策；零售商政策；农民的社团政策、债务的合并与限制政策、农民的不动产）"、"积极的中产阶级政策措施: a) 内部殖民化政策"、"所谓新中产阶级"、"劳动阶级的性质与社会位置（a.'劳动者'的定义，物质的阶级位置和物质的阶级利益；b.无产阶级的社会位置）"，以及（可能与艾尔弗雷德·韦伯合作的）"资本主义的内部重组的趋势（垄断、集体主义和官僚制的发展倾向及其社会影响；租；社会重新组合的倾向）"。参见韦伯："'政治经济学手册'的资料分配计划。1910年3月信札"("Stoffverteilungsplan für das 'Handbuch der politischen Oekonomie', Mai 1910")，马克斯·韦伯：《信札·1909—1910》，第766—774页。

[120] 玛丽安娜·韦伯：《马克斯·韦伯传》，第49页。

[121] 1913年12月30日韦伯致保罗·西贝克信，由冈瑟·罗

思译出,"导言",沃尔夫冈·施路赫特:《西方理性主义的兴起:马克斯·韦伯的发展历史学》(伯克利:加利福尼亚大学出版社,1981),第 xxv—xxvi 页。目前尚不清楚维塞尔的稿子在什么时候交给了韦伯,但可能是在 1914 年之前。在 1914 年 4 月,韦伯称维塞尔的文章忽视了某些"社会学问题",认为必须进一步作修改。参见温克尔曼:《马克斯·韦伯的遗作》,第 38 页。根据沃尔夫冈·施路赫特 1996 年 9 月 9 日致笔者的信可以认为,在第一次世界大战爆发之前,韦伯并没有针对冯·维塞尔的书稿进行任何修改。

[122] 约翰尼斯·温克尔曼引用了韦伯 1912 年 3 月 22 日致保罗·西贝克的信,其中,韦伯说"社会经济学"不仅是(经济学)最现代的,而且是"最合适的学科名称";韦伯补充说,"国民经济学"是另一个可能的选择。参见温克尔曼:《马克斯·韦伯的遗作》,第 12、25 页。在 1985 年 5 月 29 日致笔者的一封信中,温克尔曼说"社会经济学一词特别强调经济行动的社会前提和影响"。1909 年 8 月,韦伯曾经向保罗·西贝克建议,应当把要编撰的作品命名为《西贝克经济社会学大纲》,但又补充说:"或者,以上帝的名义,就(用)'政治经济学'吧",参见 1909 年 8 月 20 日韦伯致保罗·西贝克信,见《信札·1909—1910》,第 230 页。根据韦伯 1909—1910 年信札的编者的看法,"韦伯想要(在《大纲》中)对经济学进行全面的表述,从而把那个时代的理论经济学与历史经济学结合起来,使经济学可以应用于社会、国家、法律、技术与艺术等领域。正是出于这一点,韦伯选择了'社会经济学'的说法";参见赖纳·莱普修斯与沃尔夫冈·J. 莫姆森:"序言",韦伯:《信札·1909—1910》,第 2—3 页。

[123] 1914年拟定的《社会经济学大纲》的计划（德文本与英文本）可参见施路赫特：《理性主义、宗教与支配》，第467页。值得一提的是，在同一时期，韦伯多多少少有点想将其作品命名为"经济的社会条件"。参见1914年3月18日韦伯致西贝克信，引自温克尔曼：《马克斯·韦伯的遗作》，第76页。1921年出版的《经济与社会》第1部分的标题页印着"经济、社会秩序与权力"的字样，而这是由韦伯本人检查过的。这一版的标题页如下：

社会经济学大纲
第Ⅲ部
经济与社会 I
经济与社会的秩序与权力

《经济与社会》部分还包括一篇叫做"经济政策与社会政策的体系与理想的发展阶段"的文稿，在1910年的计划中曾经是一个独立的部分。在约翰尼斯·温克尔曼编辑的1956年和1972年版本的《经济与社会》中，"*Die Wirtschaft und die gesellschaftlichen Ordnungen und Mächte*"变成了第2部分的标题，而且也是英文版第2部分的标题，译作"经济与规范性权力、事实权力的领域"。

[124] 1910年计划的三个部分的确切标题分别是："经济与法律（1. 基本关系，2. 当前条件的发展阶段）"、"经济与社会群体（家庭与共同体，身份群体和阶级、国家）"、"经济与文化（历史唯物主义批判）"。根据1914年的计划，《大纲》第Ⅰ部第1部分中，韦伯要写的部分"经济、诸社会秩序及权力"的结构如下：

"1. 社会秩序的范畴。经济与法律的基本关系。结合体的一般性经济关系";"2. 家庭、庄宅与经营";"3. 邻人结合体、血亲与共同体";"4. 种族共同体关系";"5. 宗教共同体。宗教的阶级前提;文化宗教与经济态度";"6. 市场关系";"7. 政治结合体,法律的发展条件,身份群体、阶级与政治,国家",以及"支配(Die Herrschaft)。a) 正当性支配的三种类型,b) 政治与等级制支配,c) 非正当性支配,城市的类型学,d) 现代国家的发展,e) 现代政治党派"。关于韦伯在1909年准备的1910计划以及1914年计划,参见施路赫特:《理性主义、宗教及支配》,第466—467页。

[125] 1919年10月27日韦伯致保罗·西贝克信,转引自温克尔曼:《马克斯·韦伯的遗作》,第46页。

[126] 韦伯往往在通信与脚注中称自己的文稿为《经济与社会》,而从1919年开始,这也是韦伯在与出版商的联系中使用的标题。尽管在一段时间里,学者们公认《经济、诸社会领域与权力》才是正确的标题,沃尔夫冈·莫姆森近来提出,在韦伯生命中最后一段时间里,他更倾向于用《经济与社会》。参见施路赫特:《理性主义、宗教与支配》,第459—460页;莫姆森:"西贝克家族与马克斯·韦伯",第30页。当前版本的标题,即"经济与社会:理解社会学大纲",并不是最初就有的,而是约翰尼斯·温克尔曼在编辑1956年版本时加上去的(当前的英文版也跟着译成了"解释社会学大纲")。

[127] 按照德文版《经济与社会:理解社会学大纲》的目录,社会经济学一词仅在这部作品中出现了三次。参见马克斯·韦伯:《经济与社会:解释社会学大纲》,第311—312、336、635页,或德文版,《经济与社会:理解社会学大纲》,第181、197、382

页。这一时期,社会经济学一词还出现在其他地方,例如,"解释社会学的范畴"("Some Categories of Interpretive Sociology"),《社会学季刊》22(1981年春季号),第152页,或德文版,《科学学论文集》,第429页。最有趣的参考是韦伯写的这一段话:"社会经济学……研究实际的人的活动,这些活动受到必须将经济生活的事实考虑在内的需求的制约"(《经济与社会》,第311—312页)。我对这段话的解释是,它并不构成一个定义,韦伯主要想对比经济学的路向与法学的路向。冈瑟·罗思在1960年代末期的一篇文章中表达了不同的看法:"当韦伯开始写作这个系列作品(即《社会经济学大纲》,1909—1910年的内容目录)中的《经济与社会》时,他把社会经济学定义为'研究实际的人的活动,这些活动受到必须将经济生活的事实考虑在内的需求的制约'的领域";冈瑟·罗思:"德国和美国的'价值中立'"("'Value-Neutrality' in Germany and the United States"),载莱因哈德·本迪克斯与冈瑟·罗思(编):《学术与党派:马克斯·韦伯研究文集》(*Scholarship and Partisanship: Essays on Max Weber*)(伯克利:加利福尼亚大学出版社,1971),第38页。

[128] 参见韦伯:"'道德中立'在社会学与经济学中的意义(1917)",《社会科学方法论》,第45页;或德文版,《科学学论文集》,第538页。在《经济与社会》第2章中,韦伯也明确论及"经济史"、"经济社会学"与"经济理论"。参见韦伯:《经济与社会》,第63、79、89页,或德文版第31、41、47页。参见下文注解[131],了解这一时期韦伯作品中的"经济社会学"一词的使用。

[129] 韦伯:"解释社会学的范畴",《社会学季刊》22(1981

年春季号），第151—180页，或德文版，《逻各斯》（Logos）4（1913），第427—474页。

[130] 沃尔夫冈·施路赫特在1996年9月9日致笔者的一封信中说，"《经济与社会》第2章'经济行动的社会学范畴'主要是韦伯在1919—1920年间写的，但却是以较早时期的手稿为基础，最早的手稿写于20世纪之初"。冈瑟·罗思在1985年3月12日致笔者的一封信中说，"《经济与社会》新增的部分中，第2章是在1918年以后写的，那时，韦伯努力想要赶上其他人的作品。而在1914年（当时还是旧版的《经济与社会》），还没有什么作品可以自立门户地自称'经济社会学'"。

[131] 例如，有如下用法："*Wirtschafts-Soziologie*"（1916，1920年再度使用）；"*Soziologie der Wirtschaft*"（1917）；"*eine Soziologische Theorie der Wirtschaft*"（1918—1920）；"*Wirtschaftssoziologie*"（1918—1920）；以及"*Wirtschafts-Soziologie*"（1920）。这些用法的出处分别是（按时间排序）："世界诸宗教的经济伦理，宗教社会学概论，导言"（"*Die Wirtschaftsethik der Weltreligion. Religionssoziologische Skizzen. Einleitung*"），《社会科学与社会政策文库》41（1915—1916），第1页注解1，以及这篇文章的1920年修改版，辑入《宗教社会学论文集》第1卷，第237页注解1；"'道德中立'的意义"，第45页，或德文版第538页；《经济与社会》，第68、79页，或德文版第34、41页；1920年3月9日致罗伯特·利夫曼信，转引自亨尼斯："判决的全部客观性"，瓦格纳与齐普兰（编）：《马克斯·韦伯的科学学》，第107页。在1910年，在围绕着《新教伦理与资本主义精神》的争论中，韦伯在一篇文章中也引用了"经济社会学观点"（"*oekonomisch-soziologischen Gesichtspunkten*"）；参见韦

伯:"关于资本主义'精神'的反批评"("*Antikritisches zum 'Geist' des Kapitalismus*"),载韦伯:《马克斯·韦伯:新教伦理 II:批评与反批评》(*Max Weber, Die protestantische Ethik, II. Kritiken und Antikritiken*),第 150 页。

[132] 马克斯·韦伯:"工作报告"("*Geschaiftsbericht*"),《德国社会学会第一次会议》(*Verhandlungen des Ersten Deutschen Soziologenteges*)。

[133] 参见埃德加·雅菲:"资本主义经济秩序的理论体系"("*Das theoretische System der kapitalistischen Wirtschaftsordnung*"),《社会科学与社会政策文库》44(1917),第 1—2 页;韦尔纳·桑巴特与马克斯·韦伯:"声明",《社会科学与社会政策文库》44(1917),第 348 页。

[134] 1919 年 12 月 12 日韦伯给罗伯特·利夫曼写信说,"我感到非常遗憾,自己只做了一点,甚至可以说没有作理论研究。但是,不可能什么都做。我对理论没有半点轻慢。但是,还需要做些其他事情";转引自亨尼斯:"人的科学",莫姆森与奥斯特哈默尔(编):《韦伯与他的同时代人》,第 54 页注解 26。(尽管利夫曼与韦伯在经济学观点上有差异,但是,在弗莱堡时,利夫曼将其博士论文题献给韦伯,后来又把一部主要的经济学著作献给韦伯〔1917—1919〕;参见亨尼斯:"无情的'判断的清醒'",第 54—55 页注解 9。)冯·米塞斯认为,"就在不幸去世前,韦伯还在遗憾他对现代理论经济学和经典体系的知识太过有限。他担心已经没有时间去填补这些令人遗憾的空白";参见米塞斯:《干涉主义批评》,第 103 页。

[135] 出自 1920 年 3 月 3 日韦伯致罗伯特·利夫曼的一封信,转引自亨尼斯:"无情的'判断的清醒'",第 29 页(译文略有

改动)。很明显，其他认为韦伯小看经济理论的看法不仅来源于埃德加·雅菲1917年的文章(参看前文)，而且源自熊彼特在《经济分析史》中的评论。熊彼特在这里说，他与冯·维塞尔同样受邀参加《社会经济学大纲》的写作工作，动机是"他(韦伯)在原则上并不反对经济理论家实际的工作，尽管他并不同意这些理论家对自己工作的看法，即对其研究程序的认识论的解释"；参见熊彼特:《经济分析史》，第819页。补充说一句，熊彼特在1940年代写这些话时的依据只能是他的记忆，因为他不可能在1932年移居美国时把韦伯的信带在身边。

[136] 例如，欣纳克·布鲁恩斯、西蒙·克拉克、罗伯特·霍尔顿、布赖恩·特纳等人在其他方面很有吸引力的作品都是这样。参见欣纳克·布鲁恩斯(Hinnerk Bruhns):"马克斯·韦伯:历史的经济学"("Max Weber, l'économie et l'historie")，《历史与社会科学年鉴》(Annales. Historie, Sciences Sociales) 51 (1996)，第1273页；西蒙·克拉克:《马克思、边际主义与当代社会学：从亚当·斯密到马克斯·韦伯》(Marx, Marginalism and Modern Sociology: From Adam Smith to Max Weber)，第66—170页；罗伯特·J.霍尔顿与布赖恩·特纳:《韦伯论经济与社会》(Max Weber on Economy and Society)(伦敦：罗德里奇出版社，1989)，第39、55—65页。经济学家和熊彼特专家盐谷谕一认为，"尽管韦伯有时会用'社会经济学'一词……但是，他并没有发展出与此概念有关的内容与方法"；参见盐谷谕一(Yuichi Shionoya):"马克斯·韦伯的经济社会学"("Max Webers soziologische Sicht der Wirtschaft")，K. H.考夫霍尔德(K. H. Kaufhold)、G.罗思与盐谷谕一(编):《马克斯·韦伯的经济社会学》(Max Webers soziologische Sicht der Wirtschaft)(慕尼

黑：邓克尔与亨布洛特出版社，1992），第109页。笔者认为，最接近韦伯意义上的社会经济学的经济学家是阿瑟·施韦策；参见阿瑟·施韦策（Arthur Schweizer）："评马克斯·韦伯的《经济与社会》"，《经济文献杂志》（Journal of Economic Literature）8（1970），第1203—1209页。

[137] 这些人包括罗伯特·利夫曼、亚历山大·冯·谢尔廷和利奥波德·冯·威斯。尤其可见罗伯特·利夫曼："评《社会经济学大纲》第Ⅰ、Ⅱ、Ⅵ部"（"Review of Grundriss der Sozialoekonomik, Abt. I, II, VI."），《政治杂志》8（1915），第586—599页；利奥波德·冯·威斯："社会学"，路德维希·埃尔斯特（Ludwig Elster）（编）：《国民经济学词典》（Woeterbuch der Volkswirtschaft）（耶拿：古斯塔夫·费舍出版社，1933），第3卷，第379—383页；以及亚历山大·冯·谢尔廷："国民经济学方法介绍"（"Eine Einfuehrung in die Methodenlehre der Nationaloekonomie"），《社会科学与社会政策文库》54（1925），第216页。

[138] 笔者此处的表述并非基于对经济学思想史的系统研究，而只是对文献的深刻印象。引述到韦伯的经济文献中有以下著名的作品，马克·布劳格：《经济理论回顾》（Economic Theory in Retrospect）（剑桥：剑桥大学出版社，1983），第708、712页；T. W. 哈奇森：《经济学说评论（1870—1929）》（A Review of Economic Doctrine 1870—1929）（牛津：克拉伦登出版社，1953），第186、298—302页；卡尔·普里布拉姆（Karl Pribram）：《经济推理的历史》（A History of Economic Reasoning）（巴尔的摩：约翰·霍普金斯大学出版社，1983），第227—229页；埃里克·罗尔：《经济思想史》（A History of Economic Thought）（伦敦：法伯与法伯出版社，1960），

第460—461页；本·塞利格曼：《现代经济学的主要潮流：1870年以来的经济思想》(*Main Currents in Modern Economics: Economic Thought since 1870*)（纽约：自由出版社，1962），第22—31页；奥斯玛·斯潘：《经济学史》（纽约：阿尔诺出版社，〔1926〕1972），第242—243、277—278页；亨利·威廉·施皮格尔(Henry William Spiegel)：《经济思想的成长》(*The Growth of Economic Thought*)（英格伍德山，纽约：普伦蒂斯-霍尔出版社，1971），第429—431页；悉尼·温特劳布(Sidney Weintraub)（编）：《现代经济思想》（牛津：巴兹尔·布莱克韦尔出版社，1977），第13页。也有一些作品完全没有提到韦伯，例如，于尔格·尼汉斯(Juerg Niehans)：《经济理论史：1720—1980年的经典作品》（巴尔的摩：约翰·霍普金斯大学出版社，1990）；文森特·布莱登(Vincent Bladen)：《从亚当·斯密到梅纳德·凯恩斯：政治经济学的遗产》（多伦多：多伦多大学出版社，1974）。对于这一主题的彻底研究，可以系统查阅下面这本书中列出的许多作品，即理查德·S.豪伊(Richard S. Howey)：《普通经济学著作目录(1692—1975)》（劳伦斯：堪萨斯董事出版社，1982）。

[139] 阿道夫·韦伯："世界大战以来德国的国民经济学研究"("*Der Anteil Deutschlands an der nationalökonomischen Forschung seit dem Weltkrieg*")，M. J. 波恩(M. J. Bonn)与M. 帕里(M. Palyi)（编）：《战后经济：卢卓·布伦塔诺80诞辰纪念文集》(*Die Wirtschaft nach dem Kriege. Festschrift für Lujo Brentatno zum 80. Geburtstag*)（慕尼黑：邓克尔与亨布洛特出版社，1925），第2卷，第27页。贝特伦·谢福特(Betram Schefold)论证说，在当代德国经济学中，韦伯受到了忽视。参见贝特伦·谢福特："从马克斯·韦伯的作品探讨经济学"

("Max Webers Werk als Hinterfragung der Oekonomie"),贝特伦·谢福特(等):《马克斯·韦伯及其"新教伦理"》(杜塞尔多夫:维尔特沙夫特和菲南曾·格姆出版社,1992),第6—7页。

[140] 约瑟夫·熊彼特:"德国",汉斯·迈耶(Hans Meyer)等(编):《当代经济理论》(*Die Wirtschaftstheorie der Gegenwart*)(维也纳:尤利乌斯·施普林格,1927),第1卷,第17页。熊彼特挑选了经济学杂志上最近100篇文章,对它们的内容分析表明,36%是经济理论文章,16%讨论"社会学"题目,39%是关于"应用的、纯粹历史的"等问题,9%是方法论文章。至于战后新生的德国经济学家,米塞斯说,"他们在所从事的任何工作上都是门外汉";参见路德维希·冯·米塞斯:《记录与回忆》(*Notes and Recollections*)(南霍兰德,伊利诺斯:自由论者出版社,1978),第102页。

[141] 笔者无法在卡尔·门格尔(1840—1921)的作品中找到引用韦伯的段落;而且,在门格尔收藏的数量庞大的经济学文献中,似乎也没有韦伯的任何一部作品。[感谢渡井胜赖的帮助,他在1995年7月19日在致笔者的信中说,"本中心(现在保存门格尔藏书的一桥大学)没有任何马克斯·韦伯的作品"。]关于庞巴维克(1851—1914)的作品,除了有一处引用过韦伯作品,即关于边际效用的文章之外,也没有其他地方引证过。参见欧根·冯·庞巴维克:《资本与利息·第2卷:资本实证论》(南霍兰德,伊利诺斯:自由论者出版社,1959),第430—431页注解81。尽管冯·维塞尔(1851—1926)与韦伯有私人交往,而且在1914年为《社会经济学大纲》撰写了重要的文章(详细情况参见本书第6章),但是,他给笔者留下的强烈的印象是,他对韦伯的作品

并不怎么感兴趣。根据笔者查找的结果，冯·维塞尔的作品中唯一提到过《经济与社会》的是在他的《社会经济理论》（1924年第2版）之中。参见冯·维塞尔："社会经济理论"，《社会经济学大纲第 I、II 部》（图宾根：J. C. B. 摩尔出版社，1924），第108页。

[142] 在米塞斯论坛（艾尔弗雷德·舒茨也出席这一论坛），韦伯的方法论是受欢迎的题目之一，参见戈特弗里德·哈伯勒（Gottfried Haberler）："回忆维也纳论坛"（"A Vienna Seminarian Remembers"），约翰·L. 安德鲁斯（编）：《追忆米塞斯》（Homage to Mises）（希尔戴尔，密歇根：希尔戴尔学院出版社，1981），第51页。哈伯勒写道，"研讨会每月召开两次，时间是星期五下午七点，地点是米塞斯在商业协会的办公室。米塞斯坐在桌前，群体的各个成员围绕着他。会议开始时，由米塞斯亲自讲话，或者由另外某位成员宣读一篇关于某个经济理论、经济政策、社会学和方法论问题的文章。马克斯·韦伯的理解社会学及相关问题是大家乐于讨论的题目。"关于韦伯和奥地利经济学之间的关系可参看以下两个研究：罗伯特·J. 霍尔顿与布赖恩·特纳："马克斯·韦伯、奥地利经济学与自由主义"，《韦伯论经济与社会》，第30—67页；克里斯托弗·普伦德加斯特（Christopher Prendergast）："艾尔弗雷德·舒茨与奥地利经济学"，《美国社会学杂志》92（1986），第1—26页。亦可见赫尔穆特·瓦格纳（Helmut Wagner）：《艾尔弗雷德·舒茨：学术传记》（Alfred Schutz: An Intellectual Biography）（芝加哥：芝加哥大学出版社，1983），第12—13页。

[143] 根据塔尔科特·帕森斯（他在1947年翻译了《经济与社会》的第1部分）的说法，哈耶克在1939年初写信给他，说有

一位年轻的经济学家 A. M. 亨德森在他的指导下，将《经济与社会》头两章译成英文，并希望帕森斯审校译稿。参见帕森斯致弗兰克·奈特信，日期为 1939 年 3 月 17 日（哈佛大学档案馆）；以及塔尔科特·帕森斯："我与马克斯·韦伯相遇时的环境"，罗伯特·K. 默顿与马蒂尔德·怀特·赖利（Matilde White Riley）（编）：《社会学传统的传承》（Sociological Traditions From Generation to Generation）（诺伍德，纽约：埃布莱克斯出版公司，1980），第 42 页。关于马克卢普，参见弗里茨·马克卢普："理想型：好想法的坏名字（1978）"["The Ideal Type: A Bad Name for a Good Construct (1978)"]，《经济学与其他社会科学的方法论》（Methodology of Economics and Other Social Sciences）（纽约：学术出版社，1978），第 211—221 页。1949 年，马克卢普邀请艾尔弗雷德·舒茨给自己的经济学学生讲课；参见瓦格纳：《艾尔弗雷德·舒茨》，第 167 页。人们也许会认为，韦伯的经济学思想进入美国的另一个渠道应当是弗兰克·奈特，他在 1920 年代就翻译了韦伯的《经济通史》。不过，从爱德华·希尔斯在 1988 年 3 月 22 日致笔者的一封信来看，情况并非如此，希尔斯跟奈特很熟，并在 1930 年代中期，由奈特安排参加了一个关于韦伯研讨会，他说，"马克斯·韦伯的思想完全没有对美国经济学产生任何影响（对奈特的作品也没有什么影响）"；参见爱德华·希尔斯："社会学历史的传统、生态与制度"（"Tradition, Ecology and Institution of in the History of Sociology"），《代达罗斯》（Daedalus）99（1970 年秋季），第 823 页注解 21。

[144] 艾尔弗雷德·舒茨（1899—1959）在当代主要以社会哲学家和现象学家而知名，但在生前他与经济学有着重要的联系。

例如，他拥有法学学位，专业领域是国际经济法（他的最重要的经济学老师包括米塞斯和维塞尔）；他曾在奥地利银行家协会工作过一段时间；在1950年代中期成为社会研究新学院的全职教授之前，他一直靠从事国际银行业务谋生。舒茨是哈耶克、马克卢普的好朋友；1943年，他在《经济学》(*Economica*)上发表了一篇重要的关于理性的文章。参见瓦格纳：《艾尔弗雷德·舒茨》，第9页及以下、第52页、第59页及以下、第166—168页。普伦德加斯特："艾尔弗雷德·舒茨与奥地利经济学"；布鲁斯·彼得雷考斯基（Bruce Pietrykowski）："艾尔弗雷德·舒茨与经济学家"，《政治经济学史》28（1996），第219—244页；1993年1月号的《理性与社会》是"艾尔弗雷德·舒茨的行动理论的理性选择的重构"专刊。舒茨的传记中说，"舒茨会枯坐数小时，以便思考《经济与社会》某一页上艰涩难懂的表述的意义和推论"；瓦格纳：《艾尔弗雷德·舒茨》，第15页。

[145] 米塞斯说，韦伯的理想型概念与边际效用理论不相容，舒茨则持相反意见（针对的是韦伯后期阐述的理想型的内容）。这场争论的核心问题并不是韦伯的思想，而是讨论边际效用理论和更一般的经济理论的地位。关于门格尔、米塞斯、舒茨及韦伯的立场的出色讨论，参见普伦德加斯特："艾尔弗雷德·舒茨与奥地利经济学"。关于米塞斯的立场，参见路德维希·冯·米塞斯："社会学与历史学"，《经济学认识论的问题》(*Epistemological Problems of Economics*)（普林斯顿，新泽西：D. 范·诺斯特兰公司，[1929] 1960）；舒茨的立场见艾尔弗雷德·舒茨：《社会世界的现象学》(*The Phenomenology of the Social World*)（伦敦：海涅曼出版社，1967），第241—249页。

[146] 有时被称为现代奥地利经济学或新奥地利经济学的某些成员注意到了韦伯,特别是路德维希·朗奇曼和伊斯雷尔·柯兹纳(Israel Kirzner)。朗奇曼对韦伯的方法论和经济社会学都感兴趣,他是首位对韦伯进行重要研究的奥地利经济学家。参见朗奇曼:《马克斯·韦伯的遗产》(伦敦:海涅曼出版社,1970)。亦可见朗奇曼的论文:"社会主义与市场:韦伯视角下的一个经济社会学主题",《南非经济学杂志》60(1992),第24—43页。关于伊斯雷尔·柯兹纳,参见《经济视点》(*The Economic Point of View*)(堪萨斯城,密苏里:希德与沃德出版社,1976),第157—159页;以及伊斯雷尔·柯兹纳:"奥地利经济学的哲学与伦理学意义"(Philosophical and Ethical Implications of Austrian Economics),埃德温·多兰(编):《现代奥地利经济学的基础》(*The Foundations of Modern Austrian Economics*)(堪萨斯城,密苏里:希德与沃德出版社,1976),第76—78页。

[147] 路德维希·冯·米塞斯:《干涉主义批评》,第102—103页。关于这一主题的其他版本,参见以下作品:路德维希·冯·米塞斯:"社会学与历史学",《经济学认识论的问题》,第74页;以及路德维希·冯·米塞斯:《人的行动:经济学专题论文》(*Human Action: A Treatise on Economics*)(纽黑文,康涅狄格:耶鲁大学出版社,1949)。引文源自熊彼特《经济分析史》,第819页。熊彼特在此处也提到了,"(韦伯)几乎完全忽视了经济理论"。在韦伯刚刚去世时,熊彼特在一篇文章中表达了稍微有所不同的观点,"他(韦伯)只是在间接的和其次的意义上是一位经济学家";参见约瑟夫·熊彼特:"马克斯·韦伯的作品",《资本主义的经济学与社会学》(*The Economics and Sociology of Capitalism*)

(普林斯顿，新泽西：普林斯顿大学出版社，1991)，第 225 页。

[148] 冈纳·米尔达尔(Gunnar Myrdal)认为，"韦伯应当算是社会学家，而不是经济学家"；本·塞利格曼认为，"在分析的意义上"，韦伯"真的不是经济学家"。塞利格曼详细阐述如下，"当他(韦伯)发展出经济行动的制度框架时，他几乎没有了解经济学家会把什么样的问题当作是真正的实质论题。例如，在分析资本主义的时候，找不到多少关于商业周期的内容。而他用到的那点理论，也都是取自奥地利人"。参见冈纳·米尔达尔：《经济思想的发展中的政治因素》(*The Political Elements in the Development of Economic Thought*)（伦敦：罗德里奇与基根·保罗出版社，〔1930〕1953），第 13 页；本·塞利格曼：《现代经济学的主要潮流》（纽约：自由出版社，1962），第 23 页。另一个将韦伯的社会学分析模型与经济学分析模型区别开来的例子是弗兰克·奈特在 1935 年 2 月 7 日致帕森斯的一封信中对理想型概念的批评，"我并不认为经济行为与完全市场的一般概念是马克斯·韦伯意义上的'理想型'。它们在本质上是机械的，具有数学极值的性质，而我认为马克斯·韦伯所说的'理想型'没有这样的含义"（哈佛大学档案馆）。

[149] 笔者没有在马歇尔、威克塞尔、帕累托和凯恩斯等人的作品中找到对韦伯的引用。关于帕累托，爱德华·希尔斯写道，"帕累托从未提及(韦伯)"；"社会学历史的传统、生态与制度"，第 783 页 [不过，1907 年，帕累托与埃托雷·奇科蒂(Ettore Ciccotti)共同编撰《经济学史文丛》(*Biblioteca di Storia Economica*)时，将韦伯第二篇博士论文的译文辑录进去了。关于这一点，亦可见艾伦·西卡：《韦伯、非理性与社会秩序》（伯克利：加利

福尼亚大学出版社，1988）第6章]。根据诺伯特·威利（Nobert Wiley）的一个关于凯恩斯与韦伯的思想的比较研究，"这两位理论家在自己的作品中并没有引用对方的作品。凯恩斯（1883—1946）要比韦伯（1864—1920）年轻19岁，而且，两个人源自不同的经济学传统，几乎没有历史联系。他们最接近的时候是1919年的凡尔赛会议，当时他们都代表各自国家一起出席会议"。诺伯特·威利：《韦伯与凯恩斯的交汇点》（"The Congruence of Weber and Keynes"），兰德尔·柯林斯（编）：《社会学理论》（Sociological Theory）1983（旧金山：乔西-巴斯），第48页。

[150] 乔治·斯蒂格勒："边际效用理论的发展·II"，《政治经济学杂志》58（1950），第377页；弗里德里克·冯·哈耶克：《经济思想的趋势》（The Trend of Economic Thinking）（伦敦：罗德里奇出版社，1991），第360页；保罗·罗森斯坦-罗丹（Paul Rosenstein-Rodan）："边际效用（1927）"["Marginal Vtility（1927）"]，伊斯雷尔·柯兹纳（编）：《奥地利经济学经典》（Classics in Austrian Economics）（伦敦：威廉·皮克林出版社，1994）；以及莱昂内尔·罗宾斯：《经济科学的性质与意义》（An Essay on the Nature and Significance of Economic Science）（伦敦：麦克米兰出版社，1984），第85页。庞巴维克也提到了韦伯，不过混合着赞美与批评，他说，"韦伯（反对经济理论与心理学）的那些话确实是说过头了"。参见庞巴维克：《资本与利息·第II卷：资本实证论》，第430—431页注解81。

[151] 关于韦伯的论点，参见本书第4章。论证本身见韦伯：《经济与社会》，第327页，或德文版192页。

[152] 参见罗尔：《经济思想史》，第461页；罗宾斯：《经济

科学的性质与意义》，第 xxxviii—xxxix 页，第 2 页。

[153] 关于一些著名经济学家对《新教伦理与资本主义精神》所持的观点，参见本书第 5 章注解 [51]。

[154] 阿瑟·沙伊策尔（Arthur Scheitzer）："弗兰克·奈特的社会经济学"，《政治经济学史》7（1985），第 279 页。

[155] 经济史学家们更少使用《经济与社会》。当享有盛名的《经济史杂志》发表英文新版的《经济与社会》的书评时，评论者注意到，1968 年，《经济与社会》英文第 1 版出版时，"无论是这本杂志，还是经济学杂志，都没有任何评论"。然后，评论者提出，"现在我们虽然有新版的了，但要知道该怎样去理解它也并不是一件容易的事"；参见卡尔·德·施魏尼茨（Karl de Schweinitz）："评马克斯·韦伯《经济与社会》"，《经济史杂志》39（1979），第 834—835 页。据我所知，没有人试图去评价韦伯对经济史的总的影响及其重要性。部分地尝试了这一任务的是保罗·霍尼希斯海姆（Paul Honigsheim）："作为农业史学家与农村生活史学家的马克斯·韦伯"（"Max Weber as Historian of Agricluture and Rural Life"），《农业史》（Agricultural History）23（1949），第 179—213 页。经济史学家如何看待《新教伦理与资本主义精神》也在理查德·汉密尔顿的书中有所反映，理查德·汉密尔顿：《社会现实的误构》（纽黑文，康涅狄格：耶鲁大学出版社，1996），第 90—91 页、243—244 页注解 71。

[156] 朗多·卡梅伦：《世界经济简史：旧石器时代至今》第 2 版修订本（纽约：牛津大学出版社，1993）；费尔南·布罗代尔：《物质文明与资本主义补记》（Afterthoughts on Material Civiliztion and Capitalism）（巴尔的摩：约翰·霍普金斯大学出版社，1977），第

66 页。整个部分如下:"关于马克斯·韦伯,他认为现代意义上的资本主义恰好就是新教,更精确地说是清教的产物。所有的历史学家都反对这种站不住脚的理论,尽管他们还不能一劳永逸地摆脱它。不过,这是明显错误的。"(第 65—66 页)在这一点上比较温和的立场,参见布罗代尔:《商业之轮》(*The Wheels of Commerce*)(伦敦:丰塔纳出版社,1985),第 566 页及以下。

[157] 雷蒙·阿隆:《德国社会学》(*German Sociology*)(纽约:自由出版社,〔1936〕1963) 第 67 页; M. I. 芬利(M. I. Finley):"古代的城市:从甫斯特尔·德·库朗日到马克斯·韦伯及以后",《社会与历史比较研究》19 (1977),第 318 页;阿纳尔多·莫米利亚诺(Arnaldo Momigliano):"衰退的工具"("The Instruments of Decline"),《时代文艺增刊》(*Times Literary Supplement*) 3917 (1977 年 4 月 8 日),第 435—436 页。此外,韦伯的研究被应用于道格拉斯·C. 诺思的作品中,参见道格拉斯·C. 诺思(Douglass C. North):《经济史上的结构与变迁》(纽约:W. W. 诺顿出版社,1981),第 99、102、107 页。

[158] 伊莱·赫克舍:《工业主义:自 1750 年的经济发展》(*Industrialismen. Den ekonomiska utvecklingen sedan 1750*)(斯德哥尔摩:联合基金图书出版社,1938),第 346 页;A. P. 厄舍:"评《经济通史》",《美国经济评论》18 (1928),第 105 页。引文中,赫克舍的话是对《经济通史》的一句简短总结,不过,还可以参考他在另一篇文章中的评论:"(《经济通史》)的每一页都给人以亲切之感";比较伊莱·赫克舍:"经济历史因素"("Den ekonomiska historiens aspekter"),《历史学报》(*Historisk tidskrift*) 50 (1930),第 20 页。厄舍的学生弗兰克·奈特将《经济通史》译成英文,并在

前言中写道,"我的经济史老师 A. P. 厄舍教授解答了我的疑问,并给予了宝贵的意见与建议"。参见弗兰克·奈特:"译者前言",《经济通史》(纽约:格林伯格出版社,1927),第 xvi 页。关于哈佛的经济史学家,塔尔科特·帕森斯曾经说,按照 E. F. 盖伊的看法,韦伯是"经济史领域中少数几个最具令人兴奋的和最成果卓著的人"。参见塔尔科特·帕森斯:《社会行动的结构》(纽约:自由出版社,〔1949〕1968),第 2 卷,第 501 页。

[159] 社会学家当然有时会应用韦伯的经济社会学,不过,通常是在后来的社会学分支领域的框架之内。例如,拉尔夫·达伦道夫曾经表示,韦伯在世纪交替之际的关于工业劳动的研究足以使他成为"工业社会学"的奠基人;参见拉尔夫·达伦道夫:《工业社会学与企业社会学》(*Industrie-und Betriebssoziologie*)(柏林:瓦尔特·德·格鲁伊特公司,1956),第 24 页。不过,韦伯的工业社会学只是他的经济社会学中一个很小的部分,而确切地说(格特·施密特就这样认为),只包括 1908 年他为协会准备的方法论论文、1908—1909 年关于劳动力的心理物理学的研究和 1909 年在《文库》上评论阿道夫·莱文斯坦的一本书的书评。参见格特·施密特(Gert Schmidt):"马克斯·韦伯与现代工业社会学:对近期某些盎格鲁-撒克逊式诠释的评论",《社会分析与理论》6 (1976),第 47—73 页;格特·施密特:"马克斯·韦伯对于经验工业研究之贡献"("*Max Webers Beitrag zur empirischen Industriefoschung*"),《科隆社会学与社会心理学杂志》(*Koelner Zeitschrift für Soziologie und Soziapsychologie*) 32 (1980),第 76—92 页。韦伯的这三部作品分别是:"对社会政策协会关于主要工业企业中的工人的选择与适应(选择与职业道路)的调查的方法论指导",J. E. T. 埃尔德里

奇(J. E. T. Eldridge)(编):《社会现实的解释》(伦敦:纳尔逊出版社,1971),第103—155页;"工业劳动的心理物理学(1908—1909)"["Zur Psychophysik der industriellen Arbeit(1908—1909)"],《社会学与政策论文集》,第61—255页;"社会心理学调查及其研究分析(评阿道夫·莱文斯坦的作品)"["On the Method of Social-Psychological Inquiry and Its Treatment(Reviw of Works by Adolf Levenstein)"],《社会学理论》13(1995),第100—106页。

索 引

（条目后所注页码为原书页码，请参照本书边码）

accounting 会计，或核算 17, 38, 137, 210 注 [10] 参见 capital accounting

acquisitive drive or instinct 获利欲或获利冲动 64, 121, 261 注 [32]

administration and economy 行政与经济 62—70 参见 bureaucracy and the economy

adventurers' capitalism 投机资本主义 48, 65, 121, 230 注 [137]

agriculture 农业 参见 Weber, Max. Works（《古代文明的农业社会学》，《易北河以东地区农业工人的状况》，《罗马农业史》）

Aldenhoff, Rita 丽塔·奥尔登霍夫 290 注 [52], 291 注 [62]

Amonn, Alfred 艾尔弗雷德·阿蒙 227 注 [111], 280 注 [56], 286 注 [23]

Antiquity and the economy 古代社会及其经济体系 48, 195 参见 Weber, Max. Works（《古代文明的农业社会学》，《古代文明崩溃的社会原因》）

appropriation 占有 35, 39, 41

Arbeitsverfassung 见 constitution

Archiv für Sozialwissenshaft und Sozialpolitik《社会科学与社会政策文库》 190, 191—192

Aristophanes 阿里斯托芬 75

Aristotle 亚里士多德 30

armed forces and the economy 武装力量与经济体系 66, 67, 68, 153 参见 imperialism; violence and the economy

Aron, Raymond 雷蒙·阿隆 206

Arrow, Kenneth 肯尼斯·阿罗

264 注 [51]

art and economy 艺术与经济 146—147, 170, 193

asceticism 禁欲主义 113, 118—119, 123, 132—133

ascetic Protestantism 禁欲主义新教 见 Weber, Max. Works (《新教伦理与资本主义精神》)

Aspers, Patrik 帕特里克·阿斯珀斯 286 注 [25]

associative relationships 结合体关系 33

Austin, John 约翰·奥斯汀 85

Austrian economics 奥地利经济学 185—187, 190, 204—205, 215 注 [9], 293 注 [72], 301 注 [142], 303 注 [148]。参见 Böhm-Bawerk, Eugen Von; Hayek, Friedrich von; Lachmann, Ludwig; Menger, Carl; Mises, Ludwig von; Schutz, Alfred; Wieser, Friedrich von

Authority 权威 见 domination

autocephalous organizations 自治组织 41

Backhause, Jürgen 于尔根·巴克豪斯 288 注 [39]

Bader, Michael 米歇埃尔·巴德 216 注 [16]

banking 银行业 16—17, 157, 290 注 [52]

bankruptcy 破产 104

baptism 洗礼 113, 124—125

bargaining 讨价还价 43, 113, 227 注 [102] 参见 fixed price

barter 以物易物 44, 80, 101

Battle of Methods 方法论之争 161, 175—176, 192

Battle of Value-Judgments 价值判断之争 175, 177, 191

Becker, Gary 加里·贝克尔 3

Beetham, David 大卫·毕瑟姆 55

begging 乞讨 65, 137

Bell, Daniel 丹尼尔·贝尔 216 注 [16]

Bellah, Robert 罗伯特·贝拉 270 注 [96]

Below, Georg von 格奥尔格·冯·贝洛 13, 17, 158, 159, 209 注 [8]

benefice 采邑 59—61, 67, 69

Berger, Peter 彼得·贝格尔 3, 166—167, 270 注 [50]

Beruf 志业，见 vocation

Biggart, Nicole Woolsey 尼科尔·伍尔西·比加特 66, 237 注 [41]

bill of exchange 汇票 96, 101, 251 注 [50]

biological constitution and the economy 生物体构造与经济体系 150—152, 196 参见 psychophysics

Blaug, Mark 马克·布劳格 173

Böhm-Bawerk, Eugen von 欧根·冯·庞巴维克 195, 204, 301 注 [141]

Bonn, Moritz Julius 莫里茨·朱利叶斯·波恩 199, 296 注 [111]

Bortkiewics, Ladislaus von 拉迪斯劳斯·冯·波特凯维克斯 295 注 [107]

Boulding, Kenneth 肯尼思·博尔丁 263 注 [51]

Bourgeoisie 资产阶级 104—105, 115, 126, 137, 139, 266 注 [66]

Braudel, Fernand 费尔南·布罗代尔 206, 304 注 [156]

Brentano, Lujo 卢卓·布伦塔诺 174, 190, 194—195, 199

Breuer, Stefan 斯蒂芬·布鲁尔 236 注 [24], 238 注 [46], 276 注 [34]

Brinkmann, Carl 卡尔·布林克曼 278 注 [45]

Bruhns, Hinnerk 欣纳克·布鲁恩斯 300 注 [136]

Brutzkus, Boris 鲍里斯·布鲁茨科 243 注 [92]

Bücher, Karl 卡尔·布歇 10, 41, 70, 153, 155, 156, 158, 159, 175, 185, 199, 200, 225 注 [90], 228 注 [123], 291 注 [59]

Buddhism 佛教 249 注 [34], 269 注 [84]

budget 预算 31, 45, 56, 219 注 [27] 参见 fiscal sociology

bureaucracy and the economy 官僚制与经济体系 41—42,

索引 537

62—64, 79, 169 参见 corporation; "hydraulic" bureaucracy

Burt, Ronald 罗纳德·伯特 165, 169

business cycles 商业周期 46, 229 注 [126], 303 注 [148]

calculability 可计算 见 predictability in the economy 参见 calculation

calculation 计算 14, 36—38, 45, 79—81, 104—107, 229 注 [129] 参见 accounting; calculability; capital accounting; predictability in the economy

calling 天职 见 vocation

Calvinism 加尔文主义 123—126

cameralism 官房学 58, 155, 283 注 [4], 290 注 [52]

Cameron, Rondo 朗多·卡梅伦 205

canon law 教会法 94—95, 98

capital 资本 14, 31, 220 注 [31]

capital accounting 资本核算 15—16, 18, 38, 46, 76, 87, 223 注 [77]

参见 accounting

capitalism 资本主义 7—9, 17—20, 41, 46—52, 59—60, 133—145, 157, 171—172, 188, 192, 203, 229 注 [129], 注 [130], 266 注 [60], 279 注 [50] 参见 adventurers' capitalism; East Asian capitalism; imperialist capitalism; pariah capitalism; political capitalism; rational capitalism; speculative trade capitalism; trading capitalism; traditional commercial capitalism

caritas 见 charity

Carruthers, Bruce 布鲁斯·卡拉瑟斯 210 注 [10]

Cassel, Gustav 古斯塔夫·卡斯尔 179

Caste （印度的）世袭等级制度 71, 92, 139—140, 269 注 [184]

Catholicism 天主教 118, 120, 125, 259 注 [26]

Chance 机会 见 opportunity

Chandler, Alfred 阿尔弗雷德·钱德勒 170

charisma and the economy 卡理斯玛与经济 50—51, 64—66, 67, 86, 113

charity 慈善 111, 141, 269 注 [87] 参见 impersonality

chartal money 特许货币 76

China 中国 见 Chinese law; Confucianism; Weber, Max, Works（中国的宗教）

Chinese law 中国的法律 92—93, 98

citizenship 市民 19, 70—73, 139

city and city economy 城市与城市经济 70—73

clan 氏族 10, 71, 138, 211 注 [17]

Clarke, Simon 西蒙·克拉克 214 注 [9], 300 注 [136]

class 阶级 49, 51—52, 200 参见 middle class; peasants; status; workers

closed social relationships 封闭的社会关系 见 open and closed social relationships

Coase, R.H. R.H. 科斯 246 注 [13]

cognitive interest 认知的利益 192

Coleman, James 詹姆斯·科尔曼 4, 42, 130—131, 165, 167

Collins, Randal 兰德尔·柯林斯 17, 269 注 [84], 271 注 [99]

colonialism 殖民主义 17, 48 参见 imperialism; imperialist capitalism

commenda 康曼达, 委托企业 16, 72, 103

commercial law 商法 92—99, 244 注 [4]

Commons, John 约翰·康芒斯 214 注 [6]

communal relationships 共同体关系 33

communism 共产主义 243 注 [88]

competition 竞争 34—36 参见 political competition

Comte, August 奥古斯特·孔德 186, 187

conflict 冲突 见 struggle

Confucianism 儒教 137—139,

268 注 [81] 参见 Weber, Max. Works（中国的宗教）

constitution 构成 9, 182, 196, 289 注 [47]

consumption 消费, 17, 30, 37, 87—88, 126, 155

contract 合同, 67, 82, 87, 94, 95, 96, 97, 99, 100—102, 104, 252 注 [58]

convention 常规 见 norms

cooperatives 合作 243 注 [88]

corporation 法人团体 15—16, 18, 31, 39—42, 49—50, 63, 92—93, 95, 96, 102—104, 122, 253 注 [71] 参见 bureaucracy and the economy; capital accounting; Weber, Max. Works（《中世纪贸易公司的历史》）

cultural sciences 文化科学 193

cultural sociology 文化社会学 169—170

culture and economics 文化与经济学 169—170, 201, 272 注 [3] 参见 cultural sociology

Dahrendorf, Ralf 拉尔夫·达伦道夫 3, 218 注 [22]

democracy and economy 民主与经济 77—78

De Roover, Raymond 雷蒙德·德·卢弗 258 注 [15]

DieK Karl 卡尔·迪尔 248 注 [25], 248 注 [27], 295 注 [107]

Dietzel, Heinrich 海因里希·迪茨尔 177, 179, 187, 287 注 [21], 286 注 [22]、注 [23]

DiMaggio, Paul 保罗·迪马乔 170

distribution of income 收入分配 见 income distribution

division of labor 劳动分工 41, 277 注 [41]

Dobbin, Frank 弗兰克·多宾 169

domination and the economy 支配与经济体系 34—35, 57—70, 72—73, 86, 292 注 [71] 参见 economic power; power of control and disposal

double ethic 双重伦理 见 economic ethic

Dühring, Eugen 欧根·杜林 177

Durkheim, Emile 爱弥尔·涂尔干 236 注 [26]

Durtschi, Georges 乔治·杜尔赤 231 注 [141]

East Asian capitalism 东亚资本主义 270 注 [96]

economic action（including economic social action）经济行动（包括经济社会行动）23—36, 40, 57, 87, 186, 217 注 [18]、注 [19]、注 [21], 292 注 [71]

economically conditioned phenomena 受经济制约的现象 见 economic phenomena

economically oriented action 以经济为指向的行动 30—33 参见 economic action

economically relevant phenomena 与经济相关的现象 见 economic phenomena

economic anthropology 经济人类学 10, 196

economic availability 经济有余裕 78

economic ethic 经济伦理 20, 129, 134—137, 145, 172, 267 注 [72] 参见 Weber, Max. Works（《世界诸宗教之经济伦理》）; work ethic

Economic Ethics of the World Religions, The.《世界诸宗教之经济伦理》见 Weber, Max. Works

economic geography 经济地理 见 geography and the economy

economic history 经济史 7—21, 155, 176—177, 208 注 [2]

economic laws 经济法 26, 45

economic order 经济秩序 45, 87

economic organization 经济组织 见 corporation; organization

economic phenomena 经济现象 163—164, 192—194, 294 注 [91]

economic policy 经济政策 75—76, 157, 158, 214 注 [76], 272 注 [2] 参见 imperialism; mercantilism

economic power 经济力量 220 注 [38], 241 注 [78] 参见

索 引 541

power of control and disposal

economic social action 经济社会行动 见 economic action

economic sociology 经济社会学 当代~ 162, 165—167；~的出现 179—180；韦伯意义上的~ 299注[131]；韦伯~方法概述 163

economic sphere 经济范围 8, 55, 133 参见 sphere

economic stages 经济阶段 45—46, 70—71

economic superman 经济超人 48, 230注[138]

economic theory 经济理论 22—30, 44, 88, 176—177, 193, 196, 199, 203, 205, 296注[117], 300注[135] 参见 marginal utility theory

economic traditionalism 经济传统主义 见 traditionalism in the economy

economics 经济学 见 economic theory; German economics; marginal utility theory

Economy and Society 《经济与社会》 见 Weber, Max. Works

Edgeworth, F. Y.　F. Y. 埃奇沃斯 3

Egypt 埃及 63, 71, 79, 153

Eichhhorn, Karl Friedrich 卡尔·弗里德里克·艾希霍恩 174

Eigengesetzlichkeit 见 sphere

Eisenstadt, S. N.　S. N. 艾森施塔特 270注[95]

Elvin, Mark 马克·埃尔文 271注[99]

embeddedness 嵌入性 165—166

emotions 情感 23—24, 34, 43, 63, 109, 220注[32]

England Problem 英格兰问题 83, 105—107

Enterprise 企业 见 corporation

entrepreneur and entrepreneurship 企业家与企业家精神 51—52, 78, 79, 81, 122, 132, 156, 232注[148], 239注[55], 242注[79], 261注[37] 参见 profit-making

equites 古罗马骑士阶层 239注

[56]

ergasterion 手工工场 13 参见 facotory

Espeland, Wendy Nelson 温迪·纳尔逊·埃斯皮兰 210 注 [10]

Essenes 艾赛尼派 269 注 [87]

establishment 企业 见 corporation

ethics 伦理 见 economic ethic

ethnicity and the economy 族群与经济 35—36, 200, 272 注 [2], 274 注 [16]

Eulenberg, Franz 弗兰茨·奥伊伦贝格 278 注 [45], 279 注 [49]

evolution of the economy 经济的演进 见 economic stages

exchange 交换 37—38, 44—45 参见 price formation and price theory

explanation 说明 39

expropriation of workers 对劳动者的剥夺 41, 49, 50, 51—52

factory 工厂 13—14, 147, 196 参见 ergasterion

family and the economy 家庭与经济 见 household

fee 酬金 66

feudalism 封建制 66—69

finance 金融 47, 49, 155 参见 banking

financing of political organizations 政治组织的财务 58—70, 235 注 [17]

Finley, M. I. M. I. 芬利 206

firm 公司 参见 corporation

fiscal sociology 财政社会学 57—70 参见 tax state

fixed price 固定价格 113 参见 bargaining

Fligstein, Neil 尼尔·弗利格斯坦 3, 169

foreign trade 对外贸易 158, 279 注 [49]

formal and substantive rationality 形式理性与实质理性 见 rationality, formal and substantive

Franklin, Benjamin 本杰明·富兰克林 121, 126—127, 132

free trade 自由贸易 75

Freund, Julien 朱利恩·弗罗因

德 216 注 [16]

Frommer, Sabine 萨拜因·弗罗默 274 注 [17]

Fuchs, Carl Johannes 卡尔·约翰内斯·富克斯 289 注 [50]

Fugger, Jacob 雅格布·福格尔 130, 264 注 [54]

Gay, E. F. 埃德温·F. 盖伊 284 注 [13], 305 注 [158]

Geertz, Clifford 克利福德·格尔茨 270 注 [95]

Gellner, David 大卫·盖尔纳 272 注 [100]

gender and economy 性别与经济 11, 76, 170

General Economic History 《经济通史》 见 Weber, Max. Works

geography and the economy 地理与经济 141, 150, 152—153, 155, 156, 158, 195 参见 industrial location theory

German economics 德国经济学 159, 174—180, 204, 283 注 [4]

German Sociological Society 德国社会学学会 173, 180, 198, 203

Gislain, Jean-Jaques 让-雅克·吉斯兰 286 注 [26]

Goldscheid, Rudolf 鲁道夫·戈德沙伊德 58, 180, 191

Goldschmidt, Levin 莱文·戈德施密特 82, 244 注 [4]

goods 财货 29, 109

Gothein, Eberhard 埃伯哈德·戈森 190

Gottl-Ottlilienfeld, Friedrich von 弗里德里克·冯·戈特尔-奥特里林弗得 155, 159

Graf, Friedrich Wihelm 弗里德里克·威廉·格拉夫 256 注 [3]

Granovetter, Mark 马克·格拉诺维特 3, 4, 44, 165—167, 169

Grundriss der Sozialökonomik 《社会经济学大纲》 见 Weber, Max. Works

Grundriss zu den Vorlesungen über Allgemeine（"theoretische"）Nationalökonomie（1898）《1898年普通（理论）国民经济学

讲座大纲》 见 Weber, Max. Works

guilds 行会 13, 15, 210 注 [10]

Haberler Gottfried 戈特弗里德·哈伯勒 204

Hamilton, Gary 加里·汉密尔顿 270 注 [89]、注 [96], 271 注 [97]、注 [99]

Hayek, Friedrich von 弗里德里克·冯·哈耶克 80, 154, 160, 176, 198, 204, 205, 246 注 [13], 295 注 [110], 302 注 [143]

Heckscher, Eli 伊莱·赫克舍 9, 17, 206, 305 注 [158]

Heilsgüter 救赎资财 见 religious benefits

Hellmann, Siegmund 西格蒙德·赫尔曼 208 注 [1]

Henderson, A. M. A. M. 亨德森 302 注 [143]

Hennis, Wilhelm 威廉·亨尼斯 181, 288 注 [33]、注 [36]

Herkner, Heinrich 海因里希·赫克纳 196

Hernes, Gudnund 古德蒙·赫内斯 265 注 [58]

Herrschaft 支配 见 donmination

heterocephalous organizations 他治的组织 41

heteronomous organizations 他律的组织 41

Hildebrand, Bruno 布鲁诺·希尔德布兰德 45, 174, 177

Hinduism 印度教 139—140 参见 Weber, Max. Works (《印度的宗教》)

Hinze, Otto 奥托·欣策 208 注 [4]

Hirschman, Albert O. 艾伯特·O. 赫希曼 3, 263 注 [51]

Historical School of Economics 经济学历史学派 155, 161, 174—177, 186—187, 190, 193, 282 注 [2]

Holton, Robert 罗伯特·霍尔顿 302 注 [142]

homo economics 经济人 185, 187

hope for compensation 对补偿的希望 113—114, 116

household and householding 家族和家计 11, 16, 30—31, 52, 200

Hume, David 大卫·休谟 5

Hutchinson, T. W. T. W. 哈奇森 300 注 [138]

"hydraulic" bureaucracy "水利"官僚制 12, 71, 153

ideal interests 精神利益 见 interests

ideal type 理想型 193—194, 203, 204, 205, 216 注 [15], 303 注 [148]

imperialism 帝国主义 75—76, 79

imperialist capitalism 帝国主义的资本主义 75—76 参见 imperialism

impersonality 非人格化 43—44, 111, 227 注 [107], 257 注 [11], 267 注 [72], 268 注 [81]

incentives 激励 262 注 [39]

income distribution 收入分配 39, 150, 157, 224 注 [83]

India 印度 见 Hinduism; Indian law; Weber, Max. Works (《印度的宗教》)

Indian law 印度法 92

Individualism 个人主义 77 参见 methodological individualism

industrial location theory 工业区位论 157—158, 278 注 [48]

Industrial Revolution 工业革命 149—150

industrial sociology 工业社会学 152, 236 注 [28], 275 注 [27], 279 注 [54], 281 注 [77], 305 注 [159]

industry 工业 12—14, 39, 278 注 [47]、注 [48], 291 注 [62] 参见 Industrial Revolution

inflation 膨胀 76—77

inheritance 继承 92, 94, 95, 101, 224 注 [85]

instinct of acquisition 获利冲动 见 acquisitive drive or instinct

institutions 制度 15, 17, 39—45, 90, 160, 167, 176, 192, 249 注 [31], 284 注 [15]

insurance 保险 155, 278 注 [47]

interest on loans 借款取息 141—142 参见 usury

interests 利益 3—6, 23—25, 77, 87, 100, 109—111, 133—134, 163, 164, 207 注 [5], 267 注 [70] 参见 cognitive interest; uniformities determined by self-interest

iron cage metaphor 铁笼的隐喻 50—51, 196, 262 注 [44]

Islam 伊斯兰教 133, 142—143, 270 注 [92] 参见 Islamic law; quadi

Islamic law 伊斯兰法 93—94, 98

Jaffé, Edgar 埃德加·雅菲 190, 192, 203

Jains 耆那教 249 注 [34], 269 注 [84]

Japan 日本 75, 269 注 [84], 270 注 [95]

Jellinek, Georg 格奥尔格·耶利内克 96, 252 注 [52], 260 注 [27]

Jevons, William Stanley 威廉·斯坦利·杰文斯 179, 185, 286 注 [26]

Jewish law 犹太法 94, 98

Jewish people and the economy 犹太人与经济 15, 17—18, 19—20, 94 参见 Jewish law; Judaism; pariah capitalism

joint liability 联合责任 92, 93, 102, 103—104

joint-stock corporation 合资公司 102—104

Jones, Bryn 布赖恩·琼斯 216 注 [16]

Judaism 犹太教 19—20, 94, 140—142 参见 Weber, Max. Works (《古代犹太教》)

Jurisprudence 法学 88, 227 注 [110], 248 注 [27]

juristic personality 法律人 16, 102, 169, 254 注 [75]

just price 公平价格 55, 97, 112, 258 注 [15]

Kallberg, Stephen 斯蒂芬·卡尔伯格 216 注 [16]

Kaldor, Nicholas 尼古拉斯·卡尔多 263 注 [51]

Kampf 斗争 见 struggle

Kantowsky, Detlef 272 注 [100]

Kaufmann, Felix 费利克斯·考夫曼 219 注 [33]

Keynes, John Maynard 约翰·梅纳德·凯恩斯 205, 303 注 [149]

Knapp, G. F. G. F. 克纳普 76—77, 175, 181—182, 240 注 [73], 291 注 [59]

Knies, Karl 卡尔·克尼斯 174, 175, 180—181, 184, 185, 187, 256 注 [1], 288 注 [33]

Knight, Frank H. 弗兰克·H. 奈特 187, 205, 216 注 [16], 218 注 [22], 302 注 [143], 303 注 [148]

Kocka, Jürgen 于尔根·柯卡 63, 170

Kraepelin, Emil 埃米尔·克雷珀林 152

Kronman, Anthony 安东尼·克朗曼 83

Kuran, Timur 蒂穆尔·库兰 272 注 [100]

Lachmann, Ludwig 路德维希·朗奇曼 214 注 [9], 224 注 [84], 303 注 [146]

Lange, Oskar 奥斯卡·兰格 79, 80

law and economics-approach 法与经济学的进路 246 注 [13]

law and the economy 法律与经济 18, 38, 45, 62—64, 82—107, 156, 170—171, 205, 245 注 [5] 参见 commercial law; contract; England Problem; juristic personality; law and economics-approach; legal professional

Lederer, Emil 埃密尔·莱德勒 143, 154, 216 注 [14], 227 注 [111], 279 注 [54]

legal profession 法律职业 84—85, 89—90, 92, 93, 100, 105, 171

legitimation and the economy 正当化与经济 62

Leibenstein, Harvey 哈维·莱本

斯坦 162

Leist, Alexander 亚历山大·莱斯特 245 注 [5], 253 注 [66], 278 注 [45]

Leitner, Friedrich 弗里德里克·莱特纳 157

Lenin, V. I. V. I. 列宁 75, 190

Leonardo da Vinci 莱奥纳多·达芬奇 147

Lepsius, M. Rainer M. 赖纳·莱普修斯 296 注 [115], 297 注 [122]

Leser, Emanuel 伊曼纽尔·莱塞 291 注 [62]

Levinstein, Adolf 阿道夫·莱文斯坦 305 注 [159]

Liefmann, Robert 罗伯特·利夫曼 44, 159, 203, 290 注 [53], 299 注 [134], 300 注 [135]

life chances 生活机会 218 注 [22] 参见 opportunity

limited liability 有限责任 16, 95, 96, 101, 102, 103, 104, 254 注 [75]

Lipset, Seymour Martin 西摩·马丁·利普塞特 263 注 [46], 265 注 [56]

List, Friedrich 弗里德里克·李斯特 41, 225 注 [90]

Liturgies 赋役制 12, 59—61

living for/off politics 为了/依赖政治而活 78

living standard 生活水平 见 standard of living

Lotz, Walter 沃尔特·洛茨 289 注 [50]

Love, John 约翰·洛夫 230 注 [132]

Löwe, Adolph 阿道夫·洛伊 287 注 [30]

Luckmann, Thomas 托马斯·勒克曼 3, 166—167

Luhmann, Niklas 尼可拉斯·卢曼 223 注 [73]

Luther, Martin 马丁·路德 122—123 参见 Lutheranism

Lutheranism 路德教 118, 124—125

luxury 奢侈 17, 126, 136, 147

Macaulay, Stewart 斯图尔特·麦考利 248 注 [22]

Machlup, Fritz 弗里茨·马克卢普 204

magic 巫术 19, 93, 98, 114, 137, 138, 140—142

Maine, Sir Henry 亨利·梅因爵士 252 注 [62]

males and the economy 男性与经济 见 gender and the economy

Mann, Fritz Karl 弗里茨·卡尔·曼 287 注 [30]

manor 庄园 12, 68

Marcuse, Herbert 赫伯特·马尔库塞 208 注 [4], 223 注 [79]

marginal utility theory 边际效用理论 25—30, 37, 194—195, 197, 215 注 [11] 参见 economic theory; utility; Weber, Max. Works "边际效用理论与'心理物理学的基本法则'"

market 市场 13, 15, 33, 35, 42—44, 45, 73, 113, 219 注 [22]、注 [24], 221 注 [47], 226 注 [102]

Marshak, Jacob 雅各布·马沙克 279 注 [54]

Marshall, Alfred 艾尔弗雷德·马歇尔 43, 179, 185

Marshall, Gordon 戈登·马歇尔 130—132, 144, 266 注 [59]—注 [63]

Marx, Karl 卡尔·马克思 7, 30, 46, 70, 88, 102, 134, 185, 192, 193, 292 注 [69] 参见 marxism

marxism 马克思主义 54—55, 88, 114, 193, 198, 233 注 [2], 272 注 [3] 参见 Marx, Karl

material interests 物质利益 见 interests

meaning and the economy 意义与经济 见 Verstehen and the economy

means of administration 行政工具 62, 236 注 [25], 237 注 [43]

means of production 生产工具 62

means of warfare 战争工具 153

medieval law 中世纪法 95—96, 98

Meitzen, August 奥古斯特·梅森

186

Menger, Carl 卡尔·门格尔 158, 161, 176—179, 187, 190, 196, 204, 288 注 [32], 293 注 [101], 301 注 [141]

mercantilism 重商主义 75

merchants 商人 15, 19, 56—57, 96, 115

Merton, Robert K. 罗伯特·K. 默顿 210 注 [10], 257 注 [9], 267 注 [69]

Methodenstreit 方法论之争 见 Battle of Methods

Methodism 循道宗 124—125, 275 注 [27]

methodological individualism 方法论个人主义 23, 164—165

Meyer, Eduard 爱德华·迈耶 187

Michels, Robert 罗伯特·米歇尔斯 150, 158

middle class 中产阶级 50—52, 55, 114—116, 156

Mill, John Stuart 约翰·斯图亚特·穆勒 144, 177

minorities and the economy 少数族群与经济 120 参见 Jewish people and the economy

Mises, Ludwig von 路德维希·冯·米塞斯 76, 80, 198, 203, 204, 241 注 [75], 244 注 [92], 290 注 [51], 299 注 [134], 301 注 [140]、注 [142]

Mitchell, Wesley Clair 韦斯利·克莱尔·米歇尔 159—160

modernization theory 现代化理论 143

Momigliano, Arnaldo 阿纳尔多·莫米利亚诺 206

Mommsen, Wolfgang 沃尔夫冈·莫姆森 55, 290, 52, 291 注 [62], 296 注 [116], 297 注 [122], 298 注 [126]

monetary policy 货币政策 76—77

money 货币 16, 38, 45, 76—77, 94, 268 注 [81], 282 注 [81], 287 注 [32], 290 注 [52] 参见 monetary policy

money contract 货币契约, 参见 contract

monopoly 垄断 13—14, 29, 35, 42—43, 48, 59, 76, 126 参见 open and closed social relationships

Moore, Jr. Barrington 小摩尔·巴林顿 129

moral economy 道义经济 134, 267 注 [72]

Morgenstern, Oskar 奥斯卡·摩根斯坦 160, 204

Mormons 摩门教 113

mortgage 抵押 251 注 [50]

music and the economy 音乐与经济 147

Myrdal, Gunnar 冈纳·米尔达尔 303 注 [148]

mysticism and the economy 神秘主义与经济 124—125

nationalism and economics 民族主义与经济 183—184

natural law 自然法 96—97, 98

nature and economy 自然与经济，见 geography and the economy

Nau, Heino Heinrich 海诺·亨里希·瑙 295 注 [105]

needs 需求 见 wants

neighborhood 邻人 94, 111

networks 网络 166—167

Neurath, Otto 奥托·诺伊拉特 80

New Economic Sociology 新经济社会学 162, 165—172

New Institutional Economics 新制度经济学 3

Nietzsche, Friedrich 弗里德里克·尼采 230 注 [138], 259 注 [20]

norms 规范 25, 84, 88, 172

North, Douglass 道格拉斯·诺思 3, 7, 168

Oikos 庄宅 30—31, 48, 51, 73, 219 注 [28], 220 注 [29] 参见 household and householding

open and closed social relationships 开放与封闭的社会关系 35—36, 39, 40, 42—43, 224 注 [86] 参见 monopoly

Oppenheimer, Franz 弗朗兹·奥本

海默 286 注 [27], 287 注 [30]
opportunity 机遇 29, 48, 53, 74, 82, 186, 218 注 [22], 292 注 [71]
organization 组织 39—41, 169, 225 注 [89] 参见 juristic personality; organization theory
organization theory 组织理论 169, 226 注 [100] 参见 organization
oriental despotism 东方专制主义 见 "hydraulic" bureaucracy; Wittfogel, Karl
Outline of Lectures in General ("Theoretical") Economics (1898)《1898年普通（理论）国民经济学讲座大纲》 见 Weber, Max. Works

pacifism 和平主义 139
Pacioli, Lucas 卢卡斯·帕西奥里 210 注 [10]
Palyi, Melchior 梅尔基奥尔·帕尔尼 208 注 [1], 247 注 [14]
Pareto, Vilfredo 维尔弗雷多·帕累托 36, 205, 303 注 [149]

pariah capitalism 贱民资本主义 17—18, 49, 141—142, 144, 231 注 [143], 269 注 [88]
Parkin, Frank 弗兰克·帕金 35
Parsons, Talcott 塔尔科特·帕森斯 28, 39, 82, 83, 165, 173, 217 注 [143], 269 注 [44]
patriarchalism 家父长制 66—69, 111, 271 注 [99]
patrimonialism 家产制 66—69, 104—105, 138, 139
peasants 农民 10—12, 114—115
peculium 奴隶的财产 95
Philippovich, Eugen von 欧根·冯·菲力波维茨 158—159, 182, 191, 198, 289 注 [50]
Pietism 虔诚派 124—125
planning 计划 见 socialism and the economy
Plenge, Johan 约翰·普伦格 295 注 [107]
Poggi, Gianfranco 贾恩佛朗哥·波齐 216 注 [16]
Polanyi, Karl 卡尔·波拉尼 30, 42, 217 注 [16], 218 注 [20],

226 注 [99]

political capitalism 政治资本主义 46—49, 50—51, 59—61, 69, 72, 75—76, 86, 90—91, 115, 126, 153, 229 注 [130], 230 注 [133]

political competition 政治竞争 74, 239 注 [61]

political economy 政治经济学 4, 177—180, 200—201

politics and the economy 政治与经济 18—19, 54—81, 241 注 [79] 参见 public choice

population 人口 17—18, 155, 156, 158, 277 注 [41], 291 注 [62], 296 注 [119] 参见 race

Posner, Richard A. 理查德·A.波斯纳 246 注 [13]

power of control and disposal 控制与处置权 33, 34, 35, 44, 45, 53, 62, 87, 100, 186, 221 注 [40], 292 注 [71] 参见 domination and economy; economic power

prebend 俸禄 63, 65, 67 参见 benefice

predestination 预定论 118—119, 123, 143, 270 注 [93]

predictability in the economy 经济的可预测性 38, 63, 67, 69, 74, 87, 88, 90, 93, 99, 100, 104—105 参见 calculation

preferences 偏好 37, 195, 213 注 [3]

Prendergast, Christopher 克里斯托弗·普伦德加斯特 302 注 [144]

Pribram, Karl 卡尔·普里布拉姆 300 注 [138]

price formation and price theory 价格形成与价格理论 33, 38, 44, 97, 159, 186—187, 195, 278 注 [45] 参见 fixed price; just price

production 生产 37, 147, 157, 215 注 [9] 参见 productivity

productivity 生产力 151—152, 191 参见 work ethic

profession 职业 见 legal profession

profit 利润 31, 50, 52 参见 profit-making

profit-making 营利，30—31，46—52，138 参见 entrepreneur and entrepreneurship; profit

property 财产 39, 85, 93, 95, 96, 97, 181, 224 注 [87]

property rights 产权 224 注 [86]、注 [87]

Protestant Ethic and the Spirit of Capitalism, The. 《新教伦理与资本主义精神》 见 Weber, Max. Works

Protestantism 新教 见 Calvinism; Lutheranism; Weber, Max. Works (《新教伦理与资本主义精神》)

psychology and economics 心理学与经济学 123, 194—195, 205, 213 注 [3], 248 注 [24], 262 注 [39]

psychophysics 心理物理学 见 Weber, Max. Works "边际效用理论与'心理物理学的基本法则'", "工业劳动的心理物理学"

public choice 公共选择 241 注 [79]

purposive contract 目的性合同 见 contract

putting-out system 代工制 13—14, 122

quadi 卡地司法 93—94, 250 注 [40]

Quakers 贵格会 113, 197, 259 注 [17]

race and the economy 种族与经济 35—36, 150—151, 152, 200, 274 注 [16]—注 [19]、注 [41], 270 注 [95], 296 注 [116]

Rathgen, Karl 卡尔·拉思詹 189, 293 注 [75]

rational action 理性行动 26—30

rational capitalism 理性资本主义 17—20, 46—49, 50—51, 59—61, 65—70, 86, 88, 90—91, 97—98, 99—107, 203, 212 注 [36], 231 注 [141]

rationality 理性～的经验存在 36, 167, 171, 255 注 [87];

555

形式～与实质～ 36—39, 70, 76, 87—88, 102, 221[51]；社会学与经济学中的～方法 28, 164 参见 calculation; rational action; rational capitalism

regulation 管制 42—43, 47, 87—88, 188

religion and the economy 宗教与经济 18—20, 108—145, 262 注 [43] 参见 Calvinism; canon law; Catholicism; Islam; Judaism; Lutheraninsm; Methodism; mysticism and the economy; religious benefits; salvation and the economy; Weber, Max. Works (《世界诸宗教之经济伦理》,《新教伦理与资本主义精神》,"新教教派与资本主义精神")

religious benefits 宗教财 109—111, 125, 134, 256 注 [3]、注 [4]

rent 租 31, 50, 52, 78, 232 注 [151] 参见 rent-seeking

rent-seeking 寻租 51, 53, 172, 282 注 [83]

Riesebrodt, Martin 马丁·赖斯布罗特 256 注 [4]

rights 权利 39, 96—97

Rights of Man 人权 96

risk 风险 218 注 [22]

Robbins, Lionel 莱昂内尔·罗宾斯 205

Rodbertus, Karl 卡尔·罗伯图斯 220 注 [29]

Roll, Eric 埃里克·罗尔 300 注 [138]

Roman law 罗马法 82, 95—96, 98, 103, 245 注 [6], 251 注 [50]

Rome 罗马 48, 59, 74, 183—184, 185, 195—196 参见 Roman law

Roscher Wihelm 威廉·罗雪尔 174, 177, 185, 192, 193, 204

Rosenstein-Rodan, Paul 保罗·罗森斯坦-罗丹 204—205

rotating credit associations 合会 268 注 [81]

Roth, Guenther 冈瑟·罗思 46, 208 注 [4], 231 注 [146], 299 注 [130]

routinization of charisma 卡理斯玛

的例行化 64, 65, 69

salvation and the economy 救赎与经济 116—119, 125

Samuelson, Paul 保罗·萨谬尔森 263 注 [51]

Savigny, Friedrich Karl von 弗里德里克·卡尔·冯·萨维尼 174

saving 储蓄 37

Say, Jean-Baptiste 让-巴蒂斯特·萨伊 177

Scaff, Lawrence 劳伦斯·斯卡夫 289 注 [47], 292 注 [67]—[69]

scarcity of means 手段的稀缺 29, 37, 163, 164, 192, 195, 223 注 [70], 293 注 [85]

Schäffle, Albert 艾伯特·舍夫勒 177, 179

Schefold, Bertram 伯特伦·谢福尔德 288 注 [36], 301 注 [139]

Schelling, Thomas 托马斯·谢林 3—4, 53, 162

Schelting, Alexander von 亚历山大·冯·谢尔廷 181, 216 注 [16]

Schluchter, Wolfgang 沃尔夫冈·施路赫特 143, 274 注 [17], 296 注 [116], 297 注 [121], 299 注 [131]

Schmidt, Gert 格特·施密特 305 注 [159]

Schmoller, Gustav von 古斯塔夫·冯·施穆勒 45—46, 70—71, 155, 158, 161, 176, 177, 179, 180, 181, 182, 185, 190, 204

Schönberg, Gustav 古斯塔夫·舍恩伯格 154—155, 157, 199

Schroeder, Ralph 拉尔夫·施罗德 259 注 [20], 267 注 [69]

Schulze-Gaevernitz, Gerhart von 舒尔第-格维尼茨 199, 290 注 [52], 296 注 [111]

Schumacher, Hermann 赫尔曼·舒马赫 290 注 [53]

Schumpeter, Joseph 约瑟夫·熊彼特 58, 75, 155—156, 160—161, 165, 171, 177, 180, 190, 199, 204, 261 注 [37], 263 注 [51]

Schutz, Alfred 艾尔弗雷德·舒茨 204—205, 302 注 [144]

Schweitzer, Arthur 阿瑟·施韦策 300 注 [136]

science and the economy 科学与经济 18, 19, 146—148, 271 注 [99] 参见 technology

Scotland 苏格兰 132

sect 教派 111, 113, 115, 126, 128—129, 263 注 [46] 参见 Weber, Max. Works ("新教教派与资本主义精神")

selection 选择 34

self-interest 自利 见 interests; uniformities determined by self-interest

Seligman, Ben 本·塞利格曼 300 注 [138]

Sen, Amartya 阿马蒂亚·森 3, 264 注 [51]

sensuality and the economy 纵欲与经济 147

services 服务 29

Shils, Edward 爱德华·希尔斯 216 注 [16], 302 注 [143]

Shionoya, Yuichi 盐谷谕一 300 注 [136]

Sica, Alan 艾伦·西卡 208 注 [4]

Siebeck, Georg 格奥尔格·西贝克 159, 296 注 [116]

Siebeck, Oskar 奥斯卡·西贝克 279 注 [55], 296 注 [116]

Siebeck, Paul 保罗·西贝克 279 注 [55], 296 注 [116]

Simmel, Georg 格奥尔格·齐美尔 160, 287 注 [32]

slaves 奴隶 13, 48, 63, 95, 111, 183—184

Smelser, Neil 尼尔·斯梅尔瑟 165

Smith, Adam 亚当·斯密 39, 181

social action 社会行动 23—25 参见 economics action

social constitution 见 constitution

Social Darwinism 社会达尔文主义 151, 275 注 [25]

social economics 社会经济学 ～学说史 177—179, 285 注 [21]; 熊彼特关于～的观点 160—162, 204; ～协会 184, 187;

韦伯关于～的观点 4, 146, 187, 191—192, 197, 202 参见 Weber, Max. Works:《社会经济学大纲》

socialism and the economy 社会主义与经济 45, 78—81

socialization 社会主义化 243 注[90]

Social Law, School of 社会法学派 248 注[47]

social mechanism 社会机制 35, 74, 117, 123, 126, 128, 131, 164, 230 注[134], 281 注[68]

Solow, Robert 罗伯特·索洛 264 注[51]

Sombart, Werner 韦尔纳·桑巴特 17, 19—20, 94, 156, 158, 165, 171, 177, 180, 189—190, 192, 260 注[27], 269 注[89], 287 注[32], 293 注[75]

Sozialökonomik 见 social economics

Spann, Othmar 奥斯玛·斯潘, 191, 295 注[107], 300 注[138]

speculation 投机 47—50, 231 注[144], 237 注[40] 参见 speculative trade capitalism

Spencer, Herbert 赫伯特·斯宾塞 186, 187

sphere 领域 8, 46, 133, 209 注[6], 267 注[69] 参见 economic sphere

Spiethoff, Arthur 阿图尔·斯皮托夫 295 注[107]

spirit of capitalism 资本主义精神 121—122, 128—129, 264 注[51] 参见 Weber, Max. Works (《新教伦理与资本主义精神》)

stages 阶段 见 economic stages

Stammler, Rudolf 鲁道夫·施塔姆勒 88—89, 248 注[25]、注[27]

Stand 身份 232 注[151] 参见 status

standardization 标准化 147

standard of living 生活水平 150, 152

state and the economy 国家与经济 18, 41, 54—81, 156 参见 economic policy; fiscal sociology;

monetary policy

status 身份制 43, 51—52 参见 Stand

Steiner, Philippe 菲力普·斯坦纳 286 注 [26]

stereotyping 定型化 110—111, 112, 252 注 [56], 257 注 [8]、注 [9]

Stevin, Simon 西蒙·史蒂文 210 注 [10]

Stigler, George 乔治·斯蒂格勒 205

Stinchcombe, Arthur 阿瑟·斯廷奇库姆, 3, 42, 165, 222 注 [63], 233 注 [1]

stock exchange 证券交易所 19, 28, 184, 215 注 [12], 290 注 [52]

struggle in the economy 经济中的斗争 32, 34, 38—39, 42—43, 53, 55, 56, 186, 190, 192, 292 注 [71]

syndicalism 工团主义 243 注 [88]

taxation 税收 121 参见 tax farming; tax state

tax farming 包税制 48, 59—61

tax state 税务国 12, 58

technology 技术 14, 17, 19, 37, 38, 148—150, 155, 156 参见 Industrial Revolution; science and the economy

Tenbruck, Friedrich 弗里德里克·滕布鲁克 266 注 [65]

terminology 术语学 76

theodicy of good fortune/suffering 恩宠（苦难）的神义论 113—114

theoretical economics 理论经济学 见 economic theory

Thomas, Robert Paul 罗伯特·保罗·托马斯 7

Thünen, Johann Heinrich von 约拿·弗里德里克·冯·屠能 10

Tocqueville, Alexis de 亚历克西·德·托克维尔 5

Tönnies, Ferdinand 费迪南德·滕尼斯 160, 186, 187

trade 贸易 14—17, 47—49, 136, 278 注 [47] 参见 foreign trade; free trade; mercantilism; speculative trade capitalism; trading capitalism; traditional commercial capitalism

trading capitalism 贸易资本主义 231 注 [142], 238 注 [44]

traditional commercial capitalism 传统及商业资本主义 46—47, 49, 69

traditionalism in the economy 经济中的传统主义 12—13, 20, 23—25, 31, 41, 52, 65—69, 79, 111, 112, 114—119, 121—122, 125, 137—138, 147 参见 stereotyping

transportation 运输 15, 39, 149, 278 注 [47], 296 注 [119]

Tribe, Keith 基思·特赖布 282 注 [1], 283 注 [4], 289 注 [47]

tribute 贡赋 68, 69, 188

Troeltsch, Ernst 恩斯特·特勒尔奇 133

Truebeck, David 大卫·特鲁贝克 105, 106

Turner, Bryan 布赖恩·特纳 215 注 [9], 272 注 [100]

Turner, Stephen 斯蒂芬·特纳 83, 246 注 [9]

Udehn, Lars 拉尔斯·乌德恩 27, 226 注 [99]

understanding 理解 见 Verstehen and the economy

uniformities determined by self-interest 自利所决定的一致性 25, 33

unintended consequences 意料之外的结果 20, 36, 111, 117, 118, 284 注 [15]

United States 美国 129

Unpersönlichkeit 见 impersonality

Usher, A. P. A. P. 厄舍 9, 13, 14, 17, 206, 305 注 [158]

usury 高利贷 24, 28—29, 292 注 [71] 参见 marginal utility theory

values and the economy 价值与经济 37, 191, 198 参见 Battle

of Value-Judgments; interests; Weber, Max. Works（"民族国家与经济政策"）

Verein für Soziapolitik 社会政策协会 175, 182, 190—191, 196

Verfügungsgewalt 处分权 见 power of control and disposal

Verstehen and the economy 理解与经济 3, 23, 213 注 [3]、注 [4]

Veyne, Paul 保罗·维尼 59, 253 注 [65]

Villard, Henry 亨利·维拉德 51, 65—66, 231 注 [147]

Viner, Jacob 雅各布·瓦伊纳 263 注 [51]

violence and the economy 暴力与经济 32—34, 56—57, 58, 63 参见 political capitalism

vocation 天职 120—133, 126, 138

Voigt, Andreas 安德里亚斯·福吉特 247 注 [16]

Volkswirtschaftslehre 国民经济学 179—180, 200—201

Wagner, Adolph 阿道夫·瓦格纳 177, 179, 288 注 [39]

Wallerstein, Immanuel 伊曼纽尔·沃勒斯坦 171

Walras, Léon 里奥·瓦尔拉斯 185

wants 需求 29, 31, 39, 41, 195, 217 注 [18]

Wasserab, Karl 卡尔·瓦塞拉布 287 注 [32]

wealth 财富 31, 52, 109—111, 115—116, 125, 138, 141, 172, 220 注 [31]

Weber, Adolf 阿道夫·韦伯 301 注 [139]

Weber, Alfred 艾尔弗雷德·韦伯 157—158, 196, 232 注 [152], 278 注 [48]

Weber, Marianne 玛丽安娜·韦伯 190, 201

Weber, Max. 马克斯·韦伯生平 弗莱堡大学 182—184, 290 注 [52]；柏林大学 82, 181；海德堡大学 180—181, 184—185, 189—190, 288 注 [33], 291 注 [59]、注 [62]；慕尼黑大学

7—8, 199, 296 注 [115]；维也纳大学 198, 295 注 [108]

——马克斯·韦伯著作《古代文明的农业社会学》48, 185, 191, 195—196, 205—206, 291 注 [65]；《古代犹太教》, 140—142, 143—144；《城市》70—73；《易北河以东地区农业工人的状况》152, 181—183；"经济发展的过程"9, 188, 238 注 [50], 292 注 [66]；《世界诸宗教之经济伦理》132—145, 198, 206；《经济与社会》199—203, 296 注 [116]；《经济通史》7—21, 129, 205—206, 208 注 [2]；《社会经济学大纲》, 153—162, 199—203；《1898年普通(理论)国民经济学讲座大纲》(见《课程提纲》)；"边际效用理论与'心理物理学的基本法则'"194—195, 205；"民族国家与经济政策"150, 172, 183—184；"社会科学与社会政策中的'客观性'"119—120, 191—194；《中世纪贸易公司的历史》(博士论文之 I) 181；《普通(理论)经济学课程提纲》(1898) 185—188；《新教伦理与资本主义精神》17—20, 119—132, 196—197, 204—206；"新教教派与资本主义精神"126, 128—129；《中国的宗教》137—139, 143—144；《印度的宗教》139—140, 143—144；"职业生涯与流动模式研究的策略"196；《罗马农业史》(博士论文之 II) 181；"古代文明衰落的社会原因"183—184, 291 注 [57]；"证券交易所"184；"工业劳动的心理物理学"151—152, 191

welfare economics 福利经济学 36
welfare state 福利国家 64, 68, 94
Werturteilsstreit 价值判断之争 见 Battle of Value-Judgments
White, Harrison 哈里森·怀特 3, 165
Wicksell, Knut 克努特·威克塞

尔 76, 205

Wiese, Leopold von 利奥波德·冯·威斯 287 注 [30]

Wieser, Friedrich von 弗里德里克·冯·维塞尔 155—156, 158—160, 199, 204, 286 注 [27], 295 注 [107]、注 [108], 301 注 [141]

Wilbrandt, Robert 罗伯特·威尔布兰特 287 注 [32]

Williamson, Oliver 奥利弗·威廉姆森 3, 168

Winkelmann, Johannes 约翰尼斯·温克尔曼 83, 296 注 [116], 297 注 [122]

Wittfogel, Karl 卡尔·魏特夫 276 注 [34]

women and the economy 女性与经济 见 gender and the economy

work 工作 136, 137, 152 参见 vocation; Weber, Max. Works "工业劳动的心理物理学"; workers; work ethic

workers 工人 20, 38—39, 41—42, 49, 78, 102, 111, 115—116, 120, 122, 156, 225 注 [97]、注 [98], 252 注 [58], 296 注 [97]、注 [98], 252 注 [58], 296 注 [119] 参见 expropriation of workers; slaves

work ethic 工作伦理 264 注 [51], 265 注 [56] 参见 economic ethic; Weber, Max. 马克斯·韦伯著作《新教伦理与资本主义精神》

work group 工作群体 152, 275 注 [27]

Zelizer, Viviana 维维安娜·泽利泽 3, 169—170

图书在版编目（CIP）数据

马克斯·韦伯与经济社会学思想／（瑞典）理查德·斯威德伯格著；何蓉译．—北京：商务印书馆，2021
（2022.6重印）
（社会学名著译丛）
ISBN 978-7-100-20298-5

Ⅰ.①马⋯ Ⅱ.①理⋯ ②何⋯ Ⅲ.①韦伯（Weber, Max 1864-1920）—经济社会学—研究 Ⅳ.① F069.9

中国版本图书馆CIP数据核字（2021）第173771号

权利保留，侵权必究。

社会学名著译丛
马克斯·韦伯与经济社会学思想
〔瑞典〕理查德·斯威德伯格 著
何蓉 译

商务印书馆出版
（北京王府井大街36号 邮政编码100710）
商务印书馆发行
北京中科印刷有限公司印刷
ISBN 978-7-100-20298-5

2021年11月第1版	开本 880×1230 1/32
2022年6月北京第2次印刷	印张 18½

定价：98.00元

"社会学名著译丛"已出书目

《帝国的政治体系》　　　　　　〔以色列〕S.N. 艾森斯塔德

《马克斯·韦伯与经济社会学思想》〔瑞典〕理查德·斯威德伯格

《社会科学方法论》　　　　　　〔德〕马克斯·韦伯

《污名》(修订译本)　　　　　　〔美〕欧文·戈夫曼

《互动仪式链》　　　　　　　　〔美〕兰德尔·柯林斯